U0906157

滇版精品出版工程资金资助项目

当代著名学者研究资料丛书

周明全　主编

钱理群研究资料

姚　丹◎编

云南出版集团
云南人民出版社

图书在版编目（CIP）数据

钱理群研究资料 / 姚丹编. -- 昆明：云南人民出版社, 2022.1
（当代著名学者研究资料丛书 / 周明全主编）
ISBN 978-7-222-19978-1

Ⅰ. ①钱… Ⅱ. ①姚… Ⅲ. ①钱理群－人物研究 Ⅳ. ①K825.6

中国版本图书馆CIP数据核字(2021)第013952号

当代著名学者研究资料丛书

钱理群研究资料

周明全　主编　　姚丹　编

出 品 人：赵石定　　责任编辑：陈浩东　熊　凌
助理编辑：苏　娅　　责任校对：李　红
装帧设计：马　滨　　责任印制：马文杰

出版	云南出版集团 云南人民出版社
发行	云南人民出版社
地址	昆明市环城西路609号
邮编	650034
网址	www.ynpph.com.cn
E-mail	ynrms@sina.com
开本	787mm×1092mm　1/16
印张	35
字数	490千
版次	2022年1月第1版
印次	2022年1月第1次印刷
印刷	云南出版印刷集团有限责任公司国方分公司
书号	ISBN 978-7-222-19978-1
定价	142.00元

如有图书质量及相关问题请与我社联系：
审校部电话：0871－64164626
印制科电话：0871－64191534

钱理群

序 言

周明全

“当代著名学者研究资料丛书”第一辑编选了中国现当代文学研究领域极为重要的几位学者——谢冕、钱理群、洪子诚、王富仁、丁帆、陈平原、陈思和、南帆的研究资料。他们不但在各自的研究领域做出了卓越贡献，而且其言说的方式为现当代文学研究、当代文学评论研究提供了范式。

20 世纪 80 年代，他们曾被称为“中青年批评家”，其中大多数属于“第五代批评家”。论者认为和前代学者 / 批评家相比，他们具有“宏阔的历史眼光；顽强的探索精神；现代的理性自觉；深刻的自由意识”①。这四个主要特征，是这代批评家能在新时期开创文学研究 / 批评新天地的内因。四十年过去了，当年的“青年”已不再年轻，然而从学术生命上讲，直到今天，他们依然是“年轻批评家”，充满探索精神，充满了对文学现场的关注热情。

如果对自“五四”百年来文学批评的发展历程进行梳理辨析，便能清晰地认识到这些学者和批评家在批评史上承上启下的历史地位和精神特征。

1917 年初，胡适、陈独秀在《新青年》先后发表了《文学改良刍议》《文学革命论》，开启了中国现代文学批评之门。1918 年 12 月，周作人发表了《人的文学》，“人的文学”代表了“五四”的时代精神，亦上升为中国新文学的传统，遂成为 20 世纪中国文学的主流。

这一时期，虽然以文学研究会和创造社为代表的各个文学团体提出各自的理论主张，但“人的文学”，新鲜的、立诚的、现实的文学成为时代的“共名”。作为百年来中国文学批评史上的第一代批评家，他们不仅是开创者，也是批评范式的确立者。

---

① 参见谢昌余《第五代批评家》，《当代文艺思潮》1986 年第 3 期。

1928 年后，时代的“共名”被打破，文学批评向更多元和差异方向发展，马克思主义文艺理论批评家、京派批评家以及持个人主义和自由主义的批评家之间有着更多的对话、论争和挑战。1942 年 5 月，随着延安文艺座谈会的召开，马克思主义文艺理论逐渐占上风，这也是现代文学批评史上的一个重要转折点。在座谈会上，毛泽东指出:“在现在的世界上，一切文化或文学艺术都是属于一定阶级的，属于一定的政治路线的。为艺术的艺术，超阶级的艺术，和政治并行或相互独立的艺术，实际上是不存在的。”毛泽东明确提出了“文艺界的主要斗争方法之一，是文艺批评”。毛泽东的讲话为那一时期的文艺批评划定了严格的、不容置疑的批评标准。1949 年 7 月 2 日至 19 日，第一次文代会在北平（北京）召开，这是新中国文学理论和批评的起点。周扬在会上发表了影响中国文学创作数十年之久的讲话，这是延安文艺座谈会在新的历史时期的“升级版”。周扬指出：“毛主席的《在延安文艺座谈会上的讲话》规定了新中国的文艺方向，解放区文艺工作者自觉地坚决实践了这个方向，并以自己的全部经验证明了这个方向的完全正确，深信除此之外再没有第二个方向了，如果有，那就是错误的方向。”[①] 毛泽东在延安文艺座谈会上的讲话给批评指定的标准，一直延续到 20 世纪 80 年代。

1984 年初，福建批评家林兴宅在《鲁迅研究月刊》发表了《论阿 Q 性格系统》，成为用自然科学方法研究中国现代文学的滥觞。之后，时任中国社科院文学所所长的刘再复发表了《用系统方法分析文学形象的尝试——读〈论阿 Q 性格系统〉》等文章加以支持。1985 年 3 月在厦门大学召开的“全国文学评论方法论讨论会”，将刘再复关于“方法论变革”的一系列主张推向高潮。同年底，刘再复的《论文学的主体性》分两期刊发在《文学评论》1985 年第 6 期和 1986 年第 1 期。刘再复在《论文学的主体性》中强调作家要超越

① 周扬：《新的人民的文艺》，见中华全国文学艺术工作者代表大会宣传处编《中华全国文学艺术工作者代表大会纪念文集》，新华书店 1950 年版，第 69 页。

现实主体，写作时一定要进入艺术主体。这是向“五四”时期“人的文学”主张的回归，也是新时期文学批评步入审美层面的开启。“方法热”直接的后果，一是大量西方的文学理论被介绍进来，对此前单一的政治社会学批评形成了极大冲击；二是各省市作家协会和社科院也纷纷创办了自主性的文学批评刊物。这是在之前没有过的，之后也不再重现的辉煌。如：1984 年 1 月 25 日，《当代作家评论》在辽宁省创刊，9 月《文艺评论》（前身为《文艺评论报》）在哈尔滨创刊，10 月上海比较文学的机关刊物《中国比较文学》出版；1985 年 1 月《小说评论》在西安创刊，4 月《文艺新世纪》在广东创刊，4 月 10 日《批评家》在太原创刊，5 月《文艺评论家》在济南创刊；1986 年 1 月，《文艺争鸣》《文艺理论家》分别在吉林和江西创刊；1988 年 1 月，《南方文坛》在南宁创刊，6 月《理论与创作》在长沙创刊；等等。

1985 年前后，中国当代文学批评迎来了它的黄金时代，文学批评起到了引领时代风潮的作用。时势造英雄，第四代批评家正在披荆斩棘开创思想解放的批评道路，第五代批评家也是在这个时期顺利走入批评领域。如陈思和、丁帆、许子东、黄子平、吴亮、程德培、李洁非、蔡翔、张志忠、季红真、周政保等，就是顺应时代而崛起的一代批评家，被称为第五代批评家。

如果说，以周扬、冯牧为代表的第三代、第四代批评家大多数是党的文艺干部，他们的批评与阐释党的文艺政策是联系在一起的，因此具有较大的权威话语权，对文艺作品也有较大的威慑力，那么第五代批评家（包括一部分第四代批评家），则是依靠对文学的审美构建而成为承上启下的一代批评家。第五代批评家，大都在高校里接受过系统的学术训练，随即留校任教，逐渐形成了学院批评的特点。这是文艺批评最为根本性的变化。批评家转入高校最本质的变化就是批评的性质和功能随之发生了根本变化——它不再具备审查作品、指导作家创作的权力。

可以说，第五代批评家中，从事纯粹的文艺批评者并不多，主要是从史的角度对文学进行系统化研究。钱理群主编了《中国现代文学三十年》《中国现代文学编年史》，洪子诚撰写过《中国当代文学史》，丁帆撰写过《中国乡土小说史论》《中国新时期小说主潮》《中国西部现代文学史》，陈平原撰写过《二十世纪中国小说史》《中国散文小说史》，陈思和主编过《中国当代文学史教程》，等等。所以，称他们为学者化的批评家更为合适。

另外，这代人最大的特征是，他们的文学养料和精神传承主要是从“五四”来的。20 世纪 80 年代，一批在高校或学术机构的著名教授恢复了权威的学术地位，如李何林、王瑶、唐弢、贾植芳、钱谷融、徐中玉等，这些老先生都是“五四”一代学人的弟子，他们也是大多数第五代批评家的授业恩师。钱理群、陈平原的导师王瑶，早年师从朱自清，这一师承使得王瑶身上有鲜明的“五四”传统和鲁迅传统。王瑶“因自己的导师和弟子而声名益著，而弟子们也以他为中介，把‘五四’的文化传统，链接到当代的思潮中”[①]。王富仁是中国第一个现代文学专业的博士，师从鲁迅研究专家李何林先生，王富仁多次说“鲁迅改变了我一生”，他本人的鲁迅研究，开启了鲁迅研究的新天地。

在《陈思和文集》研讨会上，一位思和先生的同代批评家说，陈思和研究巴金、胡风等“五四”一代作家的历程，使他自己逐渐成为他研究对象的那种人格，似乎就是最好的注脚。

20 世纪 90 年代，文学界的分化或者说多元化趋势更趋明显，文学制度也处于相对稳定的状态，无论是文学创作还是文学批评，都摆脱了“思想斗争”陈旧观念的束缚，进入活跃繁荣自由的时期。第六代批评家郜元宝、张新颖、王彬彬、张清华、孟繁华、陈晓明、李敬泽、吴义勤、何向阳等，基本上都是高校毕业的硕士、博士，此后不管在高校从事文学研究和文学批评，还是在作协系统担任一定的领导职位，文艺批评的属性基本没有改变，还是延续了第五代

① 孙郁：《王瑶：拖着历史长影》，见孙郁《百年苦梦——20 世纪中国文人心态扫描》，群言出版社 1997 年版，第 233 页。

批评家开创的范式。

文学批评最近面临的挑战是从新世纪开始的。此时网络文学开始盛行，发表没有门槛设置，人人皆作家，管你批评不批评，该写的都在热火朝天地写。评论家的阵营也更趋分化，形成了传媒批评圈和学院批评圈两个较大的群体。传媒批评“表面上呈现的往往是商业利益作为推手。媒体批评呼风唤雨，左右了社会的一半舆论导向”。学院派批评家常年避居学院的高墙大院，与当下社会和文学创作有一定的隔膜，但为了坚守学院派知识的纯正性，他们依然在艰难地从事着文学批评。在这一波变化中，批评家内部的分化趋于明显，各个代际的批评家参与到这场角逐中，但在稍后的几年间，“80后”批评家因批评界、学界的焦虑而被迅速地捧了起来，成为一支不可忽视的力量。同时，网络的普及，也相应地带来了文学批评的繁荣。

对近百年的文学批评史做一个粗略的梳理就能发现，自1985年以后的当代文学批评取得了巨大的成绩。然而，与作家研究文集、作品集的出版相比，文学研究领域资料的整理出版却显得相对滞后。对当代文学批评的历史化依旧薄弱，对当代文学研究者、文学批评家进行研究的资料整理和出版这样的基础性工作也没有系统地做起来，这和创作的繁荣，和批评对创作的响应是不相符的。

无论是“五四”一代批评家，还是1985年后的第五代批评家，对整个时代的文学创作，甚至是思想观念的现代化，都起到了至关重要的作用。当然，创作的繁荣，与文学研究、文学批评直接和间接的介入，有着密不可分的关系。只研究作家、作品，不研究批评家和文学史家，对研究整个文学的历史是不全面的。

云南人民出版社一直有着出版优秀学者著作的优良传统，从20世纪90年代以来，先后出版过“名编辑文丛”“文艺学新视角丛书”“文体学丛书”“70后批评家文丛”“80后批评家文丛”等大型学者丛书，产生过积极的影响。当初与赵石定社长谈起编辑“当代著名学者研究资料丛书”的构想，他很支持，并表示要将当代批评研究作为一个重要的出版板块来打造，这显示出优秀出版人对学术和文化的担当与情怀。

“丛书”第一辑共编选谢冕、钱理群、洪子诚、王富仁、丁帆、陈平原、陈思和、南帆八位学者的研究资料。他们是当代思想过渡和变迁重要的见证者、亲历者和参与者，在20世纪80年代中期批评转型的过程中起了重要的作用，做出了特别的贡献。另外，这几位先生又都是新时期非常重要的文学史家，一直笔耕不辍，对当代文学研究发挥着持续的影响。

思和先生认为：“只有传道授业、出版和学术研究三位一体，才是一个知识分子的理想岗位。”这句对现代知识分子的期许之言，对我影响甚大。多年来，虽不能至，但努力践行之。2013年底，延续着先生编辑“火凤凰文库”的理念，与先生共同策划、主编了“80后批评家文丛”；2015年，再度和先生共同主编了“70后批评家文丛”；如今这套“当代著名学者研究资料丛书”的策划编辑，无非想再次通过自己切实的努力，在承传、接续、播撒精神传统方面，做一点自己的工作。对我而言，在这个过程中，作为后学既能亲炙前辈们的风范，同时，也算是努力朝思和先生所言的“理想岗位”靠近了一步吧。

“丛书”能顺利出版，首先要感谢赵石定社长的全力支持，感谢云南省新闻出版局在经费上的扶持，感谢李敬泽、孟繁华两位前辈的支持，同时，亦感谢李浴洋兄的协助。最后，感谢所有为这套丛书付出辛勤劳动的编辑。

目录

钱理群学术纪事（1981—2019）

钱理群

1981—1982 年 1978 年回北京读研究生，并于 1981 年毕业，留校担任王瑶先生的助手。但一入学，王瑶先生就教导说，要沉住气，北大的传统是“后发制人”，没有准备好，就不要乱发文章。因此，直到 1982 年还没有发表一篇有分量的文章。掩饰不住内心的焦虑，就因为研究生同学张全宇英年早逝，而写下了《悼“第一个倒下者”》这篇没有发表，也无处发表的悼文。其中谈到“历史要求我们为上一代画句号，又为下一代作引号”，就已经隐含了我一生的定位：“历史的中间物。”

1985 年 直到这一年，我才真正准备好了，开始在学术界、思想界发出自己的、独立的声音。这一年春，我和友人黄子平、陈平原一起，提出了“二十世纪中国文学”的概念；这一年连续两个学期，我在北大第一次独立开课，讲授“我之鲁迅观”，并在讲稿基础上整理出《心灵的探寻》一书：“它是我对鲁迅的第一个独立发现，我也第一次发现了我自己”，“这是我的《狂人日记》”。（《再版后记》）

1988 年 1986、1987、1988 年连续三年都是这样度过的：一面紧张而愉快地写着《周作人论》与《周作人传》，逐渐进入学术研究的第一个爆发期；一面却依然为基本的生存条件——家人的调动，住房，等等——所困扰，更由此照见了自己的胆怯无能、卑琐平庸，而自愧。因此，写下一篇短文——《我的那间小屋》。

1989 年　这一年，我五十岁。在我的生日——1989年3月7日（农历己巳年正月三十日）晨，写完《周作人传》最后一个字时，我长长地吐了一口气。这又是一次艰难的精神清理：周作人研究既唤醒了我家庭的影响和自幼接受的教育所播下的对个性独立与自由的近乎本能的追求，和新中国成立后我所受的革命教育发生了激烈冲突；但周作人的失足又引起了我对排斥民族、国家、群体意识的个人主义和世界主义的反思和警惕。

这一年，连续写了《现实的危机在哪里》《由历史引出的隐忧》等文，这大概是我最早写的时政、思想评论文章。和当时许多知识分子良好的自我感觉相反，我开始了对知识分子的批判性审视，提出了“在中国，要‘启蒙’，先得‘启’知识分子之‘蒙’；要‘改造国民性’，先要改造知识分子的‘劣根性’”的命题。

1990 年　王瑶先生在那样的历史时刻骤然离世，我顿时有一种“大树突然倒了”的恐惧，并且分明感到，随着先生的远去，一个时代，那个启蒙主义的、理想主义的 80 年代结束了。从此，再也没有了依傍，一切都要自己独自面对。

1991 年　这一年依然处于“生命的低谷期”，精神的痛苦未除，又遭遇病魔的袭击，终于躺倒在手术台上。病后就有了先前没有过的“要赶快做”的念头。《大小舞台之间——曹禺戏剧新论》的写作不仅圆了我少年时期的戏剧梦，更具有了“自我解脱，自我拯救，生命力的自我证实”的性质。我也终于通过这样的研究与写作，走出了时代与个人的“郁热”氛围，进入生命的“沉静”状态，开始了新的思考与创造。

1992 年　这一年，迎来了自我学术、思想、生命创造的一个新的高潮，其标志是完成了《丰富的痛苦——堂吉诃德与哈姆雷特的东移》一书。这是我对“这些年来，中国与世界所发生的历史巨变”所提出的时代重大课题——“知识分子和共产主义运动的关系”的一个学术的回应；是对我自我精神结构中的“堂吉诃德气”与“哈姆雷特气”的一个发现和自觉的反省和清理；是我的“知识分子精神史”研究的开始；是我的学术视野从中国向世界的扩展；是文学研究与思想、文化研究相互渗透的一个尝试，提出了一系列重要的思想命题，是我的学术中思想含量最大的一部著作。

1993 年　也许只有到 1993 年 11 月 24 日写《永远压在心上的坟》这一刻，我才意识到那沉重的死亡记忆（二十七年前和几年前的）已经融入了我的生命和学术，是永远也不可能摆脱的梦魇。同时，也让我意识到自己的生命和贵州这一方土地，和青年这个群体之间的割不断的精神联系，它也必然要渗入我的学术研究与写作中，或许我以后的学术发展与变化，也就在这一刻悄然不觉地开始了。

1994 年　应该说，1993、1994、1995 年连续几年，我都沉浸在对历史、现实和自身的反思、反省中。《中国知识者的“想”“说”“写”的困惑》是其中的代表作之一。反省的对象，是启蒙主义。这既是对自己一直坚持的启蒙主义立场的反省，也是对 80 年代启蒙主义时代精神的反思。我依然从鲁迅那里吸取思想资源，强调了鲁迅的“双重怀疑”：“对启蒙主义的怀疑，以及对‘启蒙主义怀疑’的怀疑。”后来，我又明确地将其概括为“既坚持又质疑启蒙主义”，并以此作为我自己的基本立场。

1995 年　1994 年至 1995 年间，应韩国外国语大学之邀，任中文系客座教授。这样，我就有了时间和空间的距离，对历史和现实进行根本性的思考和无顾忌的自由写作，开始着手毛泽东思想研究：在对“我和鲁迅”的关系进行了基本的清理以后，我迫切需要处理“我和毛泽东”这样的也许是更为根本的精神与生命课题。

1996 年　1995 年底，一个突然的约稿：谢冕先生主持“百年中国文学总系”，希望我加盟写“1948 年文学”一书，就改变了我的写作计划，并于 1996 年写出了《1948：天地玄黄》这本新书。在完成了《周作人传》以后，我就开始了 40 年代中国文学的研究，计划以此作为我的“二十世纪中国文学”研究的一个开端。尽管已经准备了五六年，积累了大量材料，却因为没有找到恰当的文学史结构与叙述方式，始终未能提笔。而谢冕先生“从一个年代看一个时代”的设想，就突然激发了我的文学史想象和写作热情，并因此提出了“文学史叙述学”的概念。

1997 年　1997 年，是我的学术研究、写作，以至生命历程的一个转捩点。有两篇文章可以看作是这种转变的宣言。《我想骂人》倾诉的是，作为“宁静的学者”的“内心的疑虑、担忧、恐惧和悲哀”，因此，“时时响起一种生命的呼唤”：像鲁迅那样，冲出学院的大墙，“站在沙漠上，看看飞沙走石，乐则大笑，悲则为大叫，愤则大骂，即使被沙砾打得遍身粗糙，头破血流”也在所不惜。这是一个自我选择的重大调整：从单纯的学院学者，转而追求“学者与精神界战士”的结合，也就是立足于学术研究，加强对现实的介入，因而强化学术研究的批判力度，同时追求更接近自我本性的精神境界：“独立自由意志的高扬，批判精神的充分发挥，大爱与大憎的结合。”这自然也要付出代价：平静的书斋生活被打破，从此进入“多事之秋”。

《民间思想的坚守》一文通过对“文革”后期的“民间思想村落”的回顾（我正是从那里走出来的），强调“民间思想者存在的本身，对于中国的现在与未来的思想与学术发展的不可忽视与抹煞的价值”，这就预示着我的人生道路和学术研究下一步的发展方向：参与和推动自下而上的民间改革运动，进行民间思想的历史与现实形态的研究。

1998 年　我的介入现实的第一个行动，就是借北大百年校庆之机，推动一个“重新认识老校长，继承和发扬蔡元培先生开创的北大精神传统”的民间纪念活动，以冲破 80 年代末以来北大校园沉闷、窒息的空气，对新一代的北大学子进行新的思想启蒙，发扬“科学、民主、自由、独立、批判、创造”的“五四”精神。

1999 年　这一年，我六十岁。写《不容抹煞的思想遗产——重读〈北大右派分子反动言论汇集〉》一文，这是我的“中华人民共和国民间思想史”研究的起端，后来写成《拒绝遗忘：“1957 年学”研究笔记》一书（牛津大学出版社 2008 年出版），这是我的学术研究的一个新的重大开拓。

2000 年 这一年，我“运交华盖”：先是全国性大批判，最后是权力出场。幸而我身处北大，在中文系领导、老师和同学的支持、保护下，我依然保留了教书的权利。我在“咒骂声不绝于耳”中做自己的事情：为中小学生编写课外读物《新语文读本》，借以推动自下而上的民间教育改革运动，对我们的孩子进行思想启蒙。这一年的生命体验，最后凝结为一句话：“我存在着，我努力着，我们又相互搀扶着：这就够了。”

2001 年 但在 2000 年底，我还是因为身心交瘁而病倒了。但正是在病中，我第二次与鲁迅相遇（第一次是“文革”后期），我又获得了超越苦难，从低谷逐渐走向高山的生命体验。2001 年初，大病初愈，我就“带着伤痕累累的丑陋面孔”，迫不及待地走上北大讲台，讲了一年的鲁迅，最后整理出了《与鲁迅相遇》一书。我的讲课和写作风格也逐渐从峻急走向从容，但内在的批判的、怀疑的精神，则始终如一。

2002 年 终于到了和北大告别的时刻。

2002 年 6 月 27 日上完了最后一课。当天北大校园网里，学生发了六百条帖子，许多学生都说：“钱老师一路走好。”听起来颇有悼亡的味道。也有学生说：“他该说的都已经说了，愿意接受的也就接受了，不愿意接受的，大家也不在乎了，也该退休了。”说的是实话。最让我动心的是学生的这句话：“一位最像老师的朋友，一位最像朋友的老师。”我一辈子给学生写了无数评语，最后得到了学生这样的评语，我满足了。

对我来说，这是一段生命的结束，又是新的生命的开始。

学生问我，退休后，你要去哪里？我说，要回家，要去中学，要到贵州，去“追寻生存之根”，后来这就成了我的第一本《退思录》的书名。

2003 年 这一年，我和贵州的友人一起编了《贵州读本》，然后带着这本书到贵阳和黔南、黔东南、遵义、安顺各地区，和当地的大学生进行面对面的交流。以后，我几乎每年都要去贵州。正是在这里重新建立我与中国这块土地、土地上的文化、父老乡亲的血肉联系，寻找自身的根。

在学术与写作上，我也因此大有收获。先后写了很多文章，纵论“贵州发展道路”“贵州大学教育”“中国乡村建设和改造之路”“地方文化研究”，具体探讨“屯堡文化”的历史与现状，当代以“小城故事”为中心的“文化志散文”的意义，并和友人一起提出了“构建地方文化谱系”的命题，最后结集为《漂泊的家园》一书（贵州教育出版社 2008 年出版）。

2004 年　这一年 3、4 月，回到母校南京师范大学附中，开设了“鲁迅作品选修课”。2005 年，又在北大附中和北师大实验中学分别讲了一个学期的鲁迅。这不仅是对中学教育改革的关注与参与，由理论鼓吹到亲自实践，更是自我生命的回归：中学是我们永远的精神家园。

这也是我对鲁迅认识的深化与传播鲁迅的大计划的重要环节。在我看来，鲁迅属于为数不多的民族精神原创性、源泉性的文学家、思想家，如同英国的莎士比亚、德国的歌德、俄国的托尔斯泰一样，应该是国民基础教育的基本教材，是培育民族精神的教育工程的重要组成部分。我因此用了极大精力，编写了系列《鲁迅读本》，即《小学鲁迅读本》（和小学教师刘发建合作）、《中学生鲁迅读本》（和几所中学老师合作）、《鲁迅作品十五讲》（供大学生学习用）、《与鲁迅相遇》、《鲁迅九讲》（供研究生和成年人阅读与研究参考）。我的讲稿也整理出《钱理群中学讲鲁迅》一书（北京三联书店 2010 年出版）。

2004 年我还积极投入了北京师范大学志愿者组织“农民之子”主持的“首届北京市打工子弟学校作文竞赛”的工作：这是参与民间青年志愿者运动的开端。以后，先后和“西部阳光行动”“晏阳初乡建中心”“梁漱溟乡建中心”等志愿者组织发生了密切联系，我所做的工作主要是为志愿者提供思想资源，进行理论总结，提倡和参与构建志愿者文化，最后结集为《论志愿者文化》（北京三联书店 2019 年出版）一书。

2005 年　退休后的回归其实主要还是回到家里，在享受日常家居生活之乐之外，主要兴趣有二，一是旅游，二是读书、写作。

每年有旅游，每游必摄影。正是在旅游中体悟到“人在自然中，是一种最好的生命存在方式”，并用摄影表达自我与自然的关系。我终于走出了前半生“与天斗，与地斗，与人斗”导致的人性的扭曲的困境，获得了和大自然、他人，与自己内心的和谐。

而闭门读书、写作则是沉浸于历史和内心的深处，既冲破禁区，研究最想触及的课题，又将自己的精神世界提升到新的时代高度。于是，就兴致勃勃地开始了民间思想史与知识分子精神史的研究。本年所写的《我的精神自传》，以后又完成了《拒绝遗忘：“1957 年学”研究笔记》（2008 年出版）、《知我者谓我心忧：十年观察与思考》（2009 年出版），是我退休后的三大学术著作，是计划中的“中国知识分子精神史（1949 年以后）”系列著作的重要部分。

2006 年　退休后的写作，还有一种重要文体，就是“思想学术随笔”，我称之为“退思录”，不仅涉及当下社会政治、经济、思想、文化、教育、学术，国际国内的各种问题、现象，而且大多直言不讳，是我一再声明的“不是以专家的身份，而是作为一个关心时事的公民的发言”。或许也因为如此，这些文章的发表，书的出版都不太顺利，我另编有《删余集续编》《删余集三编》，将其中曲折“立此存照”。

2007 年　这一年做《我为什么屡战屡挫，屡挫屡战》的演讲，谈退休后在教育方面所做的一切努力的结果，也可以看作是我退休以后的境遇，乃至命运的概括：总是有人要把我从教育领域赶出去，而我偏偏不走，中学不行则到小学，城市不行则到农村，反正就要坚守在教育岗位，死而后已。怀着这样的“反抗绝望”的意志和“只顾耕耘，不计收获”的精神，我写了三大本教育论著：《我的教师梦——钱理群教育演讲录》（2008）、《做教师真难，真好》（2009）、

《钱理群语文教育新论》（2010）；除修订《新语文读本》（2006）外，还主持编写了《地方文化读本》（2010）、《诗歌读本》（2010），构成了三大读本系列。无论所著所编，全当作严肃的学术工作，倾尽全力来做，只求对得住自己和孩子。

2008年　这一年，我做了三大演讲，而且都是应志愿者之约而做：《当今之中国青年和时代精神——震灾中的思考》《奥运会后的思考》《和志愿者谈生活重建》。这样频繁地和“当今之中国青年”对话，出于一种判断：我在汶川地震的演讲里说，“从现在起，应该有一个新的觉醒，要在思想上做好准备：中国，以至世界，将进入一个自然灾害不断，骚乱不断，冲突不断，突发事件不断的‘多灾多难’的时代”，而经济发展，基本解决了温饱问题的中国，也走到了十字路口，面对着“制度重建、文化重建、价值重建和生活重建”的四大重建任务。而所有这一切都需要年青一代——80后、90后的青年，“直接去面对，直接去参与，直接去承担”。面对中国与世界的灾难和困境，我忧心如焚而又无能为力，只能寄希望于年轻人，我唯一能做的就是把我们的经验教训，把我们感觉到的危机，如实告诉他们，发出我们的预警。

2009年　这一年最重要的事，就是去台湾讲学：在台湾清华大学为中文系本科学生讲“鲁迅作品选读”，这是台湾大学本科课程里第一次系统讲鲁迅；为台湾交通大学文化研究所的研究生讲“我和毛泽东、共和国六十年”，也是第一次在台湾系统讲毛泽东。1948年，我和父亲在大陆离别，六十年后，我来到父亲的安魂地台湾讲学，实际上是向冥冥中的父亲倾诉。而我最为珍视的教师生涯也因此结束在台湾。这都是命运的安排，让我感动不已，感慨不已。

2010年　这一年，是我闭门著述的一年。《毛泽东时代和后毛泽东时代：另一种历史书写》年终完稿，近八十万言。此书最初的写作冲动产生于1985年写完《心灵的探寻》以后，前后酝酿了二十五年；收集材料，进行构思，则起于1994年，又准备了十五年。

2011年　集中精力主编《中国现代文学编年史——以文学广

告为中心》。此书是构建我自己的文学史观念与方法的自觉努力。最初的想象与构思产生于2006年；2007年12月组织编委会；2011年就进入了全面写作阶段，到2012年，写了数百条条目，约八十万字，并负责全书统稿。

2012年 和前几年闭门著述不同，这一年突然被社会所关注。

年初，《毛泽东时代和后毛泽东时代：另一种历史书写》由台湾联经出版事业有限公司出版后，先后翻译成了韩文与日文。在中国香港地区与韩国都召开了相关学术讨论会。以后又获得了韩国、日本以及中国台湾、香港等地民间出版界共同设立的“坡州图书奖”“亚洲著作奖”；年终，再获台湾国际书展著作奖。我也因此两次出访韩国。

年末，又去印度参加“鲁迅国际学术讨论会”，做《鲁迅在当代中国的命运》的主旨发言，并向印度知识界做《我对当代中国思想文化状况的观察》的讲话。

《梦话录》一书被《中华读书报》评选为“年度十佳图书”之一，并获新华网股份有限公司与《中国图书商报》评选的“2012年度中国影响力图书奖”。

在一次关于“理想的大学教育”座谈会上，我的关于“大学正在培养高智商的精致的利己主义者”的发言，在网上广泛传播。中国互联网新闻中心因此授予我“中国好教育——敢言奖”，《南方人物周刊》也将我评为“最具影响力的年度人物”。

在某企业家主持的“倾听第一线教师的声音”座谈会上，我提出“超越教育谈教育”，被视为“告别教育”，也引起轰动。

从1999年即开始的“年度观察史”写作，本年写的《我看2011年》在网上传开，突然成为公众热门话题，实出意外。

2013年 这一年，“超越教育谈教育”，更多地就公众关注的社会问题发言。年初，在《炎黄春秋》召开的新春座谈会上，提出“好人联合起来，做几件促进政治体制改革的好事”。以后，就当代知识分子等现实问题做了五次发言，分别为《寻找共同底线，坚守知识分子的本分》《保卫探索真理的权利，为真理而斗争》《“他山之石”引发的思考》《赞“胡说八道老来风”》《从废除劳教制想起的》。

本年，在写作上是我的“收官之年”，即对原先铺得过宽的写作范围做最后的扫尾工作。

写完《钱理群家庭回忆录》一书，参与编选《丁毅文集》（四卷本）、《高山苍柏——钱树柏纪念文集》，这就尽到了对家庭的责任。

补写一批文章，编成《中学语文教材里的鲁迅作品解析》一书，这是对中小学语文教育的最后服务。

主编《平民教育人文读本》（经典卷、当代卷），编选《志愿者文化丛书》（《晏阳初卷》《梁漱溟卷》《陶行知卷》《卢作孚卷》《鲁迅卷》），并在研究基础上写长篇导读，这也是为青年志愿者运动做基本理论建设和队伍建设服务。

在学术上也开始做总结：编选《钱理群精选系列作品》（十一卷）；为本年出版的《中国现代文学编年史——以文学广告为中心》写长篇文章《我的文学史研究情结、理论与方法》，这是对自己的文学史研究的一个概括与提升。

2014 年　这一年就北大问题做了四次发言。其中为纪念王瑶诞辰一百周年所写的《王瑶师的十四句话》（国内发表时缩为“九句话”），以及为北大以建立“中国学”为中心的改革所做的讲话《我的北大之忧，中国大学之忧》，都引起社会反响。连续两年对社会的密集发言，内含着一个隐忧：这样公开议论公共事务的机会已经不多了。

终于有了年终在“钱理群精编系列作品”出版座谈会上的发言，题为《权当告别词》，宣布：“我的时代已经结束，所要做的是最后完成与完善自己”，因此，要“告别学术界，告别青年，退出历史舞台”，转向“为自己写作，为未来写作”。

2015 年　本年 7 月 10 日，搬进泰康之家（燕园）养老院，意味着人生与学术选择的又一个重要调整：在越来越严峻的时代背景下，选择“以董狐之笔写历史春秋”的史官之路，做历史与现实的观察者、记录者与批判者，用以退为进的方式，坚守自己的知识分子立场和责任，由此开始了自由出入于自然庭院与书斋之间的闭门写作与休养的晚年生活。在上半年完成了《1949—1976：岁月沧桑》和《一路走来：钱理群自述》以后，下半年即全力投入《爝火不息：文革民间思想研究笔记》的写作。

2016 年 本年由上海东方出版中心出版了《1949—1976：岁月沧桑》删节版，共三十万字。2017 年由香港城市大学出版社出全版，共七十八万字，并获本年度香港图书奖。此书主要书写 1949 年新中国成立以后中国知识分子精神史，主题词有二：“改造”，对知识分子进行有组织、有计划、有目的、全覆盖的思想改造，这是真正的“中国特色”；“坚守”，“始终如一地探索真理，独立思考，对既定观念、体制提出质疑与批判”的知识分子精神是一份宝贵的精神财富。

本年，《爝火不息：文革民间思想研究笔记》完稿，于 2017 年由香港牛津大学出版社出版，共九十七万字。本书试图为“文革”研究建构一个全面的研究格局和模式，并且有更为强烈的反思性、反省性，自觉地在“历史”与“当代”之间找到契合点。

2017 年 开始写《未竟之路：1980 年代民间思想研究笔记》，是共和国民间思想史三部曲的最后一部。这就从民间思想的角度对共和国历史上的 1957—1966 至 1976—1989 年间的三大运动，做了完整的历史总结。

2018 年 继续写《未竟之路：1980 年代民间思想研究笔记》，开始写《八十自述》系列文章。所写《论志愿者文化》、所编《志愿者文化丛书》（包括《鲁迅卷》《梁漱溟卷》《晏阳初卷》《陶行知卷》《卢作孚卷》）出版，集中了我对志愿者运动和乡村建设的思考，是我的“改造中国人和中国社会”的思想与实践的总结。

2019 年 老伴患病远行，编写出版了《我的深情为你守候——崔可忻纪念集》一书。

在极度困难的处境下，坚持继续写《未竟之路：1980 年代民间思想研究笔记》。为纪念自己的八十寿辰，完成《八十自述》一书，对一生的方方面面做了系统总结。

《不知我者谓我何求：第二个十年的观察与思考（2009—2018）》也在本年完稿，这是当下中国政治思想经济社会发展的年度观察，是真正地以史家之笔写当代史。

这样，在养老院的四年多的时间里，就完成了三部重要著作：《爝火不息：文革民间思想研究笔记》《未竟之路：1980 年代民间思想研究笔记》《不知我者谓我何求：第二个十年的观察与思考（2009—2018）》，约二百五十万字，构成了对共和国七十年政治思想史和民间思想史的全面观察与思考，也是对和共和国一起成长的自己个人思想、精神史的历史回顾与总结，目的是要把我们这一代人付出了沉重代价的历史经验教训留给后人。

本年还出版了我的摄影集《钱理群的另一面》，在人们所熟知的有着强烈的社会关怀的“入世”的钱理群的那一面之外，展现我的“出世”，即自我生命与另一个世界——大自然相融合的一面；全面呈现我的生命与精神的两种形态，既冷峻、顽强、焦虑、绝望、为黑暗所包围，又淡泊、宁静、柔软、天真、充满阳光、努力追求社会关怀与人性关怀的统一。

2004 年“做梦”，2012 年启动的《安顺城记》，终于在今年完成，预计于 2020 年出版，历时十六年。此书的特点在“仿《史记》体例”，是对《史记》为代表的中国史学传统的自觉继承，为地方历史的研究与书写，创造了一个新的模式。

2020 年又是我的晚年学术与生活的新起点：在基本完成了历史叙述与总结以后，又开始了对当代政治史、思想史、知识分子精神史进行理论分析、总结和批判的新的努力和尝试，同时进一步以“三宽（宽松、宽容、宽厚）”精神调整晚年生活，在生命的不息燃烧与超脱之间寻求某种平衡，追求自己的人性更为健全地发展。

辑一：生平自述

八十自述

钱理群

今年（2018年）是我考入北京大学中文系攻读研究生四十周年。我的一生，也就以1978年为界，分为“前半生”（三十九年）和“后半生”（四十年）。前半生又分为两段。1939—1960年，从出生到二十一岁，主要是一个学习、成长阶段。我五岁上学，先后在中央大学附属小学，上海愚园路小学，南京师范大学附属小学、中学，以及北京大学、中国人民大学学习，可以说是在中国最好的学校接受了最好的教育，为一生的学习、做人打下了较好的基础。1960年，二十一岁大学毕业后，我被分配到贵州，在那里工作、生活了十八年，在中国社会的底层经历了大饥荒和“文化大革命”，在艰苦的磨炼中基本形成了自己的世界观和人生观，同时也在孤独寂寞中坚持做学术研究的准备，由此决定了此后一生的发展。

1978年，在北京大学中文系师从王瑶和严家炎先生后，开始了自己的学术人生。大体也可以分为三个阶段。1978—1997年，是接受正规的学术训练，以成为一个体制内的学者为追求的二十年。1997年，在获得了学院体制的承认以后，又为学院对自己的束缚感到不安，在贵州形成的生命中的野性的驱动和鲁迅的启示下，破门而出，开始介入社会，发出独立的批判的声音，由此走上“学者兼精神界战士”的道路。以学者的身份，并以学术研究的成果作为思想资源，参与中小学语文教育改革，推动青年志愿者运动和乡村建设运动，立足于民间思想启蒙与社会自治运动。2002年退休以后，又逐渐走出现代文学研究专业，开始了现当代中国政治、思想史和知识分子精神史的研究，以及地方文化研究，并更深入、自觉地参与民间思想运动。但经过十多年的观察与思考，认定中国社会和学术将进入一个更加复杂、曲折、严峻的历史时期，于是在2014年末宣布退出学术界、教育界。2015年搬进养老院开始做“历史与现实的观察者、记录者和批判者”，更自觉地继承以司马迁为代表的中国知识分子的“史官”传统，做有距离的更根本性的思考，并以创建对现当代中国历史与现实具有解释力与批判力的理论作为自己的追求。这又是一个重要的选择：用“以退为进”的方式，走完自己最后一段学术、人生之路。

这样，经过四十年的不间歇耕耘，在学术上终于有了收获：到2017年共出版著作八十七本（加上写好未出的，应是九十一本）。在已出版著作中，除去选本，实际写作七十部；如以每本三十万言计，应有两千一百万字，未发表或出版的还有两百万字，总计约两千三百万字，平均每年写作五十万言。四十年编辑或主编的书，已出五十四部，加上准备出的共有五十九部。保守一点计算，至少也有两千余万字。这样，积四十年之努力，所写所编的著作就有一百五十部，总字数在四千万言以上，平均每年一百万字。

这样的四十年如一日的写作，主要有两个方向。一是“现代文学史写作”，我给自己的学术定位是“文学史家”，要求在中国现代文学史写作上形成独立的文学史观、方法论，独特的结构方式、叙述方式。因此，尽管我参与写作的《中国现代文学三十年》产生了很大影响，但我自己更看重《中国现代文学编年史——以文学广告为中心》三卷本和准备写的《钱理群新编现代文学史》。此外，“现代文学学科史上的学人研究”也是我感兴趣的。另一个学术重心是“二十世纪中国历史经验教训”的探讨与总结，进行现当代思想史、精神史的四个方面的研究。其一，“现当代知识分子精神史研究”。除前期完成的“鲁迅研究”三部曲（《心灵的探寻》《与鲁迅相遇》《鲁迅远行以后》）、“周作人研究”三部曲（《周作人传》《周作人论》《读周作人》），以及曹禺研究（《大小舞台之间——曹禺戏剧新论》）、世界知识分子精神史研究（《丰富的痛苦——堂吉诃德与哈姆雷特的东移》）外，还写有“当代知识分子精神史”三部曲（《1948：天地玄黄》《1949—1976：岁月沧桑》《1977—2005：绝地守望》）。其二，“当代民间思想史研究”，也有三部曲：《拒绝遗忘：“1957年学”研究笔记》《爝火不息：文革民间思想研究笔记》《未竟之路：1980年代民间思想研究笔记》。其三，“当代（毛泽东时代和后毛泽东时代）政治思想史研究”，同样形成三部曲的格局（《毛泽东时代和后毛泽东时代：历史的另一种书写》《知我者谓我心忧——十年观察与思考（1999—2008）》《不知我者谓我何求——又一个十年观察与思考（2009—2018）》）。其四，地方文化研究，主要成果是主编的约一百五十万言的《安顺城记》。以上将近20部著作集中了我主要的研究成果。此外，还有大量的关于教育（大学教育和中小学语文教育，以后者为主），关于当代志愿者文化、民间社会运动，关于乡村建设（包括贵州建设）诸多方面的论述，代表作有《语文教育门外谈》《语文教育新论》《二十六篇——与青年朋友谈心》《论志愿者文化》等，最能显示我的社会关怀和责任，并产生了一定的社会影响。

在这些大量的学术和社会活动的背后，是有精神支撑的：这集中体现在我的人生座右铭上，这也是在“文革”中的贵州“民间思想村落”里形成的；2002年退休时最后一堂课上曾将它留赠给北大学生。一共有三句话：“路漫漫其修远兮，吾将上下而求索”（屈原）；“永远进击”（鲁迅）；“在命运面前碰得头破血流，也绝不回头”（“文革”中流传的毛泽东语）。这是可以用来概括我一生的坚守的：永远在探索，永远保持积极进取的人生态度，无论遭到怎样的压力也永远不回头。在八十岁的回顾里，这是我最感欣慰的。

于是，又有了我的三大人生经验。其一是“永远和青年人保持密切的精神联系”：不仅以青年作为自己的学术研究和教学的对象，而且自觉从年青一代中不断吸取精神资源和力量，使自己的生命永远保持青春活力。其二是“自觉构建两个精神基地”。我的人生与学术道路之所以有自己的特点，追根溯源，就在于我和处于落后边远地区的贵州和被视为“精神圣地”的北京大学都建立了血肉般的联系。我曾经说过，“出入于社会的顶尖与底层，中心与边缘，精英与草根之间，和学院与民间同时保持密切的精神联系，这是一种理想的生命存在方式，也是我的人生之路与治学之路的基本经验”。以上两点，我已经多次谈到。现在我还想补充第三点，就是人生很短，个人精力和时间也有限，因此，在学术和人生上要有所得，就必须有所弃。我的经验，就是对自己想做、愿意做的事（对我来说，就是读书、写作）要竭尽全力、心无旁骛地去做；对于不是自己追求的事，就坚决不做或少做。这就需要学会拒绝，特别是拒绝诱惑。我之所以能连续四十年保持每年编写一百万字的数量和速度，就是因为我几乎拒绝、放弃了一切“身外之物”，但我却得到了我想要的东西，甚至有了超水平的发挥，从而获得了生命的意义与乐趣。这样做当然也有问题，所以我一再强调，这带有很大的个人性，并不足以效仿。但在这个充满诱惑的时代，我的“拒绝诱惑”的经验，大概还有点意义。

这就谈到了八十人生的缺憾。首先，我的学术研究的一切成果，都有待于历史的检验，尤其我的研究，具有很大的批判性、探索性，这就更需要用时间来证明其是否立得住，有没有价值。我的学术研究确实是为了探索真理，但我自己却并非真理的掌握者、垄断者和宣讲者，我的研究得出的所有结论都是可以质疑的，我欢迎，甚至是期待不同意见平等、自由的争论。即使我的看法被证明有道理，但我在对研究对象有所发现的同时，也必定有所遮蔽：对真理的探索绝不是一次性完成的。因此有价值的学术也永远是有缺憾的，我称之为“有缺憾的价值”，这是规律，我也这样看待和评价自己的学术研究。

更让我感到不安的是，我自身的先天不足，或者说是我们这一代先天的不足，给自己的学术研究带来的损伤。我在前面谈到，我在青少年时期接受了最好的教育，这也是和此后的教育比较而言的。应该说我在20世纪50年代所受的教育，是存在根本性的缺陷的，特别是1956年反右运动以后，提出批判“封（建主义）、资（本主义）、修（正主义）文化”，这样的强调“和传统彻底决裂”的教育，就造成了我们这一代人知识结构上的根本缺陷。具体到我，就是我一再说到的两大致命弱点：不懂外文，古代文化修养不足，或者如我在自嘲里所说，我不过是一个“无文化的学者，无情趣的文人”。这样的根本性弱点，就使得我与自己的研究对象，特别是鲁迅、周作人这样的学贯中西、充满文人气息的大家之间，产生了隔阂，我进入不了他们更深层次的世界。这一点我心里很明白。因此当人们过分地称赞我的鲁迅、周作人研究，我只有苦笑：我不过是这一研究领域的“历史中间物”而已。更重要的是，知识结构缺陷背后的研究视野、思维能力、言说方式诸多方面的不足，形成了我的学术抱负（期待能有原创性的大突破，在理论上有所建树等）和实际能力与水平之间的巨大差距，可以说这是我内心的一个隐痛。现在做一生总结，也只能说自己是一个认真、勤奋、有特点的学者，学术成就是十分有限的。聊可自慰的是，我还是一个有良知的知识分子，尽管一生磨难重重，至今也还难以逃脱，但我始终守住了知识分子的本分和底线。

另一个缺憾，是我的生命过于精神化，在某种意义上，我是一个“精神人”，能够吸引我，我愿意全身心投入的，只是精神问题。用老伴的话来说，我整天生活在云里雾里，自己日思夜想的，和别人交往中谈的都是思想、文化、政治、历史和学术。这当然有特点，甚至与众不同，但从我自己最关心的人性发展来说，这显然属于鲁迅所说的“人性的偏至”。而对世俗生活的陌生、不懂，甚至无兴趣，也造成了和自己在精神上最为关注的底层人民（包括贵州的父老乡亲）和青年一代之间的隔膜。这大概是一个人性、人生的悖论，有一种内在的悲剧性，甚至荒谬性。我明白于此，却不能也不想纠正，就只能这样有缺憾地活着，一路走下去，直到生命的终点。

2018年2月28日—3月1日

初刊《名作欣赏》别册2020年第3期

给自己的七个命名

钱理群

我的所有的学术探讨，对外部世界历史和现实的追问，都最后归结为对自我内心世界的逼视，对自我存在的历史性分析和本体性追问——“我是谁？我何以存在与言说？”于是，在不同的历史时期和相应的写作阶段，就有了不同的自我命名。

一

1978—1989年，是我学术生命发展的第一个十年，其代表作是《心灵的探寻》《周作人传》《周作人论》。其命名也只有一个：“历史的中间物”。这是一个典型的启蒙主义的概念，直接来自作为研究对象的周氏兄弟，也和80年代的启蒙主义时代思潮、氛围相契合。

这同时也是一个自我的觉醒与发现：身处在80年代那个思想解放，重新审视历史、社会、现实，重新审视既成观念中先验的前提的时代大潮里，既有一种摆脱在“文革”中发展到极端的以对人的奴役为特征的政治文化的束缚以获得解放的强烈欲求，却又无法简单、轻松地与之告别，因为“我也在其中”。同时发现的是自身在学术上的尴尬地位：一方面学术发展的客观情势要求担当承上启下的责任，但因自身知识结构的先天缺憾而时有力不从心之感。在明确意识到“能做、能达到什么”“不能做、达不到什么”以后，就有了对自己学术工作的意义与价值的基本估计，因而与鲁迅的自我认定产生共鸣："至多不过是桥梁中的一石一木，并非什么前途的目标、范本。"

由此而决定了学术研究的自我惩罚性与反省性的品质。学术研究就是为了还债，摆脱内心的黑暗，是一种自我清理、清洗。因此，80年代的思考与研究始终围绕两个中心，一是"历史的追问：自我独立性是怎么丧失的？"；二是"自我的审问：知识分子在专制体制中扮演了什么角色？"。由此而形成两个基本观念与立场：对任何时候、以任何形态出现的专制主义，都坚持不妥协的批判态度；任何时候都要坚持"个体的精神自由"——这构成了我此后一生做人与做学问的底线。同时产生的是一种自我牺牲的自觉，认定自己的学术与文化使命就是充当沟通"鲁迅"（中国现代思想文化传统）与"青年"（不仅是青年学生，也包括青年学者）之间的"桥梁"，不仅以极大的激情从事本科生和研究生的教学工作，以教师为自己第一天职，而且期待与促成后来者对自己的超越，并坚持一生。另一面，又自觉地压抑自己的民间野性，渴望取得学院学术体制内的发言权，也因此不断自责。

二

1990—1997年，是学术的逐渐成熟时期，代表作也是三部：《丰富的痛苦：堂吉诃德与哈姆雷特的东移》《大小舞台之间——曹禺戏剧新论》《1948：天地玄黄》。在90年代的时代政治低气压与经济的畸形发展中，我的思想由启蒙主义进入了怀疑主义的时期，对时代、社会、历史中的观念、体制、自我，进行了更为深入的反省、反思，同时又在质疑中坚守精神追求与学术创新。

这一时期也只有一个命名——"堂吉诃德与哈姆雷特"。这首先是一个自我发现：青少年时代在一个封闭的却又是充满信仰、理想、浪漫精神的，制造乌托邦的时代文化氛围成长，由此而养成堂吉诃德的气质，以及曾经受到压抑，在80年代重又唤醒的哈姆雷特精神，构成了我自己这一代——20世纪五六十年代培养的，新中国第一代知识分子精神史的一个重要方面。但在90年代的这一次的自我发现，是发生在国际上苏联解体、东欧事变等政治风波的大背景下，是围绕着"共产主义运动和知识分子的关系"这一中心课题展开的。因此，它的着重点，必然集中于对堂吉诃德精神与气质中的负面的反省和反思，对乌托邦主义、道德理想主义、政治浪漫主义与经济浪漫主义、民粹主义、启蒙主义、精神皈依、斗争哲学、追求"历史合题"的哲学观、世界观等诸多方面都进行了质疑。可以说，这是哈姆雷特精神的复活、坚守与发展。或者说，是用哈姆雷特精神进行一次全面而彻底的并且具有深度的思想清理，而且是紧密结合着自身的经历和生命体验进行的，因此，这又是一次历史经验、教训的总结，同时是对所面临的现实困境的挣扎，它既有血有肉，又力图有所超越，成为存在论的追问。对我个人而言，这还是和曾经的精神之父毛泽东终于到来的告别。因此，同时展开了对那个时代的政治、文化、思想观念与体制的质疑和批判。而这一切反省和反思，又转化成了专业的学术课题：堂吉诃德、哈姆雷特两个文学典型在世界范围内的"东移"；同时具有堂吉诃德、哈姆雷特气质的中国最杰出的剧作家曹禺的个人生命、戏剧生命的历程；1948年历史巨变中，中国的堂吉诃德、哈姆雷特们的艰难选择。我所要追求的，是思想与学术、历史与现实的有机融合，这是一个思想与学术难题，也因此激发了我的想象力和创造力，为之倾注了全部的热情和精力，并收获了"丰富的痛苦"。

三

1998—2002年，这是我的生命与学术突围而出的新阶段。它发生在两个背景下：首先是中国自上而下的单一的经济改革，到90年代中后期，就逐渐显露出了其内在矛盾，在经济高速发展的同时，引发了严重的社会问题，特别是贫富不均和社会发展不平衡造成的两极分化，形成了以新权贵阶层为中心的强势利益群体，以及下岗工人、农民工等社会弱势群体，而知识分子也因此发生分化。另一方面，是我自身的变化：在终于取得了学院学术体制内的发言权的同时，内心的自责与孤独感却日渐强化。当整个知识界，特别是我视为精神基地的北大，发生了“失精神”的思想、文化、教育、学术的全面危机，曾经被我自觉压抑的内在野性、民间性，对社会、历史的责任感、承担意识就爆发出来，并和学院体制发生激烈冲突。我终于决定要破门而出，在对现实生活的参与中扩展思想和学术发展的新空间，重新回到民间社会寻找新的精神基地，形成上、下的互动。因此，在自我生命的历程上，这又是向“文革”后期的民间思想者的更高层面上的回归。这样，也就必然要搅乱多年苦苦追求，并且已经习惯了的单纯的学者的宁静生活，将自己放在时代旋涡中心的位置。这是我的自觉选择，也就自然要承受由此带来的一切麻烦、混乱、尴尬与痛苦。在失去单纯和宁静以后，我的自我命名也就变得复杂起来，大概有四个命名。

首先是“学者，教师，精神界战士”。我曾经说过，就自己的本性和所受家庭教育而言，我是最醉心与适应教师和学者生活的；但我受的革命教育、鲁迅影响，在贵州的底层生活、“文革”经历，和我易冲动的个性，又让我有当“战士”的欲求。因此，在我1978年走上学术道路时，就面临“做学者，还是当战士”的矛盾。在经历了纯粹学者的生活以后，90年代末重新面对这一矛盾，就有了更为成熟的选择：依然是从鲁迅那里找到资源，所谓“精神界战士”，他不同于人们通常所理解的从事实际社会、政治运动的战士，“他所关注的始终是精神现象、人的精神问题，所反抗的也主要是精神奴役现象”。这样，学者与“精神界战士”之间就获得了内在的统一：同样以精神现象作为自己的研究对象，学者从事学理的探讨、历史的考察；而“精神界战士”则关注现实的社会批判、文化批判和思想启蒙。前者为后者提供批判的理论与历史资源，后者则将前者的思想成果转化为现实的批判力量。我所希望的，就是把这两个相辅相成的功能集于一身。

其次，是“真的知识阶级”。这首先是出于90年代中后期我的两个自我反省。一是对中国社会的两极分化，“我应负什么责任”的追问。我不无尴尬和愧疚地发现，自己和中国的进入体制的知识分子，实际上是导致两极分化的自下而上的单一的改革路线的支持者和参与者，十数年来，我们事实上是处于自恋与自怜状态，已经脱离了中国民众的大多数，放弃了知识分子的独立批判的社会职责，甚至日渐失去了对现实生活中的问题做出反应的欲求和能力。与此同时，我又反复追问自己：在自我生命和学术发展的前两个历史时期，努力摆脱革命意识形态对自己的消极影响和束缚，自是十分必要，但是不是又发生了“把孩子和脏水一起泼出”的失误？正是在以上两个痛苦的追问中，同样已经融入了我的生命里的，革命年代所培育的，又为历史的血腥所歪曲与遮蔽了的精神，经过批判、清理以后，在新的历史条件下，又重新浮现出来，诸如消灭一切人压迫、奴役、剥削人的现象的彼岸理想，追求社会平等的社会主义价值理念，对被压迫者、对社会弱势群体的同情与关注，自觉的社会责任和承担意识，为理想而献身的精神，强烈的社会实践欲求，等等，都在一个更高的历史层面上得到激活与释放。这正是我1997年决定突围的内在原因。

而90年代中后期知识分子的大分化，所谓“新左派”与“自由主义”的论争，更是把时代提出的知识分子的历史选择的问题鲜明地提了出来。正是在以上内在生命的需求和外在环境的变化推动下，我对鲁迅的“真的知识阶级”的概念产生了强烈的共鸣：这既是对研究对象鲁迅的发现，也是一个新的自我发现。所谓“真的知识阶级”，有两个基本内涵。其一是坚持反抗来自一切方面，一切形态的奴役、压迫现象，因而永远不满足现状，做永远的批判者，并永远处于边缘位置。其二是永远站在受侮辱、受损害的底层民众、社会弱势群体这一边，做他们真诚的朋友。可以说，在中国发生严重的两极分化，以及知识分子内部分化中，我终于在鲁迅的

“真的知识阶级”这里找到了自己的历史位置。一方面，我将永远站在强权政治和体制（不管它们打着什么旗号）的对立面，不管中国如何发展，在任何时代与社会，我都将处于边缘位置。我承认，这是由我内在的个体精神自由的彼岸关怀、无政府主义倾向所决定的。同时，在现实的中国政治、思想、文化结构里，我将拒绝充当“国师”“幕僚”“智库”“社会反抗运动组织者、骨干、领袖”“导师”的角色，而坚持以个体介入的方式，从自己的理想、信念出发，以鲁迅的韧性精神，不断发出独立的批判的声音，并做力所能及的基本的思想、文化、教育建设的小事情，同时，又清醒于自己的思想、行为的限度和局限，只顾耕耘而不问收获。

在确定了这样的基本立场以后，我又给自己两个命名。一是“幸存者”。这就是在本书《自序》里所说的，以躲过历史浩劫，而又具有一定发言权的学者应有的历史责任感，书写被强迫遗忘的历史，挖掘被淹没的历史精神。二是“思想者与实践者”。在思想者的不妥协的批判与实践者的必要的妥协之间取得某种平衡，用我自己的话来说，就是将思想者的“想大问题”与实践者的“做小事情”结合起来。这一时期社会介入的一个重要方面，对中学语文教育改革的参与，就是先作为教育思想者，对现行教育体制进行尖锐的批判，以后又作为实践者亲自主持编写《新语文读本》，并从事“中学语文教育学”的理论探讨和建构，写有《语文教育门外谈》一书，在这两方面，都在教育界和社会上产生了很大的影响。

这一时期的写作，最引人注目的是思想、学术随笔，如《压在心上的坟》《拒绝遗忘：钱理群文选》等，都拥有广大的读者，使影响超过了学术界和教育界。学术研究在第二阶段曾经走出以后，又回到了周氏兄弟这里。代表作是《话说周氏兄弟》《和鲁迅相遇》，以及《走进当代的鲁迅》里面的几篇论文（《作为思想家的鲁迅》《鲁迅对现代化诸问题的历史回应》《鲁迅与20世纪中国》等）。这一时期对周氏兄弟研究的重心转向鲁迅，而且对90年代提出的思想、文化问题有更自觉的回应。其重点在发掘和阐释鲁迅的核心思想和概念：一是“立人”，由此而展开鲁迅对建立中国“近世文明”即中国现代化道路的独特思考；二是“精神界战士”和“真的知识阶级”的概念，由此展开鲁迅对知识分子道路的独特探索。所追求的依然是“学术”“自我”“时代精神与问题”三者之间的契合。

四

2002年退休以后，进入了自我生命和学术的新的开拓时期。我曾经多次说过，退休于我而言是巨大的解放。首先它使我在最大限度上摆脱体制的限制，可以“胡思乱想，胡说八道”，同时又摆脱了专业的限制，可以自由突进到新的研究领域。也就是当中国在职的学者越来越陷入体制化与专业化的学术与心灵的桎梏，并难以自拔时，我却获得了相对的，当然也是有限的自由。我甚至认为，这是命运对我的眷顾。而我在前一阶段所做出的“学者与精神界战士”的结合和“真的知识阶级”的选择，也只有在这一时期，才得以有限度地实现。

我在退休以后，做出的第一个选择就是自觉地从学术中心位置退出，远离学术界，远离北大，对所有学术的、社会的、政治的群体都保持距离，真正将自己边缘化，同时以纯粹个人的身份，按照自己的兴趣与意愿，参与社会、学术、政治活动，并保持最大的独立性，竭力维护随时可以介入，又随时可以退出的自由，掌握好若即若离的度。

正是在退休以后，我的社会关怀得到了新的扩展。主要有四大块。其一，前一时期已经开始的对中国教育改革自下而上的参与，不但有新的深入，进行“大学教授到中学上课”的倡导和实践，更有全面的开拓：由中学进入小学，由城市进入乡村，由学校教育进入社会教育，在实践的基础上，又做出了理论的探讨与创造，写有《钱理群语文教育新论》《做教师真难，真好》《我的教师梦：钱理群教育演讲录》等三大著作。其二，主动参与了对青年志愿者运动的推动，并进行了“志愿者文化”的理论创建，写有《致青年朋友》等著作，在志愿者和当代大学生中产生了一定影响，和80后、90后的青年建立了或一定程度的精神联系。其三，以贵州为基地，通过对地方文化研究的推动，参与西部文化建设和农村文化建设。其四，以思想、文化、学术随笔，以及时事政治评论的方式，对当代思想、文化、学术、社会、政治的重大问题进行及时回应，做历史与理论的分析。不少文章都引起了社会的关注。除五部《退思录》外，还写有《知我者谓我心忧：十年观察与思考》一书，这是可以看作对时代的现场记录。

我自己最为看重，也用力与用心最多的，是学术研究。尽管基本退出学术界活动，但对自己的专业——现代文学研究与鲁迅研究的热情不减，写有《鲁迅九讲》《鲁迅作品十五讲》《钱理群中学讲鲁迅》《钱理群讲学录》等专著，在研究视野与深度上都有新的发展。但这一时期的研究重心，显然有了重大转移，即由现代文学研究转向了现代思想史、精神史的研究，目前已经取得了三大重要成果：已出版的《拒绝遗忘：“1957年学”研究笔记》，开创了民间思想史研究的全新领域；在大陆、台湾两地出版的《我的精神自传》是知识分子精神史研究的新的尝试；刚完稿的《我和毛泽东、共和国六十年》，则是对中华人民共和国历史的研究，和毛泽东思想的研究进行新的创造性的实验之作。

退休以后的以上所有的活动与写作，无论是关注农村教育，推动志愿者运动，参与地方文化研究，还是开拓民间思想史、知识分子精神史、当代政治思想史研究，都有一个鲜明的特点，即自觉地加强了自我生命与学术研究和中国这块土地上的文化与人民的血肉联系。于是就有了“漂泊者和坚守者”的自我命名。所谓“漂泊者”，即远离本土，“在远方”发展；而“坚守者”则固守本土。这本是人的两种生命形态、生命选择，也是两种心理欲求，事实上是并存于人的生命之中的。就我自己而言，祖籍杭州，生在重庆，却一生浪迹于南京、贵州、北京，显然是个漂泊者；但身处全球化的时代，又固守中国本土，当然也是坚守者。更重要的是漂泊心态与坚守心态，更是时时纠缠于心。而“漂泊者与坚守者”这一命名的提出，则是要揭示一种精神危机，这是我在退休后越来越强烈地感觉到并不断提出的：我发现，我自己，中国的知识分子，以及年青一代，都存在着精神上“逃离土地”的趋向，对脚下的土地，和土地上的文化、人民，有一种认知上的陌生感，情感与心理上的疏离感。这样，漂泊者就走上了永远的精神不归路，坚守者也身在本土而心在远方，都失去了“根”，成了“无根之人”。面对这样的精神的，更是生命存在的危机，就提出了“构建精神家园”的问题。可以说，我退休后的所有活动与写作，都是自觉的“寻根”之举。这不仅是个人生命进入老年期，必然要寻找皈依，更是有着全球化的深刻背景：全球化是以多元化为基础的，它不仅要求和国际接轨，追求统一和消抹差别，达到世界的融合，更要以差异性、地方性、本土性来支撑。就是说，退休后对地方、本土、民间的前所未有的亲和力，背后是有一个全球化的世界眼光的。这同时也意味着，个人生命和学术都进入了一个大视野、大境界，这或许是最值得珍惜的。

2010年11月4—5日

初载《幸存者言》，复旦大学出版社，2011年1月

《心灵的探寻·后记》

钱理群

一

这里，要谈的是“我自己”。更确切地说，是“我与鲁迅”。这本是“我之鲁迅观”题中应有之义。而且，“我”并不是孤立的存在，同样是一种“社会关系的总和”。透过“我与鲁迅”，可以从一个特定侧面，看到中国的成长于20世纪五六十年代的知识分子，他们与20世纪中国变革的先驱者鲁迅的认同与辨异、理解与误解、感应与隔膜……

就从50年代谈起。

少年时代的“我”，自然没有自己独立的“鲁迅观”，但奇妙的是，我对鲁迅的认识竟然受到了一首诗与一个诗题的影响。这首诗是臧克家的《有的人》，我至今还能背得出——

有的人活着
他已经死了；
有的人死了
他还活着。

有的人，
把名字刻入石头想“不朽”；
有的人，
情愿作野草，等着地上的火烧。

把名字刻入石头的，
名字比尸首烂得更早；
只要春风吹到的地方，
到处是青青的野草。

“一个诗题”——真的，只剩下诗题，诗的内容早已毫无印象了——是郭沫若的《鲁迅笑了》。

现在回想起来，“鲁迅笑了”，正是应和着50年代的时代与个人的欢乐情绪；鲁迅在我们这一代心目中，第一个印象不是“横眉冷对”，而是“笑”，这是很有意思的。——不是么？

而臧克家的《有的人》则引起了一个纯真的少年对不朽的生命的无尽遐想与朦胧追求。这时鲁迅离自己是比较遥远的。

认真地读鲁迅的书，是在大学读书期间。今天的大学生已经很难理解，当年的大学生“拼命读书”是要被认为走“白专道路”而受到严厉批判的。而我偏偏是个不可救药的读书癖，一面接受批判，不无虔诚地检讨自己，一面却忍不住要悄悄读书。记得1959年有一段时间，空气有点松动，甚至号召“认真读书”，于是，我就趁机公开、半公开地啃起出版不久的《鲁迅全集》来。“啃”得非常吃力，因为我当时几乎毫无人生阅历，知识又极端贫乏，连字面的意思都弄不懂；但毕竟通读了一遍，而且不知不觉间，“微笑”的鲁迅变成了“眉头紧皱”的鲁迅：这大概与我自己的心境变化有关吧。

真正开始“研究”鲁迅，是在60年代初，我的生活发生了巨大转折：大学毕业以后，由北京“发配”到了贵州一个偏僻、落后的小城，又面临着那个饥饿的年代。物质的饥饿，特别是精神的饥饿，使我又捧起了鲁迅的书。1962年第一个早晨，我空着肚子，在一间又小又冷的屋子里，拿起笔，开始写我的《鲁迅研究札记》。我的第一个研究题目是《鲁迅与毛泽东》，以为他们之间存在着内在的相通；这大概是受了冯雪峰的影响，因为我的最有力的论据就是冯雪峰《鲁迅回忆》里的几段话。我在文章开头引用了叶剑英的诗句："东方风格千秋在，举世嚣嚣亦枉然。"把鲁迅与毛泽东同样看作是"东方风格"即"为无产阶级思想所照耀的我们民族性格"的伟大代表，并且把这种"东方风格""民族性格"概括为"硬骨头精神与韧性精神的结合"——这是我的第一个"鲁迅观"，它直接地反映了60年代初由于苏联对中国的封锁而激发起来的强烈的民族主义情绪。20世纪五六十年代，中国大陆先后经历了两次外来的封锁——50年代以美国为首的西方社会的封锁，60年代以苏联为首的国际共产主义运动的封锁，这对于恰恰在这二十年内在中国大陆成长起来的这一代知识分子的思想、性格、文化心理结构的形成与发展产生了极其深刻的影响。对这一影响，人们至今仍然估计不足。正是在这两次封锁中，毛泽东高举起了"维护民族独立、统一与尊严"的大旗，因而为这一代知识分子所普遍接受，并逐渐成为他们心目中的英雄与导师。我至今仍清楚地记得，我在第一篇论文里，引述了毛泽东50年代所写的《别了，司徒雷登》里的一段话："封锁吧，封锁十年八年，中国的一切问题都解决了。中国人死都不怕，还怕困难么？老子说过：'民不畏死，奈何以死惧之'……没有美国，就不能活命么？"我当时是一边写一边流泪的，因为这时候我们又面临着苏联的封锁。这一代知识分子因此而自愿地接受了毛泽东"自力更生，奋发图强"的理论，以及他的"大跃进"政策和"反修防修"的思想。尽管"大跃进"给包括这一代知识分子在内的全民族带来了巨大的灾难，但人们仍然认为，它是以一种扭曲的形式反映了处于封锁下的中国人民迫切要求迅速改变自己国家"一穷二白"的面貌，从"落后挨打"的被动局面中解脱出来的民族情绪与愿望的。也正是在这样的民族情绪与社会心理下，鲁迅"没有丝毫奴颜与媚骨"的"硬骨头"精神，在这一代知识分子中产生了巨大影响，鲁迅本人也与毛泽东一样，成为他们心目中的民族英雄。我自己也就是在这样的社会文化心理背景下，选择了鲁迅与毛泽东作为精神的支柱。这一选择，对我的实际意义是，尽管处在个人生活的逆境——由文化中心北京“发放”到文化沙漠贵州——却始终保持了奋发图强、昂扬向上、积极进取的精神状态；我按照毛泽东的教导，自觉地把自己的本职工作——在一所小小的中等专业学校做语文教员——与整个国家、民族的振兴事业联系在一起，劲头十足地、兢兢业业地教育着学生。同时，几乎是废寝忘食地读书，研究鲁迅，一遍又一遍地通读《鲁迅全集》，写下了大量笔记，为我今天的研究工作打下了较为坚实的基础。而我这样的精神状态，在我的同代人中是有代表性的。

但这同时也存在着可悲的误解与曲解，出现了可怕的历史倒退。中国这一代知识分子对于毛泽东的英雄、领袖地位的确认，对于他的许多理论的接受，开始确实是一种理智的选择——由于他代表了民族的利益，由于他领导中国革命与建设的成功。但在发展过程中，却逐渐变成了盲从。人们开始是出于信任，以后则出于盲目的“惯性作用”，逐渐接受了这样的“理论”与事实：探索中国发展道路这类“大事”是毛泽东这样的领袖的特权，而我们普通老百姓（包括知识分子）只需要按毛泽东的指示行事，踏踏实实地做好本职工作。包括我自己在内的中国五六十年代成长起来的这一代知识分子中的大多数，就这样做出了关键性的错误选择：他们半是被迫、半是自动地放弃了探索真理的权利，放弃了独立思考的权利。这不仅从根本上背离了鲁迅所开创的中国现代知识分子的历史传统，而且也是知识分子历史品格的丧失：在社会分工中，以“思考”作为本职的知识分子居然停止了思考，甘心做“驯服工具”，这真是历史的大倒退、大悲剧，也是历史的大嘲讽。但我们却长期以来对此麻木不仁，安之若素，甚至沾沾自喜。在本书写作过程中，当我重读到鲁迅这段话：“自己明知道是奴隶，打熬着，并且不平着，挣扎着，一面‘意图’挣脱以至实行挣脱的，即使暂时失败，还是套上了镣铐罢，他却不过是单单的奴隶。如果从奴隶生活中寻出‘美’来，赞叹，抚摩，陶醉，那可简直是万劫不复的奴才了。”[①]回想起我也曾长时间地“陶醉”于自己的驯服中，我觉得鲁迅是在用鞭子抽打我的灵魂，我无地自容！

尽管痛苦、难堪，但我们必须正视这一严峻事实：在我们这一代知识分子身上曾经出现过“驯化”“奴化”的倾向。鲁迅其实早已提出警告：在强调“一致对外”时，要防止对国人正当权利的剥夺[②]；但20世纪中国却一再出现这样的“误解”：知识分子对民族、社会责任感的强调，总是要以知识分子个性的丧失为代价。这其实是从根本上反映了儒家文化传统特点的。而中国的知识分子作为传统文化的承担者，也就自觉、不自觉地继承了这一传统。鲁迅这一代曾经勇猛地反叛过，并且企望由他们这一代开始，中国人民（包括中国知识分子）从此结束精神奴化状态，但不承想五六十年代成长起来的这一代知识分子却又走了回头路。这里所发生的，正是鲁迅所预言的悲剧：人们只注意了“一致对外，反帝反霸”，却因此放松了对国内封建主义的警惕。

20世纪五六十年代的外来封锁还造成了这一代知识分子文化构成上的严重缺陷。我们除了大量接受中国传统文化及“五四”以来的左翼文化[③]外，主要的精神汲取是俄罗斯文化、60年代以前的苏联文化，以及西方文艺复兴以来的人文主义文化传统；对于20世纪，特别是第二次世界大战以后的西方文化，以及60年代以后苏联文化的新发展，则基本上是与之隔绝的。而且我们还有一套“理论”，这就是日丹诺夫所谓18、19世纪“资本主义繁荣时期”曾创造出“伟大作品”，无产阶级可以批判接受；而“资本主义没落时期”的20世纪西方文化已经彻底腐朽，无产阶级应断然拒绝。[④]绝不能低估日丹诺夫的理论及其实践对这一代知识分子精神素质的深刻影响，恐怕至今还有许多人没有从其阴影中彻底摆脱出来。这

① 鲁迅：《南腔北调集·漫与》，《鲁迅全集》第4卷，第588页。

② 鲁迅：《华盖集·忽然想到》，《鲁迅全集》第3卷，第92页。

③ 对“五四”以来的非左翼文化，我们实质上是拒绝的。

④ 日丹诺夫：《在第一次全苏作家代表大会上的讲话》。

种情况造成了我们对鲁迅思想理解的极大片面性：我们只注意，或者说只能理解鲁迅思想中与19世纪人文主义思潮相通的部分，例如他的人道主义，他的理想主义、浪漫精神；而我们对鲁迅思想中与20世纪现代主义相通的部分，例如本书反复强调的鲁迅怀疑主义精神，他的个性主义思想中的“绝望”“孤独”，强烈的荒谬感和自嘲意识……我们则根本不能理解。但我们偏偏又有一种现成理论，即把我们所不能理解的东西，一律叫作“历史局限性”。这种思想逻辑固然简单明快，却造成了我们这些自称的鲁迅信徒对于鲁迅的可怕隔膜。

如果我们敢于像鲁迅那样直面事实，我们还得进一步承认：在一定程度上，可以说，这是“开放的一代”与“封闭的一代”之间的隔膜，是具有怀疑主义的否定精神的一代与在形而上学独断论、绝对主义的时代文化气氛中成长起来的一代之间的隔膜。研究了几十年的鲁迅，现在终于发现，自己在一些基本方面（当然不是全部）与鲁迅是隔膜的，这自会引起一种难言的、挖心掏肺的痛苦。啊，历史对我们这一代竟是如此的残酷！但又有什么办法呢？时代酿成的苦果，我们也只得吞下去，而且如鲁迅那样，独自躲进丛林，舐净心灵创伤的血迹，然后，我们才会有新的希望、新的开始。

二

我和我的同代知识分子在已经被驯化的情况下，迎来了“史无前例”的时代——这对中国现代知识分子确实是一次“史无前例”的严峻考验。

我个人的命运再一次发生急剧的变化。“运动”一开始，一夜之间，我成了“修正主义苗子”“反革命”。我被隔离起来，关在自己的单身宿舍里。除了无休止地写检查，接受批判之外，居然还允许我读书。我的大批藏书都被没收，却留下了《毛泽东选集》与

《鲁迅全集》。

于是，我就在这样一个荒诞的疯狂的时代，处于一种屈辱的地位，以一个混乱、迷惑的、曲扭的心灵，与我的两个“精神之父”——毛泽东与鲁迅进行“精神对话”了。这自然已不再是“学术研究”，而是要求灵魂的“超度”：要给突然强加于我的屈辱地位找到一个“合理”的、自己所能够接受的解释。“课题”的选择从一开始就是错误的；但当时我的思想既然已经被“驯化”“半驯化”，而这场“革命”又是打着我所崇拜的毛泽东、鲁迅的旗号，因此，“命运”注定我及我同代知识分子中的大多数，在“革命”风暴初起时，不可能对这场“革命”本身产生怀疑，而只能在自己“灵魂深处”去“爆发革命”，何况我们中国知识分子历来就有孔孟儒学提倡的“自省”传统，在新中国成立以后，又一直鼓励这种“自省”式的“修养”呢。这样，在这“史无前例”的历史大考验的一开始，我和我的同代知识分子的大多数自我精神状态及所做出的历史反应，就走入了歧路，具有了极大的悲剧性与荒诞性。

但我居然在毛泽东与鲁迅那里，找到了“合理”的解释。这就是毛泽东与鲁迅都对中国知识分子的弱点采取了严峻的批判态度。鲁迅早在《关于知识阶级》中就指出过：“知识和强有力是冲突的。”[①]而鲁迅本人，则是由于对中国传统文化所持的特别严峻的态度，进而对传统文化的主要承担者中国知识分子的弱点格外敏感，并一贯给予无情的批判。但在1966年开始的混乱中，我是不可能做出这样的区分的。当时，引起我的思想震动的是，毛泽东与鲁迅都从知识分子与普通人民的关系这一角度，严厉谴责知识分子的弱点。

这正是要害所在。

正像屈原反复吟诵“长太息以掩涕兮，哀民生之多艰”那样，生活在中国这块多灾多难土地上的人民的苦难，始终在折磨着中国知识分子的灵魂。在中国知识分子心目中，“祖国”始终是与“人

① 鲁迅：《集外集拾遗补编·关于知识阶级》，《鲁迅全集》第8卷，第189页。

民”连在一起的，“爱国”必然“忧民”；与人民共命运，成为中国知识分子最重要的传统。但鲁迅这一代，作为中国20世纪伟大变革的先驱者，他们最初强烈感受到的是，现代意识与变革要求和人民不觉悟状态的尖锐矛盾，因此，他们对于人民既“哀其不幸”，更“怒其不争”，鲁迅并且有“现在没奈何，也只好从智识阶级一面先行设法，民众俟将来再谈”[①]的设想。但是，无情的现实很快就使鲁迅强烈地感到只掌握精神批判武器的知识分子，在占有了强大的国家机器的反动阶级面前的软弱无力；在他得出了“一首诗吓不走孙传芳，一炮就把孙传芳轰走了”[②]这一结论时，他就自然地产生了向“物质的批判”的承担者工农兵大众吸取力量的强烈要求。鲁迅身上所发生的这种由强调知识分子对人民的启蒙作用，到强调知识分子从人民中汲取力量的转变，在20世纪知识分子的精神历程中，是具有典型性的。因此，毛泽东在著名的题为《五四运动》的讲演中，做出“知识分子如果不和工农民众相结合，则将一事无成”的论断时，既反映了客观实际，又科学地总结了“五四”以来知识分子发展道路的历史经验，表达了包括鲁迅在内的广大觉悟的知识分子的自觉要求，同时又得到了前述“知识分子与人民共命运”的历史传统的强有力的支持。因此，毛泽东的“知识分子与工农大众相结合”的号召得到中国广大知识分子的自觉响应，成为他们的行动路线，并不是偶然的。但是，毛泽东的这一正确历史命题在执行中却产生了谬误。20世纪40年代强调“大众化”就是“彻头彻尾彻里彻外”地“化”[③]时就已显偏颇，50年代提出“知识分子工农化”的要求，更在实际上根本否定了知识分子对工农为主体的人民的思想启蒙任务，进而预伏着否定现代科学文化知识，美化人民愚昧状态的危险。我们这一代五六十年代成长起来的知识分子在继承上一代传下来的“知识分子与工农相结合”的正确传统时，

① 鲁迅：《华盖集·通信》，《鲁迅全集》第3卷，第24—25页。
② 鲁迅：《而已集·革命时代的文学》，《鲁迅全集》第3卷，第423页。
③ 毛泽东：《反对党八股》。

同时就接受了“知识分子工农化”的理论。在越来越明确地把与普通工农等同（画等号）作为奋斗目标时，知识分子与工农的关系发生了扭曲：他们不再是互相支持，互相吸取、补充的平等的社会变革力量，而被人为地划分成了改造者与被改造者，知识分子成了不“脱胎换骨”，就不允许存在的异己力量。先是对知识分子确实存在的弱点的夸大——具有“反省”传统的中国知识分子很容易就接受了这种夸大，纷纷自觉地谴责自己；然后打出了“兴无灭资，反对修正主义”的旗号——对西方及苏联的封锁极端反感，被激起了民族主义、爱国主义热情的中国知识分子，也很容易地从“保卫中国意识形态的纯洁性、独立性”的角度接受了这些口号；然后在“兴无灭资，反对修正主义”的神圣旗帜下，把以科学与民主为中心的现代意识统统划到“资产阶级、修正主义思想”的范围，而予以根本否定与彻底践踏，这样，中国现代知识分子赖以存在的基础与代表历史前进方向的现代科学文化的密切联系，就从根本上遭到否定与摧毁，以至发展到最后，“书读得越多越蠢”，“知识”本身变成了“罪恶”。这是一个可怕的“逻辑的迷宫”：不但“前提”（“知识分子与工农相结合”）具有历史的合理性，而且每一步推理，都有可以被接受的“理由”，似乎“合乎逻辑”。喜欢做抽象推理、逻辑游戏的中国知识分子——这正是知识分子的致命弱点之一——就这样一步一步地、不知不觉地自己“出卖”了自己：终于“相信”了自己“有罪”，“相信”自己不经“彻头彻尾、彻里彻外”的根本改造，就失去了存在的价值。

这是一种渗入这一代知识分子灵魂深处的精神迷误，它甚至支配着这一代知识分子的专业研究。我与同代人对鲁迅的观察就是如此。鲁迅被塑造成“脱胎换骨”的改造的典型，鲁迅前后期思想被人为地割裂与对立起来，贯穿鲁迅一生的启蒙意识被视为“局限性”，鲁迅对知识分子弱点的批判则被任意强化与夸大，后期鲁迅的另一些重要思想，例如知识分子是“大众中的一个人”[①]，

① 《且介亭杂文·门外文谈》，《鲁迅全集》，第102页。

应“不看轻自己”，也“不看轻别人”，反对“成为大众的新帮闲”[①]，也都消失在观察视野之外。鲁迅再一次被我们这些“信徒”肢解，反过来又影响着我们在新的历史命运面前自我道路的思考与选择。

我就是这样地“接受”了“文化大革命”初期对我的种种“批判”：我否认自己是“反革命”，却真诚地承认自己是“修正主义苗子”，承认自己“有罪”。当时，和我处于同样命运中的同代知识分子中的大多数，都做出了类似的历史选择。我们这一代知识分子的悲剧命运就此达到了顶点。

这里，需要说一说鲁迅的“中间物意识”对我的深刻影响。在我大学毕业以后走上人生之途的开始，也即我的独立的鲁迅研究的开始，我就确定了以鲁迅为榜样，自觉地充当“历史的中间物”的人生道路，把自己的历史使命归结为“自己肩负因袭的重担”，为年青一代开辟道路。我至今仍然认为，这是一个符合历史要求的正确选择。古老中国向现代中国历史转折的特殊艰巨性，决定了20世纪中国“历史的中间物”必然包括好几代人；五六十年代成长起来的我们这一代知识分子又正处于新中国的开创者的老一代，与新时期中华腾飞的主力军年青一代之间，是20世纪中国几代知识分子中精神重负最为沉重的一代，历史限制了我们自身更充分的发挥，在我们身上，“历史中间物”的特色显然是更为鲜明的。正是“中间物”意识使我找到了自我心灵与鲁迅心灵的“通道”。在鲁迅的启示下，我比较早地清醒地看到了自我的局限性，自觉地接受了鲁迅“绝望中抗战”的人生哲学，因而几十年来，无论身处逆境或顺境，都始终保持了“永远进击”的奋斗精神。但同时，我也比较早地接受了鲁迅的“赎罪意识”与“牺牲意识”的影响。特别是毛泽东把现代知识分子与工农的差异赋予阶级论的色彩，断定我们这一代知识分子都是“资产阶级知识分子”，剥削阶级家庭出身变成我极为沉重的思想包袱时，“赎罪意识”与“牺牲意识”就是一种极

① 《且介亭杂文·门外文谈》，《鲁迅全集》第6卷，第101页。

好的精神解脱：不但受压抑的地位被解释为“历史的必要牺牲”，而且也从这种自觉的“赎罪”与“牺牲”中找到“我不入地狱谁入地狱”的“崇高感”与“悲壮感”。本来鲁迅的赎罪意识与牺牲意识里就含有某些病态成分，现在，经过我们这些“信徒”的发挥，竟然有了如此浓重的鲁迅所深恶痛绝的“阿Q气”，而且最终导致了我们对现实愚昧、反动势力的怯懦的屈服：这大概是鲁迅所绝对不曾料及的吧。这确实是20世纪以来中国知识分子精神历程中最悲凉的记录。

三

因此，可以想见，当北京“批判资产阶级反动路线”“批判驯服工具论”时，在我这样的内地小城里的、被囚禁的知识分子内心世界里会引起什么样的反应。不可能了解斗争全局，特别是上层斗争情况的普通人民（包括我这样的知识分子）只能按照自己的实际处境来理解：当时我感到是一次从未有过的思想大解放，被“赎罪意识”“改造意识”强压下去的“反抗意识”终于引发出来，我几乎是第一次恢复了知识分子思考的本能，然而，它又不免是畸形的，因为同时大大加强了的对毛泽东的个人崇拜使这种思考不可能是真正“独立”的，冲破了局部范围的思想束缚，却在更大范围内受着更根本性的束缚，而且“反抗意识”从一开始就被“引”入了错误（全局性的）方向。我们正是在这样的情况下，以一种扭曲的形式进行着自己的思考，得出自己的结论的。鲁迅的怀疑主义否定精神就是在这种情况下引起了我的强烈共鸣。鲁迅《狂人日记》里的历史性质问：“从来如此，便对么？”以及他引述的屈原的诗句“路漫漫其修远兮，吾将上下而求索”，在以后漫长的精神困惑里，成了我和我的一些青年朋友的座右铭。特别是“林彪事件”之后，我们在一阵思想阵痛之后，很快转入了对“中华民族的历史命运与历史道路”的思考与探索。我与比我年青的一代——当今中国改革事业的主力军深刻的精神联系，就是在这一时期建立起来的，这对我以后的思想发展起着决定性的作用。我至今仍不能忘怀，在“四人帮”制造的“红色恐怖”之下，我们怎样躲开一切监视，秘密地聚集在一起，如饥似渴地学习马克思、恩格斯、列宁的原著，以及我们所能搜集到的古今中外的哲学、历史、政治经济学等著作，热烈地讨论着中国与世界的过去、现在与未来。在这种场合，我常常给青年朋友讲我所理解的鲁迅；鲁迅对中国社会历史的深刻剖析引起了年青一代的极大兴趣。事实上，我们正在经历着与当年的鲁迅类似的精神探索的历程。有意义的是，我们所得出的结论，与鲁迅也是类似的：我们经过自己的独立思考与选择，接受了马克思主义的辩证唯物主义与历史唯物主义哲学；而我们最感兴趣，讨论得最为热烈的，也是如何从中国的国情出发，在实践中发展马克思主义。鲁迅就是这样在这非常的年代开始与六七十年代成长起来的年青一代发生了心灵的感应。据我所了解，在当时的中国，全国各地都出现了不同形式的类似学习、思考与讨论；在60年代末、70年代初，以年青一代为主力的中国知识分子所进行的这一次自发的探索，实际上成为1976年以后的中国思想解放运动的先声，中国今天正在进行的改革事业的许多思想萌芽都是在那个时候开始孕育的。而我自己，正是在这一次探索中，随着对中国“国情”日益深入的思考与理解，逐步地接近与理解了鲁迅。

但我的思想解放远比年青一代要艰难得多。可以这样说，直到粉碎“四人帮”之前，我都未能从长期形成的对个人迷信的束缚中彻底解脱出来。这是自然的：我是在“毛泽东的时代”成长起来的一代，毛泽东作为我的精神支柱，已经构成了我的生命的一个组成部分。“文化大革命”中我又接受了毛泽东“无产阶级专政下继续革命”的理论。这反过来严重地束缚着我的思考，使我对“中国向何处去”问题的探讨没有达到本来可以达到的更大的高度与深度；我的思想认识的这种局限性，甚至影响了我周围的青年朋友，这是我至今仍然感到负疚的。

对毛泽东“无产阶级专政下继续革命”的理论的真诚接受，一个重要原因是我们心中郁积着一种怨愤情绪。这是长期处于受压抑的地位所形成的；也由于我们几乎是处于社会的最底层，对于党内不正之风引起的一部分当权的干部与群众之间尖锐矛盾有着十分具体、强烈的感受，以至于产生了相当严重的对立。在满腔怨愤亟待喷发的心理和情绪支配下，自然很容易地就接受了毛泽东将矛盾、对立绝对化的“斗争哲学”。而我则更进一步把鲁迅的斗争精神绝对化，把鲁迅对于中国中庸主义的传统文化的批判绝对化，从另一个极端曲解了鲁迅。这种曲解是在艰苦的探索中，我的心日益贴近鲁迅的时候发生的，就显得特别可悲。前几年重读《鲁迅全集》，看到鲁迅早在1925年就已发出警告：“我觉得中国人所蕴蓄的怨愤已经够多了”，“当鼓舞他们的感情的时候，还须竭力启发明白的理性”，否则“是非常危险的”[①]。我受到了极大震动，由此而想到，20世纪以来，中国已经多次发生全民族非理性的狂热，我自己亲历的就有1958年的“大跃进”和“十年文革”，每一次“狂热”都是在一种受压抑的怨愤情绪的冲动下开始的，最后却走到了反面。这样的悲剧经常发生在迫切要求改变自己地位的落后国家、受压抑的阶层中。具有局部合理性的历史要求被利用，就特别令人感到悲哀与沮丧。这是历史对不成熟的民族、阶层及其知识分子的惩罚。无论是对于我们民族，还是我自己，这都是一个沉痛的历史教训。

四

我正是怀着探求的渴望，又负着精神的重担，步入了1978年以后开始的中国历史发展的新时期。在思想解放运动中，尖锐地提出了毛泽东的历史评价问题。由于毛泽东一再宣称他的心与鲁迅“相通”，因而对于鲁迅的评价，事实上也成为几代知识分子及学术界公开、不公开的争议问题之一。毛泽东与鲁迅长期以来都是我的精

① 《坟·杂忆》，《鲁迅全集》第1卷，第225页。

神支柱，这场争论对我所具有的极端重要的意义，几乎是不言自明的。由于多次历史经验教训，我已经趋于成熟，不再愿意盲目地听从任何一种意见，而坚持一切要经过自己的独立思考与判断。这既是充满痛苦与困惑的历史的反思与自我剖析，又是思想的解放、心灵的开放、艰难而愉快的新探索的开始。在将近七八年的时间里，我很少写有关鲁迅的文章，我害怕思考的不成熟再次歪曲了鲁迅。但我内心深处却一直有一个声音在呼唤着我：我的命运既然与鲁迅有着如此不平凡的联系，我应该把我们这一代人对鲁迅的认识写出来，在鲁迅研究中尽到"中间物"的历史责任。我仍然坚信，真正与鲁迅思想相通的，将是当代中国的先进青年。因为他们与鲁迅同样处在历史的大开放、大变革、大转折的时代，有着类似的探讨与思考。更重要的是，正是当代的中国先进青年，他们有可能以更加科学的态度对待鲁迅，既不如我似的把鲁迅当作崇拜对象，又不会像某些人那样轻率地否定鲁迅；在鲁迅面前，他们是平等、独立的，却因此而真正接近了鲁迅。在他们中间，将会产生出远比我们这一代更有出息的鲁迅研究工作者，会有比我们更加深刻的认识与发现。我曾有幸在北京大学和华侨大学给数百名青年学生讲过本书的内容，出乎意料地得到了异乎寻常的热烈反应。无论在课堂的交流，课后的倾心交谈，还是书面作业、试卷，学生们所表现出来的对鲁迅的由衷热爱，对鲁迅内在矛盾及其独特价值的深刻理解[①]，不但使我多次感动得不能自已，而且越来越确信：鲁迅是属于中国当代青年的。我由此而把自己研究工作的目标归结为一点：尽可能如实地把我所认识到的鲁迅的本来面目介绍给当代青年，使他们冲破种种曲解、误解而造成的迷雾，直接接触鲁迅作品，与鲁迅进行心的交流。[②]我自知由于时代造成的缺陷，自身知识结构的限制，

① 我在本书的成稿过程中，听取了不少学生的意见，有的引录了原文，有的则融入了我的分析中，在此向所有听过我的课的学生及有关作者表示衷心感谢。

② 本书大量引述鲁迅原文，不惜因此造成行文的板滞，目的正为此。

不可能有成熟的研究成果贡献给年青一代。所能提供的，仅是不完整、不成熟的半成品，一些可供进一步研究、探讨的信息、线索。我期待着我的研究成果的最佳效果是：年青一代的朋友从中得到某些启发，感到某种满足，又发现许多缺陷，感到不满足，进而激发起创造的欲望，自己来修正、补充、发展，以至在否定中开始新的探索。我不追求永久的学术价值，只希望自己的研究多少能够起着沟通鲁迅与当代中国青年心灵的桥梁的作用。这是一个极高的标准与要求，因此，我仍不免于惶恐而紧张。其实这也是不必要的：我已经尽可能真诚地把我要说的话，都说出来了；我已经尽可能坦白地解剖了我心中的鲁迅，更坦白地把“自己”暴露于世人面前。几十年来一直纠缠我的灵魂，使我坐寝不安的感情重担已经卸下，我还要再期待什么呢？难道我们这一代人就应该这样永远地惶恐而紧张下去么？

不，是鲁迅所说的，“竦身一摇”，将一切“摆脱”，“给自己轻松一下”的时候了。

1986年4月27日晚12时写于泉州华侨大学招待所

初载《心灵的探寻》，上海文艺出版社，1988年7月

我的文学史研究情结、理论与方法

——《中国现代文学编年史——以文学广告为中心》书后

钱理群

在2012年末的一次座谈会上，一位北大的研究生问我：你如何给自己定位？你怎样看待自己？我回答说，我更愿意把自己看作是一名学者；在学术研究上，我更愿意把自己定位为“文学史家”。也就是说，学术研究更是我的生命意义和乐趣所在，而文学史研究与写作更是我的学术研究的重心，是最能发挥自己的领域。

其实在几年前接受一次采访时，我就表示过这样的意思：“现在许多人比较关注我的社会活动方面，对学术关注不够；而对我的学术研究，比较关注对鲁迅、周作人的研究。我自己觉得有点遗憾。为什么呢？因为我是真正醉心于文学史研究的。一个方面，‘史’的研究在中国有传统，虽然‘文学史’是西方传来的，但是中国的史学研究是最发达的。另外，它跟现实的关系，虽然不像文学评论那样直接介入当代的文学创作，但其实是有强烈的现实关怀的，我们从来就有‘以史为鉴’的传统，用我的导师王瑶先生的话来说，就是‘让历史告诉未来’。”我把自己的任务定位为做历史的经验总结，这个经验对当代社会有非常大的意义。选择文学史研究，也和我的兴趣、知识结构有关。现代文学研究界有许多朋友都是着重于某一文体、某一作家的研究，成为某个领域的专家，如诗歌研究专家、戏剧研究专家、沈从文研究专家、茅盾研究专家等。我的兴趣则很广泛，我对各类文体，各样风格、流派的作家都很熟悉，而且也都有自己的看法。这就有利于结构各种关系，发现不同文体、不同流派作家之间的复杂联系。这是适合做文学史研究的，“即使做作家研究、文体研究，也会有文学史的整体观照的眼光”[①]。

尽管我的文学史写作实践非常少，仅有20世纪80年代的《中国现代文学三十年》，90年代的《二十世纪中国文学史略》，且均为与他人合作的；但几十年来，从未停止过对文学史观念、方法、历史哲学的思考与探讨，除收入《二十世纪中国文学三人谈》及《反观与重构——文学史的研究与写作》《中国现代文学史论》等三本书的文章外，还有不少散见的文字，但从未认真清理过。现在，正好趁最能体现我的文学史追求的《中国现代文学编年史——以文学广告为中心》完稿之机，来做一番回顾与总结，就按历史的顺序一一道来。

我想把自己关于文学史的思考与探索，分为三个阶段和时期。

一、独立文学史观的追寻（1985—1995）

（一）对历史研究基本问题的思考

在第一部专著《心灵的探寻》的《引言》（1986）里，就谈到了我对鲁迅研究、文学研究的理解，也可以说是我的第一个独立的文学史研究观——

“‘鲁迅’（鲁迅其人，其作品）本身即是一个充满着深刻矛盾的、多层次、多侧面的有机体。不同时代、不同层次的读者、研究工作者，都按照各自所处的时代与个人的历史哲学、思想情感、人生体验、心理气质、审美要求，从不同的角度、侧面去接近鲁迅本体，有着自己的发现、阐释、发挥、再创造，由此而构成了一个不断接近‘鲁迅’本体，又不断丰富‘鲁迅’本体的，永远没有终

① 钱理群：《生命意识烛照下的文学史书写——和来访者谈我的现代文学研究追求》，《中国现代文学史论》，广西师范大学出版社 2011 年版，第 407—408 页。

结的运动过程。也正是在各代人广泛参与的过程中，‘鲁迅’逐渐成为民族共同的精神财富。

“考察鲁迅作品在不同时代读者中的不同反应，以及鲁迅形象在中国社会发展的不同历史时期所发生的变化，并从这一特殊角度探讨中国现代民族思想、心理、情绪的变化，那将是很有意思的。”

今天回过头来看在研究起点上提出的这一文学史观，有几点颇可注意，其中包含了对几个重要的历史哲学和文学史观念的个人选择与回应。

1. 历史哲学中的主客体关系问题

这应该是“史学理论中最有思想深度和哲学意义，最复杂微妙，因此也最具有争议的理论命题”。中国古代所谓“我注六经”与“六经注我”之争，西方史学界所谓客观主义的“事件的历史”与主观主义的“概念的历史”“建构的历史”等不同理念，都反映了两种不同的历史观，并形成不同的研究派别。[①]我对这一争论有三个方面的认识。

首先是承认历史客观本体的存在，也即《心灵的探寻·引言》所说“鲁迅本体”的存在，并且“有一种追求历史的本真性的执着”。如一位论者所说，这不仅是我个人，可能还代表了一代学人的历史观：我们这一代从小就接受唯物史观的教育与影响，更是对客观真理、真实的历史存在心存信仰，“把归宿看成是人性的不可缺少的东西，把超越性看成是人的某种本性”。这是确乎如此的：对我们这一代学人，“假如不相信历史本身的真实性，不相信人性是一个实存的范畴，是无法生存下去的”[②]。记得在1999年我和洪子诚先生之间有过一次文学史观念与写作的讨论，他在给我的信中

① 参看钱理群《樊骏参与建构的中国现代文学研究传统》，《中国现代文学史论》，第64—65页。

② 吴晓东：《探索文学史的叙事学》，《文学的诗性之灯》，上海书店出版社2010年版，第111页。

就表达了这样的迷惑与忧虑："我要提出的问题是，是不是任何叙述都是同等的？我们是否应该质疑一切叙述？关于第二次世界大战，我们的叙述与右翼分子、反犹太主义者的叙述是同等的吗？在一切的叙述都有历史的局限性的判定之下，我们是否会走向犬儒主义，走向失去道德责任与逃避必要的历史承担？另外，如果'历史真实''本质'是虚构的，那么，我们的研究的内在动力是什么？我们究竟还在追求什么？是否有可靠的立足的根基？"[①]这样的疑惑，其实是基于对中国国情的两个担忧与警惕的，一是在我们这里总是有一种力量要遮蔽历史的真相：不是在某些人的笔下，60年代历史中的大饥荒，"文革"中的许多事件，都是"被叙述"出来的，因而是"不存在"的吗？另外，在当下中国社会和学术界日趋浮躁、功利化的世风、学风之下，如一位学者所说，对研究主体性的过分强调，是极容易陷入"批评乌托邦的自由想象精神和批评家的自我中心"的陷阱，"就为不负责任的自由发挥、浪漫主义的自我表现和主观主义的胡说八道留下太多可钻的空子，埋下被误用和滥用的根源"[②]。在中国，特别是当下的中国，主观主义、相对主义、实用主义、不可知论的历史虚无主义、犬儒主义和道德虚无主义，有着很深厚的土壤和市场。在这样的情况下，坚持历史客体本体性的存在，坚守历史研究的客观性，至少对于我们这一代来说，是一条不可退让的底线。研究者认为，"对本真的历史以及人性的存在的虔信，构成了钱理群这一代人难能可贵也是不可替代的财富"[③]，我认可这样的评价，这是一种有限度的自信。当然，如论者所说，也还存在历史和历史叙述的另一种可能性，我们也不能将自己的选择绝对化。

① 钱理群：《读洪子诚〈当代文学史〉后》，《生命的沉湖》，三联书店2006年版，第15页。

② 参看钱理群《我们所走过的道路——〈中国现代文学研究丛刊〉一百期回顾》，《中国现代文学史论》，第167—168页。

③ 吴晓东：《探索文学史的叙事学》，《文学的诗性之灯》，第112页。

一方面承认历史本体的客观存在，因而确认历史的可知性，以及历史叙述的客观基础与制约性，研究评价的客观标准；另一方面又强调作为研究对象的历史客体（例如“鲁迅其人，他的作品”）是“一个充满着深刻矛盾的、多侧面、多层次的有机体”，研究者对其认识是一个历史过程，每一个阶段都只能从某一角度、某一侧面去揭示它。这是一个不断接近，而永远不可能穷尽，不可能完全把握与复原的，因而是一个“永远没有终结的运动过程”，因而确认研究主体对研究对象的把握，只具有相对的意义与价值，但其中又确实包含了若干历史的绝对内容（因子）的。这相对中的绝对，大概就是我们从小所接受的与历史唯物论相应的历史辩证法吧。

这里所说的历史叙述的相对性，是包含了两层意思的。一是历史是一次性的运动，它既不可能重复，也具有不可完全复原性，历史的重述与历史的原貌永远是有距离，甚至是有偏离的，任何历史研究只能具有相对的意义和价值。二是因为历史本身的复杂性、丰富性、模糊性，它是难以完全、准确把握的。文学历史的研究，尤其如此。我在一次谈话里曾这样提醒包括自己在内的文学研究者：“我们要研究的是这样的特殊的人：他们的思想、感情、心理，都更复杂更敏感，也更脆弱，更需要小心地、细心地去体察、理解；他们是民族的思想者，永远的文学的、精神的探索者，具有更丰富的、自由无羁的想象力，他们中的最杰出者的思考与文学追求常常是超前的，他们的真正思想风貌，近距离的观察是看不清楚的，需要长时间的耐心考察，才能达到有限度的理解。而我们又是何等粗心地、性急地，却又大胆地去评论、批判，还美其名曰‘研究’他们啊，多少作家就这样被误解、被捧杀、被骂杀了！”我因此向自己和同行提出一个问题：“号称‘文学史研究者’的我们，理解我们的研究对象吗？”而且我们的研究，必然受到自身与所处时代思想水平的影响与制约，“因此由于不理解而对作家作品做出错误的判断、评价是难免的”，因此，我们不仅在做出判断与评价时“要特别谨慎”，在看不清楚时，不妨放一放，看一看，不要轻做结论，而且应该“将自己的判断、评价相对化，避免绝对化”[①]。

这样的研究价值的相对性，决定了文学史研究不可能是一次完成的，它需要不断地“重写”。“作为研究对象的历史上的文学现象本身具有时间上的完成性，而对于这些历史上的文学现象的认识，却具有未完成性，也即认识的无限性。”[②]从另一方面看，这也正是学术研究的魅力所在：它是“一种永恒的追求”，“它的全部意义、价值和无穷趣味，就在于它永远在发现，像新生儿一样，去面对永是新鲜，永是生动，永是陌生”的对象，哪怕已经研究了千百遍，“这正是学术研究的诗性所在”[③]。能不能清醒认识现有研究的有限性、相对性，从而始终保持对研究对象的陌生感，随时产生重新发现的欲求，以此作为自己研究的不竭动力，应该是判断一个学者是否成熟的重要标志。

这里还有一个对研究者（历史叙述者）自身局限性的清醒估量与认识的问题。如我在一篇文章里所说：“曾经有一度我们是十分自信的，以为有权对历史事件、人物做出权威性的，甚至是终审判决式的评价，因而自觉不自觉地扮演了历史审判者的角色；而且我们还坚信自己能够发现某种历史发展的‘必然规律’，因而自觉不自觉地扮演了历史必然性的阐释者的角色。”[④]这恰恰是大可质疑的，其背后有一个历史决定论与本质论的认识误区。我们这一代从小就被灌输一个“信念”：仿佛存在一个终极性的社会发展的目标，例如共产主义理想社会，据说它体现了历史发展的本质，并先

① 钱理群：《创作的超前性与评价的相对化》，《返观与重构——文学史的研究与写作》，上海教育出版社 2000 年版，第 203—205 页。

② 钱理群：《作为历史科学的文学史——王瑶先生文学史理论、方法描述》，《返观与重构——文学史的研究与写作》，第 22 页。

③ 钱理群：《警惕现代学术的陷阱》，《返观与重构——文学史的研究与写作》，第 206 页。

④ 钱理群：《新的可能性与新的困惑》，《返观与重构——文学史的研究与写作》，第 305—306 页。

验地决定了历史发展的方向与道路，历史研究的任务，就是描述出“历史向着最后的目标，一路前行，即使遭遇曲折，也绝不回头”的过程，并为其合目的性、合规律性做历史的论证。这其实就是官方主流意识形态对历史研究的一种裹挟和胁迫。深刻影响我们那一代的，还有黑格尔的历史哲学，强调历史发展无论有怎样的分离、分裂，最后都会归于一个泯灭矛盾的绝对存在的历史的“合题”，这也是为现状辩护的。应该说正是这样的历史决定论、本质论和合题论，构成了我起始阶段研究的巨大束缚。以至我的第一本研究专著《心灵的探寻》尽管已经提出了历史研究的相对性这样的命题，但仍然留下了历史合题论的印记。当时就有年轻学者指出：“钱先生确实精细地向我们揭示了鲁迅人格和心灵的种种矛盾和困惑，但从他的笔下看来，这些矛盾和困惑最终都得到了解决，即由对立达到了辩证的统一。这给人一个错觉，仿佛他之所以层层打开有无数折皱的一把扇子，目的不过是为了让人看到最后那一记漂亮的收合”，这就“先定地束缚了他的思考”[①]。这是击中了我的历史观、世界观的要害的。后来在总结自己“第一个十年”的研究时，我对此做了一个反省，“把困境看作是历史中人的某种本体”，以“毫无掩饰地揭示人的生存困境和分裂”为文学史叙述的核心，这是标志着我的历史观、文学史观的一个调整和转换的。[②]如论者所说：“这体现在对黑格尔式的历史决定论的摈弃，对历史规律性的和必然性的怀疑，对历史宏观叙事的合法性的质问”，“从二十世纪八十年代的启蒙理想主义、历史乐观主义到二十世纪九十年代的人的生存困境的文学史观，反映了钱理群对历史以及文学的理解发生了很大的变化”[③]。但也如论者所说，我并没有因此而放弃前述

① 解志熙：《两难而两可的选择——也谈〈心灵的探寻〉》，《光明日报》“图书评论”第23期，1989年1月24日。

② 参看钱理群《现代人的生存困境及审美形态——我这十年研究》，《返观与重构——文学史的研究与写作》，第145—147页。

③ 吴晓东：《探索文学史的叙事学》，《文学的诗性之灯》，上海书店出版社2010年版，第108页。

对“历史的本真性的执着”，也就是说，我的怀疑主义的“最后的支撑”依然是“对本真历史存在的信仰”，这是构成了我的“文学史观念的底座”的。[①]更准确地说，我是试图在怀疑主义与信仰主义之间的矛盾与张力中建立起自己的历史观、文学史观的。

这样，也就有了对历史研究者的自我身份的另一种认定：他主要应当承担历史叙述者的责任，提供历史的事实，同时也提供自己对历史的某些思考，引导读者自己去领悟历史事实本身所包含的丰富的，有时甚至是难以言说的内容。我曾经将这样的叙述者身份比喻为“一位饱有经验和学识的‘导游’，引我们读者一路走来，观赏路边应接不暇的文学风景，他介绍，指点，也偶有评论，却并不强加于人，只是引导我们自己去游，当我们真的自己游，直接去读原著了，他就只站在一旁微笑，尽管我们已经把他的介绍忘记了，他的目的已经达到了。这里不仅有和读者一起平等地观赏和研究的态度，更包含了作者自己对其介绍对象——精彩纷呈的现代文学风景的热爱，欣赏，以至陶醉，深深地感动、启发了游览者（读者）”[②]。

因此，这样的历史叙述与介绍也总是具有一定的主观性的，选择（介绍这样的文学风景，不介绍那样的风景）本身就包含了某种主观预设与意义阐释。[③]这就说到了我们这里讨论的“关于历史哲学中的主客体关系”问题的第三个方面：在强调历史的客观性的同时，也要重视历史研究者主体的主观能动性。其最初的提法，就是《心灵的探寻》“引言”里所说的，每一个读者、研究者都会对历史本体“有自己的发现，阐释，发挥，再创造”，阅读与研究不仅是“不断接近”，还是“不断丰富”历史本体的过程，“正是在各

① 吴晓东：《探索文学史的叙事学》，《文学的诗性之灯》，第110—111页。

② 钱理群：《是集大成，又是新的开拓——读吴福辉〈中国现代文学发展史〉（插图本）》，《中国现代文学史论》，第279页。

③ 钱理群：《新的可能性与新的困惑》，《返观与重构——文学史的研究与写作》，第306页。

代人的广泛参与的过程中”，历史及其精神产品（如文学作品），“逐渐成为民族的共同的精神财富”[①]。在“引言”里，我以鲁迅研究为例，做了这样的阐述：“正像鲁迅自己所说，客体的形象是会‘因读者的社会体验而发生变化’的，‘读者所推见的人物’和‘作者所设想的’，虽然‘那性格，言动，一定有些类似’，但又不是绝对‘相同’（鲁迅《花边文学·看书琐记》）。就在这‘类似’与‘不同’之间，研究主体的能动作用就有了发挥的余地。研究者不但可以通过观察角度、方法、视野范围的不同选择，将客体的某一侧面、层次突出于前景，或推移于后景，亮点的变动自然导致了客观形象的某些变化；而且还能够运用自己的生活与审美经验，对客体的某些方面做出富有创造性的阐释和开掘。事实上，每个研究者，总是根据自己时代和个人的文化积累、背景，思想观念，人生经验，审美趣味，个性特点……对鲁迅的某一侧面产生共鸣，然后对这一部分加以强化和发展，从而创造出某一时代、某一个人的‘鲁迅’来。只要是从客体出发的科学创造，而非离开客体的随意臆造，所产生的‘鲁迅’形象，必定是基本面貌接近、类似于鲁迅本体，又不完全等同于鲁迅本体：它因为主体的参与，在某一方面，丰富、发展了‘鲁迅’。”“引言”进而指出：“这自然是对研究者主体提出了极高的标准。鲁迅说得很好：‘北极的竭斯吉摩和非洲腹地的黑人，我以为是不会懂得“林黛玉型”的’（《花边文学·读书琐记》）；一个各方面和鲁迅相距甚远甚至背道而驰的人，很难对鲁迅研究做出有价值的贡献。研究者自身的文化积累、人生经验、审美经验越丰富，个性发展越健全，对鲁迅的研究必定越有创造性。”[②]在这样的意义上，可以说，研究者的生命质量是决定了学术研究的生命质量的。

我的这一强调主体能动作用的观点，曾遭到质疑，我的研究也

① 钱理群：《心灵的探寻》“引言”，上海文艺出版社1988年版，第9—10页。

② 钱理群：《心灵的探寻》“引言”，第25—26页。

因此经常受到“过度阐释”的批评，我一方面把这样的批评视为一种提醒，即主体参与不能脱离客观本体的实际，应受其严格制约；但另一方面，又始终固执地坚持这样的研究者的主体性，并且有新的发挥：“研究者和研究对象的关系，其实是一个‘后死者’与‘先行者’的关系，尤其是研究对象是一个鲁迅这样的大家时”，“先行者对后死者是有托付的，后死者对先行者就有了大责任，大承担”，“学术研究也因此有了几个境界：首先是你研究他，你讲他；其次是你接着讲，结合今天的现实，发挥先行者的思想，把他的思考深入一步；第三个境界是接着往下做”。这是“研究者和他的研究对象产生心灵的对话以后，必然会产生的内在生命冲动：你研究得愈深，就愈会感到他的深远意义，他的现实存在性，于是，你就忍不住要往下说，往下做，这就是创造性的阐释、发挥和实践。这样，你才对得起你的研究对象，那些先行者，同时也才对得起自己，因为你在你研究对象的精神创造里，加入了自己的创造。其实，我们今天讲的‘鲁迅’‘庄子’‘孔子’，已经不只是‘周树人’‘庄周’‘孔丘’个人的创造，而是包括了后来的无数研究者的创造成果，这是一个不断累积、添加，不断丰富的‘文本’。一切创造性的学术研究都是追求这样的自己的添加的。这样的有学术承担的研究，才是真正有意义、有价值，值得你去痴迷的”[①]。

这样的历史研究的主体性，对我们这一代，或许还有更为重要的意义。这涉及我们这些研究者与所研究的现代文学、思想历史的更深层次的关系。在一次对话里，一位年轻研究者谈到，“对于钱老师及那一代人而言，历史是和个人血肉相连的”，这和他们这一代的感受：历史仅是一个客观的研究对象，是大不相同的。[②]这段话给了我很大的启示，我也因此注意到自我生命与研究对象生命

① 钱理群：《学术研究的承担问题》，《中国现代文学史论》，第386—387页。

② 参看钱理群《如何回顾那段革命历史》，《中国现代文学史论》，第368页。

的交融性。我曾经谈到“五四”的五大发现：人的发现、自然的发现、妇女的发现、儿童的发现、农民的发现，以及“五四”启蒙主义和浪漫主义对我的精神世界，以至精神气质的深刻影响，自称“自己本质上是一个‘五四’之子”，“这就意味着，我的主体精神和作为研究对象的‘五四’开创的新文学之间，是存在某种共通之处的。这正是我的学术文章和著作背后的底气所在”[①]。在谈到我的20世纪40年代文学的研究时，我又说：“我是诞生在那个年代的；1939年3月，我在重庆山城第一次睁眼看这个世界”，“我知道，自己内心深处的‘四十年代情结’是根源于对生我养我的这块土地的永远的依恋。此刻我心中默念的，正是同样孕育于那个大时代的艾青的诗句：‘为什么我的眼里常含泪水？因为我对这土地爱得深沉……’”[②]最近在回顾和总结我的鲁迅研究时，也有这样的体认：“个人生命史与自己的鲁迅研究史竟如此紧密纠缠在一起，这或许就是我的鲁迅研究的最大特点。鲁迅对于我，从来不是客观的研究对象：青年时代，他和毛泽东同是我的精神导师；70年代末到80年代，当我要走上自己的精神与人生的独立之路时，我首先要做的，是扬弃毛泽东的鲁迅模式，寻找一条独立的鲁迅研究之路，对鲁迅进行‘心灵的探寻’和‘走出毛泽东’的努力，几乎是同一个过程；当面临80年代末开始的，至90年代，新世纪的第一个十年，绵绵不绝的中国社会、政治、思想、文化、教育问题，以及由此引发的个人几次精神危机时，我都是到鲁迅那里去寻求批判性思想资源，吸取精神的力量与智慧。在这一过程中，我对鲁迅的认识逐渐深化与升华，形成了自己的鲁迅观与方法论。生命与研究的同步成长，这真是人生一大幸事、乐事，也是鲁迅研究对于我具有永

① 钱理群：《人生如梦——总结我走过的路》，《梦话录》，漓江出版社2012年版，第179页。

② 钱理群：《关于20世纪40年代至70年代文学研究的断想》，《追寻生存之根——我的退思录》，广西师范大学出版社2005年版，第284页。

远的魅力的原因所在。”[①]

由此而形成的是我的越来越自觉的学术追求，即自我生命和学术的一体性。我对此有过一个概括：“学术的探讨，也是生命的挣扎；对研究对象的发现，同时也是对自我的发现；对研究对象的审视和解剖，更是对自我的质疑和反省。这已经成了一个习惯：每当在现实生活中面临困惑，或陷入困境，我都是用沉入研究的方式来寻求转机”，“可以说，随着学术上的不断开拓，自我生命也得到不断升华”[②]。对我来说，做文学和文学史的研究，首先要问的是：这样的研究，与自身的安身立命有什么关系？“我的所有的学术探讨，对外部世界历史与现实的追问，都最后归结为对自我内心世界的逼视，对自我存在的历史性分析和本体性追问：‘我是谁？我何以存在与言说？’”[③]在我的理解与感觉里，文学与文学史研究本质上就是研究者与研究对象两个生命之间的对话，因此，我读文学文本，首先是用心去读，重在感觉与体验，达到心灵的交流，有时更是灵魂的搏斗，借用胡风的概念，写作的过程，就是研究者与研究对象两个生命“相生相剋相搏”的过程，“一方面可以收获丰富的痛苦，同时身心的付出都非常大”[④]。我每写完一本书，确实有鲁迅那样的感觉：“我的生命的一部分，就这样用去了，……逝去，逝去，一切一切，和光阴一同早逝去，在逝去，要逝去了。”编辑成书，不过是将“陈迹收存起来”，“掘坑”造“坟”而已（鲁迅《写在〈坟〉后面》）。我喜欢在学术著作的背后，附一个长长的“后记”，讲述写作背后的“我的故事”，与著作中讲的“他人的故事”一起，构成一个有机整体，并且将这样的“后

① 钱理群：《活着的鲁迅》“序言”，未刊稿。

② 钱理群：《人生如梦——总结我走过的路》，《梦话录》，第 196 页。

③ 钱理群：《我的精神自传·前言》，《我的精神自传》，广西师范大学出版社 2008 年版，第 226 页。

④ 钱理群：《我不敢写传记的理由》，《那里有一方心灵的净土》，中国文联出版社 2008 年版，第 392 页。

记”称为“墓志铭”。

当然，我也会同时强调：“我这样的‘自我生命与学术一体性’的学术追求，是相当个人性的，并不具有普遍的意义，而且这样的追求本身也是存在陷阱的，如果追求过分，掌握不好分寸，也会有弊病。”如同历史在场者、幸存者的身份一样，都是存在两重性的：发挥得好，是有可能增加研究的创造活力的；如果不加节制地滥用，就有可能成为一种主观随意性，形成对历史的遮蔽，以至曲解。还有一个明显的事实：这样的生命的相遇对研究对象是有严格的挑选的，而文学史家却必须面对一切作家作品和文学现象。客观地说，我自己的研究，也并非对每一个研究对象都产生共鸣，只是对于不能产生共鸣的作家作品，我也要求有“同情的理解”（详见下文分析），我更追求的是对整体时代文学精神的感应。在和年轻学者的谈话里，我这样谈到自己的学术追求可能有的启示意义：“学术研究总要和自己的生命存在发生某种关联，这是学者、教师、作家这类更具有个人创造性的工作所要求的，只有能够从自己的一个个学术课题里，研究过程中，不断创造出自我生命的意义，从中享受快乐，才能永远保持学术研究的动力和活力，不至陷入职业性的厌倦症与冷漠症。”①

2. 历史研究中的时间观问题

（1）我曾经说过，在一定意义上可以说，历史研究与写作就是一种“回忆”，“对已经流失的生命的回忆”与“反顾”；而回忆正是“已无法追寻的‘过去’与‘现在’之间的互融与互生”，“已逝的‘昨天’与将至的‘远方（明天）’将一起奔聚而来”。历史研究是一种“现在”写作，其立足点是当下的现实。它所要追问的是，这样的“现在式”的现实，是如何孕育与诞生于“过去式”的历史之中的；它所要面对的是“过去”与“现在”之间的承接，交融与矛盾，冲撞；它同时又充满了对“将来式”的远方的憧憬、想象与焦虑。这样，作为“回忆”的历史研究与写作，就必须

① 钱理群：《人生如梦——总结我走过的路》，《梦话录》，第198页。

建立在“过去”、“现在”与“未来”三维时间基础之上，处理好三者的关系。[①]由此而形成的是历史研究的三种品格：历史性、现实性与超越性。

占首要地位的，自然是历史性品格，这是与前文所强调的历史本体的客观性直接相关联的：历史研究的目的与评价标准，就是要看能够在多大程度上接近历史的本体，即我们通常所说的揭示“历史的真相”（我们已经说过，完全抵达与揭示，是不可能的；但相对的局部的抵达与揭示却是可能，并应该自觉追求的）。为了达到这样的目标，其前提就是要坚持我们这一代所熟悉的历史唯物论的基本要求：“把具体的研究对象放在当时的各种历史条件和整个历史范围内进行分析评价”，“从历史形态所包含的内容里去认识对象”，以实现“严格的历史性”[②]。这方面的问题，我们在下文讨论对历史的“理解的同情”时会有进一步的展开。

需要着重讨论的，是历史研究的现实性品格。这里的关键，是要认识在“过去—现在—未来”的历史长河里，“现在（现实）”是处于中心位置的一个环节，它一端连接“过去（历史）”，一端连接“未来”，历史的东西和未来的东西正是在现实中相会，即所谓“现实中的历史和现实中的未来”。这就决定了一切历史研究，不论历史学家是否自觉，都必须以“现实（现在）”为认识的中介，不仅研究主体生活于现实，具有当代意识，而且历史研究的出发点与归宿，都应该以现实为中心，这就是所谓历史研究的“当代性”。可以用两句话来概括，即“通过过去理解现在”和“通过现在理解过去”。

首先是“通过过去理解现在”，这是指历史研究的兴趣和动力来自现实（现在）的实践。这本是中国的史学传统，也是我的导

① 参看钱理群《我怎样想与写这本书——代后记》，《1948：天地玄黄》，山东教育出版社 1998 年版，第 329 页。

② 参看钱理群《樊骏参与建构的中国现代文学研究传统》，《中国现代文学史论》，第 87 页。

师王瑶先生那一代所不断强调的：为了“知今”而“鉴古”，或者叫“让历史告诉未来”，“无论就哪一方面做历史的考察和研究，都是为了从中得到启示，有益于今天和明天”[①]。这也是王瑶先生那一代人开创的现代文学史研究的传统：强调研究者“要与现实生活保持密切联系”，“关心当代人民生活，特别是当代文学创作与文学思潮的发展，以及发展过程中所提出的问题”，带着现实提出的问题反观历史，由此而引发出历史研究的新课题、新领域，并且用历史研究的成果“为现实的理论和创作发展提供历史的根据与借鉴”[②]。

所谓“通过现在理解过去”，即是“要求以当代人的眼光重新审视判断当年的历史，做出我们自己的结论，使研究成果具有现实的特点和今天的水平”，“以不同于前人的新的历史高度上赋予自己的研究成果以新的时代精神”[③]。这里强调的，正是前引《心灵的探寻·前言》里所说的，要用现在的时代精神去照亮历史，用自己所处时代和个人的“历史哲学，思想感情，人生体验，心理素质，审美要求”，对历史文本进行新的发掘、解释与价值重估，从而创造出自己时代的文学史图景。[④]

这里的关键，是如何处理现实与学术的关系。我因此而提出了一条原则：“学术研究必须和现实生活保持联系，必须有问题意识；问题意识常常产生于现实——这个现实是宽泛的，不仅是政治、社会现实，更包括思想、文化、学术、经济、科学、教育发

① 王瑶：《希望看到这样一本书》，《润华集》，中国社会科学出版社1998年版，第52—53页。

② 王瑶：《关于开展话剧文学的研究工作》，《中国现代文学研究丛刊》1986年第2期。

③ 王瑶：《中国现代文学研究的历史与现状》，《华中师范大学学报》1984年第4期。

④ 以上关于历史研究的现实性、当代性品格的讨论，参看钱理群《作为历史科学的文学史——王瑶先生文学史理论、方法描述》，《返观与重构——文学史的研究与写作》，第18、19页。

展的现实，等等。而学者在进入研究时，又必须和现实拉开距离，进行深度的观照，学理的探讨，理论的概括。”这就对研究者提出了一个很高的要求：“既要对现实有程度不同的关注与敏感，又要有将现实问题转换为学术问题、学术课题的眼光、方法、能力与习惯。”其中的关键，就是要善于从历史与现实的联系中找到相通处、关联点。应该说，这也是我进入学术研究首先遇到，并试图解决的问题。后来我在向研究生介绍我的研究路程时，特别谈到了我写作《丰富的痛苦——堂吉诃德与哈姆雷特的东移》的探索。它面对的是上一世纪80年代末，苏联解体、东欧剧变以后，现实所提出的最尖锐的问题：为什么会发生这样的突变，其中包含了怎样的历史经验教训？这是不是同时就意味着“历史的终结”，马克思主义和社会主义的最终破产？正是这些问题困扰着当时全国乃至全世界的知识分子，特别是左翼知识分子，也困扰着我自己。于是，就产生了思考与研究的冲动，当然只能选择一个特定的角度，而且要把这个尖锐的时代最重大的政治问题转换为一个学术问题。经过长时间的思索，我进行了四个方面的转换。首先是将“政治问题转换为一个思想命题”：知识分子和共产主义运动的关系。其次，再转换为一个精神命题：知识分子对社会主义的向往，和共产主义运动的接近与知识分子的精神气质的关系。再其次，又将对知识分子精神气质的关注集中到“堂吉诃德气”和“哈姆雷特气”，这就转换成了一个文学典型、文学的问题。最后，在讨论“堂吉诃德气”和“哈姆雷特气”在不同时代、不同国度的知识分子身上的不同表现时，又把研究重心集中到这世界文学史上的两大典型的传播和接受的历史考察上，这就最终形成了“堂吉诃德和哈姆雷特的东移”这一文学史的学术课题。它和最初的现实政治问题已经很远了，前者深藏在后者的历史叙述之中，如果不加点破，一般的读者是很难察觉其间的联系的。这正是我们所要追求的既从现实出发，又有距离的有深度的研究；而且可以说，正因为有了距离，才有了深度。这样的学者的现实关怀和学术著作之间的联系，有的比较明显，有的则比较隐蔽，还有“一些抽象程度比较高的理论著作，看似与现实无关，其实是有一种大关怀，是承担着为时代提供价值理想、思维模式和新的想象力的大使命的。坦白地说，这样的研究是我更为看重的，这样的思想家的理论创造只能心向往之了”。在由现实问题向学术问题转换的背后，还有研究者心态的转换和调整：在为现实的激发而产生思考与研究的冲动时，研究者显然充满了生命的激情，这样的激情是构成有创造性的研究的内在动力的；但研究者在向学术问题转换时，还必须遏制这样的激情，将其内敛化，以转化为冷静、客观的科学态度。①

文学史的研究，还必须具有超越性的品格。这首先是由文学和文学史的本性所决定的。我曾如此概括我的文学观：一个成熟的作家，“他既关注现实，又超越于现实，将此岸形而下的关怀与彼岸形而上的关怀有机统一起来，他的无羁的艺术想象力，自由出入于世俗社会与理想境界之间，在此岸与彼岸的联结中，实现了文学的审美作用，并在一定程度上起到了类似宗教的作用”②。与此相适应的，是我的文学史观：文学史关注的始终是特定历史时代的人的精神现象，“它所关注与审视、表现的是特定历史时代人（个体的人，社会、民族的人和人类的人）的生存境遇、生存体验，由此而显露的生存困境，以及这一特定历史时代的生命现象向美学形态的转化”。由此得出的结论是：“真正深刻的文学史研究正是应该通过历史学、社会学、文化学、美学上的把握，上升、深入到人类学的审视和开掘、发现。这就要求，作为文学史家，他必须如同作家一样，对人（他的生存境遇、体验、困惑）保持社会历史文化的与形而上的双重关怀，双重热情与眼光”，也就是说文学史研究，在历史性、现实性之外，还要具有一定程度的超越性。我们说

① 以上关于“现实问题与学术问题的转换”的讨论，参看钱理群《学术研究的承担问题》，《中国现代文学史论》，第 391—393 页。

② 钱理群：《文学创作与文学教育中的一个问题——读金庸武侠小说的联想》，《返观与重构——文学史的研究与写作》，第 259 页。

过，文学史研究就是现实与历史的对话；但又不能止步于此，对话的话题（问题）是从历史与现实引发的，但思考与开掘却应该由表及里地深入到人的存在、人性的普遍性的人文问题，人生哲学和精神哲学问题。这样的对人类共同的精神现象的关注所形成的哲学意味，可能是文学史研究的更高境界，是应该“虽不能至，而心向往之”的。[①]我在总结自己的文学史研究时说：“我最为迷恋和着力的，是时代命题背后与深处的人性，人的存在，人的精神，知识分子的选择等人文问题。”[②]这样的自觉追求可以说是贯穿于我的全部研究的：从《心灵的探寻》讨论“有与无”“天上与深渊”“希望与绝望”“先觉者与群众”“改革者与对手”“叛逆的猛士与爱我者”“生与死”“冷与热”“爱与憎”“沉默与开口”；以后的鲁迅研究讨论“真实与说谎”“记忆和忘却”“受压者与压制者的怨毒”“反抗的双刃剑”“心灵的奴化与毒化”；《话说周氏兄弟》讨论“做梦与做戏”“看与被看”“主奴互换”“主人、奴隶、奴才的三种话语”；到《丰富的痛苦》讨论“启蒙主义与理想主义的陷阱”“思想与行动的悖论”；《大小舞台之间》讨论“人的挣扎与被捉弄”“复仇的动因与后果”“生命的空洞与充实”；《1948：天地玄黄》讨论“革命话语，党的话语，农民话语，知识分子个人话语关系的转换”等，都是透过历史的叙述而探究背后的思想、精神、人文问题，洞察人性、人的存在的困境。这样的探寻热情一直持续到以后的研究，如《我的精神自传》讨论自我（知识分子）身份选择（历史的中间物、堂吉诃德与哈姆雷特，幸存者，学者、教师与精神界战士，真的知识阶级、思想者与实践者、漂泊者与困守者）的困境，最近完成的《毛泽东时代和后毛泽东时代：历史的另一种书写》显然具有更强烈的现实针对性和批判性，但我的深意却在通过对毛泽东及其时代的研究探讨与揭示人性中的乌托

① 参看钱理群《现代人的生存困境及审美形态——我这十年研究》，《返观与重构——文学史的研究与写作》，第151—153页。

② 钱理群：《人生如梦——总结我走过的路》，《梦话录》，第199页。

邦情结与专制倾向的关系与后果，我的批判的真正用意，是警戒国人，要反省自己身上的类似“因子”，在某种意义上，这才是中国永远走出专制时代的根本。这样的具有普遍意义的民族与人类精神问题的探讨与揭示，是可以通向未来的：我们说过，历史是不可能重复的，但历史背后的人的精神与生存困境却几乎是以后每一个时代的人都要面对的。文学史的研究，如果能够达到这样的超越性，它就能够保持不断和后人对话的可能性。我说过，自己的研究不仅面对当下的读者，更是以未来的读者为潜在对象的：这才是文学史研究的生命力所在。当然，文学史研究里的超越性的思考与探索，也是自有特点的，它不是以明晰的理论形态出现，而是包含在历史的叙述里的，它不仅是分散的，而且往往是点到即是，不可能充分展开与论证，因此往往为粗心的读者所忽略。为弥补这样的缺憾，我在北大开设的最后一门课“我的回顾与反思”里，对“我的研究中的思想问题”做了集中的展示和讨论，后来收入《我的精神自传》一书里。如果有可能，似乎还应该就“中国现当代历史中的人文、人性问题”做更为集中、充分的理论总结，这里算是先出个题目吧。

（2）历史研究中的时间问题，还有一个侧面，即历史和历史研究之间的“时间差”问题。历史是彼时彼地发生的，历史研究者是生活在此时此地的，由彼到此之间，存在一个时间差。这是历史研究与写作必须面对的事实，也是历史研究与写作能够成立的基本前提、条件与特点。所谓“时间差”，就意味着历史当事人与研究者不同的处境。历史当事人按照彼时彼地的历史境遇做出某种选择，从而创造了某种历史。这种选择可以是盲目的、无意识的，也可以内含着某种预设而成为有意识的自觉行为。所谓由彼到此，实际上就是这种有意识、无意识的选择所构成的历史命题的展开与实现的过程。而这样的展开与实现的结果、后果，却是历史的当事人当初做出选择时所无法预知的，与其预计也相差甚远，甚至相反，而且历史的当事人即使参与了历史的创造，作为个人也不可能掌握当年发生的历史事件的全貌。但这却是生活在此时此地的历史的研究者、叙述者所能够把握的：他们不仅能够尽可能多地把握历史的方方面面，而且这些历史的结果、后果正是他们今天所面临的现实。这样的历史发展“由彼到此”的顺向性，和历史研究“由此回溯彼”的逆向性的特点，构成了历史研究与叙述的内在矛盾，历史研究实际上是一个由此到彼，又由彼到此的不断往返的双向运动，由此决定了历史研究的两个基本原则与要求：既要“设身处地”，又要能够“正视后果”。[①]

“设身处地”的原则是朱自清首先提出的。他在《现代人眼中的古代》一文里，提倡“对古代文化的客观态度”，“也就是要设身处地地理解古人的立场，体会古人的生活态度”[②]。所谓“理解古人的立场”，就是要弄清楚他们在历史的当时提出这样而不是那样的主张，做出这样而不是那样的选择的思路，理解他们的立场，体会他们的情感、心理、态度。当然，决定做出这样选择的，还有所处的客观环境，多种社会、政治、文化因素，即所谓“彼时彼境”，这也是需要认真体察与体会的。这其实构成了历史研究与叙述的三大要素，即要说明：历史上发生了什么，又是何以发生的，其主观因素与客观条件是什么。要做到这一点，关键是要“设身处地”。这又有两层意思。首先要“处地”，即“进入前人的‘规定情境’，深入到当年的环境和氛围之中，把握历史”，“尽可能准确地认识与完整地把握历史的原貌”，“尽可能符合历史的原生形态”[③]。这其实也是我们老师辈们最重要的经验和传统。王瑶、唐弢先生指导研究生，都不主张他们阅读事后编辑出版的作家文集、

① 参看钱理群《我怎样想与写这本书——代后记》，《1948：天地玄黄》，第 326、329 页。

② 朱自清：《现代人眼中的古代》，《朱自清全集》第 3 卷，江苏教育出版社 1980 年版，第 206、203 页。

③ 樊骏：《论文学史家王瑶》，《中国现代文学论集》，人民文学出版社 2006 年版，第 36、38、39 页。

选集、全集，坚持要求从翻阅当年发表这些作品的报刊和初版本入手，目的就是要进入当年的社会、文化、文学环境、氛围里，“进入与作家‘共同的情怀和感受’的境界，即形成一种身临其境的现场感”[①]。当然，这里所说的“进入历史情境”与“现场感”，都只是相对的、有限的，因为从根本上说，历史既然不可重复，也就不可能重新进入。但我依然认为，努力去接近，还是有可能的，而且有没有这样的努力，效果是不一样的。我自己在学术研究中就很看重这样的努力去接近历史情境的“历史的诱惑”：“我非常迷恋旧报刊的灰尘。通过旧报刊的灰尘而进入历史的情境，从而感到兴奋不已。我最难忘的研究生生活就是在图书馆里，翻旧期刊，其实就是和古人进行精神对话，这使我得到快乐。”[②]

既然是对话，就应该和对话人，也即与研究对象有一个平等、和谐的关系，这就是“设身处地”的第二个层面：要能够“设身”，即换位思考，替对方着想，有一个“同情的理解”。钱谷融先生对研究者和研究对象的关系，提出了一个原则：“既不为贤者讳，可又绝不苛求，还是出之于谅解与同情。要做到这一点，实在不容易，不但要有清明的理智，更要有博大仁爱的胸怀”，即要“缘情度理，态度宽厚”[③]。钱先生的这一论述，让我大为感动，想到了一个“学术研究的人情味”的问题，因而呼唤“具有人道主义精神的学术”。我说，“钱先生有一句话说得我心热身暖：‘温润二字好’。我们的学术所缺少的，正是这样的‘温润’之气，而充满了戾气”。我们的研究里，有太多的“诛心之论”，“一方面，是缺乏历史感，不能还原到具体的历史的情境中去考察研究对象的得失，同时也是缺乏对研究对象的尊重与同情，而将研究者

① 樊骏：《唐弢的现代文学研究》，《中国现代文学论集》，第 75 页。

② 钱理群：《学术研究的承担问题》，《中国现代文学史论》，第 384 页。

③ 钱谷融：《致张景超（2000 年 3 月 14 日）》，《闲斋书简》，华东师范大学出版社 2004 年版，第 20 页；《致鲁枢元（1981 年 1 月 25 日）》，《闲斋书简》，第 33 页。

自己置于道德的、政治的、艺术的‘制高点’，进行审判式的研究”[①]。历史研究者的后来者的地位，很容易使其摆出一副“事后诸葛亮”的架势，用今天的思路、认识、立场、情感、心理、态度去苛求前人。“设身处地”的原则的提出，是抓住了要害的。也许更应该注意的，是朱自清先生提出的，要做到设身处地需要三个条件：一是掌握“所有能够得到的重要证据”；二是对古今相通的人情人性有实际的体验和精微的把握，甚至“替古人担忧”，做到“感情移入”；三是“能够在心目中想象古代的生活”[②]。这里提出的掌握史料、深通人情人性和想象力，实在是学术研究，尤其是历史研究的三大基本功。

当然，设身处地的同情理解并不等于价值判断的认同，也不会因此失去今人的眼光与立场，弄清历史的基本事实（发生了什么，为什么会发生）以后，还有一个对历史的解释与评价问题。这就是前文所说的，历史的发生和历史研究之间的时间差，使得研究者能够面对历史当事人不可能预知的历史选择的结局与后果，这样也就能够和必须做出相应的分析与评价。这就是“正视历史后果”的原则。所谓“正视后果”应该有两个方面的要求。其一是“全部后果”，不仅是和当事人预期相一致的正面后果，还有与预期相反的负面后果，即“走到反面”的问题。而且这两方面是相互纠缠在一起的。这就要求研究者要尽可能地掌握后果的方方面面的全部史料，具有处理历史复杂性的愿望与能力，而且要有“面对一切事实”的学术勇气和客观、科学的研究态度，绝不能根据自己的主观预设（立场预设和理论预设）随意裁剪历史事实，各取所需，更不能如钱谷融先生所批评的那样“为尊者讳”，或受制于意识形态的压力而多所忌讳，或将个人的学术地位与研究对象的历史地位捆绑在一起，有意无意拔高对象，回避其不足，这都意味着学术公心的丧失，是应该高度警戒的。其

① 钱理群：《读钱谷融先生》，《中国现代文学史论》，第 71 页。

② 朱自清：《现代人眼中的古代》，《朱自清全集》第 3 卷，第 203 页。

二，更要重视“长期后果”。应该看到，历史后果的显现，也是一个历史运动的过程；许多更深层次的后果，是要经过相当长的历史演变和发展，才会逐渐得以呈现的。历史的真相，其显现与隐含的方方面面，是需要长时段的时间筛选的，许多研究者都提倡“长时段的历史研究”，原因即在于此。日本现代文学研究前辈丸山升先生还因此提出了一个“能承担实际历史重负的强韧的历史观”的命题，强调要真正面对历史的复杂性，承担其历史重负，就必须“强韧”，如鲁迅说的那样，“要缓而韧，不要急而猛”[①]，着眼于长时间的研究，重大的复杂的历史问题的研究是需要用十数年、数十年的工夫的，甚至是需要几代人的持续努力才能解决的。[②]

因此，任何在历史的某一节点、时段做出的研究，对所谓历史后果的揭示，都是相对的，依据这样的只具有相对意义的历史后果所做出的任何分析与评价，也只能是相对的。如果将其绝对化，对曾经发生的历史做出所谓“定论”，都是危险的，会对尚未呈现的历史后果形成遮蔽。

面对历史后果的研究者，还容易落入一个陷阱，即所谓“成者为王，败者为寇”的历史观。研究者所面临的历史事实，是已经有了结局和既成形态，已经经过选择的实现了的事实，它是不能重演、补充和设想有另一个结果的。这就很容易按照最后的结果净化、简化历史运动本来面目和本体联系，更容易以“成功”（成为现实）与“失败”（未成为现实）或成功程度大小作为价值判断的绝对标准：以已经成功或成为历史主要趋向的选择为正确，以未能实现或未能成为主要趋向的选择为谬误，进而否认历史发展的多种可能性，把已经实现的可能性变成唯一的可能性，而且完全排除了历史发展的偶然性，把特定时间与空间中存在的某种趋势和历史选

① 鲁迅：《两地书·二九》，《鲁迅全集》第 11 卷，第 91—92 页。

② 参看钱理群《构建“能承担实际历史重负的强韧的历史观”——我看丸山升先生的学术研究》，《中国现代文学史论》，第 318 页。

择作为普遍的历史发展的必然趋势，这是对“存在合理性”命题的曲解：仿佛存在不仅有它的理由，而且成为必然，这就会导致历史独断论，把现存的一切神圣化，这是一种典型的成功者崇拜。这样的历史研究，就成了胜利者的宣传，为其统治合法性提供历史依据，变成了官方史学，从而失去了应有的科学品格和学术独立性。[①]

设身处地与正视后果这两条原则是相辅相成的，它们要求研究者对研究对象，既能入乎其内，表露出对古今相通的人情人性的精微体验和深切理解，有一种感情的投入；又要出乎其外，表现出保持一定历史距离的冷静与客观，将体察人情的温馨与正视困境、分裂的严峻融为一体。特别是面对当事人可以理解，因而是难以避免的历史选择，其结果却给自身造成了无以摆脱的历史困境，就不能不产生历史的悲悯感。在我看来，正是这历史的悲悯感构成了研究者与研究对象之间最真实的关系与情感，也构成了文学史的历史叙述的特殊心境与语调，形成一种特殊的文体风格。[②]

当然，从根本上说，文学史研究是一种“事后”的总结，因此，任何文学史的描述都要将实际发生的历史过程在不同程度上加以简化。现实的文学图景总是混乱的：少数文学精品与大量的平庸之作是混杂在一起的，因此，历史的当事人对现实文学状况的观察与估计往往是偏于悲观的。但如鲁迅所说，“文坛是无须悲观的”，因为“总归有许多所谓文人和文章也一定灭亡，只有配存在者终于存在”（《“中国文坛的悲观”》）。文学史研究所要做的，就是这样的历史的淘汰与筛选，不可能复原历史，是以简化历史为其价值实现的前提与代价的。[③]

① 钱理群:《作为历史科学的文学史——王瑶先生文学史理论、方法描述》,《返观与重构——文学史的研究与写作》，第 7、8 页。

② 参看钱理群《现代人的生存困境及审美形态——我这十年研究》，《返观与重构——文学史的研究与写作》，第 169 页。

③ 钱理群:《“找回失落的文学世界”》,《中国现代文学史论》，第 244 页。

3. 关于史料与史识关系问题

以上关于历史研究的客观性、历史性，以及同情的理解、正视后果的原则的讨论，都充分地论证了历史研究中史料的重要性。而且这已经成了李何林、王瑶、唐弢等老一辈学者开创的现代文学研究的传统："把尊重客观的历史事实，广泛收集、科学鉴别史料，进行描述归纳的实证研究放在首位"，"视广义的考证为史家的基本功、史学的基础"[①]。对于史料问题，我自己也有两个方面的思考与发挥。其一，提出做历史研究要有"史料的独立准备"。这是从鲁迅的治学经验那里来的：鲁迅在写作《中国小说史略》之前，就做了辑录《古小说钩沉》的工作，还辑录了史料集《小说旧闻抄》，编选了《唐宋传奇集》。鲁迅说："中国学问，待从新整理者甚多，即如历史，就该另编一部，古人告诉我们唐如何盛，明如何佳，其实唐室大有胡气，明则无赖儿郎；此种物件，都须褫其华衮，示人本相，庶青年不再乌烟瘴气，莫名其妙。"而历史中的遮蔽与涂饰的主要表现，就是观念、意识形态的遮蔽导致的历史事实的遮蔽。因此，如果我们想冲破重重涂饰，"示人本相"，就必须从被遮蔽和掩埋的历史史实的重新发掘开始。这也成了我的历史研究的基本追求。周作人的研究与写作，就是从笔名的鉴别、佚文的发掘入手，编了三十万字的《周作人年谱长编》，还对周作人与同时代人的关系做了史料的考释与整理，写了十万字的笔记。最后写出来的《周作人传》有四十万字，史料准备也有四十万字。我当时给自己定的写作目标，除了要真实地写出我对周作人和他那一代人的认识和生命感受外，就是史料要翔实，并尽量求全，将当时条件下可能搜集的材料全部收入，以为后来者的研究打下坚实的基础。现在看来，《周作人传》这本书至今还没有被人们忘记，一个重要原因恐怕还是这本书的写作，我自有史料的独立准备。以后我的研究始终坚持了这一条，甚至成了习惯：每写一部重要著作，一定要从史料的独立准备入手。而且据我的体会，随着学术眼光、思

① 樊骏：《论文学史家王瑶》，《中国现代文学论集》，第 34、35 页。

路的变化，必然有一批新的史料进入研究视野；而随着史料发掘的深入，新的学术思想与方法也得到了深化。这是一个相互促进的良性互动。我自觉追求的研究的新意和创造力，正是有赖于这样的新的学术眼光，以及被激活的新的史料。从《丰富的痛苦——堂吉诃德与哈姆雷特的东移》《大小舞台之间——曹禺戏剧新论》到《1948：天地玄黄》无不如此。以后我的注意力转向被遮蔽以至被强迫遗忘的民间思想史的研究、史料的发掘，更成了第一位的工作。某种程度上这是在进行史料的抢救，每一条史料的发掘背后，都有一个故事，这也是一部历史，充满着血和泪，连接着活的人的生命。

这就说到了我的史料观。人们通常把史料看作是一个“死”的东西，把史料的发掘和整理看作是多少有些枯燥乏味的技术性的工作。这是一个天大的误会。在我看来，“史料本身是一个个活的生命存在在历史上留下的印记。因此，所谓‘辑佚’，就是对遗失的生命（文字的生命，及文字创造者的生命）的一种寻找与激活，使其和今人相遇与对话；而文献学所要处理的版本、目录、校勘等整理工作的对象，实际上是历史上的人的一种书写活动与生命存在方式，以及一个时代的文化、文学生产与流通的体制与运作方式”，“无不包含着极其丰富的文化内涵与生命内容”，“而对史料的认识、处理，更是关涉到研究者的历史观、文学史观。当年鲁迅如此强调野史、笔记里的史料价值，显然是他的重视非正统的边缘文化、反抗正统文化的文化观、历史观的反映”[①]。这样的新的史料观后来就构成了我的“生命史学”观的重要方面。

在十分重视史料，并以“史料的独立准备”作为自己重要的学术追求与特色的同时，我对过分夸大史料作用的倾向，也保持高度的警惕：在我看来，任何观念、方法的合理性都是有限度的；掌握不好其中的度，就会出现问题。在文学史研究中，史料的作用也是

① 钱理群：《史料的“独立准备”及其他》，《中国现代文学史论》，第379—380页。以下关于史料的讨论，也参见此文。

有限度的，主要有三。首先，如前文所说，任何历史研究都是事后的回忆、追述，历史运动与历史研究之间的时间距离，常常造成史实的残缺，从而失去历史发展链条中的一些链环。现存的史料仅是历史现实的片段的反映，如果无视史料本身的这一局限性，误以为全部历史现实都在现有史料中，就会有简化历史的危险。而历史学家的任务，不仅要提供历史事实，还要理清历史发展的线索，这就和史料的残缺形成了矛盾。为了将失掉的链环找补起来，除了发掘新史料外，还得借助于理论思维的推论和想象力。王瑶先生因此提出并详细论证了“假设”在文学史研究中的地位与作用：“当我们已经初步接触到一些材料，我们对于这一问题的认识也就随之逐渐明确，那么我们就有可能根据已经理解的事实来预测到结论的可能性，然后再根据更多的材料来检验这预测性的假设，最后来确立这种假设是应该成立或应该推翻。这是对有关研究对象的事物和材料进行科学概括的一种形式，在任何研究工作中都是如此的。”[①]这里，显然存在着两个过程。第一是“假设的提出”。不仅要以一定的量与质的事实材料作为根据和前提，同时还要借助逻辑的推理与想象，实现一定程度脱离现有事实材料的飞跃。第二是“对假设的论证与鉴别”。其关键是要“根据更多的材料来检验”，检验的结果通常有三：一是“发现有与假设相抵触的反证”，“研究者就应该勇敢地抛弃那个假设，再在新的基础上建立一个新的假设，重新开始研究的过程”；二是假设被更多的材料所证实，就可以成为结论，或为定论，或为一家之言；三是新材料既证实了假设的某些合理性，又暴露了其中某些片面性或漏洞，于是就需要根据新材料对原有假设进行不同程度的修正、调整。在某种意义上可以说，文学史研究就是一个“假设的提出与论证”的过程。大量翔实可靠的史料的掌握，又是一个前提与基础，史料既是提出假设的依据，又是检验与论证假设的基本手段。但绝对不能忽视的，是理论思维与想

① 王瑶:《论考据学》，参见《中国文学论丛》，上海平明出版社 1952 年版。此段文字在收入《王瑶全集》时已删去。

象力的作用。我曾经说过，如果只沉湎于史料的爬梳之中，完全依附于材料，不能有超越材料的思想的飞跃，那样的研究当然也有价值，但如果将其极端化，甚至唯一化，以为就是学术研究的全部，不仅会丧失研究的活力，而且会导致研究格局的狭窄化，形成“精细有余，大气不足”的弊端。我将这样的研究戏称为“爬行的现实主义”，却不承想因此得罪了学术界的一些朋友，几乎成为一场风波。这大概也是我的文学史研究历史中的一个插曲吧。[①]

这里还有一个文学研究思维中的直觉、灵感问题，这或许是更容易引起争论的。我经常和年轻学者谈到我在指导一位博士研究生的毕业论文时所遇到的一个问题。这位学生在研究沈从文时，注意到他的乡土小说中城市体验与乡村经验的关系，特别是在阅读写于北京的《边城》时强烈感受到其中的大气，阔大、庄严、敦厚的气象，确实不同于其他人所写的，甚至也包括沈从文自己写的其他乡土小说，他直觉到这里似乎存在着北京文化的渗透与影响，“也就是说，是北京文化精神先影响、提升了沈从文的精神境界，然后影响到他的乡土小说创作，不再是湘西文化的简单复现，而是在乡土记忆中融入了以北京为代表的乡土中国的另一番景象，显示出博大而丰厚的风貌”。最初听到这位有着很好的艺术感悟力的学生的这一发现，我是既兴奋又感困惑：我读《边城》时也有类似的感受，现在这位学生给出了一个解释，作为一种假设，我认为是可以接受与成立的；但这又是无法用史料来证实的，后来，这篇博士论文的答辩果然因此遇到了麻烦。我是支持这位学生的，因为“在我看来，这背后有一个文学研究中的方法论问题，即文学研究中的艺术直觉与假设的作用，以及实证研究的边界问题”：如果我们将实证作为唯一的、绝对的评价标准，不加分析地将直觉判断全部否定，“就很有可能将有些很有创造性、想象力的想法轻易抹杀了”。在我的理解里，“凭借艺术直觉做出的论断，只要它能够和许多人的

① 有关这场风波，参看钱理群《王瑶先生以及我们那一代所受的教育》，《致青年朋友》，中国长安出版社 2008 年版，第 168—170 页。

艺术感受、直觉相吻合，引起共鸣、认同，它就可以作为一种假说存在，至少可以‘聊备一说’，不要一棍子打死”[①]。这关涉一个更大的问题：文学研究是不能过分科学、理性的，文学及其研究思维里必定有许多非理性的因素。这个问题我们在下文还会有进一步的讨论。

在上述讨论中，我们已经涉及一个根本问题：文学史研究不能局限于史料的收集、整理与鉴别，文学史写作更不能成为史料的堆砌，史料必须被一以贯之的研究者对历史的见、识即史观所照亮。有人说，历史研究就是要回答两个问题：历史现象实际上到底是怎样的，为什么恰恰是怎样的。回答这两个问题都要以确切的史料为基础，但对“为什么恰恰是怎样的”的回答，就包含了对历史的理解与解释，这就需要研究者的见解。因此，一个成熟的文学史家不仅要熟练掌握史料，更必须具有独到的史识。这也是鲁迅的文学史研究观。他一方面强调做文学史研究必须“先从做（资料）长编入手”[②]，同时又提醒说：“文学史资料长编，非‘史’也”，“但倘有具史识者，资以为史，亦可用耳”[③]。这就说得很清楚：史料是基础，但需要“具史识者”“资以为史”，历史研究与写作必须是史识与史料的有机结合，“史识”即研究者对所研究的历史对象的独特见解、分析与解释，它得自研究者独特的世界观、历史观，独特的生活经验与生命体验所形成的对历史的独特观照，也建立在其所选择的某种理论框架、价值系统基础之上。因此，我曾经提出，要对文学史做出有价值的研究，必须有独立的史料准备，也要

① 参看钱理群《一个乡下人和两个城市的故事——沈从文和北京、上海文化》，《钱理群讲学录》，广西师范大学出版社 2007 年版，第 24—35 页。

② 参看钱理群《一个乡下人和两个城市的故事——沈从文和北京、上海文化》，《钱理群讲学录》，第 24—35 页。

③ 鲁迅：《致台静农（1932 年 8 月 15 日）》，《鲁迅全集》第 12 卷，第 322 页。

有独立的理论准备和独特的眼光，这样才能像樊骏先生所总结的那样，“立足于实证又高于实证”[①]。

当然，落实到具体的学者，就会有所偏至，或以史料见长，或以理论见长，两者是应该相互补充的。因此，我在谈到自己追求“独立的史料准备”的同时，又提醒说，必须注意和承认另一种研究方法与路向：并不注重史料的新发掘，“材料是别人用过的，或人们所熟知的，但用新的观念重新照亮，做新的阐释”，如果研究者有充分的理论创造力和强大的思想穿透力，因而对研究对象有新的感悟、理解，有自己的发现与真知灼见，这样的著作仍然有价值，有的还有很高的价值，是不可以轻易否认的。[②]我这样说是基于对现代文学史学科研究的一个忧虑，即“对理论问题的忽视，造成了‘自觉的文学史观’的缺失，正是这门学科根本性、制约性弱点”[③]。我因此而呼吁，对文学史要有“全局的宏观的把握，理论的概括和整体归纳”，追求理论的高度与深度；我们要关注具体对象的细枝末节，但又不能沉湎其中，一叶障目；绝不能将史料的搜集与整理和概念的革新与理论的概括对立起来，“扬前而贬后”。[④]

同样应该警惕的，是另一种倾向：不耐烦做历史具体性的研究，更不屑于史料的发掘与整理，而以空泛的理论概括自炫，并片面地以唯理论为学问。其实所谓的理论兴趣，不过是对时髦理论的追逐，对所炫耀的新观念，并不真懂，更没有真正消化；所谓的研究，不过是用新理论对现成的材料进行新的组装，以证明新理论

① 樊骏：《黄修己的〈中国新文学史编纂史〉》，《中国现代文学论集》，第 175 页。

② 钱理群：《史料的“独立准备”及其他》，《中国现代文学史论》，第 377 页。

③ 参看樊骏《我们的学科，已经不再年轻》，《中国现代文学论集》，第 504 页。

④ 参看钱理群《学术生态的建设及其他——读王富仁〈“新国学”论纲〉》，《中国现代文学史论》，第 351—352 页。

的有效性。这样的研究，对研究对象没有任何新的发现，不过是在玩魔方。同时也不可能有自觉的文学史观，不过是搬用外来的理论，自娱自乐。

这里所谈到的两种倾向，游走于史料至上和理论至上之间，将文学史研究知识化与游戏化，看似两个极端，却有着共同的特点：眼里只有僵死的材料与概念，恰恰没有活生生的处于具体历史境遇中的人，个体的生命，这就远离了文学和文学史研究的本性。这也涉及研究者的素养。我曾和朋友们讨论到，一个文学、文学史的研究者，需要信仰、理论、知识，又不可缺少社会人生与审美的经验和体验，如何处理好这几者的关系，更是一个大问题。[①]

（二）关于“典型现象”的理论探讨与运用

在思考了关于历史研究中的主客体关系、时间观与史料、史识关系这三大基本问题的同时，我也在努力地寻找自己的研究方法：这都是在最初进入文学史研究时所必须面对与解决的课题。

谈起研究方法，人们首先想起的是对西方研究方法的借鉴，20世纪80年代的“方法热”，主要走的就是这条路，在某种意义上，我们这一代学者也是由此走上学术之路的。90年代以来，又不断有借鉴中国古代传统的呼吁与努力。在这占主流地位的两种倡导和潮流面前，我的选择就有些特别。由于受到自身知识结构缺陷（既不懂外文，又不熟悉中国古代文化）的限制，在80年代的方法热里，我没有直接卷入其中，而是从旁“偷”了一些理论以为我所用。在《大小舞台之间——曹禺戏剧新论》的《后记》里有如下说明：“我不想否认，本书的理论、方法的构想受到了西方接受美学的影响与启示；但我同时要声明：由于语言文字的障碍，我对西方接受美学的理论体系的了解极其有限，理解更是肤浅，因此，我完全无意于将自己的研究纳入接受美学的理论体系，我甚至尽可能地避免运用接受美学的概念，即使采用了某些术语，也都是在泛化的意义上运用的，相信与其严格的科学

① 钱理群：《新一代现代文学研究者》，《中国现代文学史论》，第223页。

本意已有很大的、专家们看来，甚至是本质的变异。曹禺曾经说过，他或许在潜意识的下层，‘偷’了外国戏剧大师的‘一点故事，几段穿插’；而我，却是自觉地偷，而且是东偷西偷，古今中外的各种理论、方法都偷一点。或者可以换一种冠冕堂皇的说法，叫作‘化’：以我为主，将各种研究方法都拿来，进行重新改造，化为一炉。如果有人能够从本书的写作中，看出某种或某几种外国的、传统的研究方法的痕迹、印记，却又变了形，成为‘四不像’：我的目的也就达到了。”[①]这样的“偷”，最初确实有不得已的成分，也可以看作是我的一个局限，但以后的实践却证明，这样的“偷”而“化”，比之前文提到的全盘搬用、食而不化的研究，还是显出了一种特殊意义和价值的，而且也成了此后我的研究借鉴西方和传统资源的基本方法。

我更自觉继承与借鉴的，是20世纪，特别是“五四”新文化运动以来的文学、文学史研究的经验与传统。这也是一种扬长避短的策略，更是我自己的“五四之子”的本性使然。我曾经提出过“二十世纪中国经验”的概念。在我看来，把目光转向中国古代，或转向外国，都有自己的理由，也自有其意义；但如果因此忽略了“现代”（20世纪）与“中国”，就会形成巨大的遮蔽。事实上，20世纪的中国经验对当代中国来说，是最为切近、最该借鉴的，因其复杂性而忽略或回避做科学的研究，无异于“抱着金娃娃讨饭吃”，是一个大的失误。[②]而我所要做的“五四”以来文学史研究的经验总结，正是20世纪中国经验的重要组成部分。

这样的总结与借鉴，是从学习现代文学史研究的开创者那一代，我的导师王瑶先生的经验入手的。具体地说，就是“典型现象”的理论与方法。

---

① 钱理群：《大小舞台之间——曹禺戏剧新论》“初版后记”，北京大学出版社 2007 年版，第 428—429 页。

② 钱理群：《科学总结二十世纪中国经验》，《追寻生存之根——我的退思录》，广西师范大学出版社 2005 年版，第 22 页。

王瑶先生是在讨论文学史与文艺理论这两门相近的学科的区分时，提出他的“典型现象”论的。他指出，在文艺理论研究中，理论原则一旦被抽象出来，具体现象就失去了意义；但对于文学史的研究，“不讲文学现象，就不能构成文学史。因为某一现象除了它和其他现象所共有的同一本质以外，还包含有不同于其他现象而为其所独有的纯粹个别的因素”，这不仅是体现了历史更注意特殊事例的特点，而且也是由文学必须以个性的独特性为生命的特点决定的。[①]但另一方面，文学史事实上又不可能包罗一切文学现象，而必须有所选择，选择本身就包含了或一程度的概括、抽象；文学史研究还必须理清历史发展线索，建立一系列文学现象之间的联系，这就更需要理论的抽象，尽管这是较低程度的抽象，但毕竟也是一种抽象。而任何抽象、概括都是以不同程度上损伤文学现象原生形态的丰富性为代价的。这就构成了文学史研究与写作的两难问题：既要保留作为现象特征的丰富性、具体性、个别性，从而使文学史图景呈现某种模糊状态，又要进行或一程度的概括、抽象，以揭示文学现象的内在联系与共同特征，从而使文学史图景具有一定的清晰度。如何同时满足显然相互矛盾的这两方面的要求，就成为文学史研究与写作的特殊困难所在。王瑶先生的理论贡献，正是在于他找到了“现象”与“内在发展线索”、“特殊”与“一般”之间的中介：典型现象。它既是“现象”，保留了现象本身所特具的具体性、生动性与丰富性；又是“典型”，从现象中抽离出来，体现了特定时期文学的共同特征，或显现了作家创作中不断出现的稳定性特征，或具有一程度的概括性。王瑶先生由此提出：“文学史要求通过对大量文学现象的研究，抓住那些最能体现这一时期的文学特征的典型现象。”[②]这就为解决上述文学史研究的两难问题提供了一个新的思路与途径。

① 王瑶：《关于现代文学研究工作的断想》，《王瑶全集》第5卷，河北教育出版社2000年版，第6页。

② 王瑶：《关于现代文学研究工作的断想》，《王瑶全集》第5卷，第6页。

值得注意的是，王瑶先生的典型现象理论是直接受到鲁迅的启示，并且是以鲁迅的文学史研究为楷模的。据许寿裳透露，鲁迅曾有过写作中国文学史的计划，其中“六朝文学”一章，准备命名为“酒、药、女、佛”，这正是六朝时代的四个典型现象：“酒”与“药”象征着颓废、隐逸之风，表现了那个时代作家的生活状态与精神状态；“女”象征着宫体诗的繁荣，揭示了时代文学的特征；“佛”则象征着佛教、佛经的影响，显示了时代文学发展的文化背景。鲁迅正是从具体可征的现象形态的四大基本元素入手，揭示了一个时代的文化背景、创作主体与文学、文体发展之间的关系，进而展现了特定历史时期极具时代特色的文学风貌，真正做到了“抓住几点，而总揽全局”“以小见大”——这正是文学史的写法。[①]

在王瑶先生和鲁迅的典型现象理论启示下，我从《心灵的探寻》开始，就尝试着进行“单位观念”“单位意象”的研究，并且有这样的理论设计：“每一个有独创性的思想家和文学家，总有自己惯用的、几乎已经成为不自觉的心理习惯的、反复出现的观念（包括范畴）、意象；正是在这些观念、意象里，凝聚着作家对于生活独特的观察、感受与认识，表现着作家独特的精神世界和艺术世界，它们打上了如此鲜明的作家个性的印记，以至可以在其上直接冠以作家的名字，称之为‘×××的意象’‘×××的观念’，从而构成了我们所要紧紧抓住的最能体现作家个体本质的‘典型现象’。而作家以及思想家作为一个语言艺术家，他的独特观念、意象总是通过独特的语言（词语）表现出来的。由此产生了如下研究路线：从作家在作品中惯用的、反复出现的词语入手，找出作家独特的单位意象、单位观念（包括范畴）；然后，对单位意象、单位观念进行深入的、多层次的开掘，揭示其内在的哲学、心理学、伦理学、政治学、社会学、历史学、美学等的丰富内涵，并挖掘出其中所积淀的传统文化、外来文化的多种因子，以达到对作家与古今

① 王瑶：《关于现代文学研究工作的断想》，《王瑶全集》第5卷，河北教育出版社2000年版，第7页。

中外息息相通的独特的精神世界与艺术世界的具体把握。”[①]以后这就成为我的现代文学研究的基本方法。根据我的实践经验，作家的单位观念、意象因其功能、意义的不同，大体可以分为两类。

一是作家对一定历史时期人的生存状态、生存体验、生存困境的发现、感受、概括，是艺术家形成与表达自己的思想的特殊方式。这也是我对鲁迅的研究的最大体会和发现：“鲁迅与其说是运用逻辑的力量推论出社会、历史、人类、人性的理性认识，不如说是运用了自己的深切观察而体验感悟到这一切。构成鲁迅思想的基本单位、元素，不是抽象的逻辑范畴，而是一些客观形象与主观意趣统一的、典型的单位意象，例如‘死火’‘过客’‘影’‘墙’‘求乞者’‘无主名、无意识的杀人团’‘无物之阵’‘吃人的筵席’‘染缸’等。正是这些文学化的意象、语言赋予鲁迅哲学所关注的人类精神现象、心灵世界以整体性、模糊性与多义性，还原了本来面目的复杂性与丰富性。这样，鲁迅所要探讨的精神本体的特质与外在文学符号之间，就达到了一种统一。”[②]后来读昆德拉的《关于小说艺术的对话》，发现他也有“存在编码”“关键词组”的说法[③]，其实是同一个意思，或者“存在编码”要更为准确。

还有一类单位意象、观念是显示作家主体的生存状态与心态的。例如在研究鲁迅散文时，从鲁迅的自述与友人的回忆中发现了“夜”这一鲁迅单位意象与其散文创作的内在联系：“夜”不仅提示了鲁迅写作的环境、氛围，而且暗示鲁迅这一创作主体的“孤独

① 钱理群：《心灵的探寻》“引言”，上海文艺出版社 1988 年版，第 19—20 页。

② 钱理群:《中国现代思想的历史形态——鲁迅思想论》,《精神的炼狱——中国现代文学从“五四”到抗战的历程》，广西教育出版社 1996 年版，第 33—34 页。

③ 米兰·昆德拉:《关于小说艺术的对话》,《小说的智慧——认识米兰·昆德拉》，艾晓明编译，时代文艺出版社 1992 年版，第 31 页。

者”的存在与“寂寞悲凉”的心态。这孤独的个体的存在体验，一方面折射着鲁迅所生活的时代，与制约、影响鲁迅创作的历史文化背景有密切关联；另一方面又决定着创作主体与读者之间的紧张、排斥关系，以及以“独语”为特征的独特话语方式的采用。这样，“夜”这一单位意象就不但具有鲜明的形象性、具体性，甚至构图性（想想“夜幕”“灯”“鲁迅”“文稿”四者的镜头组合吧），而且具有超越的象征意义与广阔的概括力，它几乎可以引起人们关于鲁迅散文（也许还不只是散文）的文化背景与创作主体的关系，以及创作主体精神结构与文本结构的关系等的种种联想、体验和思考，与鲁迅其人其文融为一体，笼罩在“夜”的意象里。研究周作人，也发现了“爱智者”与“常识”这样的“周作人的单位观念”。前者是周作人自我身份的确认，后者看似只涉及周作人散文的内容与观念，但与“爱智者”构成一个整体，就暗示着周作人作为“爱智”的“凡人”的自我存在方式，并由此而联想起他的“凡人的信仰”“凡人的悲哀”，以及“东洋人的悲哀”的特殊心理结构与心境，后者又决定了创作主体与论述对象和读者的双重平等与宽容，和周作人行文与读者接受上的自然、平和、亲切与从容。初步的研究实践，似乎已经显示出这样的研究前景：通过对作家作品的单位意象、单位观念、关键词组的丰富内涵、多义象征性的深入开掘，将有可能把文化背景、作家主体心理结构、作品文本结构的分析，作者、作品、读者三维空间的探索，这几方面有机统一起来。

在单位意象与单位观念的研究之外，还有“从一个人看一个世界”的研究方法，这也是王瑶先生首先提出的。他指出，对一个人、一位作家，可以有两种考察方式：“如果只把他们的主张与行为单独地作为孤立现象来考察，那么这些只是个别历史人物的贡献与成就。”如果把“一个人”看作是在他身上体现了“一个世界”，即特定历史年代的某些历史特征的“一个人”与“一个世界”的统一体，那么，这个人就成为一种典型现象：当选定从这一个人看一个世界时，对这个人就已经进行了某一程度的抽象，但这种抽象又不离开其个体特征的丰富性。王瑶先生认为，这种“通过某一审视点来总揽全局”的方法，“既具体有征而又能体现发展轨迹”，是典型现象研究的一个运用与发展。[①]应该说，我的第一阶段的作家论研究，都是以此为方法的。我在确定每一个研究对象时，都要努力寻找对象在所处时代里的典型意义，即“一个人”与“一个世界”的关系，把对个人传记的研究与时代历史的研究有机统一起来。在我的研究视野里，鲁迅与周作人几乎是领导了中国现代文学发展的两大主要潮流的，抓住他们两个“审视点”，是可以“总揽（现代文学的）全局”的。以后在做周氏兄弟比较研究时，我又提出了这样的设想：周氏兄弟的不同文化选择与生命形态，不仅代表了20世纪中国人的生存危机，以及向这危机挑战的两种不同的范本，而且也体现了人类天性中的两个相互对立与制约的特性。这就可以将周氏兄弟看作是类似堂吉诃德和哈姆雷特那样的超越国家、民族与时代的人性的典型。[②]但任何典型都有其局限，存在着某种涵盖不了的盲点。周氏兄弟也是如此：他们都是历史的强者，也必然是历史的孤独者，他们的许多历史选择与行为几乎是无可也无人效仿的。因此，在研究了周氏兄弟以后，我还必须再寻找一个历史的弱者的典型，在他身上显现了大多数人、知识分子难免的人性的、知识分子的弱点，他的历史选择与生存状态、生存困境也就具有更大的普遍性与典型性。曹禺就是在这样的理论与方法的设想与要求下，成为我的研究对象的。在我的笔下，曹禺是一个天才的艺术家，又是一个软弱的知识分子，他作为跨越两个时代的作家，其创作水平显示出极大的不平衡性，这不仅是个人的，更是同时代知识分子共同的悲剧。通过曹禺“这一个”追问时代与文学悲剧产生的社会、历史与个人的原因，无疑是具有现代戏剧史、文学史，

---

① 王瑶：《希望看到这样一本书》，《王瑶全集》第 8 卷，第 50 页。

② 参看钱理群《有意味的参照》，《话说周氏兄弟》第十二讲，山东画报出版社 1999 年版，第 280 页。

以及知识分子精神史的多方面的意义的。[①]在把握了周氏兄弟与曹禺两类中国知识分子典型以后，我又提出了进一步研究20世纪知识分子的精神气质，探讨其与世界知识分子的内在精神联系的课题。这显然是在追求时间与空间的更大跨度，更广泛的历史概括性、抽象性，以及某种形而上的哲学意味。但我并没有陷入浮泛的讨论，而依然努力寻找“具体可征”的“审视点”，最终选择了堂吉诃德和哈姆雷特这两个世界文学典型、人类知识分子精神典型的东移过程，作为研究对象，抽象的人类精神现象的研究与具体的实证的研究，在此获得了一个有机的统一。[②]

此后的《1948：天地玄黄》则将“从一个人看一个世界”扩展到“从一个年代看一个时代”。在此之前，我已经对20世纪40年代文学研究进行了长期准备，因为找不到恰当的结构与叙述方式，迟迟不能动笔。现在找到了“1948”这个审视点，就可以突入一点而总揽全局，避免陷入面面俱到的平铺直叙了。之所以选择1948年作为历史叙述的切入口，是因为这一年正是20世纪中国历史、现代文学史上的两个时代，一个将亡未亡，一个将生未生，进行最后的生死搏斗的一年。抓住这一年，不仅可以展示中国文学从40年代以来发展的趋向，而且决定1949年及其以后的中国文学的发展方向的一些基本因素，已经孕育在这一年文学的发展中。在这个意义上，“1948年文学”本身就构成了一种典型的文学现象，人们确实可以从这一个年代看到整个时代的文学。[③]

现在，回过头来，总结从《心灵的探寻》到《1948：天地玄黄》关于典型现象研究的探讨，可以看出，其背后有三个重要的文

① 钱理群：《大小舞台之间——曹禺戏剧新论》“初版后记”，北京大学出版社2007年版，第427页。

② 参看钱理群《初版后记》，《丰富的痛苦——堂吉诃德与哈姆雷特的东移》，北京大学出版社2007年版，第305—307页、310—311页。

③ 参看钱理群《我怎样想与写这本书——代后记》，《1948：天地玄黄》，山东教育出版社1998年版，第323—324页。

学史理论与实践问题。

1．文学史观的问题

典型现象理论的一个最显著的特点，就是十分重视文学现象里蕴含的历史具体性。在这样的文学史观念里，被置于关注中心的必然是人的具体存在。这又有两个层面。首先，文学史关注的是文学作品所提供的千千万万普通人的生命存在方式，这是一般着眼于历史人物的历史活动的历史叙述选择性的遗忘之处，恰恰是文学与文学史的真正用武之地。文学史正是通过对文学所提供的普通人，也即祥林嫂、阿Q、翠翠们的生存图景的复述、阐释，来展现时代历史深层的生命涌动。关注重心由历史大人物向小人物、普通人的转移，显示了历史观的变动。其次，文学史家和作家一样，他们所注目的，必然是历史对人的日常生活的影响与作用，或者说，是一定历史时代的人在平凡的、琐细的日常生活中的具体存在，这也是英雄化的历史叙述所遗忘的，在这个意义上，可以说，文学史是补正史之遗的。[①]如丸山升先生所说，文学和文学史的研究必须注意作家“细枝末节的生存形态”，“对于人来说，除了大环境之外，小至个人的日常生活，还有无数小环境。将小环境下做出的选择积累起来，在某种方面就会具有决定大环境下的选择的力量。倘若只讨论大环境下的选择，无视小环境中的犹豫，或至少前者未得到后者充分铺垫的话，文学，就会变得粗糙”。为改变这“粗糙”之病，研究者就需要有“对人性和历史的精微处的细腻把握”的要求与能力。在这方面，日本学者是自有优势，值得我们学习与借鉴的。[②]我在设计《1948：天地玄黄》的研究与写作时，就特意提出，要将这一年普通人、一般知识分子读什么书，喜欢听什么音乐，看什么电影，街头巷尾流传什么笑话……这样一些日常生活中的细节，都

① 参看钱理群《现代人的生存困境及审美形态——我这十年研究》，《返观与重构——文学史的研究与写作》，第158页。

② 参看钱理群《建构“能承担实际历史重负的强韧的历史观”——我看丸山升先生的学术研究》，《中国现代文学史论》，第322页。

具体入微而生动形象地进入文学史叙述。在讨论1948年这一历史转折关头知识分子的选择时，在关注大环境的影响的同时，对每一个具体作家的小环境也给予了充分的注意，力图在两者的综合作用中，也即宏观叙事与微观叙事的张力中，达到对特殊时期的艰难选择的复杂性、具体性的把握和描述，这都意味着文学史观念的变化。

当然，理论也是自有其盲点的：它虽然重视现象的具体性，但又要强调典型性，希望寻找与发现现象背后的文学发展的共同特征与线索，以便使文学史的图景有序化。应该说，这样的共同特征、发展线索是存在的，我们的典型化提炼就有了客观依据。但这样的存在又是有限的，这也就决定了典型化的努力的有限性。文学发展更有着为共同特征所包容不了的个别性、特殊性，在发展线索之外的偶然性，超前、滞后与中断。如果不能清醒地认识这一点，把历史发展中的共同性、普遍性绝对化，就会导致对历史、文学史的简化与抽象化。因此，我们在文学史的研究与叙述中，不仅要重视典型的文学现象，也要注意非典型的文学现象，不要忽略了主导性的轨迹图像不能包容的文学现象，其中常常孕育着文学发展的另一种可能性，在经历了历史的中断以后，在另一种历史条件下，成为发展的主导方向，这恰恰是显示文学发展的非连续性的。我们所要描述的文学史图景，应该是既有序又无序的。

2. 文学史思维的问题

成熟的文学史家不仅关注人（作家和作品中的人物）的生命的具体存在，而且同时关注的是这些具体的生存形态背后的、社会历史的和形而上的生存体验和困境。这就决定了我们选择的典型现象与历史细节，必须具备具体性与象征性的双重品格。文学史既然主要通过这些典型现象、历史细节去展现时代和文学的历史，一个文学史家就必须对于具体、生动的细节，历史的现象形态保持浓厚的兴趣与职业敏感；同时，又必须具有发现、捕捉细节与现象背后的象征意义的思想穿透力。这两个方面，构成了有别于一般的文学、文艺理论、历史学思维的文学史思维的特点。这是人们很少注意的，却关系着“使文学史成为文学史”及文学史研究人才的培养、训练的大问题。

这里还要强调一点，文学史所要把握的，是一个历史时代生命、文学生命之流的整体涌动，而不仅仅是对每一个历史生命细流的精细考察，或者说，对具体细节的发现、描述是文学史研究、写作的起点，最终所要达到的是整体的把握。因此，对于一个成熟的文学史家而言，不仅要有捕捉细节的敏感，而且还要有一种整体感，对时代生命与文学的总体氛围、对象的混沌感觉，直观把握，超越性的感悟与思考。缺少这一点，达不到这样的境界，文学史家的思维就会淹没在具体的历史细节之中，笔下的文学史图景就不免流于琐碎，失去了历史生命本身所具有的活力与气魄。

3. 文学史话语方式的问题

典型现象理论的一个重要方面，就是强调典型现象不仅是从大量文学现象中提炼出来，是研究的结果，同时又是描述的重点，即在整个文学史叙述中，都必须紧紧抓住突出这些典型现象、历史细节。我曾经说过，我心向往之的文学史文体是一种报告文学体的文学史，追求的是具体生动的人物、事件与典型细节的描述，以及由此造成的现场感。在某种程度上甚至可以说，文学史叙述即一连串的典型现象、历史细节的连缀，但又不是材料的简单堆砌，而是通过新的叙述，赋予旧材料以活力，因此每一个材料的引述都具有一种发现的意义，并且在材料（典型现象）之间建立起一种新的关系，这就构成了对历史的复述或再述。我后来又把文学史写作称作“讲故事”，即今人讲昨天的故事。在为台湾朋友编选我的现代文学研究论集时，就干脆把书名定为《中国知识分子的世纪故事》。所强调的也是研究者的“历史叙述者”的地位，以及“以描述为主”“寓论断、分析于叙述中”“夹叙夹议”的写作方式、学术文体。我因此引述作家张中晓的一段话，作为自己对学术文体的追求：“一部学术著作的真正价值，在于它把寻常的叙述因素和尊严的思辨，形成艺术的结合。不仅给人多闻博识，同时给人以深刻和纯真的乐趣。”[①]在向研究生介绍这样的学术文体时，又有如下说明：“在具体写作中要处理好具象的描述与抽象的分析、议论之间的关系（按：实际上也是叙述与思辨的关系）。在对某一典型现象、历史细节做了集中的‘点’的描述以后，就要把视野拉出去，文笔放开，做历史的回顾与‘面’上的扫描，并做概括，要言不烦地点出其内在的意义，然后再把文笔收回到历史描述的线索中。如何处理这样的点和面、收与放、拉出和收回的关系，做到点面结合，收、放、出、进自如，是文学史叙述学的一个重要课题，需要很高的写作技巧，是文学史写作的难题。”[②]

这里已经说到了“文学史叙述学”。如论者所说，“在研究者的一般视野中，叙述学的研究对象主要是叙述文学，而文学史研究则从属于学术领域，因此确乎与叙述学无关。但文学史研究的特殊性在于，它的研究对象是‘文学’的历史，这决定了文学史研究本身也应该具有某种‘文学性’，文学史的叙述也因此可能不同于其他的历史叙述，从而带有文学史叙述所特有的‘文学’性质”[③]。这也是我的一贯主张：文学史研究与文学是有着本性上的相通的；文学史应该有自己的独特的、区别于一般的历史的话语方式，这种话语方式是文学与史的结合，而且首先是文学的，文学史叙述可以而且应该从文学叙述里多有借鉴与吸取。

对此，我也做了多方面的试验。首先是叙述结构，这是可以从小说结构里得到诸多启示的。比如《丰富的痛苦——堂吉诃德与

① 张中晓：《拾荒集（一）》，《无梦楼全集》，武汉出版社 2006 年版，第 196 页。

② 参看钱理群《一个乡下人和两个城市的故事——沈从文和北京、上海文化》，《钱理群讲学录》，广西师范大学出版社 2007 年版，第 27—29 页。

③ 吴晓东：《探索文学史的叙事学》，《文学的诗性之灯》，上海书店出版社 2010 年版，第 104 页。

哈姆雷特的东移》在“前言”里就规定：“本书的任务仅在于描述：描述两个文学幽灵跨越几个世纪的门槛，从西方走到东方的故事。”完全采用那个时代通行的流浪汉小说的写法，从“17世纪初，一个英国人和一个西班牙人怎样创造了自己民族和时代文学典型”说起，讲他们如何首先“来到英国”，又先后经过德国、俄国，于20世纪初长途跋涉到东方神秘大国——中国，这样讲故事，也有点类似中国评书的讲法。写《大小舞台之间——曹禺戏剧新论》，根据描述对象的特点，又采取了“三部曲”的结构方式，以“生命开始于夏”“在秋阳春光里静静流泻”“春？夏？秋？冬？”三章，写出“曹禺作品生命的流动，作家精神生命的流动，中国话剧生命的流动，中国现代社会思潮与文学思潮的流动”①。此外，还有叙述视点的问题。前文说到历史的三维时间；那么，如何寻找到“过去—现在—未来”的三维视点，并取得在三者间转移、滑动的灵活性，就成了文学史叙述学上的难题。在写作《1948：天地玄黄》时，就借鉴文学叙述学上的叙述者的选择的经验，设计了两个叙述视点。一是历史当事人的第一人称叙述，在每一章开头都抄录叶圣陶先生的当月日记，形成“现场叙述”，在文学史里就是“过去式”的有限叙述；二是历史叙述者的第三人称叙述，他是全知全能的，可以通过语气、角度、语言（时代习惯用语，句式的选择，等等）、表达方式（叙述，描写，议论）的不断变换，自由地出入于过去与以后及现在之间，同时又将一种未来视点隐蔽其后。②——后来，也有研究者批评说，这样的“全知全能”的叙述可能有些绝对，“叙述者对一切太过清楚了”，“没有把历史的困境和研究者的困惑表现出来”，因此提出“虚拟的历史叙述者要调整全知全能的姿态，兼用一种限制的视点。限制的视

① 钱理群：《大小舞台之间——曹禺戏剧新论》“初版后记”，北京大学出版社 2007 年版，第 427 页。

② 参看钱理群《我怎样想与写这本书——代后记》，《1948：天地玄黄》，山东教育出版社 1998 年版，第 329、330 页。

点就意味着我们不可能真正了解历史的来龙去脉，更不可能把握历史的全部真相”[①]。这批评和提醒自然是有道理的。事实上，在《1948：天地玄黄》里写到萧军遭到批判以后的反应，接触到一些事后的回忆材料，也遇到如何处理的问题。我在引述时，就采取了比较谨慎的态度，特地说明：“这些，或许都是事实，或许带有若干‘野史’的成分，是一种不可靠的叙述，但即使是后者，也反映了人们的一种情绪和愿望。”[②]这至少是把叙述相对化了。

在写作中，还遇到过“叙述语调”的问题。这在文学叙述中是每一个作家都会认真考虑的，却容易被文学史家所忽略。我对此十分在意，几乎每一次重要的文学史著作写作，都要颇费周章地反复琢磨，探寻和所要表达的历史内容相应的叙述语调。在写作《1948：天地玄黄》时，就因为没有找到能够显示我所期待的叙述语调的恰当的历史细节，而迟迟不能动笔，我用了近一个月的时间，才找到了一个差强人意的开头叙事：“……正是午夜时分，历史刚刚进入1948年。北京大学教授、诗人冯至突然从梦中醒来，在万籁俱寂中，听到邻近有人在咳嗽，咳嗽的声音时而激烈，时而缓和，直到天色朦胧发亮了，才渐渐平息下去。冯至却怎么也睡不着了，他想：这声音在冬夜里也许到处都是吧。只是人们都在睡眠，注意不到罢了。但是，人们不正是可以从这声音里，‘感到一个生存者是怎样孤寂地在贫寒的冬夜里挣扎’吗？诗人想了很久很久……”[③]这平静的叙述里的挣扎意味，隐含的紧张与焦虑，就奠定了对1948年的历史叙述的基本调子，统摄与提示了整本书的叙述流程，并且使读者一开始读，就进入了特定的历史氛围、情境之中。[④]

① 吴晓东：《探索文学史的叙事学》，《文学的诗性之灯》，上海书店出版社2010年版，第111页。

② 钱理群：《1948：天地玄黄》，第143页。

③ 钱理群：《1948：天地玄黄》，第1页。

④ 以上关于典型现象的讨论，参看钱理群《略论“典型现象”的理论与运用——中国现代文学研究方法的一个尝试》，《中国现代文学史论》。

这些努力，都显示了一种自觉的文学史意识：不仅有独特的文学史观、文学史内容，而且有独特的文学史思维与文学史表达形式。

二、新的目标与选择（1995—2002）

1994年至1995年间，我有一个在韩国任教一年的机会，由于与中国现实有了一个时空的距离，思考了许多在国内陷于忙乱的事务，受到意识形态的压力，而来不及也无法好好想想的问题，最后写下了我的“异国沉思录”，既有“世纪之交对20世纪历史的反思与知识分子的现实处境”“关于北京大学的历史命运”这样的大思考，也有个人未来生命的设计：“我的选择与定位”，最后具体到专业，写了一个《我的中国现代文学研究大纲》（以下简称《大纲》），其中又有两个部分，一部分是对自我学术的设计：“决心把我的进入老年阶段的研究，集中于对‘共和国文化’的科学剖析。”分为三个部分：共和国文化和现代知识分子关系的研究，共和国文化的主要创造者毛泽东的思想与实践的研究，以及我与共和国文化的关系的研究。应该说，这是决定了以后的研究路向的：从《1948：天地玄黄》、民间思想史的研究（《拒绝遗忘：“1967年学”研究札记》等），到《毛泽东时代和后毛泽东时代：历史的另一种书写》的写作，到《我的精神自传》，都是这一研究设想引发的试验成果。《大纲》的另一部分，是对中国现代文学研究学科发展的总体设想，提出了这样的研究背景与目标：“1994年中国现代文学研究会西安年会上确认：经过几十年，特别是最近十五年的持续努力，中国现代文学这门学科‘已经不再年轻，正在走向成熟’，要求着新的开拓与突破。事实上，这已经成为现代文学领域中的有志者的思考与努力的新的目标。本大纲正是要为寻求新的开拓与突破，提供一个设想或新的思路。——自然，这是由我自身的主客观条件决定的，带有极大的个人性或小群体性；它绝不是唯一的，更不是排他的，只是未来多元化大格局中有着鲜明个性的'这一个'而已。"

《大纲》提出，要选择两个研究突破口：

第一个突破口是抓住对20世纪中国文学的发展、文学的现代化起着直接影响与制约作用的三大文化要素——出版文化、校园文化与政治文化，开拓新的研究领域，进行文学社会学、文化政治学的研究。[①]

这里提出的"文化研究"，似乎在80年代的文化热里已有倡导，我当时也在总结王瑶先生的文学史理论与实践时，提出过"文化"是"最终决定文学发展的经济基础与文学之间的'中介物'"的思想。[②]同时提出的还有一个"中介"，即以"作家主体精神"为历史文化背景与文学文本、形式之间的中介物。[③]以后，又提出"要开拓研究视野，建立起'作家—作品—读者（包括研究者）'的三维研究空间"，"不仅要下力气研究作品本身，而且要研究作品的生产过程与消费、传播、接受过程，尤其要努力探寻作品客体生命形态与作家主体生命形态之间的契合点，以及作品（被接受对象）生命形态与读者（接受对象）生命形态之间的契合点。而所有这一切，都必须在历史的运动过程中，在各要素之间相互撞击、影响、渗透、制约中去把握"[④]。可以看出，后来的文化研究的若干思路当时已经在孕育中了。在1993年所写的彩图本《中国文学史》（20世纪部分）里也做了一些尝试。[⑤]但

① 参看钱理群《目标与选择——我的中国现代文学研究大纲》，原载《中国现代文学研究丛刊》，题为《我的中国现代文学研究大纲》，《返观与重构——文学史的研究与写作》，第178—179、183、180页。

② 钱理群：《作为历史科学的文学史——王瑶先生文学史理论、方法描述》，《返观与重构——文学史的研究与写作》，第27页。

③ 钱理群：《史家的风范——王瑶先生的研究个性、学术贡献与历史地位》，《返观与重构——文学史的研究与写作》，第56页。

④ 钱理群：《初版后记》，《大小舞台之间——曹禺戏剧新论》，第428页。

⑤ 参看钱理群《分离与回归——彩色绘图本〈中国文学史〉（二十世纪部分）的写作构想》，《返观与重构——文学史的研究与写作》。

80年代的文化热，是有一个大背景的，即当时我们急切地希望摆脱现代文学史作为党史的一部分的属性，摆脱党化政治对文学的控制，因此，更多的从消极方面，以批判的眼光来看待文学与政治的关系，同时也想摆脱政治视角唯一化所带来的研究视野的狭窄化与单一化，试图强化文化来淡化政治，开拓研究视野。我和黄子平、陈平原的“三人谈”就专设了一个“文化角度”的话题，强调“从文化角度，而不只是从政治角度来考察文学”，或者说“‘文化角度’包含了‘政治角度’，但又不止于‘政治角度’，文化的内涵要更宽阔、更丰富”①。

20世纪90年代，特别是在新世纪重提文化研究，是有更为复杂的社会历史背景与新的知识背景的，需要另做讨论。要说的是，我自己在这里提出“三大文化要素”的研究课题，是出于对现代文学史区别于古代文学史的特征及其独特传统的认识的深化，以及文学观念的变化。

记得在80年代讨论“如何开创中国现代文学研究与教学的新局面”时，我曾经发表过一篇很可能是最早谈及现代文学史研究方法的文章，就特别强调了“现代中国，没有或绝少为艺术而艺术的纯文学家”，“中国大多数作家（不仅仅是革命作家）首先是热忱探讨民族自强的道路、关注社会问题的爱国主义者，自觉地担负着思想启蒙的历史任务。因此，他们学习、研究、思考、探索的领域，必然是十分广阔的，不仅是文学，更包括了哲学、历史学、伦理学、宗教学、经济学、人类学、社会学、民俗学、语言学、心理学等等，几乎是现代社会科学的一切领域”，并且必然反映在其创作中，表现出“百科全书”式的历史特征，现代文学作品里蕴含的“社会学、伦理学、心理学、民俗学、宗教学的价值是不能低估的；由于种种复杂的原因，现代中国上述社会学科未能得到充分的发展，现代作品所提供的思想材料就格外可贵”。这就决定了对现

① 参看黄子平、陈平原、钱理群《关于“二十世纪中国文学”的对话》，《二十世纪中国文学三人谈》，人民文学出版社 1988 年版，第 61 页。

代文学的历史考察，“必须采取全方位的视角，进行多学科的综合研究：从文学与其他社会科学的联结、影响、渗透中去具体把握时代思想文化背景、氛围，进而把握时代精神，并从这总体把握与广泛联系中去研究、认识这一时期文学‘具有许多规定与关系’的历史特征”，“从不同学科的角度去挖掘文学作品的美学、哲学、伦理学、心理学、民俗学、语言学的内涵，以具体地认识和把握文学作品内容形式的丰富性”[①]。记得丸山升先生在我们急于反思反省的时候，曾语重心长地提醒说，万不可因此而忽略或模糊，以至放弃中国现代文学自己的“独特之处”[②]。现代文学与现代文化的广泛联系，及其作品中丰富的文化内涵，背后的现实关怀、启蒙意识，正是这样的独特之处，是研究中国现代文学首先应该关注与把握的。

如果说，我自己在80年代是从价值论上认识到了现代文学独特的文化内涵；那么，到了90年代就从发生学的角度，在现代文学与现代文化的广泛联系中，突出了现代文学与现代校园文化、出版文化、政治文化的关系，后来我又在前述80年代思考的基础上，提出了现代文学与现代学术文化的关系，从而构成了四大关系研究。于是，在90年代的研究里，就有了如下发现与论述：现代文学虽然诞生于晚清，但它真正呈现出“新文学”的面貌，却是五四新文化运动中的文学革命所导致；而五四新文化运动与文学革命，都是以北京大学为中心的。这正是最鲜明地展现了现代文学与现代教育在发生学上的血肉联系。而中国知识分子精英由聚集皇宫，充当政治强权人物的幕僚，转而聚集于以北京大学为代表的大、中学校园，发动思想启蒙运动，这本身就显示了中国现代政治的巨大转折，新文学也因此和新的民间政治发生了密切联系。以北京大学为中心

① 钱理群:《多学科的综合眼光》,《返观与重构——文学史的研究与写作》,第 174、175、176 页。

② 丸山升:《关于中国现代文学研究的一己之见》,《鲁迅·革命·历史》,王俊文译，北京大学出版社 2005 年版，第 364 页。

的五四新文化运动的最大特点，也是首先在校园里创造出全新的校园文化：新思维，新学术，新伦理，新方法；然后又通过现代媒体（具体地说，就是《新青年》《新潮》等杂志），将新思想、新文化传遍全国，这样的校园文化向社会文化的转化，现代出版文化显然起了决定性的作用。[①]也就是说，我正是在对“五四”新文学的发生学研究中，发现了现代文学与现代教育、现代政治、现代学术与现代出版之间的深刻联系；而且以后的研究都表明，这样的联系是贯穿于现代文学发展的全过程的，构成了现代文学史的基本发展线索，同时也成为现代文学与古代文学相区别的基本特点。如论者所说，“现代文学与古典文学不同的一个根本点，是有了报刊”，现代文学是在“现代出版机构—稿酬制度—职业作家”这样的“三位一体”的新体制下产生与发展的；而它的作家队伍、读者群的培育，思想文化与文学资源的获取，以至文学变革的发动，大都来自校园，它向年青一代的传播，以至在民族精神、文化中扎根，也主要是通过现代教育（中小学语文教育与大学文学教育）的途径。这都构成了中国现代文学的质的规定性。[②]

这同时也意味着文学观念的深化：“不再把文学仅仅视为作家个人的艺术构想的结晶，而是包含了不同的社会人群以不同的劳动方式（如编辑、出版、发行、传播等）共同参与的结果；不只是单一的精神生产与观念的产物，同时又是与多种物质生产和社会力量的组合。”这样，长期支配我们学科研究的“局限于文学本身，就文学谈文学的思维模式”终于被突破了。[③]

这些新的认识都落实为具体的学术研究的规划——在《我的中

① 参看钱理群《大学文化与二十世纪中国文学》，《返观与重构——文学史的研究与写作》，第 269—271 页。

② 参看钱理群《我们所走过的道路——〈中国现代文学研究丛刊〉一百期回顾》，《中国现代文学史论》，第 173 页。

③ 樊骏：《〈中国现代文学研究丛刊〉：又一个十年》，《中国现代文学论集》，第 455—456、466—467 页。

国现代文学研究大纲》里，就已经提出了“研究工作的组织方式”的设想，提出要组织“老、中、青三结合的作者队伍，为培养学术新生力量探索道路”，要“与出版社充分合作，发挥出版社的中介和组织作用，把学术著作的写作与出版纳入统一的计划中，从而实现学术研究生产过程与流通过程的结合，这可能为在商品经济条件下，如何进行民间学术研究的组织工作探索一条新路”①。

在主编的《20世纪中国文学与大学文化丛书》的总序里，我对“大学文化”做了这样的界说：这“是一个‘大文化’的概念”，“其中包括了校长的教育思想、观念、办学方针、学校体制、课程设置，教授的教学活动、科研工作，师生的社团活动，学校的图书馆、出版物（刊物、报纸、著作与翻译作品），学生的文体活动，各种讲座、集会、社会工作，以及校长、教授、学生的衣、食、住、行、娱等日常生活。我们的关注，更集中在这些大学文化的具体构成因素背后的精神追求，价值关怀，哲学思潮，历史观念，伦理标尺，学术思想，思维方式与方法，心理特征，情感方式，审美形态，人际关系，交流方式，文化氛围，精神气质、风气、传统也即校风等，更为内在的文化的精神要素”，由此而提出了“大学文化与现代文学”的研究目标：“探讨特定时期的集中在大学空间里的时代精英知识分子的学术思想、文化追求、精神面貌等对文学发展的影响，其中既包括了对学院培养的作家的直接影响，也包括通过各种途径（特别是现代传播媒介）对社会文化、文学的间接影响，以及大学文学教育在文学发展中的特殊作用。”②

策划中还有“20世纪中国文学与出版文化丛书”，预计包括商务印书馆、泰东书局、开明书店、现代书局、北新书局、文化生

① 参看钱理群《目标与选择——我的中国现代文学研究大纲》，原载《中国现代文学研究丛刊》，题为《我的中国现代文学研究大纲》，收《返观与重构——文学史的研究与写作》，第181页。

② 参看钱理群《大学文化与二十世纪中国文学》，《返观与重构——文学史的研究与写作》，第266—267页。

活出版社等专题研究。由于种种原因，此丛书未能完全成稿出版，但也有了一批研究论文，在我所编辑的《中国现代文学研究丛刊》（以下简称《丛刊》）1999年第1期“现代文学与现代出版”专栏上集中发表；此后，《丛刊》从2001年第2期开始连续九期发表这方面的研究成果，有力地推动了近现代主要历史时期不同倾向的报刊与现代文学复杂关系的研究。我自己也在一篇文章里，把这样的研究概括为一种“新的研究思路，即把现代文学的文本还原到历史中，还原到书写、发表、传播、结集、出版、典藏、整理的不断变动的过程中，去把握文学生产与流通的历史性及其与时代政治、思想、文化的复杂关系”。[①]

而且还有《〈现代文学与现代政治文化〉研究丛书初步构想》，研究课题提出本身即是对前述80年代对政治与文学关系的有意回避，自然是一个新的认识与实践的突破。鉴于此计划未能实施，此“构想”也未公开发表，成为一个历史遗憾，特意抄录如下，以做纪念：“一、现代文学与现代政治的密切关系是中国现代文学的一个显著特点，也是现代文学研究中不可回避的重大研究课题。过去这方面的研究，取得了一定成绩，也受到各种思潮的干扰，成为现代文学研究的一个难点。本研究构想，是试图提出一个新的研究视角与方法，以开拓一种新的研究思路。具体地说，就是借助‘政治文化学’的理论与方法，从现代文学与现代国家、政党的关系的角度，去考察与研究现代文学与现代政治的关系。”“二、按照我们的理解与初步设想，所谓‘现代政治文化’包括三个层面，即国家所建立的文化、文学管理体制；国家与政党所制定与推行的文化、文学政策；国家、政党意识形态所规定的文化、文学思想、观念。因此，本课题的研究范围，包括两个方面：一是对国家与政党文化、文学管理体制（从宏观的体制到微观的具体制度，如稿费制度，作品的审查、出版、发行制度，对文学作品

① 钱理群：《史料的“独立准备”及其他》，《中国现代文学史论》，第380页。

的奖励与惩罚制度，有关的法律、规章、规则等）的建立，具体内容，特点；文化、文学政策的制订，具体内容，特点；主流文化、文学观念的形成，具体内容，特点的实证性考察与分析；一是对由以上几个方面而形成的社会文化、文学氛围，社会文化、文学心理，文化、文学创造、创作机制，对作家创作的导向、影响、制约，由此形成的文学风貌等的实证性考察与分析。”“三、初步设想，本丛书将包括以下几部研究专著：1. 1928—1937年（也即新文学第二个十年）国民党政府的文化、文学体制、政策、观念与现代文学关系的研究；2. 1928—1937年间中国共产党的文化、文学政策、思想，及其领导下的‘左联’对这一时期文学发展的影响研究；3. 抗战时期中国共产党及其领导下的以延安为中心的敌后根据地政权所建立的新民主主义的文化、文学体制、政策，《在延安文艺座谈会上的讲话》所建立的新的文艺思想体系，对解放区与国统区文艺的影响研究；4. 新中国成立后，与社会主义计划经济相适应的计划化的文化、文学管理体制的建立，五六十年代新中国的文化、文学政策、主流文艺思想对这一时期文学的影响，由此产生的文学风貌研究；5. 新时期（八九十年代）与社会主义商品经济相适应的新的文化、文学管理体制的建设，文化、文学政策、文艺思想的调整，对新时期文学创作的影响研究。”

90年代，我的关于现代文学与现代教育、出版、学术、政治的关系的上述新思考、新认识，主要体现在关于40年代文学研究中。我也制定了一个《四十年代文学史（多卷本）总体设计》，首先确定的是对40年代时代特征的总体把握：“二十世纪三大事件：战争与文学与人，共产主义运动与文学与人，民族解放运动与文学与人。本时期是这三大问题的交叉。”由此确定了“本书的写作目的，是要探索这一时期中国人（尤其是他们中间的知识分子，更进一步说，是作为知识分子中最敏锐、最富感性的一部分作家）的精神历程与由此形成的精神特征，使中国人更好地认识自己，也使世界更好地认识中国人。以特定历史时期、战争情境中的‘人’为中心：文学中的人，创作、接受文学的人”。从这样的目标出发，将全书的结构设计为五大卷，即“第一卷，年表”“第二卷，文学思潮、文化背景：影响文学发展的社会、历史、哲学、文化思潮，社会心理，思维方式的变化”“第三卷，作家生活与精神研究，即所谓‘文人身心录’”，“第四卷，文学本体发展研究”，“第五卷，代表作家列传，代表作品点评”，并特意说明：“不仅要注意文本的研究，而且要注意其生产、传播与接受过程的研究”。从这样的《总体设计》不难看出，90年代我的文学史观念的某些特点，某些新思考、新因素，如文学史研究与写作要以“特定历史时期、历史情境中的‘人’为中心：文学中的人，创作、接受文学的人”；重视“作家生活与精神的研究”，关注创作主体的“身”与“心”；重视“文学本体发展的研究”。而和我们这里的讨论直接相关的，是提出要写出“文化、思想、学术史背景下的文学史”。这是一个“大文学史”的概念。

这是一个雄心勃勃的计划，当时提出的目标是“全书在文学史研究与写作的体例、方法上，将遵循‘以我为主，吸取古今中外各家之长’的原则，以期对现有中国现代文学的研究有较大的突破”[①]。但由于种种原因，其中一个原因就是没有找到我满意的文学史结构方式，多卷本40年代文学史计划未能完成，只写出了一部《1948：天地玄黄》，但仍然可以从中看出我的大计划的蛛丝马迹，其基本的观念与方法，还是得到了部分的实现，而且也贯穿在以后的研究中，这是在大遗憾里聊可自慰之处。

1995年制定的《我的现代文学研究大纲》选择的第二个突破口是对经典作品进行精细的文本分析，抓住“有意味的形式”这一中心环节，总结现代作家的艺术经验，进行理论升华，逐步建立“中

① 钱理群：《四十年代文学史（多卷本）总体设计》，见《关于20世纪40年代至70年代文学研究的断想》，《追寻生存之根——我的退思录》，第267—269、266页。

国现代诗学”[①]。这同样也显示了文学观念与对中国现代文学历史特点的认识的深化。

在1993年所写的《我这十年研究》一文曾对我的文学史研究理念和方法做了全面的总结，我的一位学生看了以后，提出了一个“如何把人类生存境遇的历史关怀与文学作品的审美机制联系起来”的问题，他提醒说：“老师当然也重视文本生成层面，但这种生成虽然与作家的心理结构、文本内容相统一，却无法说明作品为什么在美学意义上是好的作品，否则就会导致文学作品只是说明人类境遇与历史细节的材料这一局面。我觉得这就需要引入另一种机制，一种文学机制和文学史写作机制，或者说是美学的机制，因为从根本上说，美学是联结哲学和文学之间的桥梁。”[②]这批评是击中要害的，它揭示了文学研究与文学教育的一个危机：“对文学形式与审美研究的忽略，有可能导致文学本体的丧失”，“越来越远离文学”[③]。同时也触及了我的一个内在矛盾，我在1999年写的一篇文章里这样写道：“我无法回避自己内心深处对文学形式，特别是对文学语言的迷恋。它们对于我是一种近乎神秘的诱惑。我知道自己的精神气质与文学艺术有着本能的亲和，而我所受到的教育与在扭曲了的时代里所形成的多少被扭曲的积习，又使我与文学审美之间，横隔着某种障碍”，“明明本性上具有审美的欲求，面对鲁迅已经达到的艺术高峰，要对之进行描述与阐述却显得力不从心，我从这里感到了一种命运的残酷。而有这样的隐痛的又似乎不只我一个人”[④]。

① 参看钱理群《目标与选择——我的中国现代文学研究大纲》，原载《中国现代文学研究丛刊》，题为《我的中国现代文学研究大纲》，收《返观与重构——文学史的研究与写作》，第179页。

② 钱理群：《现代人的生存困境及审美形态——我这十年研究》附记，《返观与重构——文学史的研究与写作》，第169页。

③ 钱理群：《文学本体与本性的召唤——〈诗化小说研究书系〉序》，《中国现代文学史论》，第250、249页。

④ 钱理群：《〈鲁迅小说的形式意义〉序》，载叶世祥著《鲁迅小说的形式意义》，作家出版社1999年版。

其实，在80年代就有过对“形式主义的、文学本体的文学史观”的提出与争论。倡导者提出“要把形式从内容的奴婢状态中解放出来，赋予它以本体的地位”，认为应该摆脱文学的“精神史、社会史研究的旧模式”，抛弃“文学是生活的反映或文学是心灵的表现或文学是人学”的文学观，确认“文学是文学”，强调“是认真搞纯形式研究的时候了”。这种观点也遭到了质疑，批评说“如把文学理解为‘审美的语言结构’，文学也就‘是自足和封闭的’，因而也就‘从根本上拒绝历史’”[①]。而在90年代重提文学形式问题，又有着不同的背景。如我在一篇文章里所说，人们在拒绝前述所谓“纯形式”的文学、文学史观的偏颇的同时，又走到了另一个极端，即以文学的历史性的研究，忽略以至完全取代文学的形式、审美的研究，人们总是像钟摆一样，在两个极端来回折腾。[②]因此，我在1995年同时提出要加强现代文学与现代教育、现代政治、现代出版、现代学术关系的研究与文学形式的研究，就是企图在文学史的历史性与非历史性（文学性、形式性）的统一，文学的外部关系研究与内部关系研究的张力中，来寻求文学、文学史研究的新的突破。这就意味着要摆脱在两个极端间摇摆的格局，回到历史研究的“中点”上来。

在文学形式的研究中，也因此有了新的特点。其一，强调“有意味的形式”这一概念，以克服所谓“纯文学形式”的弊端。其二，特别突出了“文学经典”的研究，这背后显然有一个文学史观：“文学史的大厦，主要是靠作家，特别是大作家支撑的；而作家的主要价值体现，就是他的作品文本。离开了作家和作品这两个基本要素，特别是离开了大作家和经典作品，就谈不上文学史。”直到2007年我还写文章，提倡写“以作家、作品为主体的文

---

① 参看钱理群《我们所走过的道路——〈中国现代文学研究丛刊〉一百期回顾》，《中国现代文学史论》，第150、152页。

② 参看钱理群《矛盾与困惑中的写作——〈中国现代文学三十年〉笔谈》，《中国现代文学史论》，第366页。

学史”，并且说：“在我看来，这是常识；也许，在一些人看来，这是一种过时的保守的文学史理解，那么，我就甘愿坚守这样的‘回到常识’的返璞归真的文学史理解。”[①]其三，突出文学形式的研究，特别是文学语言的研究。这不仅是一个文学观念的问题，更是出于对中国现代文学的历史使命与历史特性的认识的深化。我在《大学国文》的《中国现代文学编》（这是一部以作家、作品为主体的文学史）的《导言》里，对“中国文学变革的内在动因与中国现代文学的基本追求和特质”做了如下概括：“随着现代中国社会的巨大转折与变动，生活在中国这块土地上的中国人，首先是他们中的先驱者、年轻一代变了，由传统的中国人变成了现代中国人，产生了有异于传统的现代新思想、新思维，新的行为方式，有了新的感情、心理，新的审美趣味，于是就要求新的语言，新的言说方式。”中国现代文学所要满足的就是这样一个历史性的要求：“用现代中国人的自己的话真实地描写自己”，以利于现代中国人与现代民族国家的生存与发展。由此而向现代文学的发展提出了三个基本要求：要进行现代文学语言的创造，现代文学形式的创造，并在这一创造过程中形成中国现代文学自身的价值取向与标准。这就是说，文学语言与文学形式问题是内在于现代文学发展中的，是我们说的“中国文学的现代化”的核心部分，是表达现代中国人的心声、他们的生存与精神困境所必须的，如鲁迅所说，“没有冲破一切传统思想和手法的闯将，中国是不会有真的新文艺的”。真实地描述新的文学语言和形式的创造、演变的历史过程，也就必然成为现代文学史的基本任务与目标。[②]

1995年的《大纲》里的“创立现代诗学”课题的提出，是前述“自立价值与标准”的自觉努力，是从中国现代作家的创造实际经验的总结中，提升出参与世界上的事业，其中仍有中国向来的魂

① 钱理群：《“以作家作品为主体的文学史”写作的尝试》，未入集。

② 钱理群：《中国现代文学编·导言》，载钱理群、李庆西、郜元宝合编《大学文学》，上海教育出版社2005年版，第133、134、135页。

灵的现代中国人自己的审美概念、范畴和美学理论的尝试，也是出于对现代文学特性的一种把握。当时的具体设计是从“现代诗化小说”的研究入手；而“诗化小说”的概念的提出，即是对现代文学认识深化的结果。这已是现代文学研究的共识：中国现代文学文体发展的一个最大变化与特点，就是在中国传统文学中始终处于边缘位置的文体——戏剧与小说，逐渐转移到文学的中心位置；通过进一步的研究又注意到，现代戏剧与小说文体向中心转移的过程，同时也是从始终处于中国文学中心，因而有着更为深厚的基础的诗歌艺术中不断吸取养料的过程。于是，就有了这样的发现：“在现代文学作品里，艺术水准最高的作品，往往是（当然不是‘全都是’）带有抒情性的，或者说是具有某种诗性特征的”，抒情诗的成就远远高于叙事诗自不待说；戏剧中的精品，无论是曹禺的《原野》《北京人》《家》，还是夏衍的《上海屋檐下》，郭沫若的《屈原》，无不具有浓郁的诗意；从朱自清的《荷塘月色》，到何其芳的《画梦录》、沈从文的《湘行散记》，也全都是诗化的，鲁迅的《野草》更被视为“散文诗”；小说中的经典，从鲁迅的《故乡》《社戏》《在酒楼上》《伤逝》，到郁达夫的《春风沉醉的晚上》《迟桂花》，沈从文的《边城》，废名的《桥》，以至40年代冯至的《伍子胥》，萧红的《呼兰河传》，孙犁的《荷花淀》等，显然构成了一个“诗化小说”的谱系。而诗化小说的形成，不仅受古老的诗国传统的影响，还吸取了西方象征主义诗学传统的资源，是一种传统与外来文化精粹的会合，这本身就有很大的研究价值。

正是出于这样的认识，我和我的学生与年轻朋友，在广西教育出版社的支持下，策划了《诗化小说研究书系》的写作，并有了这样一次“终生难忘的学术漫游，真正的精神盛宴”：“我们黎明即起，在桂林山水的掩映下，大声地朗读作品，流连于语言文字的声光色影之中，时而争执不休，时而沉湎于遐想而不语——当深夜笼罩，小城的一切都变得模糊，我们一边散步，一边继续讨论，更多的是沉默中的回味，淡然而安适。一切都是美的：美的风景，美的人，美的语言，美的心灵；身处其间，精神特别的放松，洒脱而从容，心境也格外的柔和、明亮。最难忘的，是那一刻（仿佛是一位朋友正在朗读《果园城记》）没来由的突然感动，泪水满盈，一句话也不说；但或许就在这一瞬间，我懂得了什么是文学和文学、文学史研究。”

此事发生在1997年。在随即的20世纪末的中国社会、思想、文化、文学、学术的变化、动荡中，朋友们有了自己的新的兴奋点，在观念、心态上都有了一些变化，这样的文学形式的审美的研究课题似乎已经失去了原有的吸引力，变成一个虽并未忘怀，一时却难以接近的越来越遥远的梦了。当然，坚持做梦的朋友还是有的，也有新的加入者，于是，在2003年《诗化小说研究书系》终于由广西教育出版社出版，包括了吴晓东的《镜花水月的世界：废名〈桥〉的诗学研读》、刘洪涛的《〈边城〉：牧歌与中国形象》及张箭飞的《鲁迅诗化小说研究》三部著作。我在题为《文学本体与本性的召唤》的序言里，指出：中国社会、思想文化的外部条件总是不利于文学形式与审美的研究，“它的被忽略，孤寂，边缘化，至少还会延续相当一段时间”，“这就要求选定了这样的研究道路的年轻学者，能够有一种精神的定力：不为外界的轻视或诱惑所动摇，同时又注意不断充实、完善与发展自己，坚守文学的本性与本体。我坚信，泡沫终要消散，沉潜者终会浮出历史地表”[①]。

我自己对文学形式、文体、语言的研究，主要集中在40年代小说的研究上，其成果是《对话与漫游：四十年代小说研读》（上海文艺出版社，1999年出版）、《四十年代小说理论资料》二书和少量论文。此外，在《四十年代文学史（多卷本）总体设计》里，还留下了许多具体的设想，可惜未能成文。[②]对我以后的研究有深刻影响的，是“文本细读”的研究方法的试验。我特别注意到钱谷

① 钱理群：《文学本体与本性的召唤——〈诗化小说研究书系〉序》，《中国现代文学史论》，第250—251页。

② 参看钱理群《关于二十世纪四十年代至七十年代文学研究的断想》，收《追寻生存之根——我的退思录》，第268—269页、277—284页。

融先生关于“文本细读”的一个阐述。他强调“用心去细读”，即“把自己的心摆进去”，以闲暇的心态，对作品文字及言外之意、情味、境界等，慢慢地细细品味，特别要注重“婉曲细腻之处”的体味，以达到真正的“理解的同情”。还要用精当的语言将这些体验到的情味、境界表达出来。[①]这是一个由文见心，以达到心心相印的过程，也是入乎其内又出乎其外的过程，是对人的语言敏感、艺术品位的极佳培育和熏陶。在《与鲁迅相遇》的《后记》里，我这样谈到了自己在学术研究与文学教育上的追求：“继续从《名作重读》开始，也是我近年一直提倡的‘文本细读’，大大加强对鲁迅原著的情感与文字的分析与品味”，“这也是出于我对鲁迅的理解：思想家的鲁迅与文学家的鲁迅、语言艺术大师的鲁迅是不可分割的；以及我对当下文学教学与研究越来越没有文学性，学生（包括研究生）艺术感受与鉴赏力，对语言的敏感的逐渐减弱，甚至丧失的危机感”，“为了加强整个讲课的文学气息与氛围，我不止一次地在课堂上朗读鲁迅作品或其片段，这背后也有我对鲁迅的理解：‘鲁迅作品不能只是默看，非得朗读不可。他作品里的那种韵味，那种浓烈而又千旋万转的情感，里面那种可以意会不能言传的东西，都需要通过朗读来触动你的心灵。’这已经是我的一个经验：讲鲁迅作品，最主要的是读，靠读来进入情境，靠读来捕捉感觉，这是接近鲁迅内心世界和他的艺术的入门的通道”。[②]

这已经说到了文学、文学史教育的问题，这也是我这一时期最为关注的问题之一。它也涉及文学、文学研究、文学教育的观念。我曾专门研究钱谷融先生的学术道路，并做出了我的理解与发挥。钱谷融先生慨然宣布：“我对一切企图使文学现象科学化的努力都持怀疑态度。”他将其称为“工业社会思维模式”。在他看来，“以抽象的本质、规律遮蔽文学、学术中的人，人的心灵，及其感

① 钱理群：《读钱谷融先生》，《中国现代文学史论》，第 73 页。

② 钱理群：《与鲁迅相遇：北大演讲录之二》“后记”，三联书店 2003 年版，第 319—320 页。

性特征（情感、审美等等），是将文学、学术工具化，是根本违背了文学与学术的本性的”，“钱谷融和他的后继者所要做的，就是要恢复文学与学术的‘人学’本性：文学‘是一门由人写人，同时又感染人，同化人的艺术’；文学研究、文学史研究从根本上说是‘研究人’的，其最大功能，也应该是通过对作家描写、刻画的人物形象和文学世界的分析，提升读者对人，人的精神的认识、体悟，并达到审美的境界”，钱谷融先生或许并不否认文学史研究与教育有为现实提供历史经验的功能，但他显然认为这样的提升人的精神的功能是更为根本、更接近文学研究与教育的本性的。钱谷融先生自己的文学研究（例如他的曹禺研究）最大的魅力，就在于它是作用于人的心灵的，引导我们去“探求变异复杂的人性”，“从灵魂的最深处，从内心最隐蔽的角落”去体察人、感悟人、探索人，“用诗的眼光看待人生”，以“一种特殊的敏感，特殊的爱”去欣赏、品味语言的美，从而提升了我们对人，也包括自己的体认，在一定程度上改变了我们自己——这才是文学、文学史研究与文学教育的“无用之大用”[①]。

这里还有一个文学审美思维的特点的问题。我曾经这样描述真正具有艺术魅力的小说给人的审美快感，也是我自己的阅读体验：“它逼得你要全身心地投入，而且是充分感性的投入，不容思索，不容分析，甚至不容停顿、喘息，它给你的是莫名的感觉，情绪的激发，心灵的感应、震荡；读完小说，具体情节都可能模糊了，连许多人物的名字都记不清楚，留下的仅是朦胧的、混沌的，却又非常深广的感觉、意境，这都是铭刻在心的，人也因此进入一个新的精神境界，获得一种说不清、道不明的快感。这样的阅读、审美快感，就其本质而言，是理性强制中释放出来的个体心灵的自由活动，是对人潜在的创造力与想象力的激活。当然，学术研究不能停留在审美快感的层次，需要理性分析的介入和提升，但却是必须以这样的感性的体验、感悟为基础的，而

① 钱理群：《读钱谷融先生》，《中国现代文学史论》，第 65—67 页。

且理性的分析也应该有一定的限度，要防止将作品内在的丰富性、统一性琐细化与割裂化，将其内在的神韵知识化。在我的设想中，理想的文学、文学史研究，在最初的感悟基础上，做出理性分析以后，还要在更高的层面上还原为模糊、混沌的整体把握。我曾经表示，自知自己目前的学术功力达不到这样的境界；在这种情况下，我宁愿保持原初的总体感悟，甚至某种神秘感，做一些自由的联想和发挥，也即“海阔天空，大而化之”谈文学，而不追求（也做不到）更精细，也更学院化的研究。[①]至少我对诗歌研究就保持了这样的态度：在我的心目中，诗歌是直抵人的精神精微处，是语言艺术的极致，因此始终对诗歌心怀敬畏之心，不敢轻易研究，更避免解诗（当然不反对别人解诗），而宁愿用朗诵来进入诗的境界。在我看来，不仅在文学研究中要尽可能保留某些感性的因素，在文学教育中这样的感性（非理性）的把握，是应该更多地保留的。如钱谷融先生所说，是更应该看重文学作品里的“感情的品味与其深度、浓度”的。[②]

三、新的总结与开拓（2002— ）

2002年以后，我的自我生命与学术生命都获得了一次新的解放。在现代文学和历史研究中，主要做了三个方面的尝试。

（一）对现代文学史研究传统经验的历史总结

由于种种主客观的原因，我逐渐进入学科发展历史与现状的研究领域，主要是讨论前辈开创的学术传统的“学人研究”与追踪学科发展的“研究述评”，这方面的成果集中在《中国现代文学史论》一书中，由广西师范大学出版社于2011年出版。此书的许多论述已在前文中不断引述，不再重复，这里仅做简略概

① 钱理群：《文学创作与文学教育中的一个问题——读金庸武侠小说的联想》，《返观与重构——文学史的研究与写作》，第246—247页。

② 钱理群：《读钱谷融先生》，《中国现代文学史论》，第68页。

述。在研究中发现，创立这门学科的前辈学者主要有两种类型。其中一种类型是樊骏先生所概括的“学者兼战士型”，李何林、王瑶、贾植芳、唐弢、田仲济是其中最主要的代表，他们一直主导着中国现代文学研究，培养了大批学生，对学科的发展的影响巨大而深远。如樊骏先生所说，这是一个直接继承了鲁迅传统的“新型文化学术群体”，“其特点是：把自己在文化学术领域的专业工作，视为推动社会进步、民族解放的组成部分，没有把前者游离于后者之外，而且自觉地以此（学术研究）作为自己服务于国家民族的主要手段；在学术观点和政治倾向上，是进步的、革命的，往往兼有学者和战士的双重身份”，“奠基于四五十年代之交，在五六十年代迅速成为一门显学的中国现代文学研究，总体上分明具有这个群体的显著特征”[①]。他们开创了中国现代文学研究的两个传统。首先是精神传统。这个传统有着两大精神资源，“一是西方传统中的‘普罗米修斯—但丁—浮士德—马克思’，一是中国、东方传统中的‘屈原—鲁迅’”。由此决定了他们的学术观，即视学术研究是一种科学工作，而科学的本质，就是对真理的寻求、发现和捍卫。于是，就有了为科学而献身的精神、锲而不舍的韧性精神，坚持学术的精神性与神圣性，自觉的学术承担意识。而所建立的学术传统，也是以马克思主义的历史唯物主义为理论基础，强调“历史感和现实感并重”，追求“历史主义和当代性的统一”“史料与史识的结合”[②]。应该注意的，还有以严家炎、樊骏、支克坚为代表的第二代学人，他们也参与了前述精神和学术传统的建构，并以学术的公心，严格、严谨的学风，开放、宽容的态度与自我质疑、反思的精神，为后代

① 樊骏：《论文学史家王瑶》，《中国现代文学论集》，人民文学出版社 2006 年版，第 58—59 页。

② 钱理群：《樊骏参与构建的现代文学研究传统》，《中国现代文学史论》，第 81、82、83、84 页。

学人营造了一个相对健全、健康的学术环境。[①]

钱谷融先生是前辈学者中的另一种类型，开创了另一种学术传统。他自述在年轻时“服膺唯美主义”和自由主义，“以现当代中国人而论，除鲁迅外，周作人和朱光潜的影响是相当大的”。他自命为“欢喜型学者”，“‘欢喜型’就是‘为艺术而艺术型’，是指专凭自己的性情、爱好而读书的那一类人”。这就意味着，他所看重与追求的是“文学艺术与学术研究的内在自足性，它本身就足以产生生命的愉悦和意义，而无须在外在方面（例如政治作用、社会效应、商业效益等）去寻找意义和满足”，这就形成了一种“将学术与自我生命融为一体的存在方式”。如果说“学者兼战士型”的知识分子强调的是“学术生命与时代生命的融合”，为学术而学术者则是更强调“学术生命与自我生命的融合”的，在我看来，这才是学院派学术的真谛。我曾把钱谷融先生的“为人之道”概括为“爱美之人的赤子之心”，“有情有礼真君子”，特别强调他的“散淡”，即“守住人的本性、本色，不为名利熏心失性”；“一切听其自然”，“任情适性”，绝不急功近利，也拒绝道学气；“用平常心对待”学术，“保持一颗‘闲心’”。钱谷融先生的“治学之道”，是以“学术也是人学”这一人文主义的基本理念为基础的，强调“学术的功能是提高人的精神和心灵世界”，“学术研究也是人的生命现象”，重视“学术研究的‘人情味’”，以及“学术研究中的文字之美，生命之美”。钱谷融先生显然不同于“学者兼战士型”的知识分子，他们之间在和现实社会与政治的关系与人生道路、学术道路的选择上存在的差异是明显的，但他们确实又有内在的相通，都坚守独立的人格、自由的思想、学术的承

① 参看钱理群《樊骏参与构建的中国现代文学研究传统》《严家炎主编〈二十世纪中国文学史〉对当下现代文学研究的启示》《用个性化的方式响应时代对这一代学者的要求——支克坚学术思想和贡献初议》，均收于《中国现代文学史论》。

担，有时候甚至是殊途同归的。[①]

不难看出，我在第一时期寻求自己的学术之道时，是深受“学者兼战士型”的学术前辈的精神追求、学术观念、方法的影响的，这不仅是因为作为王瑶先生学生的师承关系，更是我自己的人生经历、经验、体验决定的自我生命的选择所致，因此，对这样的精神传统与学术传统也有我自己的理解与发挥。到了第二、三阶段，我仍然坚守原先选择的传统，并有新的发展，同时出于对马克思主义的唯物史观所内含的独断论的反省与反思，又做了必要的调整。另一方面，我对钱谷融先生开辟的精神、学术传统，有了更多的理解，也有所借鉴。其实，就个人的精神气质而言，我对现代文学研究传统中两种类型的学者都有所接近，又有所排斥，这构成了我的内在矛盾。在现实实现的层面，或许不免偏至：总体而言，我似乎更接近学者兼战士的传统；但在内心深处，却又对为学术而学术的传统充满向往。这也就决定了我在学术观念、方法的选择上，总是力图将两个传统结合起来，各取所长，相互补充。当然，也会因为结合得不好，而露出破绽，从而陷入了学术上的困境。这都是无可奈何的，只能像钱谷融先生说的那样，听其自然了。

（二）用文学的方法研究、书写历史

在2002年退休以后，我在学术研究上有了一个大的转变：由现代文学史的研究转向现代民间思想史和毛泽东时代、后毛泽东时代的历史研究。同时，由于我的社会关怀，又开拓了中小学教育、地方文化研究、乡村建设运动研究等多个研究和实践领域。从表面上看，我已经走出了文学，但已经内在于我的生命的文学眼光、文学素养、文学观念、文学方法，依然深刻地影响着我的新的历史与现实研究，并且最终形成了一个新的方法论：“用文学的方法研究、书写历史。”如一位论者所说，它所要解决的问题是：一个离开了文学而进入思想和历史领域的文学研究者，如何还能够是文

① 钱理群：《读钱谷融先生》，《中国现代文学史论》，第55、56、57、60、61、62、67、71、72页。

学研究者？[①]

这样的思考与探索，是从对现有的历史研究的一个观察开始的。我发现，许多历史研究往往只注意历史事件，而忽略了历史中的人；只注意历史大人物，而忽视了历史中的普通人；只注意人的群体的社会运动，而忽略社会群体中的个体的差异性和独特性；只注意人的行为，而忽略了人的内心。这形成了我们的历史研究和叙述中的四大遮蔽。[②]这正是我在着手民间思想史和毛泽东时代、后毛泽东时代历史研究与写作时所必须自觉克服的，这就需要另辟新路。

于是就到文学里寻找出路，因为文学所关注的，恰恰是被历史所忽略了的人，普通的日常生活中的人，个体的人的生命，人的心灵世界。如论者所说，文学处理的是人类生活的原初的感性的经验图景，是生活的原初境遇，是人在具体历史中的存在，是人的感性的存在，是人的生存世界本身。一个真正的文学史家关注的是个体的生命的具体的感性的存在，关注其不能被理性的观念、分析所包容的特异性和个别性，而且不仅关注人现实的生存境遇，更有着对人的生命存在本身的超越性关怀。因此，文学是真正直面人自身、人的存在本身、人性本身的。这样，文学就具有一种功能：它“天生就拒斥历史理念的统摄和约束，它以生存的丰富的初始情境及经验世界与历史理念相抗衡”[③]。因此，当我们试图在被历史理念左右的历史叙述中抢救出被排斥的个体的人的生命存在的具体性时，文学的方式就显示出了特殊的意义。

正是在这样的启示下，我在《毛泽东时代和后毛泽东时代：

① 石岸书（北大中文系博士研究生）：《“文学性”的历史——钱理群〈毛泽东时代和后毛泽东时代〉的叙述及其意义》，手稿。

② 参看钱理群《构建“能承担实际历史重负的强韧的历史观”——我看丸山升先生的学术研究》，《中国现代文学史论》，第 320 页。

③ 参看余凌（吴晓东）《中国现代文学中的审美主义与现代性问题》，《中国现代文学研究丛刊》1999 年第 1 期。

历史的另一种书写》里提出了追求“历史性与文学性的统一”的研究方法和叙述方式的设计：“我深知自己作为一个文学研究者来写历史研究著作的危险性，因此，我以极大的努力做史料的搜集、发掘、鉴别、整理的工作。力图做到独立的史料准备”，“这样就能够做到每一个分析、论断都有翔实的史料作为支撑。我特别坚持一条原则：‘面对一切事实’”，“这些努力都是为了保证我的研究的历史性品格”；“另一方面，我也试图适当发挥文学研究的优势，以保持某种文学性品格”，“主要有二：一是注意历史细节的感性呈现，二是注意对历史人物（首先是毛泽东）的内心世界（情感、心理、内在矛盾）的揭示和剖析，也就是说，对历史的关注，首先是对人的关注，个体的人的关注，人的心灵的关注，我以为这都是文学观照世界的方式。现在我想尝试将此方式运用到历史的观照中。其实这样的历史性和文学性的结合，本来就是司马迁的《史记》所开创的中国史学传统。在这个意义上，也可以说，本书的写作，是继承中国史学传统的一次自觉尝试”。[①]

让我特别高兴的是，这样的新的方法的尝试，得到了我最属意的大陆青年的理解。一位北大中文系的博士生在他写的《“文学性”的历史》的评论文章里，对我说的“文学性”做了这样的阐释：这“实际是意指对具象的敏感性与人性论的视野”，这两者又是相互关联的：“对具象的敏感，恰恰来源于对个体的关切”，“不同于对个体的政治学（公民）、经济学（理性人）的关切，文学对个体的关切时刻从对人性的基本把握开始，从个体的内在本性（人性）出发看待个体的外在行为。在文学者看来，人性乃是个体的内在根基，是文学者观察个体的常在的出发点，个体的外在行动，由此而呈现为具象，呈现为细节”。这样的“文学性”理解我是可以认可的。

我更感兴趣的是这位年轻人所谈到的他这一代人“如何进入历

① 钱理群：《毛泽东时代和后毛泽东时代：历史的另一种书写》（下）“后记”，台湾联经出版事业股份有限公司 2012 年版，第 350—351 页。

史”的困惑与焦虑。“历史性在钱理群一代是自明的事实，而在我们这一代，却成为需要努力争取的资格。我们在历史之外，这是我们最直接的困境。”据说这一代人“常常通过两种方式将自己强行历史化”：一种是经由有限的现实经验“想象性地进入”，就不免陷入一厢情愿的情绪化；另一种是“理论建构的历史性”，“在理论成为唾手可得的商品的时刻，我们常常首先获得理论立场，之后从这一立场出发，强行进入历史”，“由此我们轻而易举地获得历史的方向感，也因此遮蔽了历史本身的复杂性，遮蔽了主体在历史之中所能够最大限度地体悟到的复杂性”。应该说这样的自我解剖是极富启发性的。

问题是，这样的以固化的理论立场来研究与叙述历史所造成的历史遮蔽，在今天似乎已经成了学术病，除了外在的时代的原因外，还有历史研究自身的内在矛盾：历史的研究与叙述能够成立，总是需要构建一个结构，而结构又总是有理论支撑的。这就有了一个如何处理“理论—结构”与“历史”的关系问题。如果将理论—结构绝对化，以至固化，把历史研究与叙述变成“从历史中搜求自身的依据，从而为理论的合法性做出论证”，这样实际上是将理论从历史中抽离出来，将其根基建立在自身的基础上，于是就“只有理论的历史，而没有历史；只有理论的立场，而没有历史的感觉”。为避免落入这样的陷阱，就必须对理论—结构与历史的关系做新的处理：首先，既成理论只能是一个参照，每一个具体的历史研究，其理论—结构的构建，必须建立在具体的历史事实、经验的总结、提升上；在理论—结构建立起来以后，还必须将其相对化，不断对其进行质疑、解构，也就是说，这应该是一种自我肯定与自我否定、建构与解构的相互补充、纠缠。而如前文所说，文学性恰恰是“以生存的丰富的初始情境及经验世界与历史理念相抗衡”的，引入文学性就可以成为对理论—结构的一个否定、解构因素，使理论—结构既保留了合理程度的抽象化的功能，又将其相对化，“由此历史不致呈现为‘空洞的能指’，而是包纳了本身的丰富性与复杂性”[①]。

这样的“文学性”思维与方法，也越来越渗透到我对现实的观察、研究与书写里。退休后，我对当下中国教育、地方文化、民间运动的关照，一直集中在对“人”的关照上。这是我最引以为豪的：我的晚年，始终和四个群体——青年、中小学教师、乡人和民间思想者保持着相濡以沫的精神联系，对我来说，这都是一个个具体的、有血有肉的个体生命，我和他们的交往也是具体的、琐细的，本身就构成了我的日常生活。但我同时也是以一个历史的研究者、一个文学史家的眼光、思维与方法，去观察、思考、研究他们。我不仅从他们身上发现了历史的根基，因此经常引述鲁迅的话，称他们为“中国的筋骨与脊梁”，而且自觉、不自觉地将他们历史化、文学化和典型化。当这些熟识或初识的朋友一个个奔涌到我的笔下时，我是有一个历史感的。或者说，我在为他们写序和书评，或在随笔里写到他们时，我都是当作历史来写的。在我看来，他们和我的文学史、思想史研究所写到的历史人物，都具有同样的地位和分量，一起构成了大时代里的个体生命史，20世纪的中国精神史、中国人史。这样，我的所有的研究，所写的上千万的文字，就形成了一个有机的整体，而且都渗透了我自己的个体生命史。

（三）《中国现代文学编年史——以文学广告为中心》的构想与写作

尽管如此，我仍然心存遗憾：因为我没有写出我自己的现代文学史。主要原因还是我没有找到适合自己的结构方式与叙述方式。在相当长的一段时间里，这还真成了我的一个心事。一直等到2006年3月26日那天早晨，照例地躺在床上胡思乱想，突然有了“又一个新计划，其实是一个做了多年的梦：写一部《广告书话》，按时间排列，显示文学史的发展线索”。所谓“多年的梦”，大概是指

① 石岸书（北大中文系博士研究生）：《“文学性”的历史——钱理群〈毛泽东时代和后毛泽东时代〉的叙述及其意义》，手稿。

90年代末就有过类似的朦胧的想法，但并没有展开，这一次就有了比较具体的设想。在随即写下的纸片里，这样写道：“广告的意义有四。一是作者、译者自己写的广告，能显示自身的写作、翻译意图；二是显示最初的接受：简短的书评，出版者的意图、眼光与读者的反应，市场的状况；三是广告还提供了文坛活动、文学创作的许多信息，可以引发出许多文学背后的故事，按时间顺序就可以显示一年的文学事件；四是广告也是一种文体，也有文体史上的意义，广告书话本身的文字也要写得有味儿”，“这将是一本以广告及广告背后的故事连缀起来的文学史，是别开生面的”①。

以后，又经过将近两年的酝酿，终于在北京大学出版社的支持下，组成了一个集中了吴福辉、陈子善、吴晓东、高恒文、汤哲声、陈方竞、袁进、姚丹、袁盛勇等朋友的研究团队。我们约定，要聚合起来做一件好事：以研究实绩来坚守我们信奉的学术理想主义、学术献身精神，并贯彻一个“想大问题，做小事情”的精神：课题选择本身既包含了对现代文学研究，以至当代中国学术研究的大焦虑、大关怀，但又从具体的查阅原始报刊，一点一滴收集、整理第一手材料做起。

“中国现代文学编年史——以文学广告为中心”的民间学术项目于2007年12月开始启动，并且有了一个《编写设想》，现摘录如下。

1.学术背景

（1）现代文学史研究与写作呼唤新的想象力和创造力。文学史著作的写作，从来都是现代文学研究的热门。近年来，有关会议开了不少，提出各种设想，具体实践却不多；专著更出了不少，但也是陈陈相因，重复劳动的多，真正具有独创性的著作不是没有，却不多。在某种程度上，这是反映了现代文学学科的当下状态的：表面的繁荣，掩盖着实质上的平庸化。因此，学科的发展，呼吁新的想象力、新的创造力；文学史著作的研究与书写，也呼唤新的研

① 参见钱理群《又一个新计划》，手稿。

究模式、新的结构方式、新的叙述方式。

（2）文学和文学史观念的发展和变化，要求对现有的文学史结构与叙述有新的突破。应该说，这些年来，我们对文学、文学史，以及现代文学的理解，已经发生了许多变化，形成了许多新的研究思路。许多同行都期待着一个将文学生产与流通融贯为一体，注重文学市场的作用，注重文学个人创造与社会文化关系的文学史图景，认为这是更能显示现代文学与古代文学相区别的新的文学风貌的。但却是现在通行的文学史结构、叙述模式所难以容纳的：这样的文学史研究与写作的内容与形式的矛盾，要求在文学史形式上有一个新的突破；而形式的突破，也必然带来对现代文学史图景的新的开掘与认识。

2.编写设想

（1）“以文学广告为中心”。狭义的文学广告包括文学作品广告，翻译作品广告，文学评论、研究著作广告，文学期刊广告，文学社团广告，戏剧、电影演出广告，文学活动广告及其他；广义的广告，包括具有广告意义的宣言、发刊词、编后记、文坛消息等。广告本身就是历史的原始资料，它的汇集具有“史料长编”的意义，而史料长编式的文学史结构方式一直是学术界的一个追求（从朱自清到茅盾），也为这些年我们所设想的“接近文学原生形态的文学史结构方式”提供了一种可能性。更重要的是，文学广告又是文学生产与文学流通的交会点，以文学广告为中心，就更能体现“文学生产与文学流通一体化”的文学史观念。

（2）编年史的体例完全按时间排列，就可以避免将丰富复杂的文学现象纳入某一观念，进行有序化处理所带来的一些弊端，而更接近文学发展纷乱、缠绕的无序化的原初形态。但同时为避免过于繁杂，读者阅读不得要领，又在每十年有一个概论，以做到无序中的有序，并期待这些依据文学广告所提供的文学现象做出的概括、提示、概论，对现代文学发展的历史有新的发现和体认。

（3）书话体的叙述文体。好的文学广告本身就是一种“书话”。用书话体来讲文学广告，也是顺理成章的。这是一种更为自由的文体：可以以文学广告为由头，写广告的有关背景，即广告背后的故事——文学思潮、文学创作、文学活动、作家交往、命运……的故事；也可以由此引发议论；还可以对广告文体进行分析和评论。一切本着“有话即长，少话即短，无话即不言”的原则，用散文的笔调来写，将史料与史识结合，熔知识性、趣味性、思想性为一炉：这将是一部以文学广告及其背后的故事连缀起来的文学生命史，有情，有理，有味儿，应该有一定的可读性。

（4）全书分四卷，每卷约五十万字。

（5）发挥特色，承认局限，掌握自身能达到什么、不能达到什么的边界。这也是我的一个基本理念：任何价值，同时也是一种局限。以文学广告为中心的编年史为文学史研究与写作提供了新的可能性，但也必然有所局限：有些文学现象（甚至是重要的文学现象）是文学广告无法涉及的，文学文本的分析也不可能充分地展开，广告词的商业性有时也会形成某种遮蔽，等等。因此，它仍然不能解决文学史研究与写作中的许多问题，它的价值是一种有限度、有缺憾的价值。我们这套书也只是文学史著作多元结构中，有自己的自觉追求的，有特色的一种，它自有价值，却不试图去贬低或否认其他作者的创造与追求。它始终贯穿一种自我质疑精神，并以此为自己的最大特色。

3.编写要求

（1）主要从原始报纸、杂志，从原版书中去发掘文学广告，也可以适当参看可靠的全集（例如《鲁迅全集》）。希望能够网罗重要的文学报刊的文学广告。以史料的第一手性、准确、可靠为第一要求。

（2）对文学广告的选择，要有一个“大文学史”（即思想史、文化史、学术史、出版史、翻译史、教育史视野下的文学史）的眼光。希望最后能够反映出现代文学发展的基本面貌。

不难看出，这样的“以文学广告为中心”“编年史的体例”“书话体的叙述文体”，是我终于找到的，和我的文学史观念相适应的文学史结构与叙述方式：多年的追求最终落实了。

以后，就是辛苦的长途跋涉：从2007年12月起步，到2012年12月大功告成，用了整整五年的时间。

其间，又有了许多新的通信、讨论，新的思考，也略做摘录。

“编年史的体例。将新文学作家与通俗作家，有不同思想、艺术追求的社团，刊物，流派，作家，作品，文学活动，文人交往……都置于同一历史时间与空间里，就可以最大限度地展现文学发展的原生形态，从根本上消解文学史的等级叙述和判断。”

“‘从广告出发’的另一含义，就是我们对文学广告这样一个现代文学特有的文学现象的一种特殊关注。有关文学广告的产生，发展，形式，广告语言，有关论争（包括用广告、不用广告的现象，有广告而无书的现象背后的‘故事’），相关的稿费问题，盗版书问题，营销策略问题等，在我们的文学史里都应该有所反映。但我们又不同于专门的‘文学广告研究’，我们只是一个文学广告的选本，而非全本，重要的广告最好不要遗漏，但不要、事实上也不可能求全。”

“要有图片，成为‘图本’。以广告图片为主，也可以有书籍封面、扉页、版权页图片，刊物封面图片，剧照等。原则上不上作家头像，以免形成排队。每卷平均60幅图片，共240幅。”

“总体是书话体，加强叙述性，注意典型细节的运用；同时要有文学史的判断，有一定的深度。不必过多介绍文学史教科书里已有的常识，论证过程不必步步展开，即不要写成文学论文（如问题重大，可另写专门论文），不要写成文学词典条目。张中晓曾谈到他理想的学术著作是‘把寻常的叙述因素和尊严的思辨形成艺术的结合’，‘不仅给人多闻博识，同时给人以深刻而纯真的乐趣’，这里谈到的‘叙述’与‘思辨’，‘多闻’（知识性）与‘乐趣’（趣味性），我想是可以作为我们的一个追求的：虽不能至，也要心向往之。”

“书话体还要求展现个性。因此，写法有大体的一致就可以，不必完全统一，文风更可百花齐放，或幽默，或简洁，或严谨，或潇洒，各人尽量发挥自己的长处，不要勉强、束缚自己。我们全书要展现整体的个性，各人写的解说又各自署名，各有个性，这也可能是一个特色。”

“要注意解说的科学性。务必不要出现硬伤，要反复核对材料，没有材料依据，宁可不说。要注意原始的第一手材料的运用，如有可能还可以订正一些文学史或研究著作的以讹传讹的错误，这也会是我们的一个特色。”

“要注意吸取现有的研究成果。我最近随便翻了一些书话，如《姜德明书话集》，赵景深的《新文学过眼录》，谢其章的《创刊号风景》（好像他还有《终刊号风景》），温梓川的《文人的另一面——民国风景之一种》，包括这次子善兄送给大家的《边缘识小》，当然还有唐先生的书话，我都发现了许多典型细节、典型现象，很有助于我们的写作。另外，我翻阅了这几年的《中国现代文学研究丛刊》，虽然感觉到研究格局似乎越来越小，有所忧虑，但仍发现许多研究者，特别是年轻的博士生，他们的研究有许多新的角度、新的发现、新的史料，很值得我们吸取、借鉴。我希望大家不妨翻一下，了解一下这些新的研究成果，适当吸取到我们的文学史叙述中来。这样才能使我们文学史具有新鲜感，保持某种前沿性，这也应该成为我们的一个特色。”

（摘自2009年3月27日给各编委的信）

“一个设想：前一段，在严家炎先生主编的《二十世纪中国文学史》座谈会上，范伯群和黄子平先生，都谈到可以把文学史看成一个‘博物馆’，人们可以从不同的门口进入，因此，就会有许多的开端，许多的故事。当时，我和在场的福辉曾简短地交换了意见，认为他们两位的意见对我们的这套文学史写作，有重要的意义。

“以后，我对此做了更进一步的思考，想到在这样的文学史观的观照下，在历史事实的层面，就会注意到文学创造和运动中的‘个体史’，正是不同个体的参加，最后形成合力而影响历史的发展，并在这发展中打上不同个体的烙印。在历史叙述的层面，就表现为讲述许多带有个人生命体温的故事、细节，具体的写作与舆论环境的生动展现，其中有丰富的人与人的生命互动和复杂关系，以及在这背后的文学与政治、社会、教育、出版、思想、文化、学术的有机联系，由此而产生了在创作上的不同追求，不同实验，从而形成文学本体的丰富面貌。

“因此，想提醒各卷主编与撰写者，一定要注意开掘与描述各时期文学创造动力的多样性，以及文学（作家与作品创造，文学发表、出版、流通，读者接受）故事与细节的丰富性，我期待我们的文学史是用‘生命史学’观照的，有着浓郁的生命（时代生命，个体生命，文学生命）气息的，本身就具有文学性的，活生生的文学史，而与知识化与技术化的文学史区别开来。”

（摘自2011年6月写给各卷主编及编委的信）

这篇总结文字，写的时间和篇幅都实在太长，已远远超过了预期。其实回顾也是告别，因此心中充满了温馨与惆怅。我的生命中最美好的时光，都是和现代文学史的研究纠结为一体的。但一切都要有一个结束。于是，就像现代诗人徐志摩所写的那样——

轻轻的我走了，
正如我轻轻的来；
我轻轻的招手，
作别西天的云彩。
…………

悄悄的我走了，
正如我悄悄的来；
我挥一挥衣袖，
不带走一片云彩。

写于2013年2月8日—2月26日

初刊《中国现代文学研究丛刊》2013年第10期

《知识分子精神史（三部曲）·总序》

钱理群

《知识分子精神史》三部曲终于完稿，送到读者手中，我特别欣慰，并有如释重负之感。从1996年写出第一部《1948：天地玄黄》，到2007年完成第三部《我的精神自传》（现改题为《1977—2005：绝地守望》），第二部《1949—1976：岁月沧桑》又于2015年的此刻收笔，前后将近二十年。在这二十年间，外部世界相当喧闹，中国与全球都发生了不少预料不到的事情，而我自己的生命与学术却逐渐沉潜下来，沉到历史与现实的深处，自我心灵的深处，写出了我最想写的东西。

我多次说过，我的学术研究带有强烈的自救自赎的性质，“所有的学术探讨，对外部世界历史与现实的追问，都最后归结为自我内心的逼问，对于自我存在的历史性分析和本体性追问：我是谁？我何以存在与言说？”在20世纪80年代，终于走上学者之路的时候，我最想追问的，也就是构成了从事学术研究的内在动力的，就是我想弄清楚：自己作为一个知识分子，是怎样接受“改造”的？我被“改造”成了什么样子，坠入了怎样的精神深渊？我该如何自救？如何做堂堂正正的“人”，做一个真正的知识分子，活得像个样子？我到哪里去寻找精神资源？我知道，这不仅是我个人的问题，而且是整个20世纪中国知识分子，特别是1949年以后大陆知识分子的问题。要真正认清楚自己，就必须对知识分子的精神历史做一番清理和总结。因此，在80年代我和朋友一起提出“二十世纪中国文学”的概念时，我自己最为倾心的是“二十世纪中国知识分子的精神史”，我知道，这才是属于我的研究领域，我的魂之所系。

因此，从一开始，无论是研究鲁迅、周作人，研究曹禺，还是研究“堂吉诃德与哈姆雷特的东移”，都是在探讨他们的精神发展史，试图从中寻找精神资源，总结历史教训。到1997年，就提出了一个“中国知识分子的心路历程系列研究设想”。预计写七本书：“一、二十年代：大学院里的知识分子——以北京为中心；二、三十年代：文学市场中的知识分子——以上海为中心；三、战争流亡中的知识分子——以西南联大、鲁艺（抗大）为中心；四、一个特殊的年代（1948年）历史转折中的知识分子——从南京到北京的中心转移；五、五六十年代：国家体制下的知识分子——以党为中心；六、七十年代：‘无产阶级专政下的革命’时代的知识分子——以毛泽东为中心；七、八九十年代‘处于历史交汇点’的知识分子——中心失落以后的无序状态（1.重建‘大学文化’的努力与困惑；2.落入商潮；3.面对国家意识形态、体制的修补；4.国际、国内大逃亡）。”

这个计划显然过于庞大，也过于完整了，具体操作起来，有相当的难度，就需要做一些调整。最后，就决定将研究的中心集中到共和国历史时期，即书写当代中国知识分子的精神史。这自然与我的“共和国情结”直接相关。可以说“当代中国”才是我真正的兴趣所在。历史的研究也是指向当代的，我的鲁迅研究的自我定位就是把鲁迅资源转化为当代思想文化教育资源，充当连接“鲁迅”与“当代中国”的桥梁。研究当代知识分子精神史也更能体现我的自我反省、反思的意图。

于是，就有了“知识分子三部曲”的写作。这同时是我的“共和国历史研究”的重要部分。我要讲四个故事：毛泽东和党的故事（《毛泽东时代和后毛泽东时代：历史的另一种书写》），民间思想者的故事（《拒绝遗忘：“1957年学”研究笔记》），我自己的故事（《我的精神自传》《我的家庭回忆录》《一路走来：钱理群自述》），最后是这“三部曲”所讲的知识分子的故事。此书一出，我的共和国研究也就基本画上句号了。

这三部曲是自有一个“起承转合”的结构的。《1948：天地玄黄》，写共和国成立前玄黄未定之时，知识分子对新中国的想象与选择，是其“起”，未来中国的许多基本命题（观念、体制、心理、话语方式等），都已孕育其中。《1949—1976：岁月沧桑》写毛泽东时代知识分子的命运，是一个“承转”即展开的过程，其中的核心是知识分子的“改造”与“坚守”。而以《1977—2005：绝地守望》作为“合”，则是煞费苦心的。不仅有操作层面的考虑：要写后毛泽东时代知识分子的命运与选择，会涉及许多还健在的知识分子，不如就写自己。更有更内在的原因：其实，我在讲知识分子的故事时，自己已经隐含其间，我是以自己的历史与现实的感受、生命体验去观察、描写的，就需要最后现身，用自己在陷入“绝地”以后的反省、反思，来为整个知识分子的精神史做一个“总合”，即历史经验教训的总结，以便“守望”住知识分子的本分。因此，我十分看重在书中所提出的六大问题：“知识分子自我独立性与主体性问题”“知识分子和民众的关系问题”“关于启蒙主义的反思”“关于理想主义的反思”“关于思想与行动关系问题”“自然人性论与个人主义问题”，这都是我从知识分子精神史的考察、研究里提炼出的知识分子基本思想、精神命题，这里不仅有我们当年落入改造深渊的陷阱，更有历经沧桑又必须坚守的东西。这背后可能还有相当大的理论提升空间。我只能提出初步的思考，借此对自己的一生做个交代，即“多少明白了一点以后再去见上帝”。同时，也是我最想留给年青一代和后人的带血的思想结晶：我们只能“守望”，而他们更应该有新的开拓。这就是我近年不断说的话：“在做完了可以、可能做的一切之后，将我的祝福送给年青的朋友。”

2015年4月20日

初刊《岁月沧桑》，东方出版中心，2016年7月

我和贵州、安顺地方文化研究（摘要）

钱理群

我多次说过，不了解我与贵州、安顺的关系，就无法真正理解我的学术与人生。我的贵州、安顺地方文化研究，是内在于我的人生和学术生命之中的，它在什么时候开始、以什么方式进行，又取决于我与时代的关系，以及我的生命存在所面临的不同问题。这样，研究对象、客体的“贵州、安顺地方文化”和研究主体的“我”（我的生命存在的困惑，我与时代的关系）之间，就存在着一种结构性的关系。

（一）编写《贵州读本》：我的地方文化研究的起端

2002年6月27日，我在北京大学讲台上“最后一课”。学生问我：“老师，你退休后要干什么？”我的回答是“三回归”：回归家庭（书斋），回归中学，回归贵州。这表明了一种新的选择，即逃离中心，走向边缘，走向底层，回归大地——回归大自然，回归大地上的文化（地方文化、民间文化），生息其上的父老乡亲——这都是真正的“生存之根”。我为自己设计的人生晚年境界，就是“诗意地栖居在大地上”。

2003年，我回到了贵州。在2001年至2003年间，我已经和戴明贤、袁本良、杜应国、罗迎贤等老友一起编出了《贵州读本》，并于2003年8月由贵州教育出版社正式出版。——这是我的地方文化研究的起端。

在《贵州读本》里，我们提出了三个命题。

1.自己来描写我们自己。

这个命题的提出，是受到鲁迅的启发。鲁迅在1934年所写的《未来的光荣》里提出了一个“被描写”的问题，这是一个弱势民族（国家、文化）与强势民族（国家、文化）遭遇时经常面对的尴尬。我们正是由此而猛醒：在现当代中国文化的总体结构中，贵州文化、贵州少数民族文化也正是处于这样一个“被描写”、被遮蔽、被忽略的地位。唯一的出路，就是“自己来描写我们自己”，黔人和黔友一起真诚、真实地研究和书写贵州文化、贵州历史，并在这一过程中，追寻生存之根，重建精神家园，正是我们这些被贵州这块土地抚育成长的一代人义不容辞的责任与使命。

2.认识我们脚下的土地。

这一命题的提出，有一个更大的时代背景和更大范围内的思考。随着2001年加入世界贸易组织，中国也更加融入了全球化的世界，大踏步地走向工业化、现代化的道路，也开启了对工业化、现代化、全球化的全面反思。在这样的思想背景下，提出的“认识脚下的土地”就反映了我们对工业化、全球化时代的人的生命存在的危机的担忧。我们发现不仅仅是贵州，包括全国其他地方，有一种很值得注意的“逃离现象”：乡村的人往小城市跑，小城市的人往中等城市跑，中等城市的人往大城市跑，大城市的人往国外跑。在我们看来，一方面，这是人的权利，取得外国国籍，在全球一体化的时代也是没有什么值得非议的，但作为一种思想文化现象，就值得思考。因为它反映了一种逃离脚下土地的心理与诉求：许多人对自己生长的土地的文化越来越无知，这块土地上的父老乡亲成了陌生人。而且在心理上、在情感上疏离了，这就一去不复返了。而另一方面，从农村到了城市，从中国到了外国，在那里工作、生活，但由于内在文化、心理上的差异，却很难真正融入你所在的社会。这边回不来，那边进不去，新一代人变成了无根的人：这就是我们在工业化、全球化时代所面临的新的危机。我们在《贵州读本》前言里说，“这不仅可能导致民族精神的危机，更是人自身存在的危机：一旦从养育自己的泥土中拔出，人就失去自我存在的基本依据”，“实际上所失落的不只是物质的，更是精神的家园”，离去者走上了永远的“心灵的不归路”，即使不离乡土，也因“失去家园感而陷入生命的虚空”。我们编写《贵州读本》的动因和基本思路正由此而产生：“期待着和年轻的朋友们一起，去关心贵州这块土地，去发现、认识其中深厚的地理文化、历史文化、民族文化，去和祖祖辈辈耕耘于这块土地的父老乡亲对话，共同感受生命的快乐和痛苦，从中领悟人的生命和价值，并将这一切融入自己的灵魂和血肉之中，成为自我生命的底蕴与存在之根：这就能为自己一生的发展，奠定一个坚实而丰厚的底子。”

重要的是，《贵州读本》编写过程中，我自己也经历了一次自我反省和反思。我突然发现，虽自称“黔友”，其实我对安顺农村社会和文化传统是绝对的陌生与无知，而陌生背后隐藏着冷漠。我们这些自称社会精英的知识分子，已经深陷于自恋与自怜之中不能自拔，早就失去了对中国大地上的普通民众生活的感觉、感受和体察能力，甚至连这样的愿望也没有了。我们事实上是越来越陌生于甚至脱离脚下的这块土地了：这恐怕是包括自己在内的中国知识分子的一个更带根本性的危机。这样，研究脚下的土地，寻求生存之根，重建精神家园，也成了我们自己的生命发展的需要，是一种自我拯救。

3.对贵州文化的重新认识。

这是人们熟知的贵州人头上的“三座大山”，即所谓“夜郎自大”“黔驴技穷”“天无三日晴，地无三里平，人无三分银”。我们正是被这些偏见（包括“原始”“落后”“迷信”）压垮了，产生了强烈的自卑感；我们的心灵也麻木了，“身在黔山中，不知黔山真面目”。于是，就提出了“重新认识贵州文化”的历史任务。

《贵州读本》即是这样的重新认识的最初尝试。首先要揭示的是贵州文化的丰富性与独特性。读本逐一展开了对贵州地理文化（“天下之山萃于云贵”“山之精魂聚于石”“真山深处有真水”）、历史文化（“藏在深山人未识”“峨峨奇山藏灵秀”“走出大山的山里人”“走进贵州的故事”）、民族文化（“群山的灵感”“大山的包容”），民俗文化（“山乡风物”“黔味”）、方言文化（“黔语乡音”）的生动描述。在不知不觉之中，你走进了贵州文化深处，贵州人的心灵深处，恍然大悟：贵州有“真、大、奇”的文化！它构成了中华民族文化不可或缺的有机组成部分，有着极为独特的贡献；它也是人类文明的有机组成部分，既有自己鲜明的民族、地方色彩，也与人类其他地区、民族的文明相沟通，它属于生长于这块土地上的贵州人民，属于中国，也属于人类。

由此引发的是对贵州文化特点和价值的新认识。人们注意到，贵州是一个移民省，绝大多数的住民是移民和移民的后裔，不仅汉族，而且少数民族的大多数也是从外地迁来的，各民族的杂居、交融、繁衍，形成了今天的贵州人，由此决定了贵州文化的包容性与多元会合型特色，并形成了相应的弹性结构。在长期的历史发展过程中就逐渐形成了一种发展低水平上的自然生态、文化生态平衡与和谐，主要表现为人和自然、人类的生活需求和自然物种之间的平衡、和谐；分属于不同文化传统的各民族之间，长期和平共处；以及来源于不同时代、传统，不同国家、地区的文化，如儒释道巫以及西方宗教文化、“五四”新文化等多元文化，都能共生共荣。由此造成的是贵州地方文化的两重性：它属于不发达地区的文化，有落后的一面；但它追求的自然生态平衡和文化生态平衡，又表达了人类的一种文化理念和理想。特别是由于恶性的工业化、现代化开发，造成了自然生态和文化生态的严重破坏，人们开始着手于治理“现代文明病”时，突然发现了贵州这块“净土”，其所产生的惊喜感，是可以理解的。这再一次证明了，所谓“原始”或“现代”并非绝对对立，而是有相通的一面。贵州自身，当然不能安然做“活化石”“博物馆”，自然要谋求新的现代文明的建设和发展，但这并不意味着要将自己的传统全盘抛弃，一切重起炉灶，特别是如果把前述体现了人类文明理想的宝贵的文化内核，像“脏水”一样泼掉，那或许在获取某些方面的进展的同时，又造成历史的局部倒退，这更是不可取的。我们绝不能重复走那条人类已经付出巨大代价的“先破坏，再恢复、重建”的老路。重要的是，必须跳出二元对立的思维方式，将“新”与“旧”、“先进”与“落后”、“现代”与“原始”绝对化。或者绝对肯定，或者绝对否定；或者全盘保存，拒绝任何变革，或者全盘抛弃，盲目求异，以他人的标准作为自己的坐标，这都是我们所不能认同的。如果能够以较为复杂的态度来分析与对待贵州文化，或许我们将因此走向成熟。

（二）“构建地方文化知识谱系”的命题的提出

2004年5月戴明贤先生的《一个人的安顺》由人民文学出版社出版，是我们安顺文化研究、书写的一件大事。在此前后，安顺文化界已经推出了一系列的地方文化散文。如郑正强的《大山深处的屯堡》，邓克贤的《子丑寅卯》，以及多人合集的《神秀黔中》《黔中墨韵》《黔中走笔》等，并且有了一个富有诗意的命名：“土地里长出的散文”。重要的是，它得到了地方政府部门的重视与支持，为以后的“政府支持下的民间修史”奠定了坚实的基础。地方报刊如《安顺日报》副刊和《安顺晚报》，更是自觉地提出“地方报纸应成为地方文化的载体”的理念，设置了《黔山夜雨》《潮音》等文化专栏，进行了“老照片”的征集、整理、发表等，都引起了作为读者的安顺市民的强烈反响。于是，就出现了这样的街头小景：小城安顺为数不多的阅报栏前，每天都有不少细心阅读《安顺晚报》副刊的热心人，有的人甚至看得如痴如醉，这就有效地把地方文化资源转化成了社会精神资源与教育资源。这都标志着，一个“地方政府—地方文化研究者、书写者—普通市民”上下配合、互动的“安顺地方文化研究”氛围和格局已经形成。就是在这样的基础上，2005年5月30日《安顺晚报》发表贵州学者何光渝先生的文章，正式提出“构建地方文化知识谱系”的命题，并展开热烈讨论，从而把安顺地方文化研究提升到一个新的高度。

在讨论中提出了四个方面的问题。

1.首先溯本求源，指出“知识谱系”的概念来源于法国后现代思想家福柯的知识考古学和权力谱系学；强调将地方文化知识谱系的提出，放到全球化的背景下来考察，该命题实则已超越了具体的地域局限，而具有某种普泛性的蕴含。所进行的是一个全球化新时代下的地方文化研究，要追问的是全球性文化危机下的地方文化研究的意义与价值：在全球化时代，在世界经济一体化的背后出现的文化趋同现象，正在蚕食和瓦解着传统意义上的国家边界，原有民族国家的文化防护膜已被明显地软化和弱化，于是出现了国家性文化特征淡隐而地方性文化特征凸显的趋向。不仅如此，在全球化快速消灭差别、去除个性的发展过程中，以多元性和多样性为支点的地方性特征，已经成了制约全球化单一与趋同法则最重要的平衡点。在这个意义上，地方文化知识谱系的构建就成了一个世界性的问题。

这里所说的地方文化在全球化时代坚守文化多元性与多样性上的特殊作用与意义，是一个要害，并且有了共识：全球化是一个悖论。在消抹差别，追求统一的同时，它还需要用差异性和多样性来加以支撑。失去了地方性和多样性，全球化不仅没有意义，而且必然造成灾难。全球化并不仅仅是单纯地与国际惯例接轨，它还应有注重地方性和本土性的一面，这是制约单一化的手段，也是全球化的内在张力。要警惕将某一种文化绝对化和普世化，将全球化变成用某一种文化征服全球，形成单一的世界文化格局的文化霸权主义。所以，统一和分殊，普适价值与多元文化，正是全球化悖论中不可分割的两个侧面。从这一点看，我们今天来关注贵州文化，强调本土建设和本土文化，包括强调少数民族文化，正是为了维护这种多样性、地方性特点，这不是对全球化的抵抗和消解，而是为了使之更协调、更有序，也更有益。应该说我们面临的是两难选择：一方面，为改变贵州发展的低水平的现状，必要走现代化、全球化的道路；另一面又必须面对现代化、全球化的逻辑及其陷阱，其中一个重要方面即是自然生态平衡的破坏，与消灭文化差异导致的文化生态平衡的破坏，对贵州来说，则意味着贵州文化传统内核的丧失。我们必须对此保持必要的警惕。

2.在指出今天我们研究贵州、安顺文化全球视野下的意义时，还必须强调安顺地方文化研究的特殊性：我们的地方文化知识体系的提出和建构，不是出于他者的眼光，而是来自内部的一种自我阐释冲动，是源于自我意识觉醒后的一种自我审视、自我描写的诉求，是出于寻求自我的生命之根，出于构建自己的精神家园的需要。在我们这里，“自我—贵州、安顺—世界、全球”，形成了一个统一、有机的思想、学术、生命的网络，这是真正属于我们的特殊意义和价值。

3.讨论的另一个问题，是知识体系的构架：地方文化知识谱系，绝不是一堆杂乱无章的知识堆积，而是有着其内在的逻辑结构和学科构成与学理支撑的知识体系架构，因此其构建过程，就应当是一个多学科、多层面，协同努力，互补递进的系统工程。由此提出的是两个关键环节。第一就是“学科构架”，它至少涉及考古学、历史学、经济学、社会学、人类学、民族学、文化学、民俗学、文献学、语言学、文学、艺术、音像、戏曲等多种门类，多种学科。这种多学科、多门类的研究，也应该是新时代地方文化研究的基本方法论。

4.学科构架、方法论之外，还有一个组织方式问题。一些综合性、跨学科的重点课题、重点项目，确需多人合作，集体协同，因而需要有相应的组织依托和资金保障，更有不少课题、专题、项目等，应该也必须由文化学者们以个体劳动的方式去实施和完成，进行过程中的某些环节如资料查阅、田野作业，以及成果出版等，也需要获得相应的资助与支持。这样，地方文化知识谱系的构建，就必须建立一个政府与民间、体制内外的合作机制。在这方面，如前文所说，安顺有了一个较好的基础，但还需要有持续的努力。

（三）地方文化研究与乡村建设的有机结合——屯堡文化研究

问题是，我们的安顺地方文化研究，从哪里切入和突破？经过一段时间的调查与研究，我们最终选择了“屯堡社会与文化研究”。所谓“屯堡”是安顺的民间村落，其特殊之处，在于它是明王朝实行“调北征南”的军事政治战略，大批中原和江南各省军士及其家属入住西南，在黔中一带形成了一种有着独特的生活方式、礼仪习俗、语音语义、衣着服饰、宗教信仰和建筑风格，并保持相对封闭状态的地方社会与文化，它是江淮汉文化与贵州山地文化的结合，因而也最能体现贵州移民文化的特点，有很大的社会文化发展潜力与研究空间。我们的研究正是从这里入手，并且经过持续的努力，在2004年和2008年分别取得两大成果，出版了《屯堡乡民社会》（孙兆霞、杜应国、罗布农等）和《建构与生成——屯堡文化及地戏形态研究》（朱伟华、杜应国、刘丹伦、何幼等）两部研究著作，证明在看似落后的边缘地区，仍然可以有前沿性的课题与成果。其意义更在于，这是我们“文革”后期的民间思想村落的再聚集、再出发。就像我在为《建构与生成》一书所写的《序言》里所说的那样，“到了21世纪初，我们在新的历史条件下，又面临着‘中国向何处去，我们自己向何处去’的问题，又不约而同地把目光集中在中国的农村。这几十年一贯的关注本身就意味深长”。

而我们更为关注的，是屯堡社会、文化的研究和当下处于社会转型期的乡村建设、改造与文化重建的关系。也就是说，我们是怀着强烈的“中国问题”意识深入到屯堡老百姓中间，和他们一起重新审视历史传统，寻找现实农村建设与改造之路的。这也就决定了我们的屯堡社会、文化研究的特点：一方面，它不同于通常理解的下乡做扶贫工作，而是带着一个课题，去做学术研究、文化研究的；另一方面，我们的工作虽然是从学术出发，但最后又内在地需要走出学术，直接参与到乡村（九溪）的改造与建设实际工作中来。这既是学术研究的成果的现实化，又为学术研究的发展提供新的可能性：现实的实践对屯堡文化内在潜力的激发会反过来加深对屯堡文化的体认，这是一个良性的互动过程。重要的是，这样的研究与实践的结合，对于我们自己——课题的参与者、研究者的意义：如课题的指导者社科院王春光研究员所说，“我们知识分子终于找到了一条能为老百姓和村里发展做事的路径”；同时也为我们自我的生命，找到了一条和生养自己的这块土地和父老乡亲建立血肉联系的路径。这样，我们的学术研究就“不再为外在的功利目的所驱使，而是社会发展的内在需要，也是自我生命发展的内在需要”，我们也因此找到了“学术研究、文化研究的真谛”。我也由此而总结了“地方文化研究的意义”：它是“紧贴”四头的——立足于“地方”（贵州、安顺），又连接“全国”和“全球”，通向“自我”。这大概就是我（我们）的文化研究理想主义吧。

这样，从20世纪的80年代到本世纪20年代，经过近四十年的努力，屯堡社会、文化的研究，已经走向成熟：屯堡社会、文化的多重意义逐渐呈现，它的内在综合性逐渐被认识；更重要的是，一个多学科（从历史学、民族学、文学、美学、经济学到民俗学、文化人类学、旅游学、社会学、宗教学、统计学、社会性别学等）的综合研究的基本格局已经形成。正是在这样的学术发展的背景下，又提出了“有组织、有步骤地建立地域性的专门学科——屯堡学”的历史任务，并出现了相应的组织机构：民间的“贵州省屯堡研究会”，以及大学和研究院的专门研究机构，如安顺学院的“屯堡文化研究中心”。由此又提出了“地方院校应成为建构地方文化知识谱系的中心”的理念和历史任务。

（四）民间修史：《安顺城记》之集大成

继屯堡研究之后，2012年又整理点校、出版了《续修安顺府志辑稿》，距编写《贵州读本》，已整整十年。有了这十年的积累与准备，就自然要有一个“集大成”的工程，即以全新的视野、观念和方法，编撰贵州地方文化史志，进行“民间修史”的尝试。

但这样的学术大工程，却是由我个人的一个梦引发的：2004年（编写《贵州读本》第二年）11月2 日清晨， 按照这些年的习惯，我躺在床上，想着自己及整个学界的历史研究，也包括地方志的写作，觉得按老路子走下去，实在没劲……想着想着，就突发异想：能不能用《史记》的体例，来写一部《安顺城记》？想出这个“鬼点子”，我真是兴奋极了。但这个梦还是太超前了：不仅其强烈的理想主义色彩，和21世纪初的中国社会与学术现实距离太大，而且客观条件也不具备。于是，又等了八年。到2012年10月在贵州文史馆主持下，《安顺城记》才正式立项。

在编撰预备会上我提出一个口号，叫“好人联合起来做一件好事”。所谓“好人”，指的就是我们这一帮安顺老、新朋友。它是以当年“文革”期间的民间思想村落的朋友为主的，再加上80年代、90年代，2000年以后陆续认识，有过合作的新朋友；因此既可以视为民间思想村落的又一次大聚集，也可以说是“三〇后（1930年代出生）”“四〇后”“五〇后”“六〇后”“七〇后”“八〇后”六代人的大合作。这不仅是一项学术工程，更是一种感情的投入、生命的投入，《安顺城记》也就成了我们在特殊年代结成的友谊的“纪念碑”。可以说我们编撰《安顺城记》是“上对得起祖宗，下对得起子孙”的事，是我们当年的民间思想者这一代“能够做的最后一件事”，做完了，就可以真正地颐养天年，“什么都不管，也管不了了”。

当然，我们聚集起来编撰《安顺城记》，不仅出于个人生命发展的需要和我们的社会责任感，更有学术的自觉追求。

首先自然是所谓“仿《史记》体例”。问题的提出，主要是出于对现行史学和历史书写的反省：今天包括历史学在内的中国学术，越来越知识化、技术化、体制化，缺少了人文关怀，没有人，人的心灵、人的生命气息。这样的学术、史学，只能增知识，不能给人以思想的启迪、心灵的触动、生命的感悟。这就使我想起了中国自己的传统，即司马迁的《史记》开创的传统。它的最大特点，就是文、史、哲不分，既是一部史学经典，又是一部文学经典。它至少有三大优势：其一，不仅有大人物，而且有小人物；不仅有人的事功，更有人物的性格、形象和心理。其二，在体例上，将通史和国别史、专史与区域史相结合，史事和人物互相穿插，较好地解决了史观与史识的表述问题。它的“本纪”“列传”“表”的结构，也很有启发性和可借鉴之处。其三，在历史叙述上突出文学的表现手法，其中最重要的，就是注意历史细节的感性呈现，以及对于历史人物个体生命的呈现。于是就产生了我们的设想：“如果在吸取《史记》的观念和方法的基础上，再吸取一些传统的方志学的体例优势（如分篇较细、门类较专等），取长补短，以相得益彰，就会有一个新视野、新叙事，背后是一个新的史学观。”由此而提出了在《编撰构想》里提出的任务：“撰写一部仿《史记》体例的《安顺城记》，以现代眼光、现代视角，采取国史体例与地方志体例相结合的方式，尝试为1949年以前的安顺历史做民间修史的探索，以形成一部较为完整的，角度不同、撰写手法新颖的地方志，使此前散乱、零碎的地方资料有一个系统的整合，与富于现代语境的言说。”

这样，我们所期待的《安顺城记》的写作，就有了鲜明的特色，其中贯穿着我们的历史观。其一，这是一部以安顺这块土地、土地上的文化、土地上的人为中心的小城历史。“土地”—“文化”—“人”，构成它的中心词、关键词。其二，突出安顺多民族聚集区的特点，除了为各少数民族设立专纪外，还首次把各世居民族的创世想象写入历史，显现“多民族共同创造历史”的史观。其三，呈现一个多元的、开放的安顺文化。对内突出民族并存与相互影响的特点，对外也要突出与外部世界的交流与吸收。其四，贯穿“乡贤与乡民共同创造历史”的历史观，既突出乡贤的历史贡献，也关注乡民中的代表人物、老百姓的风俗习惯和日常生活。其五，贯穿生命史学的观念。要通过一个个具体民族、家族、个体的生命状态的描述，体现一方土地的生命，写出历史的“变”和“常”、地方文化性格，写出安顺人“永远不变的散淡、潇洒的日常生活，看惯宠辱荣哀的气定神闲的风姿”。其六，融文学、社会学、民俗学、人类文化学、历史学、哲学为一炉，用“大散文”的笔调书写历史，注重文笔，讲究语言，适当运用安顺方言土语，要求尽可能有一点形而上的意味。其七，增强直观性，追求历史的原生形态，尽量收入有关安顺的图像学资料，以及各时代的老照片。其八，努力发现和运用新的史料和新的学术研究成果。

最重要的是，这是一次在政府支持下的民间修史的自觉尝试。《安顺城记》的最大意义，就在于，这是由我们贵州、安顺的民间学者独立写出的自己的地方文化史。我们中间没有专业的历史研究者，是名副其实的普通教师、公务员中的爱好者的业余写作。这可能带来一些问题，但却最大限度地发挥了民间智慧与创造力。在整个编撰过程中都没有受到任何干扰，显示了民间写作的独立与自由。这都是极其难得，特别值得珍惜的。而且，在编撰过程中，培养了一批年轻作者，形成了一支安顺地方文化研究的学术队伍。后继有人，我们这些文化老人也就放心了。

2019年11月4日—14日

（附录一）　有关文章篇目

1.《乡之子的漂泊与困守——我看罗迎贤〈故乡人〉》（1990年7月10日）（钱理群），收《漂泊的家园》，贵州教育出版社，2008年出版。

2.《故乡道上》（1992年1月16日）（陈墨，即杜应国），收《漂泊的家园》。

3.《思想寻踪——篮子〈山崖上的守望〉序》（1997年12月19日）（钱理群），收《漂泊的家园》。

4.《新年来信》（1998年1月1—2日）（篮子，即杜应国），收《漂泊的家园》。

5.《山崖上的守望》后记（1997年11月13日）（篮子，即杜应国），收《山崖上的守望》，福建教育出版社，1999年出版。

6.《令人大开眼界的文学史景观——读〈20世纪贵州文学史书系〉》，（2001年3月10日）（钱理群），收《生命的沉湖》，三联书店，2006年出版。

7.《贵州读本》前言，（2003年4月15日）（钱理群），收《漂泊的家园》。

8.《认识我们脚下的土地》（2003年12月5 日）（钱理群），收《漂泊的家园》。

9.《归来的学魂——钱理群2003年贵州之旅》（2003年12月30日）（篮子即杜应国），《追寻生存之根——我的退思录》，广西师范大学出版社，2005年出版。

10.《“诗意地在大地上栖居”——喜读〈神秀黔中·安顺地域文化抒情散文〉》（2003年9月15日）（钱理群），收《漂泊的家园》。

11.《我看〈一个人的安顺〉》（2004年4月6日）（钱理群），收《漂泊的家园》。

12.《怎样培育安顺的“城气”——〈黔中墨韵〉引发的浮想与建议》（2005年10月26日）（钱理群），收《那里有一方心灵的净土》。

13.《“土地里长出的散文”——宋茨林〈我的月光我的太阳〉，兼读〈黔中走笔〉》，（2007年3月）（钱理群），收《漂泊的家园》。

14.《构建地方文化知识谱系——以五本关于安顺的书为例》（2005年5 月）（何光渝），收《黔中走笔》，贵州人民出版社，2006年出版。

15.《“破题”与“接题”，任重而道远——关于“地方文化知识谱系”的构建》（2005年8 月）（杜应国），收《黔中走笔》。

16.《漫说谱系建构》（2005年12月）（戴明贤），收《黔中走笔》。

17.《寻求中国乡村建设与改造之路——在〈屯堡乡民社会〉首发式上的讲话》（2005年8月23日）（钱理群），收《漂泊的家园》。

18.《地方文化研究的意义——在屯堡文化学术讨论会上的发言》（2005年8月23日），收《漂泊的家园》。

19.《活着的危机：乡村文化、教育重建是我们自己的问题》（2007年2月），收《活着的理由》，广西师范大学出版社，2010年出版。

20.《屯堡文化研究与乡村文化重建——〈建构与生成：屯堡文化及地戏形态研究〉》序（2008年6月），收《论志愿者文化》，三联书店，2018年出版。

21.《屯堡文化研究的动力，方法、组织和困惑——〈学术视野下的屯堡文化研究〉》序（2008年8月）（钱理群），收《论志愿者文化》。

22.《好人联合起来做一件好事——在〈安顺城记〉预备会上的讲话》（2012年10月25日）（钱理群），收《论志愿者文化》。

23.《为我们自己，为未来的读者写作——在〈安顺城记〉第三次工作暨审稿会议上的讲话》（2014年5月16日）（钱理群），收《安顺城记通讯》第2期，安顺市社科联编印。

24.《关于〈安顺城记〉的书写问题》（2014年5月19日）（钱理群），收录于《安顺城记通讯》第2期。

25.《走好最后十里路——在〈安顺城记〉工作推进会上的讲话》（2017年10月13日）（钱理群），未收集。

26.《安顺城记》序（2018年8月）（钱理群、杜应国），未收集。

（附录二）　有关研究成果书目

1.《神秀黔中——安顺地域风情散文》（安顺市文联编，主编朱学义，执行编委杜应国），贵州人民出版社，2003年6月出版。

2.《贵州读本》（钱理群、戴明贤、封孝伦主编），贵州教育出版社，2003年8月出版。

3.《一个人的安顺》（戴明贤著），人民文学出版社，2004年5月出版。

4.《黔中墨韵》（朱学义主编，执行编委罗银贤、郭堂贵），天津人民美术出版社，2005年3月出版。

5.《屯堡乡民社会》（孙兆霞等著），社会科学文献出版社，2005年8月出版。

6.《黔中走笔》（安顺日报社编，主编朱学义，执行编委宋茨林，特约编辑杜应国），贵州人民出版社，2006年12月出版。

7.《我的月光我的太阳》（宋茨林著，特约编辑杜应国），贵州人民出版社，2007年11月出版。

8.《建构与生成：屯堡文化及地戏形态研究》（朱伟华等著），广西师范大学出版社，2008年9月出版。

9.《学术视野下的屯堡文化研究》（贵州省屯堡文化研究会、贵州省屯堡文化研究中心编，主编李建军），贵州科技出版社，2009年6月出版。

10.《续修安顺府志辑稿》（整理点校稿）（任可澄总纂）（整理点校：袁本良、杜应国），贵州人民出版社，2012年10月出版。

11.《安顺城记》（钱理群、戴明贤、袁本良等主编，杜应国总纂），贵州人民出版社，2020年11月出版。

我的教育思想与教育改革实践（摘要）

钱理群

一、我为什么对教育情有独钟？

（一）对“五四”传统的自觉继承与发展

1.1917年初蔡元培就任校长以后对北京大学所进行的一系列的教育改革，与新文化运动的发动几乎是同步的，改造后的北京大学自然就成了新文化运动的中心；同时，文学革命与作为教育革命的一个方面的国文教育改革，也构成了五四新文化运动的有机组成部分。1920年，教育部正式通令全国“凡用文言文编的教科书一律废止，要求各学校逐步采用经审定的语体文教科书”，就不仅使“五四”时期中小学国文教育改革，以及整个教育改革迈出了决定性的一步，而且也是五四文学革命最具实质性与决定意义的成果。五四新文化运动的先驱——蔡元培、胡适、周作人，以及梁启超关于中小学语文教育的论述，都为语文学科的发展奠定了基础，开启了语文教育，以至整个中小学的教育改革。此后的20世纪20—40年代，著名的教育学家陶行知，语言学家黎锦熙、陈望道、吕叔湘，史学家周谷城、周予同，文学家、文学史家刘半农、朱自清、夏丏尊、叶圣陶等，都积极参与语文教育，或做理论探讨，或编写教材，或直接到中小学任教……由此而形成了一个大学与中小学，教育界与思想文化、学术界相互沟通、合作的传统。我们现在所要做的，无非是恢复在1949年以后被中断了这样的传统，打破大学与中小学、学术界与教育界相互隔绝的封闭格局，重建一支多学科合作、学者化的语文教育研究工作者队伍。我正是意识到这一点，而以一个大学教师、现代文学研究者的身份，自觉投入中小学语文教育改革的。这是对自己的研究对象——五四新文化运动传统的一个继承与发展，而且也是自有传承的：我的导师王瑶先生就参加过他的导师朱自清先生主持的中小学教材编写工作；而朱自清先生一生所做的最后一件事，就是编写语文教材。我不过是接着往下做。

2.由此决定了我的教育思想的两大来源：蔡元培的教育改革思想，鲁迅“立人以立国”的思想。可以说，我是以鲁迅“首在立人，人立而凡事举”“国人之自觉至，个性张，沙聚之邦，由是转为人国”做底，参与教育改革，而且从一开始就保持了某种清醒与自省意识，采取了“既坚持启蒙主义，又质疑启蒙主义”的独特立场与态度。

（二）对中国和世界问题与教育的关系的自觉体认

这是我在不同场合多次谈到的，也是我对中国问题的基本判断，我愿意为教育献身的基本理由是：“中国的问题可以讲出很多，但我觉得最重要、最基本的一条，是中国的人心出了问题。人心的问题是因为教育出了问题。教育的基本问题又出在中小学教育上。而教育的问题又不是突击一下就能立竿见影的，它需要及早地抓，持续地下功夫，是需要长时段的努力才能见效的。”

以后我接触了一批优秀的中小学老师，我称之为“真正的教师”，听到了他们的大声疾呼：“社会的腐败，教育的腐败，其最大危害，其罪恶滔天，不能容忍之处，就在于它会污染、伤害孩子的心灵，这无异于对国家、民族未来的谋杀。”将教育危机与民族危机视为一体已经成为他们的思维方式。由此产生的是一种自觉的承担意识：“中国的教育将向何处去？明天，谁来建设这个国家？这些问题，如果我们不思考，也许就没有人去思考了。”我对此评价说：“‘教育为立国之本’的理念，对许多人，许多所谓的教育专家、教育官员，不过是一种宣传口号，但在这些自觉的教师这里，却已经融入他的生命，成为教育的动力。”我可以说，正是从为数不多却极其珍贵的第一线教师这里吸取了精神力量，出于对教育危机与民族危机、人类危机紧密相连的关系的体认，我们都深感教育改革的迫切性，而责无旁贷地全身心地投入；同时也清醒地意识到，我们所面对的教育问题，直接连接着中国的社会体制与国民性，更与全球化时代世界文明面临的问题息息相关。这也使得我们对中国现实的教育，和挣扎于其间的校长、教师和学生产生了一种理解和同情，并加深了对教育改革艰巨性、曲折性与长期性的认识，做好了“只顾耕耘，不问收获”的精神准备。

（三）我自身生命发展的需要

我对自己在20世纪末破门而出，参与中小学教育改革，提出了一条理由：“到了世纪之末，自己也步入老年的时候，似乎对一切都绝望了；唯一没有也不敢绝望的事，就是为孩子们（也是为中国与世界的未来）做一点力所能及的工作。”这里暗含着在“步入老年”以后，自我生命的选择与依托的问题。这是我的“人生三部曲”：在“春天”尽兴做梦；在“炎夏”“凉秋”的挣扎与坚守中收获丰富的痛苦；现在，到了“冬暖”季节就想继续自由做梦。中小学就是最好的精神梦乡。我当然知道，当今的校园早已被污染，但人的原始本性的东西，总会顽强地存在，学生生命中的爱的萌芽、文明的萌芽依然有待发掘。只要走进校园，和中小学教师、学生平等交流，还是可以从中吸取生命的元气与活力的。此后，我对教育的关注逐渐深入到农村教育、打工子弟教育、平民教育，就和底层的教师、学生，以及支农支教的志愿者，有了更多的交流，我这个“老宅男”正是通过他们和现实世界、底层社会保持了或一程度的精神联系；也正是他们不断吹送来的新鲜的生活气息，刺激我不停地思考，保持了思想的活力。很多朋友都对我晚年精神与身体的健康感到诧异，这应该是一个重要原因吧。

以上总结的我关注教育问题、参与教育改革的三大动因和背景，也就决定了我的教育思想的基本性质与特点，可以概括为一句话：这是“一个人文学者体制外谈教育”。

它首先有一个专业的立场与学养基础，即作为现代文学研究者、鲁迅研究者，对五四新文化运动中的教育改革的传统的学术把握与自觉继承；它又有思想者的大视野，是从中国和世界历史发展、变革的大格局中去考察与思考教育问题；它同时注入了强烈的生命意识，不仅凭据一个从教四十余年的老教师的生命体验去感悟教育，而且在介入教育改革时也把自己的生命全部投入；它自始至终都立足于民间立场，以推动自下而上的教育改革为己任。

二、我的“以‘立人’为中心”的教育思想

（一）提出“立人的教育”的问题意识（略）

（二）重新确立教育的终极目标

我在1998年接受采访，第一次公开发表对教育和教育改革的看法时，就明确提出，“现在的问题不仅仅是中小学的问题，也不仅仅是大学的问题，而是整个国家教育的问题。其根本的问题就是教育的精神价值的失落。如果要解决这个问题，首先要追问，追问到教育的原点上，追问到前提性的问题上：我们办教育是干什么？大学是干什么？中学是干什么？小学是干什么？如果这些问题不解决，其他枝节问题就没法讲清楚”。这里提出要回到“办教育是干什么的”这一“原点”上，实际上就是要回到教育的“常识”上；这就是我经常说的，有思想、有追求的教师就是“常识的捍卫者”，包括“人是有精神追求的思想的动物”这样的常识。

在我看来，教育所要“干”的，就是对每一个学生生命个体的健康成长的呵护与精心培育。因此，我关注小学、中学、大学、研究生教育，其着眼点始终是处于身体发育和精神发育不同阶段的个体，所遭遇的具有不同特点的教育问题，并且因这些不同特点，而对小学、中学、大学、研究生的教育提出不同要求，形成不同特点，又相互连接，构成一个生命成长的链条和有机体。——正是“立人”和“生命”构成了我的教育思想的两个关键词。

1.小学和中学是干什么的?

首先就要弄清楚“中小学教育对象”的生命特征：他们都是七岁到十九岁的孩子，正处于一个人生命成长的童年、少年和青年阶段。人在这一生命阶段自有其生理和心理以及精神发展的特点。这些特点就决定了中小学教育，以及中小学教师的一些基本性质、特点、意义和价值。这是一个生命成长的初始阶段，是“未成年人”，还不是公民，是受家庭与学校、社会的保护，而无须为家庭和社会做贡献、尽义务的。他们是未来的公民，唯一的任务就是“学习成长”，这里有一种“成长之美”。中小学的最大任务，就是创造一切条件，使孩子能够尽享成长之美。中小学教育更要着眼于学生生命的长远发展，要为学生终身发展做好铺垫。在我看来，最主要的，就是要打好三个“底子”即终身精神发展的底子、终身学习的底子和健康的身体的底子，以保证每一个学生一生可持续的发展。

（1）终身精神发展的底子

①感官的开发——发现世界的美

②基本想象力的开发与培育

③引导学生对未知世界的期待和好奇

④引导学生“发现自然，发现自己，发现社会”

⑤“爱的教育”应该是中小学教育的核心与基本母题

⑥培育学生求真、怀疑、创造的科学精神，追求真、善、美的统一

以上六个方面，可以概括为一种“青春精神”。我曾经把自己的母校南师附中的精神传统也概括为“青春精神”，包括“对明天、未来的美丽想象，对理想的执着追求，对彼岸世界的终极关怀；由此焕发出的内在与外在的激情，生命的活力；永远不息的精神的探索，永远不满足于现状的不断创造的欲求；等等”。这里的关键是要“敬畏青春”，“青春精神”是和特定生命阶段联系在一起的，自然有待发展、调整、完善，但青春精神的内核却积淀了人

性（人的精神性、神性）的根本，是永恒的。

（2）终身学习的底子

中小学学生的学习的最大特点，自然是在教师指导下的学习。但教是为了不需要教，最重要的是，要培育学生的“自学”精神与能力，这才能为他的终身学习打下底子。大体说来，有六个方面，即授予学习和学科的基础知识，培育读书学习的兴趣，培训语言思维的基本能力，教给读书与写作的基本方法，养成读书学习写作的意识，形成习惯，培育语言文明的教养，这知识、兴趣、能力、方法、意识、习惯与教养六大基础的奠定，将使学生终身受益，应该成为中小学教育的基本职责。

其一，作为基础教育，授予学生学习与学科的基础知识，这是第一位的。因此，要鼓励、要求学生认真学好每一门课程，不可偏科。因此，我们提倡“文理交融”，就是说，喜欢文科的学生，也要打好理科的基础；反过来也一样：要善于发现文、理的相通、互补，建立一个比较全面、合理的知识结构，这同时也是一种更为理想的人生的、精神的境界。

其二，中小学教育的主要手段，就是引导学生读书；让学生生活在书籍的世界里，应该是中小学教育的根本。

其三，中小学教育中的阅读是由教师按照一定的教育目的与要求进行指导的阅读、写作与学习。中小学的阅读与学习，应以经典的阅读为主；学校教育的阅读、写作，与成人的阅读、写作不同，它的责任不仅是引导学生读书、写作，还要让学生“得法”，学会读书、写作的方法。这里就存在一个引导的导向问题，即引导学生的阅读、写作向哪个方向发展。这正是教育改革所提出的根本问题，也是争论的焦点。“应试教育”的要害，就是在阅读指导上，将学生的阅读范围与视野局限在死记硬背教科书和高考复习参考书上，造成学生文化、精神空间的极端狭窄；在写作指导上则引导、鼓励学生说假话，说考官和权势者要求自己说的话，不说真话，不说自己的话。可以说我们要进行中小学语文教育的改革，目的就是

“要让学生学会像人那样说话，像人那样思考问题”。

其四，在中小学教育里，教给学生方法之外，还要让其养成习惯，这才能真正做到学会自学而受用终身。

其五，还应该养成语言文明的习惯。包括表达真实的思想和情感的习惯；尊重不同意见，容纳多种声音，不打断他人说话的习惯；在谈话与论辩中服从真理、修正错误的习惯；勤思考、爱质疑的习惯等。这些都显示了一个人的教养与风度。

（3）健康的身体的底子

这应该是身、心两个方面的健康。为此就应该保障中小学生自由成长的两大权利，即自由的空间与时间和欢乐的权利。青少年时期的孩子，生命中就是两件事，一是读书，二是玩，而且必须尽兴、尽情，最大限度地发挥人的天性、本性。

这就需要强调体育教育在中小学教育中的特殊地位与意义。体育教育的根本，就是要培育青少年的人体之美：一是躯体的健壮，二是躯体的协调。体育对于学生的意义，不仅是身体、生理的，还是心理、心灵的。正像奥林匹克精神所强调的，体育所激发的是一种对人的生命发展的积极的参与态度和创造活力，是对“更快、更高、更强”的生命状态的追求。

（4）校园里不能没有诗

许多第一线老师都强调，在每一个人的一生中，都有一段诗意盎然的岁月，那是多愁善感、混沌初开的青春期。诗歌与年轻人（中学生）之间有着天然的生命联系。中小学教育必须引发诗意的生活，让孩子的情感变得细腻，精神变得丰富。诗歌是教育，而且是最好的教育。于是就有了“让诗歌走进孩子的心灵”的呼吁，还提出了“让诗歌伴随你一生”的教育命题，将学校诗教与家庭诗教、社会诗教有机统一起来。

（5）中小学校的“精神家园”价值与作用

中小学阶段是人生的起始阶段，个体的童年与人类生命中的原始时期有一种同构关系。中小学校园在人生的漫长旅途中是一个

“精神之乡”，从这里出发，最后又回归于此。中小学教育的影响是辐射到人的一生，“管”到一辈子的。中小学教育给孩子们留下什么样的童年的、青少年的记忆：是宁静的，还是浮躁的；是温暖的，还是阴冷的；是蓬勃的，还是消极退缩的；是阳光的，还是灰暗的；是多彩的，还是无色无味的，都将决定一个人的一生。中小学教师的生命的全部意义和价值，就在于能够成为学生童年、青少年记忆中最温暖、最光明的那个瞬间，我称之为“神圣瞬间”。

2.大学是干什么的?

（1）大学教育在民族精神、文化发展中的两大功能

①大学的“保守性”：民族文化、人类文明的积淀与传承

这样的积淀与传承包括相互依存的两个侧面。首先是知识的传授，也就是将思想文化转化为知识、学术，并将其规范化、体制化，形成专业课程，进入课堂，成为一种教育资源，通过教师的传授与学生的学习，一代一代地传承下去。因此，学生上大学，第一任务，就是学好专业知识，而且是规范化、系统化的知识，并进行严格的专业训练，成为具有深厚的专业基础的国家建设和学术研究的专业人才。

大学同时承担的，是精神的传递与坚守。学生上大学不仅是学知识，更要传承精神。大学在民族、国家、社会的总体结构中，是一个民族文化传统、民族精神的象征，是民族思想、文化、精神的堡垒。这就需要有“坚守（保守）精神”。在某种意义上可以说，大学精神就是坚守精神，尤其在民族危难和社会失范的时期，大学的这种坚守精神就显得特别的重要。

这就决定了，大学与社会时尚、流风世俗应该保持一定距离：当整个社会陷于喧闹，大学、大学里的教师和学生，就应该沉静；当整个社会空气被腐败所污染，大学就应该清洁；当整个社会陷于浮躁，大学就应当有定力。大学最迷人之处，就是身处校园，可以“沉潜”下来，沉潜到历史的最深处、学术的最深处、民族和人类文明的最深处，自我生命的最深处。这是一种生命的“洁身自

守”：“洁身”就是培育自己人性的根本，处世、做人的根本，保持生命应有的清洁、纯正；“自守”就是守住基本规范，求学、治学的规范和做人的规范，一切有不受外界压力和诱惑左右的，绝不放弃、绝不让步、绝不妥协的一定之规。

②大学的“革命性”：在质疑与创造中提供新思维、新的想象力

大学功能的第二个方面，就是对社会发展的既定形态，对已有的文化、知识体系，以至人类本身，做不断的反省、质疑和批判，并进行思想文化学术的新的创造。不仅要回答现实生活所提出的各种思想理论问题，更要回答未来中国以及人类发展的更根本的问题，思考似与现实无关，却是更带原创性的所谓纯理论（包括自然科学理论）问题，为民族、国家、人类社会的发展与变革，提供新的精神资源，提供新的思维、新的想象力与创造力。

这就是大学功能中的“革命性”的一面。这决定了大学在关注社会和思想文化的现实形态的同时，又要与之保持一定的距离。大学应该与“现状”（社会、政治、经济、思想、文化、学术……的现状）保持本质上的张力关系，保持某种怀疑的、批判的态势，这才有新的创造的可能。没有批判（质疑和否定），就不会有创造（立新，建设）；而批判是为了创造。大学至少应有相当部分的教授与学者自觉地处于社会、学术的边缘位置，以保持思想、学术的独立性、彻底性和超前性，以及本质上的批判性和创造性。大学是绝对不能成为现状（无论是政治、社会的现状，还是思想、学术的现状）的维护者、辩护者的；大学的教师、学者绝不能服从某一个利益集团的意志，更要防止自身成为利益集团。大学的基本精神，就是鲁迅所说的“永远不满足现状的，永远的批判和创造精神”，就是“永远保持精神的独立和思想、学术的自由的精神”。这样的独立、自由、批判、创造的精神和前述坚守精神相辅相成，构成了“大学精神之魂”。

（2）大学教育的目标：要培养怎样的大学生？

大学生已经成人，是一个具有比中学生更多的自主性的独立

的成年人，是国家的公民。但另一方面，大学生还处在人生的准备阶段，并不要求其直接为国家、社会服务。因此我开玩笑说，这是一个“有公民权利，暂时无须尽义务”的人生的黄金时期。如果说中学生由于自身未成年总体是被动地受教育，那么，大学生就应该有更多的独立自主性，要更充分地发挥自己的主观能动作用，更自觉、自由地设计各自的大学目标，选择自己的人生道路，发展自己的个性；同时也要自觉地承担应负的责任，不仅是社会责任，也包括对自己的选择所产生的后果的承担。

①要“走进专业”，又“走出专业”

学生上大学，就是为了学习专业知识技能，使自己成为合格的专业人才，以便适应国家建设的需要，适应人才市场的需要。就个人和家庭而言，也是获得谋生的手段：我们不必回避这样一些所谓“世俗”的目的。鲁迅早就说过，人“一要生存，二要温饱，三要发展”，生存、温饱成了问题，是谈不上发展的。但我们又不能只限于生存、温饱的思虑，眼光要更广更远一些。特别是大学生，步入人生的“成年”阶段，就必须面对严肃的人生问题，思考、探索“人活着是为什么？”“在现代社会，人与人之间，人与社会，人与自然、宇宙、世界之间应该建立起怎样合理、健全的关系？”“在现代社会，个人对他人、社会、国家、民族、人类负有什么责任？”这样一些根本性的问题，为确立自己的世界观、人生观打下坚实的基础。而且要着眼于一生的长远发展，就自己的人生志向、生活目标做出自我设计，即“我准备做怎样一个人？”这就需要“走出专业”，看到专业世界之外，还有更广大的人生世界，不断开拓和充实自己的精神世界，追求自我心灵的超越与自由，做一个健全发展的自由的“人”：大学教育的根本也是“立人”。要记住爱因斯坦的那句名言：“学校应该永远以此为目标：学生离开学校时是一个和谐的人，而不是一个专家。”①

① 参看钱理群：《中国大学的问题与改革》，《论北大》，305页。

②文、理交融，追求知识与思想的“通”

这也就涉及了大学生如何设计自己的知识结构。强调“融通文理”，不仅在知识面的拓宽，更意味着人的视野、胸襟、精神境界扩展，就可以发现各类知识，及其所反映的人的内外世界的万般景象的内在联系，从而达到一种“通”：不仅是知识、学问的“通”，更是思想的“通”，这才是求知治学的高境界。

③培养具有应变能力与创新能力的人才

当今和未来的社会是一个知识社会、信息社会。这个社会的最大特点就是职业转换很快，很少有固定一个职业的人，这就要求要有很强的应变能力和创新能力。这是一个“新人才观”：当今和未来社会的竞争，就是一个素质的竞争，一个学养的竞争，一个创新能力与应变能力的竞争。按照这样的要求，在大学期间至少应该培养学生的三大能力：终身学习的能力，包括中外语言的听说读写能力，利用文献、工具书的能力，收集信息的能力等；研究能力，包括发现问题、提出问题、解决问题的能力，实验、计算的基本方法和能力等；思维能力，具有开阔性、广泛性、创造性、批判力和想象力的思维能力。具备了这三大能力，就可以适应社会发展和自我发展的变化着的需要，不断变换自己的工作和社会角色，在知识社会、信息社会的竞争里，立于不败之地。如果只一味追求满足眼下的市场需求，把自己的视野、知识面、能力的训练弄得非常狭窄，即使取得了一时之效，也底气不足，在持久的竞争中迟早要被淘汰。

创新型人才之外，还应培养思想家型的人才，更具有原创性的大师级的人物。我曾经为北大的培养目标提出了这样的期待：“它应该着眼于民族的、人类的长远利益，培养为未来国家、人类的发展提供新理想、新思维的思想家；它所培养的各类专家，也不是操作型、技术型的，而应该是思想者，是本专业新的学术思想、思路，新的研究领域、方向，新的技术、方法的开拓者、领军者。”

④培育大学生社会性的公民人格

人的本性就具有个体性与社会性两个方面，而且人的个性只有在一定社会条件下，在社会交往中，才能得到健全的发展。因此，现代教育的基本任务，不仅要引导学生建构独立的个体人格，而且要培育学生社会性的公民人格，也就是要促进学生在个体个性化与个体社会化之间求得平衡发展。

培育现代团队精神，应该是社会性的公民人格培养的一个重要方面。这实际上就是教学生学会如何进行社会交往，处理个人与他人的关系、个人与团体（集体）的关系。这里有一系列的理念与实践的问题，例如学会对话、合作与互动；学会信任与尊重；学会平等、公平和互惠；学会宽容、妥协、自我约束和相互监督；等等。

不可忽略的还有公民权利意识，首先是民主意识的培育。这不仅有民主理念的问题，而且有履行民主的能力和习惯，提高民主素质的问题。这些都是需要培养与训练的。胡适当年就提出过要在校园进行“民主训练”，引导学生讲究民主秩序、要容纳反对党的意见、人人要负责任等。校园民主实验，不仅保证学生真正成为校园的主人，而且也是一个学生自我教育、自我成长的过程，目的是培养具有民主意识、民主能力和习惯的未来的民主治国的人才。这不仅关系到每一个学生的长远发展，更直接关系到中国的未来，是不可以掉以轻心的。

⑤社会承担意识的培育，引导学生适当参加社会实践活动和志愿者服务

公民意识、人格还有一个核心，即对社会的承担意识和历史责任感。大学时期大学生虽然不需要直接为社会服务，但并不意味着大学和大学生可以与世隔绝，更不意味着学生只需埋头读书，不需要参与社会实践。学生的实践也不能局限于教学实习，而应该安排一定时间（主要是利用假期和课余时间）参加适当的社会服务工作。我也因此特别关注大学生志愿者运动：它是大学生自己联合起来的自治组织，本身就是一所“公民大学堂”；它以支持农村教育、乡村建设运动为其主要活动，这就意味着大学生们走出了校园，到广大的农村，到社会的底层，去认识脚下的土地，接触更真

实的人生，寻找生命存在之根。这对大学生以后一生的发展的意义是怎么估计也不为过的。

3.研究生教育是干什么的?

（1）培养创造型的专业人才

大学本科阶段是培养通才的，到研究生阶段才真正进入专业。硕士主要进行专业的基本训练，博士阶段的任务是进一步扩大知识面，为进入跨学科的领域做准备，这即是所谓博士之“博”。这“通”（本科生）—“专”（硕士）—“博”（博士）的发展三阶段，大概也就是一个专业人才的培养过程。

培养研究生，就必得进行学术规范的教育与训练，使他懂得“规矩”，即所谓无规矩不成方圆。而且学术规范，不仅是指论文形式上的书写规范，还指基本的学术思维、方法，以及操作技能的基本训练，有没有经过正规训练，是大不一样的。

学术规范的训练只是打基础，真正重要、主要的还是创造性的思维与能力的培育和训练。这正是研究人才与教师的不同之处。教师的主要任务是传递知识，他的创造性体现在对他人创造的领悟、整理、发挥，结合接受者的需要进行改造；而研究人才所要完成的是新知识的创造，为社会提供新的思维、新的想象力，需要的是原创力。而对原创力的培育，正是研究生教育的核心。

需要培育的，还有研究的视野与眼光。真正的研究人才对自己的学科的发展是有自觉的承担的，要有“这个学科不能没有我”的志向、雄心，还要有胆识，即对本学科的发展方向、前景、路径，新的动向、可能性……这样的全局性的问题，要有密切的关注与思考，做到胸有成竹，并在这一基础上，找到自己的研究对象、领域，研究方向、方法和出发点。能不能“找到自己，形成独特的研究个性”，是一个博士生，一个年轻的研究者，能否在学科立足的关键，也是一个研究人才成熟的标志。

（2）把研究生的精神境界提到一个新的高度

研究生教育还有一个更根本性的目的：要把学生培养成更加

健全的人。中小学教育，以至大学教育，都只是打基础，人的世界观、人生观的真正形成，人的理想、信仰的确立，都要到研究生阶段，或相当于研究生的阶段。而且这一时期，世界观、人生观，以至理想、信仰的追求与确立，都是和专业的学习与选择紧密联系在一起的，它是更为实在、具体、可实现的。我因此提出，研究生的培养，主要是把学生的精神境界（包括人的信仰、信念、文化教养、精神素质、人格、情操、审美趣味等）提到一个新的高度。即使研究生毕业以后，不从事专业工作，在任何岗位上，也会显出别一种精神风貌和状态。研究生教育的关键还是人的培养，人的精神的培育。

（3）“脚踏大地，仰望星空”：关怀现实，又超越现实

关于研究生应有的精神世界，我有过这样的讨论：学者的精神世界是极为开阔的，研究生们的胸襟、视野绝不能像自己生活于其间的书斋那样狭窄，而应该热爱生活，热爱生命，对人与人的世界，对宇宙的生命乃至非生命，都保持浓厚的兴趣，甚至是孩子般的好奇心，对平凡人生中浓浓的人情味，更应该保持本能的向往与挚爱，以至于依恋。

或许更为重要的是，作为现代知识分子，学者当然应该关心现实，对社会、历史、国家、民族、人类都应该具有承担意识。但学者关注现实的方式，不是政治家、社会活动家、舆论宣传家的那种方式，而是有自己的独特方式。他要将社会现实问题转化为学术问题：学术研究的问题意识产生于现实——不只是政治、社会现实，更包括思想、文化、学术、经济、科学发展的现实，等等；但在进入研究时又必须和现实拉开距离，进行深度的观照、学理的探讨、理论的概括与提升。真正的学术研究正实现于二者的矛盾的张力之中。这样的既关注现实又超越现实的精神素质，用形象的话来说，就是“脚踏大地，仰望星空”。我们对中小学教育也提出过这样的要求，那是一种生存状态，是形而下层面的；到研究生教育阶段，就是一种精神境界，具有形而上的意味，这也就标志着一个人的真

正成长与成熟。从幼儿教育、小学教育到研究生教育，才是一个完整的教育过程。

（4）我的书院教育梦

我对现行的研究生教育是不满意的。导师与学生的关系蜕变为老板与打工者的雇佣关系，教育成了知识的买卖，以及学习的急功近利，技术化、体制化，等等。我就想另寻教育资源作为现行研究生教育的参照与补充，至少提供一种新的可能性。于是就把目光转向中国传统教育的历史经验，做起了进行“书院式教育实验”的梦。

在我看来，研究生的学习和中小学、大学本科阶段教育的一个重大区别，就是采取导师私人讲授的方式，不仅是知识的传授，更是精神的传递、人格的熏陶。研究生教育还有一个重要的环节，就是研究生群体即同门师兄（姐）师弟（妹）之间的相互影响。而这两方面，都和中国传统的书院教育相通，似乎存在某种继承关系。

书院教育的最大魅力，也是最大特点，就在于“从夫子游”“携弟子游”：师生朝夕相处，做两个方面的尽兴之游。一是远离尘世的喧嚣和诱惑，心无旁骛地读书，做“精神之游”；二是“自然之旅”，书院设置在自然风景之地，师生在大自然中休闲从容地漫步，尽享“脚踏大地，仰望星空”之乐。书院唯一的作业，就是写“游学记”，逼向自己的内心，把从游之乐内敛为深沉的思考与生命的感悟。正是这“心无旁骛”、“悠闲从容”和“逼向内心”，构成了书院教育的核心要素，这是真正的“练内功”，是最能体现研究生教育的本质的。我曾经希望以贵州作为自己的实验地，还在贵州大学做过专门的演讲，也有一些具体设想。虽然最后未能变成现实，但始终心向往之，愿意在自己的教育生命中留下这永远的梦。

三、中国教育和教育改革的问题，以及我的质疑

（一）中国现有教育权力结构问题（略）

（二）教育产业化、商业化及其严重后果（略）

（三）来自家庭、舆论，社会习惯势力的现实存在造成的教育困境（略）

（四）教育两极分化下的乡村教育

1.教育公平问题始终是中国教育的根本问题

我从介入中小学教育改革的一开始，就强调必须坚持两条基本原则：一是教育的平等性，一切适龄青少年，不论民族、地区、家庭背景……都要毫无例外地接受九年制义务教育；二是基础教育的义务性，所有的教育经费都由国家承担，这是国家对纳税人应尽的义务。 基本教育权的享有，是基本的人权、公民权，应当受到法律的保护。一切对义务教育权的剥夺，无论是来自哪一级政府，还是来自监护人，都应该受到法律的制裁。

在我看来，实现教育平等的关键，又在农村教育。问题是教育资源的分配越来越不公平，21世纪以来农村孩子在大学生生源的比例比1980年代下降了一半。教育成本越来越高，一个大学生四年学费大约相当于一个农村居民二十年纯收入。农民已经难以承受教育带来的经济重负，在一些地方已经明显地出现了因教致穷、因教返贫的现象。大量学生辍学，湖南的一个调查表明，农村贫困生失学率高达30.4%。同时，大批的辍学学生和失业的大、中学校毕业生，游荡于农村、乡镇，成了新的流民阶层的主要来源。农村出现了大量留守儿童，导致家庭亲情的严重缺失和淡漠。在我看来，中国教育始终存在两大问题，一是在“培养什么人”上出了大问题；二是我们这里所说的教育的不公带来的两极分化问题。

2.我对农村教育的观察、思考与设想

（1）农村教育的重建是我们自己的问题

当我逐渐意识到中国教育的两极分化造成的农村教育问题的

严重性时，内心产生了极大震动。我开始反省：包括我自己在内的许多关注中小学教育的知识分子，实际是将自己的关注点集中在城市的中小学，特别是重点中学、重点小学上，广大的最需要关注的农村教育反而在我们的视野之外。我对自己说，对中国教育的关注立足点不应该放在城市的教育，关注那里的人已经不少了。我不应该做“锦上添花”的事，而应该“雪中送炭”，把注意力转移到亟须关注而又没有引起足够关注的农村教育上去。同时对自己提出警戒：绝不可以精英立场、思路，代言人的姿态，居高临下地去“关怀”农民问题和农村教育，而要像鲁迅说的那样，“连自己也烧在里面”。今天中国农村、农民所面临的问题，特别是深层次的精神、文化、教育问题，也就是今天中国的精神、文化、教育问题，特别是我们知识分子的问题。我们是和中国的农民、农村教师一起来面对这些问题，并一起来探讨、解决这些问题的理论思路和实践途径的。在这一共同探讨中，我们又各自发挥自己的独特优势和作用，相互吸取，相互补充。

（2）我对农村教育的几点思考与设想

①农村教育的两大问题：“城市中心”的教育取向和农村教师的权利贫困

“城市中心主义”一直是中国教育的一大痼疾，这是农村教育始终处于边缘位置，教育资源分配不平等的原因所在。而其更内在的表现就是整个教育设计中的“城市取向”。通过逐层考试，农村的孩子最后成为“城里人”，成了农村教育的最终目的与最终指向。这样，农村教育就成了与乡村生活无关的教育，可以说，农村完全退出了我们的农村教育以至整个教育的视野。正是这样的“城市取向”的教育使农村教育陷入了困境：极少数的农村孩子，承受着远超过城市孩子的负担，以超常的努力，通过残酷的高考竞争，上了大学，实现了“逃离农村”的梦，但也就此走向了永远的不归路；而绝大多数无力参加高考竞争的人，或提早退出而辍学，即使继续在校学习，也因为无望而失去学习的动力与兴趣，学校的教育者校长、老师则将其视为负担而忽略对他们的教育。这些农村的孩子尽管“混”到了小学、初中、高中毕业，但实际上并没有达到相应的文化程度。他们到了社会上，在市场竞争中就始终处于被动、不利的地位。在城市打工很难立足，又因为从小就接受的“城市取向”的教育而拒绝回到农村，就成了无论在城市还是农村都找不到自己的位置的“游民”。这是农村教育的真正失败。

中国农村教育的另一根本问题，是农村教师的义务与权利的失衡：这些默默无闻的第一线的老师承担了远比城市老师更为繁重、复杂的教育重任，却陷入物质贫困、权利贫困和精神贫困之中。我们的农村教师实际上是一个“被管理和被利用的对象”。这个问题不解决，不能建立农村教师“赋权”与“增能”的长效机制，中国农村教育是毫无希望的。

②重新确立农村教育的定位、价值和目标

正是出于对现行农村教育的弊端的以上认识，我提出了自己的农村教育的设想：“必须改变以升学为唯一取向和目标的定位，要面对全体学生，着眼于他们自身生命的健全成长，为他们以后多方面的发展，打下坚实的基础。无论是留守农村，还是在城市发展，都能打开局面，即‘走得出，留得住’。同时要加强教育与农村生活的联系，注重对乡村建设和改造人才的培养。”

由此而提出农村教育的“三重使命”。一是“向高等学校输送人才”。这既是发展高等教育的需要，也是农村青少年的权利。农民的后代应该和城市人的子弟一样，接受高等教育，在中国以至世界的广阔空间寻求自己的发展。在这一点上现行的高考制度是有它的合理性的，不能轻易地全盘否定。二是“向城市建设输送人才”。在今后相当长的时期内，城市建设都需要从农村吸收劳动力，农村自身也有城镇化的发展趋势。培养有文化的城市劳动者必然是农村教育的重要任务。三是“培养乡村建设与改造的人才”。由于中国地域广大，地理情况复杂，人口众多，即使城市化程度得到极大的提高，也仍然会有广大的农村，“建设社会主义新农村”

始终是国家建设和发展的不可或缺的战略任务，相应人才的培养，主要还是要仰赖本地的农村学校。

为适应和落实以上三大使命，必须建立农村教育的新的结构。我和研究乡村建设的社会学家讨论过这个问题，提出了一个“三元结构”的设想。首先是“发展和完善九年制义务教育”，以此作为农村教育结构的重心，使每一个农村的孩子都毫无例外地接受从小学到初中的基本的高质量的现代教育，这是教育和社会平等的基础。在初中教育以后，应该同时发展两种教育，一是“职业教育”，以培养城市建设与乡村建设需要的技术人才，或做基本的技术、技能培训；二是“高中教育”，以为高校输送人才。这样的义务教育与义务教育以后的高中教育的结合，就构成了比较合理、健全的教育结构与布局。义务教育完全由国家承担；职业教育和高中教育除国家要有投资外，应向社会开放，特别是职业教育要有更大的灵活性。

③重新认识农村教育的特点与优势

本来，农村教育至少有三大特点和优势：农村本土的地方文化、民间文化的熏陶，大自然的熏陶，以及农村充满亲情、乡情的精神空间。但我们面对的现实，却是这样的农村传统的教育资源正在日趋萎缩：地方文化传统（包括民间节日）的失落与变形，农村自然环境的污染，以及农民工大量外出造成农村家庭和社会生活的空洞化。当下中国农村三大社会文化、生态、经济问题，对农村教育的影响与冲击是明显的。这也反过来证明，恢复与发展农村的内在教育资源的迫切性。同时提醒我们，农村教育的发展必须和农村本土文化的重建与自然环境的保护结合起来，形成良性的相互补充与推动。

④重新认识农村教育在乡村建设和改造中的地位与作用

农村教育还有一个重要方面——现代农村社区教育体系，这是对农民的教育与培训，即所谓“村民教育”。农民是乡村建设和改造的主体，但要真正发挥其主体作用，有两个关键环节，一是要把农民组织起来，二是要使农民接受现代教育，使其成为具有现代意识、觉悟与知识的现代农民。农村学校应该把国民教育和社区教育统一起来，同时担负起村民教育的任务。通过办夜校等方式，使学校成为农村文化、教育的中心，成为乡村社会“家园”的象征与载体，乡村教师也自然成为乡村精英的重要成员，乡村建设与改造的骨干力量。

（3）打工子弟的教育，以及以打工者为主体的平民教育

上亿农民进城打工，成为城市建设的主力，却不能享受城里人的权利。由此而产生了农民工的教育问题，这可以说是农民教育的延续，也有两个侧面：打工子弟的教育，以及打工者自身的教育。

那些随父母进城的孩子面临能不能、如何接受教育的问题。但是，农民工没有城市户口，他们的子女就进不了城市学校的大门；农民工自己组织起来，成立打工子弟学校，却长期不被承认，不具合法性。我就是在这样的背景下，从2004年退休后第一年起，介入了农民工子弟的教育，尤其关注打工子弟学校的老师的权利和培养问题，强调要使流动儿童教育朝着健康、持续、有质量的民办教育的方向发展，关键在于要建设一支稳定的、高质量的教师队伍。

我更关注的是农民工的教育，在2013年退休十年以后，又应邀主编了一套《平民教育人文读本》。我注意到，农民工已经完成了由第一代向第二代的转型。新生代农民工基本受过初中或初中以上的教育，有着和老一代农民工不同的精神困惑、精神需求。他们中94%的人会上网，平均每天3.5小时。这就意味着，他们正渴望有一个更广大的世界，以获取更广泛的信息；他们具有在城市里落地生根、获得有尊严的人的生活的紧迫感；他们对世界也有自己的看法，一旦开始说话，任何人都不能忽视。这就要求今天的平民教育必须有新的内容、新的方法和形式以及新的探索。我们提出了在以新农民工、新农民为主体的新平民中进行人文教育的两大理念。一是要用人类文明和民族文明最美好的精神食粮来滋养新一代的工人和农民，这也是他们的权利；二是阅读经典，目的在于提高新工

人、新农民的“文化自觉”。这是他们寻求自我解放、争取自己的权利的根本条件与前提。

这里还有一个建立“文化身份自信”的问题。农民工被称作“城市里的乡下人”，他们一方面很难融入城市社会，另一方面又不愿意再回到农村，这就很容易落入在城乡之间流浪的失根状态。我在和一位来自农村的年轻人的通信里，提出“能不能换一个角度思考：这样的身份有没有自身的价值？”的问题。城市里的乡下人如果善于利用自己的特殊身份，既珍惜、保留、深化与发展自己的农村经验，又渴求、主动、积极、广泛地吸取城市文化和世界文明的积极成果，就会形成双重优势。这是单有一个方面（无论是农村还是城市）的经历、经验的同龄人所不具备的。由此应该建立文化自觉与文化自信。具体的人生道路，无论是继续在城市发展，还是重返农村发展，都不是最重要的。有了乡村文化和城市文化的双重优势，无论在哪里发展，都会有不同于他人的特点与优势。

（五）网络时代的教育问题

今天的中小学生，与他们的父辈——家长、老师、家庭中的兄长，以及我这样的祖辈相比，最大的区别就在于他们是网络时代培养出来的新的一代。这不仅会在这一代的身心发展上，他们的思维方式、言说方式、交往方式、心理、情感……产生至今还难以预计的深刻影响，而且给我们的教育，从教育形式到教育内容，从教育方法到教育理念，提出了许多新的问题，并必然引起同样是至今还难以预计的深刻变革。而我们的思想文化界，我们的教育界，恐怕至今对此还缺乏足够的心理准备，因而也没有给予足够的重视。也正是在这一点上，暴露了我们的教育与社会的发展，社会实际生活，包括教育对象的实际生活的严重脱节。我们迟早要为这样的“教育滞后”付出代价。

这背后还隐含着一个更大的问题：如何正确地认识与对待人类科学技术的新发展。因为任何一种科学技术的新进展，都有其两面性：既给社会的进步、人的发展带来新的推动，提供新的可能性，同时又会在不同程度上产生新的人的异化问题。而这两个方面都会对教育问题提出新的挑战。在我看来，这正是网络问题的实质所在。

1.如何积极开发网络给教育提供的新的可能性?

（1）网络评价实验（略）

（2）信息技术与语文学科的优化组合实验

处在教学第一线的最有创造力的老师，都把网络技术的出现，看作解决教学中长期存在的一些问题的新机遇，做了大胆的实验。北师大附中的语文老师邓虹就是其中的一位，她就一直在做“信息技术与语文学科的优化组合”的实验，并取得了很大成功。我也始终关注邓老师的教学工作和实验，在她写出《激情作文点击——来自高三实验基地的报告》的总结以后，我也写了长篇论文，作为响应，指出：“我们过去许多关于教育，关于语文教育的理念、设想，一直苦于找不到实施的手段，就只能是一个理想，甚至是空想。而现在网络技术的出现，就给了我们一条变成现实的途径，展现了新的可能性。”

①阅读教学的实验：虚拟课堂与实体课堂的自由切换

②写作教育的实验：构建激发创造活力的“写作场”

传统的作文写作都摆脱不了教师与学生“一对一”的模式，而现在学生的网上作文，几乎在同一时间内就从老师与同学那里得到快速的反应。这既是相互倾诉与倾听，又是相互评比、竞争与激励。在这样的网络平台里，每一个人都是独立自主、自由平等的；而由于网络特有的隐蔽性与游戏性，学生就更加放松，没有太多束缚、顾虑，这里的表达是不设防，因而也是最真诚、最自由的。每一个学生，以及老师都可以无拘束无顾忌地把自己心灵中最美好的方面，把自己的聪明、智慧、才能，展现在这个学习群体里面，实现相互映照与欣赏。而这样的网络的民主参与也包括家长，于是，就出现了全家人一起坐在电脑前分享网上交流的快乐的场面。这样的学校教育与家庭教育的交融，是令人感动的。

网上的对话与交流，就使学生的写作具有了发表的功能，成了一种“公众言说”；而围绕网上作文所建立的公众平台，是一个班级的公共舆论空间，它是由老师引导的，自有一种写作、舆论导向，而同学在参与中也有相互监督的作用，这都有效地避免了网上写作的无序性所造成的弊端。因此网上的作文写作，既不同于专门写给老师和考官看的应试作文，也不同于网上聊天的纯私下写作，其所打造的是一个良性、优化的写作空间、舆论空间，自有一种扬善抑恶的功能，既充分利用和发挥了网络的优势，又避免了可能产生的消极影响。

网络写作同时具有网络游戏的功能，学生把网上写作当作同场竞技，在比试创造性的精彩纷呈的擂台比武中，感受到了“写作的快乐”。由此形成的网络写作的快乐性原则、成功性原则和创造性原则，是最能显示中学生作文的特点与特质的，这都是传统的作文教学可望而不可即的。

网络写作还较好地体现了作文教学中一直追求的“教师的主导作用与学生的主体地位”的原则。学生是网上作文的主人，而学生和家长都把老师称作网络里的“织网人”，担负着网络学习群体的组织者、学生自学的咨询者和学生智力交流的协调者的重任。而教师全程参与指导的最大作用，就是照顾学生写作的差异性，培养学生的写作个性，“把学生的个别差异作为一种教育资源来开发”，而学生写作潜力的发掘、培育，核心就是人的潜力的释放，是一个“解放人、发展人”的过程，而写作的个性化，实质上更是使学生的价值得以充分地实现。

③网上读书俱乐部：有理想的教师的精神聚集地

2.正视网络带来的教育问题，构建学校教育与网络教育相互补充的更为合理的教育结构

我在接触、关注网络教育的一开始，就注意到了所谓“网络成瘾症”的问题。一位农村教师给我的来信里，附录了一篇他的学生写的讨论“是什么原因使青少年沉溺于网络的虚幻中，不能自拔”

的文章，读得我心惊肉跳："堆积如山的作业，压得喘不过气来的（高考）的期望和可怕的分数，阴沉沉地笼罩在少年的天空，生活中没有了快乐，一切只是勉强地撑着，撑得身心疲惫。这时虚幻来了，刀光剑影，英雄美人，游戏是多么刺激！在那个虚幻的世界里，自己成了主宰，可以随心所欲地玩，没有作业，没有分数，没有名次，没有……""为什么孩子沉迷于网络的虚境？因为他们在现实中太不快乐！"我说，这是一个"黑色的真实"，"网络成瘾症"的背后，是整个中国的教育问题；而这样的剥夺人（特别是青少年）的享受快乐的权利的教育，"其实是中国社会的一个缩影"。

在和第一线中小学老师的交流中，很多老师都谈到了今天的文本阅读，特别是经典阅读，所面临的迅猛发展与普及的影视与网络的巨大挑战。影视与网络虽然使我们获得了很多东西，却也取消了许多东西，主要是深度阅读和个性化阅读，这正是文本阅读，特别是经典阅读的优势所在。这背后，实际上是一个学校教育与社会教育、学校文化与大众文化的关系问题。面对与市场经济紧密相连的作为文化工业的影视、网络等大众文化教育对学校教育的挑战与冲击，既不能完全否定、排斥，又不能随意迎合，这都是当下中国教育所遇到的难题。健全的教育，就应该为孩子提供广阔的文化空间，在流行文化与高雅文化之间形成某种张力。学校教育、课堂的语文教育，应以向学生提供高雅文化的滋养为主，同时对学生课外吸取流行文化进行必要的引导，在两者的良性互动中就可以建立起更为合理的教育结构。

四、我所参与的教育改革实验

（一）思想者与实践者的相互补充与制约

我对中小学语文教育改革的参与，实际上扮演了"思想者"与"实践者"两个角色。思想者与实践者有各自不同的逻辑，因而又发挥着不同的作用。思想者着眼于新的教育理念的建设，并从自己的教育理念出发，对现行教育的弊端做出批判，从而形成一种思想、舆论的压力，以促成改革，并为其所呼喊的改革提供思想资源。因此，要求思想的彻底，并具有一定的超前性，带有理想主义的色彩，而不考虑现实的操作。实践者面对的是教育的现状，不仅感受到改革的必要性与迫切性，更要考虑在现实的主客观条件下，改革的可能性与有限性，因而奉行逐步推进的改革策略，这其中包括必要的妥协，而不可能像思想者那样彻底。对于中国的教育改革，思想者与实践者都是不可或缺的，他们既互补又相互制约：如果没有思想者所提供的大视野与新理念，及其锐利的批判所形成的巨大冲击力，改革或者根本不可能进行，或者只能在既有框架内打转，变成“换汤不换药”的表演；反之，如果没有实践者对思想者的理想的调整和具有可行性的操作与试验，也会因为思想与实践脱节、过于超前而带来灾难性的后果。我因此提出了“思想要激进，态度要积极，行动要谨慎”“开始要早，步子要慢”的主张，试图将思想者与实践者的不同逻辑统一起来，作为自己介入中小学语文教育改革的指导思想与行动准则。应该说，我最初是以思想者的身份、立场与姿态介入语文教育改革的，因为思想旗帜的鲜明和尖锐的批评力产生了很大影响，也遭到很大的非议，而成为教育既得利益集团与保守势力的打击对象，他们力图将我赶出中小学语文教育领域；我偏偏不走，但也改变了策略，更多地参与具体教育改革活动，以实践来回应我的围攻者，以此坚守与发展我的教育思想。

（二）推动“新语文”民间改革实验

民间教育改革运动，我们当时将其命名为“新语文运动”，具有两大特点与优势。它首先是一个教育的理想主义者的自愿的结合，又具有相对的独立与自由，至少体制方面的限制、意识形态的限制要少一点。这就有可能以更开阔的视野来吸纳更广泛的精神资源与教育资源，思想也可以更解放一点，旗帜鲜明地实践自己的教育理念，更具有实验性，自成“一家之言”。在1990年代就逐渐打造出了一个相对高品位、多元化的课外阅读的民间语文教育空间和精神空间，又反过来对体制内的教材改革产生影响与制约，形成了“一纲多本”的多元化的教材格局。

（三）课外读物的民间编选实验

我们选择了出版市场，作为推行新语文教育的新天地。民间编写课外读物，最大的困难之处，是如何将有共同的教育理想，又分散在各地的民间力量组织起来。而出版社正可以发挥这样的联结作用：它利用自己所享有的出版、发行的自由权利，以及经济实力和在社会与读者中的影响，以某一有影响的学者为牵头人，在全国范围组织一批志同道合的高水平的作者，集中进行包括编写课外读物在内的某一重大的教育和学术课题，形成从选题、立项，到组织作者、编辑队伍，到具体编写，到出版、发行的“一条龙”格局，环环相扣，节节呼应。这在由国家资金资助，进行国家课题的教育、学术模式之外，开辟了一条以出版市场为依托，以出版社为中心的发展民间教育与学术的新途径。我们所进行《新语文读本》的编选，就是开辟这一新途径的第一个尝试。

（四）倡导大学教授到中学上选修课（略）

（五）到第一线老师中去总结实践创造的教育新思想、新经验

我曾写过一篇文章，用“屡战屡挫，屡挫屡战”来概括我参与教育改革的命运。而我之所以能够不管遭遇到什么挫折，始终保持战斗的状态，绝不退缩，原因就在于我与第一线的老师保持密切的精神联系。我的教育思想，我所进行的教育实验，在教育界的主流场域常常受到质疑，被指责为“过于理想，脱离这个教育实际”；但却在同样生活于困境中的底层教师这里，引起共鸣，得到响应，我们都是因为孤立无援而需要相互支持。我最感自豪的是，我有一大批来自社会和教育底层的相濡以沫的教师朋友。十数年来，我先后研究了二十八位老师的教学个案，既尊重教育基层的实践，又注意理论的总结与提升，进行语文教师和语文教育理论研究者的结合，以达到理论与实践的统一，这或许是一条创造中国自己的教育思想，推动教育改革实践的正路。

从低调的、理性的理想主义出发，我们尝试一个教育实验：进行“静悄悄的教育存在变革”，倡导一种精神：“智慧与韧性”。

所谓“静悄悄的教育存在变革”，有两个要点。其一是从底层教师的自救开始，从改变自己和周围的教育存在开始，从每一堂课开始，把我们的教育理想、观念贯彻到每一次教育行为、每一个教育细节之中，落实到每一个具体的学生身上；从现在、当下开始，不虚构美好的未来，而采取现实主义和经验主义的态度，不期待特殊的条件，从自己能够做到、能够改变、能够尝试的地方做起。不追求根本的改变，从一点一滴的改革、改良做起，能帮一个学生就帮一个，在荒诞的教育环境下，“做有限的可以做的事情”，并从中获得意义，享受教育的乐趣；自救之外还要互助，志同道合者要聚集起来，尽可能地发出自己的声音，营造一个稍微好一点的教育环境，这就是所谓的“好人联合起来做好事”。其二，这是一个静悄悄的变革，不直接与现行教育体制对抗，只是在现有框架之中加进一个异数，在力所能及、可以控制的范围内，自己的课堂上，按照我们的理念去做教学工作，有限度地创造“第二教育”。无须张扬，也不摆出挑战姿态。只是默默地做，持续地做：真正的教育从来都是“润物细无声”的。要坚信，我们所做的教育实验，是符合教育本性的，只要做好了，有效果了，就有说服力，能够吸引更多的人。在这个意义上，我们的孤独又是相对的。

要做到这一点，就需要“智慧”。要善于在现行教育体制内寻找发展空间，懂得张弛进退的艺术。在现实生活与教育实践里，完全不妥协是不行的，但妥协又要有一个度，过了度，就失去了自己。如何掌握好度，既通过一定妥协把事情办成，又不丧失自己的基本原则，这也需要智慧。

最重要的是，要有鲁迅倡导的“韧性精神”。要有长期奋斗的思想。鲁迅说，一代不行，就两代、三代……地坚持下去。我反复地对老师们说，我是看明白，也想明白了：反正在我的有生之年是看不到中国的教育会有根本变化的，恐怕老师们也看不到自己的教育理想能真正实现，我们的努力只能是“只顾耕耘，不问收获”，还要“慢而不息”。这个“慢”有两个含义：一是在中国做事太困难了，只能慢，必须慢；二是教育本身就是一个慢的事业，急不得，也无法立竿见影。但不能因为慢就停滞不前，认定做一件事，就做到底，绝不放弃，即使落后，也要坚持做。不怕慢，只怕站着不干。

正如王栋生老师所说，我们应该有一种“战略家的思考”，给中国的基础教育留点“种子”，“为未来的发展准备一批骨干”。“历史也会同时记下我们的挣扎和努力，至少说明在这样一个混乱的时代，还有不同的声音、不同的实践。在这个意义上，我们是为未来铺路的。”“我们都是教育史上的过客——前方是什么？不知道。我只是知道不能后退。前方是什么？管它呢，只管往前走。”

2019年1月12日—1月25日，2月20日—2月26日断断续续写成

我的“中国人及中国社会改造”的思想与实践

——《八十自述》之二

钱理群

今年，三联书店出版了我的《论志愿者文化》，我非常高兴。我把它看作是给自己八十岁生日的最好礼物。我确实很看重这本书，因为它显示了我的人生追求和思想、学术的一个很重要的方面。可惜至今也没有多少人注意，只得由我自己来说，于是就有了这篇《八十自述》之二。

在我的第一部鲁迅研究专著《心灵的探寻》的扉页里，就有这样的献词：“谨献给正在致力于中国人及中国社会改造的青年朋友。”这句简单朴实的话包含了三层意思，都很重要。首先自然是我对鲁迅的一个基本理解，即鲁迅思想就是“改造中国人和中国社会”的思想。应该说明，这一判断是王得后先生在1980年代首先做出的，我觉得它深得我心，就欣然接受并化作自己的思想了。顺便说一句，当代鲁迅研究者中对我影响最大的，就是得后先生。他所提出的这一论断，以及同时提出的“立人是鲁迅思想的核心”的概括，21世纪初提出的“左翼鲁迅”的概念，都对我有极大启发，成为我的许多鲁迅阐释的重要出发点。在这里，我要郑重地表示对得后先生的衷心感谢。在我看来，这样的研究者之间的相互影响与呼应，是构成了1980年代以来的中国鲁迅研究传统的一个重要部分的。再把话题拉回来，我的献词的第二层意思，是要表明，“改造中国人和中国社会”的思想，也是我自己的人生和学术追求。这就意味着，我的学术研究从一开始就有极强的社会责任感和历史使命感，心中始终有一个“中国问题”以及“世界问题”，有一种用学术的方式参与正在进行的中国和世界社会变革的自觉意识。这样的研究，就自然不是为学术而学术，而是具有某种实践性的品格，并且把自己的人生选择与学术选择、做人与治学融合为一体。献词的第三层意思，是要表明从一开始我就确定了自己的学术研究的主要接受对象，是“正在致力于中国人及中国社会改造的青年朋友”，也就是鲁迅所说的“醒着的青年”。这也就使我的学术研究始终与当代同样在探讨中国问题、世界问题的青年保持密切的精神联系。这样的特定的接受对象，也决定了我的研究思路、学术著作的结构方式和叙述方式。这都构成了一种独立的研究风格与特色，也是其生命力所在。应该说，就在1987年我写出这献词时，我的后半辈子的人生格局和学术格局就此确立了。

而在1980年代及以后相当长的一段时间，我首先要做的是对鲁迅改造中国人和中国社会的思想的研究与普及。《论志愿者文化》一书里收入了我的《鲁迅论中国人和中国社会的改造》一文，对我在这一方面的研究做了一个概述，这里就不再重复。这同时也是将鲁迅的这一思想向当代青年的普及。前几年出版的《鲁迅与当代中国》一书，其中心内容就是对鲁迅改造中国人和中国社会思想的当代阐释，是我的“讲鲁迅，接着鲁迅往下讲”的自觉努力。这构成了我的鲁迅研究的重要组成部分，而且很可能是最有影响的部分。

还有一个“接着鲁迅往下做”的问题。这也是我确定以改造中国人和中国社会为自己的人生与学术追求的题中应有之义。但真正变为实际行动却要到1997年。这就是我一再提到的，在此之前，我的具体努力目标是被学院体制所接受，并因此获得自己的发言权和影响力；但在这一目标达到以后，即到1997年前后，我就感到了学院体制对自己的束缚，并越来越为自己有可能被体制同化，最后背离自己改造中国人和中国社会的理想追求而感到不安与恐惧。于是，就有了借北大百年校庆之机“破门而出”之举，即以“学者兼精神界战士”的身份和姿态，参与社会实践，这本身也是对鲁迅传统的一个自觉继承。我参与的社会实践主要有两方面，一是积极介入中小学的语文教育改革，二是支持和参与青年志愿者运动和乡村建设运动。开始时，对这两个领域的介入，有一些偶然的机缘，但越到后来就越自觉意识到，这两个领域都关系着我的基本理想与追求。中小学语文教育改革实际上是一场新的启蒙运动，关系着“中国人的改造”。如我在收入《论志愿者文化》一书里的《我的农村教育理念和理想》一文里所说，我参与中小学语文教育改革，是基于对现实中国问题的一个认识与判断：当下中国众多问题中“最重要、最基本的一条，是中国人心出了问题”；而“人心出问题是因为教育出了问题”；“教育的基本问题又出现在中小学教育”。这样，我就把鲁迅“改造中国人”即“改造中国国民性”的思想，落实为我可以参与的中小学语文教育改革。青年志愿者运动和乡村建设运动本身就是一种社会改造运动，它给我提供了一个实现改造社会的理想的机会。但由于年龄的限制，我已经不可能直接投身于运动的第一线，只能扮演一个吹鼓手的角色，通过给志愿者讲课和参加他们的讨论等方式，为志愿者运动提供思想理论资源，在“志愿者文化”建设上做一点力所能及的事情。我虽深知这样“光说不做”本身就有点滑稽，但也无可奈何。我更深知，我所能够发挥的作用与影响都是极为有限的，只能尽力而为。而且要做到这一点，也不容易，因为这毕竟是我所不熟悉的领域。鲁迅改造中国社会的思想，当然依然是重要资源，但显然不够：我需要寻求新的思想、理论资源。

于是，在最近几年，我用了很大精力来研究20世纪三四十年代的乡村建设运动的几位先驱，其成果就是收入《论志愿者文化》一书里的《乡村建设运动先驱四读》，包括《读晏阳初》《读梁漱溟》《读陶行知》《读卢作孚》，以及收入《岁月沧桑》里的《1951：陶行知的命运》《1952：对“卢作孚自杀”事件的一种分析》《1953—1979：两位同龄人梁漱溟与毛泽东的关系的历史考察》。后者是对乡村建设派知识分子历史命运的考察，前者则是对他们的“改造中国人和中国社会”思想及现实意义的阐释，并在此基础上编辑了一套“志愿者文化丛书”，内含《晏阳初卷》《梁漱溟卷》《陶行知卷》《卢作孚卷》《鲁迅卷》，每卷收入我的上述文章作为导读，同时选编了几位作者的相关语录与文章，以此作为志愿者和乡村建设者的精神读物，也算是我对志愿者运动和乡村建设运动的最后贡献吧。

我自己也有了一个意外的收获：我在研究过程中发现我的父亲天鹤先生和卢作孚、晏阳初多有往来，他们都是20世纪三四十年代关注“乡村（传统农村社会结构、传统农业和传统农民）改革”的“乡村派”知识分子，只是有不同的改革方案：晏阳初、卢作孚等注重乡村建设和乡村教育；我父亲作为农业科学家，第一个全国农业研究机构中央农业实验所创办人，国民政府经济部农林司司长，抗战时期的农林部常务次长，在1950年代又在晏阳初直接领导下出任台湾农村复兴委员会的农业组组长，他始终关注的是中国农业的现代化建设。其实，早在1990年代初，我在整理父亲的遗著，编辑《钱天鹤文集》时，就写有《中国现代农学界的先驱》的长文，对父亲关于中国现代农业发展的思想做了详尽的论述（文收于《拒绝遗忘——钱理群文选》），但只是尽作为子女的责任。现在，我在寻找改造社会的思想资源，研究乡村建设思想传统时，又与父亲相遇，就强烈地感受到一种精神的传承，这本身就构成了我个人生命成长史上的重要一页，我自是十分珍惜。（参看《寻求中国乡村建设与改造之路》，文收于《论志愿者文化》）

我在21世纪初与包括父亲在内的20世纪30、40、50、60年代的中国乡村派知识分子相遇，面对当下中国的社会改造问题，从他们的思想遗产里吸取了什么，并有怎样的发挥呢？主要有两个方面。

一、关于中国的社会改造与建设必须以农村改造与建设为基础的思想

我在论述父亲的发展现代农业思想时，就注意到一个贯穿其中的基本思路："农民占中国人口的大多数，以农立国，这是中国的基本国情与传统"，要探寻"建立统一、独立、富强的现代民族国家之路，也不能回避中国的农业与农民问题"，必须从"改革乡村"入手（《中国现代农业界的先驱》，收《拒绝遗忘：钱理群文选》）。这也是梁漱溟为代表的乡村建设派的基本思想。梁漱溟就明确指出，"我所主张的乡村建设，为的是解决中国的整个问题，非仅止于乡村问题而已"，他要探寻、开拓的"中国自己的发展道路"，就是把"社会重心从城市移植于乡村"，重新发现与觉悟乡村的意义，"在近代都市文明之外，辟造一种（新的）乡村文明"。在梁漱溟看来，这是民族新自觉的开端与标志。在这背后，更有对人类文明未来发展的长远思考与展望（《读梁漱溟》，收《论志愿者文化》）。有意思的是，梁漱溟由此而发现了他与毛泽东的相通之处："（我们）可以说入手相同。他的革命入手是从农村包围城市，我要建设新中国，我的入手也是农村。"他尤感兴趣的是，毛泽东在领导社会主义建设时，也是强调工农业并举，强调发展乡镇企业，走一条以乡村改革推动城市改革，最后达到中国社会全面改革的道路（《两位同龄人梁漱溟与毛泽东的关系的历史考察》，收《岁月沧桑》）。而在毛泽东之后的邓小平的改革开放也是从农村经济体制改革入手，并获得巨大成功，从而为以后的改革开放奠定了基础的。在我看来，从农民占人口大多数的基本国情出发，始终以农村的改造与建设为中国革命与建设的出发点与基础，这正是中国革命与建设的基本的，也是最重要的，应该继承与发展的历史经验与传统。

我在21世纪初参与了以支农支教为中心的青年志愿者运动，因而一定程度上介入了新时期的乡村建设运动，却遇到了一个严酷的现实：在中国经济获得高速发展的同时，农村的自然生态与人文

生态都出现了严重危机，乡村社会发生了整体性的凋敝乃至崩溃。更为严重的是，本来是共和国依靠对象的农民成了弱势群体，“国家基础阶级陷入了物质与精神、权利上的相对贫困或绝对贫困，这就意味着，国家的立国之基、建国之本出了问题”（《我们需要农村，农村需要我们》，收《论志愿者文化》）。更有人从理论上论证：这样的乡村凋敝与农民边缘化，农业文明的淘汰，是中国经济发展的必然趋势，是为历史的进步必须付出的代价。面对这样的社会、思想、理论强势的巨大压力，我和我的年轻的志愿者、乡村建设者朋友，开始对现实中依然占据主导地位的“以工业化与城市化为目标的现代化道路”进行根本的反省。我们“首先质疑的就是‘从农业文明到工业文明是一个历史的进化过程：前者代表落后，后者代表先进，前者消亡，被后者取代，是历史的必然’的历史观。我们曾经把它看作是‘天经地义’的规律，现在却发现了其中的根本性问题。面对工业文明的负面作用，我们终于认识到了‘生态文明’的意义；而且要立足于生态文明，对农业文明与工业文明及其相互关系，进行重新认识与检讨：它们绝不是必须‘一个取代一个，消灭一个’的绝对不相容的文明形态，而是有各自优势与问题，应该相互补充，在平衡与协调下求得发展；而在当下，最迫切的任务，则是‘站在工业文明的肩膀上，回望农业文明时代，在那个时代里寻找可以培育生态文明的土壤’。由此引发的是新乡村建设的新思路，新方向，新实践，寻找一条‘以显示世界文明发展方向的生态（包括自然生态与人文生态）文明为核心的，能够与以农业文明为主体的中国传统文明相连接的，新农村发展道路’”（《中国新农村建设理论创新的新发展》，收于邱建生的《在地化知识与互助型社区建设》）。

我非常高兴地看到我的这些年轻朋友正在为创建中国自己的社会改造、乡村建设之路而默默探索与实践，在我看来，这才是中国的真正希望所在。我虽不能直接投身其间，但能够充当一名摇旗呐喊者，也是十分自豪的。

二、乡村建设与中国社会改造的根本，是社会自治化，发展农民和社会各阶层的自治组织，发挥主体作用，把命运掌握在自己手里

这也正是乡村建设派先驱的乡村和中国社会改造思想的核心。晏阳初明确提出，他所倡导的平民教育与乡村改造的成败，取决于“千百万劳苦大众的自觉参与”。他一再告诫运动的参与者：绝不能把“农村运动看作就是农村救济”，“就是‘办模范村’”，那就“未免把农村运动的悠久性与根本性，普遍性与远大性”抹杀了。在他看来，农村根本的出路是要通过社会、经济、政治的全面改造，保障农民的权利，并把农民组织起来。有了“真正的、自动的、内发的组织”，农民就不再是处于无力无助的地位的单独个体，而可以以独立组织的力量，参与社会、经济、政治上的博弈，争取和维护自己的权利，农民才有可能真正掌握自己的命运，成为农村社会的主人。晏阳初特别强调两点：一是乡村建设需要政治之助，但又要警惕官僚政治对乡村建设的干扰和影响，因此，要保证乡村改造与建设的健康有效发展，就必须“把县政府地方政治的改革放在特别重要的位置”；二是必须“认真探讨人民究竟缺的是什么。一个强加于人民的计划，即使其出发点是为了人民的利益，也会由于满足不了其真正需要而宣告失败”，“不能在民众身上立基础，没有生根，自然不能生长，不能永存”（《读晏阳初》，收《论志愿者文化》）。这都是大有深意的。我特别注意到，我的父亲在1950、1960年代，在参与台湾乡村改造与建设时，也是紧紧抓住“农会的改组”这一重要环节，即将原具有官方性质的农会改造为“真正的民治机关”，以发挥其在“政府与农民间的桥梁”作用（《寻求中国乡村建设与改造之路》，收《论志愿者文化》）。可以说，中国乡村派的先驱，都是以建立一个农民独立自主的农村民间社会与组织，作为乡村改造与建设的根本的。

这其实正是我在21世纪初参与新时期的乡村运动即所谓“三

农”建设时所遇到的问题：从表面上看似乎轰轰烈烈的乡村改造与建设，始终以政府为主体，农民是一个“被扶贫”的对象，缺乏主体性。我为此而深感不安，在与支农支教的青年志愿者的谈话里，多次提出了这样的问题：整个20世纪中国知识分子、中国青年可以说是前赴后继地奔赴农村，虽然也产生了一定影响，但大多是“雨过地皮湿”，农村的基本面貌并没有发生实质性的变化。这是为什么？（《中国知识分子“到农村去”运动的历史回顾》，收《论志愿者文化》）一个基本原因，就是所有的“下乡运动”都是一种外部的强势资源的导入，而缺少农村自组织机制的支撑。乡村改造与建设内发动力不足，就造成了农民主体性的缺失，农民始终处于被动接受的地位。这样，只要外部强势资源削弱或退出，农村变革就自然停顿以至恢复原状（《寻求中国乡村建设与改造之路》，收《论志愿者文化》）。这正是我和年轻朋友所担心的：今天轰轰烈烈的扶贫会不会又重走“雨过地皮湿”的老路？我们要追问的是，为什么农民的主体性始终建立不起来？并由此而提出了两个问题：一是乡村改造和建设的目标究竟是什么？问题就在于把农村问题简化为单纯的民生问题、农民致富问题。不是说民生、致富不重要，而是若以此来遮蔽更为重要和根本的农民的权利（包括组织权）问题，那就会出现晏阳初当年就担心的“农民吃饱了，依然不是自由人”的危险。其实就在2000年，1980年代主持中国农村改革的前辈杜润生老先生就已经明确提出，“农村发展的根本问题是使农民成为‘自由人’”，并且他具体提出，要给农民三大权利，即经济上发展更大的自由与自主权，政治上发展乡村民间组织的权利，以及平等的受教育的权利（《读晏阳初》，收《论志愿者文化》）。这才是真正抓住了要害。另一个不可回避的问题，是乡村改造与建设，究竟应该依靠谁？曾经是梁漱溟乡村建设中心人才培训基地负责人的刘老石老师就在《农民需要新农会》的文章里，谈到他在农村调研时就发现，在农村改革和建设运动中，已经出现了一批“具有新思维的农民精英”“有影响力的农村公共事务的带头人”，他们早在2003年和2004年就提出了成立农会的要求，但却被一些部门视为“对社会秩序具有破坏作用”“会被坏人所利用”的“异端”，而加以排斥。这样的改革的真正动力被当作阻力，本应是改革依靠对象却成为打击对象（《刘老石留给我们的思想遗产》，收《论志愿者文化》），是令人痛心的。看来，要使中国的农民真正组织起来，成为农村改革与乡村建设的主人，还有漫长的路要走。

这里所提出的，不仅是农村改革与建设的问题，而且是一个关系中国社会改造的全局性的问题。许多中国问题的研究者都注意到，中国社会结构的最大特点，就是它是一种“全权主义的结构”，即国家在社会、政治、经济和文化、意识形态各领域的功能是全方位的，内部几乎不存在独立于国家控制之外的自治性的社会个体细胞。在1949年中华人民共和国成立以后，这样的社会结构更有了进一步的发展……到了1980年代的后期，提出了建立独立自主的民间社会和公共空间的历史任务，尽管阻力重重，也经历了许多曲折，但从1990年代到21世纪，“培育社会力量，发展社会组织、提升社会自治程度”的呼吁与努力，一直没有停止过。我所支持的青年志愿者运动就是在这样的背景下产生并逐渐发展起来的。而我从参与的一开始，就把推动民间社会的发展，作为自己的指导思想和目标。我的一篇在青年志愿者中颇有影响力的演讲《“我们”是谁》里，就突出了志愿者组织的“民间性”：“我们既是‘非政府性’组织，又是‘非营利性’组织，是人们所说的‘第三部门’。它对政府机制和市场机制形成必要的补充和制约，是所谓的‘第三种力量’，有效的民主政治和市场经济是离不开社会领域发达的第三部门的支持的，后者将在社会改革和建设中发挥越来越大的作用”（收《论志愿者文化》）。这样，就打破了全权主义的社会结构，形成了一个“权力—市场—社会”相互制约、协调与平衡的多元化的社会结构。应该说，这是抓住了中国社会改造的根本的。

我至今仍然认为，民众和社会的非组织状态，以及民众处于不觉醒状态，是当下社会的两大根本性问题。我们要改造中国社会和中国人，也必须从这两个问题入手。在某种意义上可以说，我的所谓改造中国人和社会的思想与实践，就是围绕着这两大问题展开的。我当然知道，解决这两大痼疾，是一个空前艰巨、曲折、漫长的过程，我的有生之年，大概看不到问题的解决或基本解决了。但我曾经为此努力过，这就够了。

我的这篇《八十自述》之二写到这里，似乎可以结束了。但我意犹未尽，还要唠叨几句。

我在参与志愿者文化（它是“公民文化”的有机组成部分）的构建时，提出了一些思想命题，在青年志愿者中产生了一定影响。它可以说是我的改造中国人和社会思想的具体化，大概有四个方面，这里且做一点概述。

（一）认识你脚下的土地

我在和准备到农村去的青年志愿者的谈话《我们需要农村，农村需要我们》（此文后来曾在志愿者中广泛流传）里，一开始就提出了一个问题：“你认识你脚下的土地吗？”我如此提出问题，是包含着一种隐忧的。我在观察中国社会和年青一代的动向时，发现了一种逃离故土的倾向：从农村逃到城市，从小城市逃到大城市，从国内逃到国外。本来，到“远方”去寻求发展，也是人的本性；在经济发展和全球化的时代，这样的自由流动更是人的权利。问题在于，人们不仅身体远离本土，而且在精神上对本土，本土蕴含的深厚文化，以及厮守其上的父老乡亲，产生了认知上的陌生感，以及情感、心理上的疏离感，这就造成了失去精神家园的危机。人本有“固守”（不离本土）和“漂泊”（远离本土）两种生命欲求，人生选择与生存方式，如果心中自有家园，漂泊中就会有乡思，固守也有依傍：他们都是有“根”的。但一旦和生养自己的脚下的土地失去认知、情感、心理上的联系，漂泊者就走上了永远的“心灵的不归路”，固守者也会陷入生命的虚空。这就意味着人从生命的泥土中拔出，成了“无根的人”，从而失去了自我存在的基本依据，导致人的危机，以至民族的危机。我正是从这样的危机意识出发，强调新世纪的中国年青一代“到农村去”，最大的意义就是“寻求自己的生命之根”，所谓青年志愿者运动实质上就是一次“寻根运动”，是在补生命历程中不可或缺的一课：“重新认识脚下的土地。”我对青年朋友说：“当你和这块土地和土地上的文化、人民建立起了某种精神上的联系，使之成为你人生记忆中的永恒，以此作为你的生命的底色，那么，今后无论走向哪里，哪怕是远离故国、家乡，走到天涯海角，无论从事什么职业，你都是有根的，都有一个精神的家园。”（《我们需要农村，农村需要我们》，收《论志愿者文化》）

（二）文化重建、价值重建和生活重建等

在和青年志愿者、大学生朋友交流中，我经常提出一个问题：“当今的中国最需要什么？”也就是说，在已经基本解决了温饱问题，进入小康社会，摆脱了贫困、开始富裕了的中国，将向何处发展？在我看来，当今之中国，正走在十字路口，面临着新的选择。这也关系到每一个中国人，特别是中国的年青一代，都存在一个选择问题。我认为，在这样的转折关头，需要提出“四大重建”的问题，即文化重建、价值重建和生活重建等。有的重建，事关重大，我自己也没有想清楚，因此，在以后的讨论中就没有充分展开，但有些基本精神，还是贯穿于其他几个问题的探讨中（《当今之中国和时代精神》，收《论志愿者文化》）。

1.文化重建

这是一个大题目，我也无力全面展开，只是在有关乡村改造与建设的讨论里，提出了一个重建“地方、乡土知识与文化”的问题。只要我们深入到农村，就会发现，在长期的历史实践中，中国每一个地区的老百姓都找到了一种适合在自己乡土上生存的生产方式和生活方式与相应的文化观念。所谓“一方水土养育一方人”，在人与环境的经济、社会和精神的长期历史联系中，必然会产生一个地方、一个民族的知识与文化，逐渐形成了各具特色的语言、宇宙观、价值观、饮食、建筑、服饰、节日、礼仪、宗教信仰、技术、文学艺术和乡规乡约等社会文化。这样的民族、地方性知识与文化，一方面具有本土、当地多数是口头传承的实践性知识的特点，自有其局限性；但同时也积淀着普通老百姓追求和谐（人和自然和谐，人与人、人与社会和谐，多民族和谐）和多样性（生物多样性、文化多样性）的理想和智慧，它所内含的自然生态平衡、文化生态平衡的观念，是体现了人类文明的理想，而且是通向现代的。问题是，长期以来，我们漠视民族、地方、乡土知识与文化的存在与意义，将其视为落后，甚至迷信，加以排斥。如研究者所说，改革开放前的政治文化使其“失忆”，近三四十年的物质主义、消费主义、实用主义的文化又使其“失语”（《民族、地方性知识与乡土知识》，收《论志愿者文化》）。

面对这样的地方、民族、乡土文化全面衰落、流失的危机，我在力所能及的范围内做了两件事：一是以贵州为“试验田”，进行“构建地方文化知识谱系”的探索。我和贵州的朋友先是编写了普及性的《贵州读本》，后又尝试民间修史，完成了约一百五十万言的地方志《安顺城记》（参看《关于“构建地方文化知识体系”的讨论》《屯堡文化研究的动力、方法、组织与困惑》《好人联合起来做一件好事》，收《论志愿者文化》）。二是参与乡土教材的编写，“将地方性乡土知识纳入学校教育，特别是农村教育的知识体系和教育体系，使普同性知识与地方性知识有效接轨”，以此作为“中小学教育，特别是农村学校教育改革的重要内容”（《民族、地方性知识与乡土知识》）。

2.价值重建

我在与北大学生社团“我们”文学社的讨论中，提出了一个“‘我们’中的‘我’，‘我’中的‘我们’”的命题，以后又和许多志愿者一起做了深入讨论。讨论的中心，就是如何看待与处理“个体与集体（社会）的关系”。我在讨论中做了一个历史的回顾与梳理：在中国传统文化里，强调的是“家庭中的人，社会中的人，国家中的人，而比较少地考虑个体的人”；到了20世纪一二十年代，人们在反思传统文化时，就针锋相对地提出“个”的概念，强调人的生命个体独立的地位、权利和价值，“个性解放”成了“五四”新思想、新文学的基本主题；到了1930、1940年代，面对严重的社会危机与民族危机，人们经常感到自我的无力与渺小，于是，“我们”就逐渐成了时代的最强音，人们纷纷到组织起来的战斗集体和革命政党那里寻找出路；到了1950、1960、1970年代，战斗的集体主义发展到极端，就导致了对个人欲望、利益、权利的全盘否定，“我们”开始上升为一种和权力结合在一起的秩序和体制，到了“文革”时期，人更是变成了一个纯精神化、集体化的政治动物；这样，到了1980年代，人们反思“文革”，“回归‘五四’”自然成了新潮，个性解放再次成为时代主题；但历史的发展又转到了另一个极端：1990年代市场经济的迅猛发展，导致个人欲望的膨胀和对个人利益的过度追逐。于是，到了21世纪又开始了对“我们”的呼吁和对集体主义、国家主义的重新提倡。鉴于历史的经验教训，人们又不免担心，会不会又回到那个要求大家为打着“国家”“集体”旗号的“我们时代的代表”的利益而无条件地牺牲个人利益的年代呢？在这样的历史背景下，我们提出“我”和“我们”的关系问题，就是要跳出在“我”与“我们”两个极端来回摇摆的历史怪圈，回到人的本性上的个体性与群体性既相互矛盾、制约，又相互补充、协调的正常关系上来。这本身就是一个“价值重建”。所谓“我们中的我”就是强调我们（群体）的发展，必须以我（个体）的自由发展为基础、出发点与指归。所谓“我中的我们”就是强调，只有在我们（群体）的共同发展中才会有我（个体）的真正发展。这背后的价值观，就是将“个体生命本位”与“个体的社会责任感、承担意识”的有机统一也就是人性中的个体性与社会性的有机统一（《“我们”中的“我”，“我”中的“我们”——论价值重建》，收《论志愿者文化》）。

3.生活重建

这是我和青年志愿者讨论得最多，也是他们最感兴趣的问题：在基本解决了温饱问题以后，新一代的有理想、有追求的年轻人应该创造一种什么样的生活方式？在讨论中，首先要面对的，是如何看待与对待在青年中以及社会上十分盛行的消费主义的生活方式和价值观，即以高消费（奢侈消费，一次性消费，高额度、大批量消费）和豪华享受为“现代生活”，以消费能力与消费生活为社会地位、个人成功、声望的评价标准。讨论中大家一致认为，作为个人，用自己诚实的劳动去追求高消费、高享受，是无可厚非的，绝不能用道德主义去评价、看待消费主义；但从我们的理想、追求来看，这样的消费主义的生活方式、价值观却是可以质疑的。且不论这样的高消费、高消耗会导致高污染和环境大破坏，造成社会问题，就个人而言，也会导致“用一切办法挣钱供消费”成为唯一追求，从而发生一定程度上人自身的异化，而且也会形成高度紧张的工作和生活方式，同时产生随时可能被淘汰的不安全感和焦虑感。这都是人的生命的健康发展所不应取的。那么，我们又要追求什么样的“新生活”呢？我提出了五个方面的问题与设想，得到了许多年轻朋友的共鸣。其一，如何处理“物质与精神的关系”。鲁迅说过，人一要生存，二要发展；那么，在基本解决了生存问题以后，就应该把重心放到“发展”上，于是就提出了“追求简单的物质生活、丰盈的精神生活”的设想。所谓“简单的物质生活”，就是拒绝奢华，过更接近人的生活本色、自然本性的生活；另一面则是更注重人的精神需要，人的身心的和谐发展。为此特别强调了“读书”对打破时空限制、扩大人的精神世界，以及“体育”对人的躯体和精神的健壮与协调的作用与意义。其二，我们的生活应该保持怎样的节奏？为此提出了“在紧张与安闲，进取与散淡之间寻求平衡”的设想，强调闲暇对人的生命健康的意义。其三，如何重新认识乡村生活的意义，强调“人在自然中”，真正地“脚踏大地，仰望星空”本身就是人的一个最基本、最重要的生存状态，因此提出了"出入于城乡之间"的生活理想。其四，重新认识体力劳动、手工劳动对于人的生命健全发展的意义，提倡在业余时间通过手工劳动创造一种艺术化的生活。其五，如何使志愿服务也成为一种生活方式与习惯，随时随地为需要帮助的人服务？这样把博爱精神注入日常生活，就可以避免将"新生活"局限于一己的小自由、小欢乐。这五个方面的设想，自然有着强烈的理想色彩，甚至有些超前，追寻的是"现代乌托邦"，但或许正是这个一切都功利化的时代所或缺的，而且也并非完全没有实践的可能："新生活"正有待开始（《和志愿者谈生活重建》《我们需要这样的反思和试验》《寻找城市的根，重建城市与乡村、自然的联结》，收《论志愿者文化》）。

（三）沉潜十年

我在为许多志愿者朋友题词时，喜欢写这四个字："沉潜十年"。好几位后来成为乡村建设运动的骨干，都对我谈起我的这一期待对他们的影响。所谓"沉潜十年"包含了两个层面的意思 。

首先是强调"十年磨一剑"，就是要充分估计，我们投身于其间的乡村和中国社会改造事业的空前的艰巨性与长期性。我经常对年轻朋友说，乡村改造与建设是一个慢活、细活，不可能立竿见影，不能急功近利，不能搞一哄而上的运动式的变革，要细水长流，慢慢积累，要有耐心，要善于等待，还要从容（《新一代乡村建设人才的培养问题》，收《论志愿者文化》）。这就需要有鲁迅说的"改革，奋斗三十年，不够，就再一代，二代……"奋斗几代人的战略思想。对我们每一个人来说，就是要有一种"选定一个目标，就一步一步地长期奋斗下去，哪怕奋斗一辈子"的精神，除此之外，"实没有更快的途径"。同时还要"慢而不息"，"即使慢，驰而不息，纵令落后，纵令失败，但一定可以达到他所向的目标"。这就是鲁迅说的"韧性精神"（《谈"鲁迅论中国人和中国社会的改造"》，收《论志愿者文化》），这是乡村建设人才不可或缺的精神素养。

再就是“沉潜”。“真正有志气的青年，应该把目光放远一点，不要迷惑于眼前一时一地之利，更应该摆脱浮躁之气。真正有力量有自信的人是不会去追求那些表面的炫目的浮光的”（《我们需要农村，农村需要我们》，收《论志愿者文化》），要沉住气，着眼于自身的长远发展，先练好“内功”。就像那些大侠，不轻易出手，把内功练好了，出手就不凡。在我看来，作为一个志愿者、乡村建设者，主要内功有二。其一是“沉潜于历史的最深处，沉潜于社会的最深处”，真正地认识中国的国情。鲁迅当年就对“到民间去”的青年们说，你们到了民间，就会发现在城市、学校里想象的民间和真实的民间的巨大反差，“或许有若干人要沉默”。但也只有经历这样的“苦痛的沉默”，才可能真正地认识中国，认识脚下的土地。其二是“沉潜于自我生命的最深处”，这是一个自我修炼的漫长过程。这里最重要的，就是现代公民基本素养、品格的修炼。我们的目标是要建立现代公民社会，必须从自己做起：不仅要把我们的志愿者组织建设成公民大学堂，而且要在实践中把自己培育成合格的现代公民。具体来说，就是要“学会参与和独立创造，学会对话、合作和互助，学会信任和尊重，学会民主、平等，公平和互惠，学会宽容、妥协，自我约束和相互监督”（《“我们”是谁》，收《论志愿者文化》）。

（四）静悄悄的存在变革

这一命题在某种意义上是对以上讨论的综合。提出这一命题是基于对当代青年，以及我自己的生存困境的一种观察与体认：我们所生存的社会与环境越来越严峻，各方面的限制越来越多，整个社会，特别是青年一代普遍存在一种焦躁、悲愤的情绪——既对现实不满，又无能为力，却不甘心于无所作为。更敏感的人就由此而提出了“到哪里去寻找自己生存的意义？”“活着的理由是什么？究竟该怎样活着？”的问题。一些仍然没有放弃改造社会的理想的青年（或许也包括我自己）也在问：我们的社会改造应该从哪里入手？

一个偶然的机会，我了解到了捷克思想家哈维尔的“存在革命”的思想，大受启发，有茅塞顿开之感。于是，就写了《从改变自己的存在开始》的读书笔记（收《静悄悄的存在变革》一书），提出了“静悄悄的存在变革”的命题，算是我对哈维尔的“存在革命”的中国化的阐释与发挥吧。其中有三个要点。

其一，从改变自己的生活开始，从改变自己的存在开始，以“建设你自己”作为“建设社会”的开端。我们既然不满意于现行体制下占主流地位的观念、价值、道德、行为，那么就按照自己认定的新价值观念、道德观念，行动起来，“当许多人沉湎于个人无止境的物质享受、感官刺激、奢侈消费时，我们这一群人尝试着一种物质简单、精神丰富的新生活”，“当许多人奉行个人中心主义和极端利己主义，我们却尝试利我利他、自助助人的新伦理”，“当许多人奉行将他人视为敌人的丛林法则，进行你死我活的生存竞争，我们尝试着视他人为兄弟，建立起人与人信任、尊重、合作、互助的新关系”，“当许多人把真实的自我掩盖起来，生活在谎言中，我们尝试着想、说、行的统一，努力生活在真实里”（《“我们”是谁》，收《论志愿者文化》）。整个社会管不了，但我们自己或我们这一群人却可以自行其道。这是可以做到的，就看你做不做。

这样一种“不跟你玩了，我们自己玩”的选择，自然是有一种内在的抗争性，本身就是独立意志的表现。但又不采取对抗、刺激的方式，而是在现有框架内加进一个异数，成为“第二文化”“第二教育”“第二结构”。做这样的另类选择，当然会有孤独感，只要成为一群人，就可以抱团取暖；而且要相信我们做的一切是符合人性发展的内在要求的，只要做得好，就会对其他人产生吸引力，队伍会逐渐扩大，从改变自己的存在开始，就会发展到改变（或影响）周围人的存在，最后形成改变社会存在的力量。

其二，牢牢把握“当下”，不虚构美好的未来，不寄希望于一劳永逸地解决社会弊端的所谓“彻底、根本的变革”，而宁愿选择现实主义和经验主义的态度，不是为了美好的明天，而是为了美好的今天。所以它必然是一个渐变的过程。而且是从当下做起，并在当下的实践里，获得意义，享受快乐，是实实在在的，而不是渺茫的、幻想的。在我看来，这就是新时代新一代理想主义者和我们那一代充满乌托邦幻想的，以牺牲自己换取"美好的明天"的传统理想主义者的区别所在（参看《一百块钱，有多轻又有多重？》，收《论志愿者文化》）。

其三，更注重行动，不仅是理想主义者，更是清醒的、理性的、低调的行动主义者，无论外在环境多么严峻、荒诞，都要努力寻找空间，在可能的范围内，做自己可以做、应该做的事情，能做一点就做一点。

我为此提出了两条原则。一是"想大问题，做小事情"：小事情必须有大视野、大关怀作为支撑，不要做忙忙碌碌的事务主义者；大问题又必须落实到一件件具体的小事情上。要把思想者与实践者统一起来，在两者的张力中寻求更为健全的思考与行为方式。

二是既要坚持行动，又要认识行动的有限性。我对年轻朋友说："必须有一个'边界意识'。在弄清楚自己'要追求什么'的同时，还要问自己：'我能做什么？我不能做什么？什么是现在就可以做的？什么是将来条件具备了以后才可以做的？我的优势在哪里？我的局限在哪里？可能存在的危机与陷阱又在哪里？'等等。正是在这样对主、客观的正确认识与把握中，你们将走向成熟"（《新一代建设人才的培养问题》，收《论志愿者文化》）。

我反复强调一点：无论怎样，我们一定要行动，不能只发牢骚不做事；但我们做事又必须是低调的，不要公开摆出挑战的姿态，也不大肆炒作，宣扬自己。我们追求的是实实在在的现实的改变和改造，哪怕只是一点一滴。

这就是"静悄悄的存在变革"：对个人来说，这是把命运掌握在自己手里；对社会来说，这是社会变革的基础与开始。（以上

讨论参看《做有限的可以做的事情》，收《静悄悄的存在变革》；《为生命给出意义》，原收入《论志愿者文化》，后被删去）

2018年10月16日，19—22日写

辑二：研究文选

钱理群：热情与怀疑

洪子诚

虽然和乐黛云、谢冕等老师都是30年代生人，但钱理群小七八岁，这个差别不是无关紧要。记得六七十年代会填无数的履历表，都有“何时参加革命工作”一项。对于钱理群和我来说，“革命”这个词主要是“想象”的性质。的确，青少年时期向往新世界的热情并非虚构，但“革命”总归欠缺某种“实体性”的内涵。因而，不大可能如乐、谢先生那样说出诸如参加革命“青春无悔”的肺腑之言。或者说，钱理群的“无悔”的青春，可能存在于另外的时间，譬如存在于70年代在贵州安顺的那些岁月；“无悔”的是遭遇精神危机时求索的悲苦和热情。这里透露了各自和革命、和当代史的某些有差别的关系方式。

大家都拿“著作等身”来讲一个人的著述之丰，对钱理群来说这倒不是比喻。自他和朋友合著《中国现代文学三十年》（1987）和独著《心灵的探寻》（1988）开始，至2020年1月20日，他出版的著作达九十部，编纂六十五种；这还不算有的论著修订后的多次再版。[①]之所以标出准确的截止日期，是因为时间对他来说很重要[②]，况且他还有多个写作计划（多部的三部曲）在进行中，说不定哪一天又有新作问世。面对如此旺盛的创造力，朋友闲谈时一方面感叹他那硕大的脑袋里究竟贮存了多少东西，另一方面也在对比中惭愧

① 如《心灵的探寻》就有1988年上海文艺版，1999年北京大学出版社和2014年三联书店版等多种版本。

② 他的《丰富的痛苦——堂吉诃德与哈姆雷特的东移》的后记，注明是1992年7月29日下午5时15分“写毕”。时间于他有一种紧迫性。

于我们的太不努力。

钱理群最初是现代文学研究者——其实他在北大和人民大学就读的是新闻专业——却超越“文学”的范围。他不想刻意划出艺术与生活、文学批评与社会批评的界线。文学批评、文学史于他自然十分重要，但介入其他领域，从事社会批评，也重视写作之外的社会活动。他不是书斋里的学者，面对公众的演讲，课堂教学，接待朋友、学生，和年轻人交谈……对他来说不是可有可无的，而是生命中不可或缺的部分。在听讲者面前，他目光闪亮，神采飞扬，完全不能想象已是耄耋之人。在他和他人的文章中，常见到长时间谈话、讨论问题的记载。这样的情景，我们借助文学阅读有可能复现，如《罗亭》《贵族之家》《日瓦戈医生》中从傍晚到凌晨，或激烈或温情的辩论和对话，如19世纪40年代的别林斯基，争辩中“意气风发，目光精闪，瞳孔放大，绕室剧谈，声高语疾而意切”……这是一种发端于19世纪俄国而延伸至今的“生活方式”。当然，钱先生不是瘦骨嶙峋、脸色苍白，羞涩局促的别林斯基，他健壮，憨厚。面对可鄙可憎之物，面对来自制度或个性的丑恶，正义感让他也会如“扑向他的牺牲品，将他片片撕碎，使他狼狈可笑”的豹子（赫尔岑形容别林斯基）——在这个时候，他表现了在原则上不容折扣的正义凛然。其他大多数时间他善良，和蔼可亲。他的学问、表达的思想可能复杂深刻，而作为一个人则没有多少心机，有时甚且天真如孩童般。他的全部生活，由思考、写作、精神性对话构成，几乎没有什么其他爱好，生活自理能力也不大及格。我有时跟他开玩笑，说我会做饭，购物，听音乐，从电视看足球篮球，食欲好的时候也喜欢美食。可是这些都不在他的爱好范围内。一起吃饭，问他今天饭菜味道怎样，他会一脸茫然：“我们吃了什么啊？”所以，他的妻子崔可忻说他整天云里雾里。最近他出版了摄影集，书名是《钱理群的另一面》[①]，似乎是为了改变他这样的形象。不过，“另一面”仍是“这一面”的延伸。我们无法产生另

① 作家出版社 2019 年版。

外的想象。

钱理群著述涉及的领域有多方面。现代文学研究无疑是主要的。80年代他牵头撰写的《中国现代文学三十年》，至今仍有难以取代的生命力。沿着这条线索，在21世纪之后关注点延伸到“当代”，并从文学史扩展到当代史，特别是当代知识分子精神史的探索——这里有他作为亲历者的“拒绝遗忘”的责任担当。另一主题是对中小学语文教育的讨论。这十几二十年来，地方文化史也进入他的视野，成为其研究的重要部分。这些领域表面看来有些凌乱，实际上是基于启蒙责任的，有内在关联的整体设计。钱理群说他自己是“左翼鲁迅”，我更愿意把他称作“坚守的启蒙者”，尽管现在“左翼”比“启蒙”名声要响亮。在他的生活中，存在某些原点性质的因素，这让他在时局、风尚莫测变幻中虽有困惑、调整，但步履分寸不乱。这些“原点”是：一个人（鲁迅）、一座城（贵州安顺）、一个不断出发和返回的“自我”。之所以把“自我”放在“原点”的位置上，是因为在他看来，无论何种观念、目标，都不能游离于个人的情感、生命的体认。这也就是鲁迅的那种将问题聚焦于作者主体性进行思考的方法。一切不经由主体的情感心性的观念和命题，无论多么崇高、漂亮，都有虚飘不实的成分。有了这样的根基，也就可能拥有沟通观念和实践、历史和现实的条件。自然，说到对当代史的反思，正如赵园先生说的，我们都面临一个是否有反思的能力，和如何为反思寻找资源的问题。[①]钱理群这些年的工作，都是在回应这样的挑战。

鲁迅无疑是钱理群最重要的研究对象，也是文学、社会批评的最重要的思想资源。他以鲁迅为对象的论著有十八部，编纂的鲁迅文选十五部，对鲁迅的著述编纂贯穿80年代以来的各个时期。不仅是专业性研究，还不遗余力做着普及的工作：向一般读者，特别是向青少年。他借着不间断的阐释，让鲁迅成为民族的精神财富，争取不同年龄、不同阶层的人“与鲁迅相遇”（他的一本书的名

① 赵园：《读〈回顾一次写作〉》，《文艺争鸣》2008 年第 2 期。

字）。他理解的鲁迅是博大的，是可以不断提取各种宝贵资源的矿藏，不过我觉得，他可能更亲近那个“掊物质而张灵明”的鲁迅。在思维和写作方法上，钱理群偏于“扩散型”：某一论题依据情势变化和思考深入不断延展和重叙。在研究上，新世纪以来，为了处理更宏大的社会思想问题，文学的方法和历史的方法在他那里交错：重视文学现象的“现场返回”，对当代史的观察又不回避情感与个人经验的加入。因此，他将他的《毛泽东时代和后毛泽东时代（1949—2009）》称为“另一种历史书写”。他的方法，可能让历史学者觉得不够“历史”，而让文学研究者觉得偏离“文学”，但这是他为自己寻找的叙述方式。

前些年，因为钱理群和我的小书同在一家出版社出版，出版社便策划我们做了一次对话。[①]主持人高远东教授说我们一个是“积极浪漫主义”，一个是“消极浪漫主义”。将浪漫主义区分为积极和消极，应该是高尔基的首创。高远东在这里当然是借用，但他说的没错。“文革”期间，钱理群在贵州安顺和他的朋友、学生读书讨论，寻求自身和民族的出路；我在那个时候也读书，却主要是为了对政治、运动的逃避。在研究领域和生活态度上，钱理群勇于开拓，迈向那未明之境，我却是收缩的，固守在自认为能比较稳当把握的范围，以求得身心上的舒适、安全。

20世纪90年代初，钱先生写了一本谈堂吉诃德和哈姆雷特形象东移的书[②]。这不是他最成熟的书，却很重要。对诞生于17世纪西方的文学典型的接受传播史的兴趣，相信不是纯学术的，而是与八九十年代中国特殊的历史脉络和精神背景有关：在那个时候，知识分子的精神困境问题再次凸显。这本书的贡献是，在顽强地维护理想的前提下引入必需的怀疑精神。在这本书的第七章，他着重讨

① 指钱理群的《鲁迅作品细读》和洪子诚的《文学的阅读》，北京出版社 2017 年“大家小书”版。

② 钱理群：《丰富的痛苦——堂吉诃德与哈姆雷特的东移》，时代文艺出版社 1993 年 5 月版。

论屠格涅夫1860年题为《哈姆雷特与唐·吉诃德》[1]的著名演讲。屠格涅夫盛赞堂吉诃德的伟大勇敢的品格，而对“利己主义”“怀疑主义”的哈姆雷特有严格的批评性分析。但他也指出这两种“对立天性”其实不可或缺：“堂吉诃德们在寻找，哈姆雷特们在探讨”，并深刻指出哈姆雷特怀疑主义价值的真谛：“既不相信真理在目前可以实现，所以毫不调和地与虚伪为敌，因而就成为那个他所不能完全相信的真理的一个主要捍卫者。”[2]

也许是在承接屠格涅夫的这一论述，台湾的钱永祥先生在他的一本书里有这样的话：在现代社会，“人的尊严，正是靠热情与怀疑的适当配合而支撑起来的”，“在这个脉络里，庸俗无聊的心态特别需要提防。庸俗者没有怀疑，所以无所担当；无聊者缺乏热情，所以不求担当。庸俗者以为意义与价值的问题业已解决，生命不过是随着主流逐波弄潮；无聊者则根本不识意义与价值的追求包含着徒劳的悲剧成分，以为生命本身原是轻松幸福的尽兴一场”[3]。

钱理群与屠格涅夫可能有某些相似的地方。他也会从“一个比较遥远的视点”来“观看生命的悲剧”；会“在各据点之间游动，在社会与个人要求之间、爱情与日常生活要求之间、英雄的美德与现实主义的怀疑精神之间、哈姆雷特的道德与堂吉诃德先生的道德之间……摆动”，但他不会持一种“中间立场”，不会“悬在一种适性随和而不做决断”的状态里。[4]他认识到，犹如屠格涅夫所说

① 屠格涅夫在“贫苦文学家学者救济协会”上的公开演说。沈成康译，刊于1958年第3期的《文艺理论译丛》。

② ［俄］屠格涅夫：《哈姆雷特与唐·吉诃德——1860年1月为贫苦文学家学者救济协会而作的感慨演讲》，沈成康译，《文艺理论译丛》1958年第3期。

③ 钱永祥：《在纵欲与虚无之上：现代情境里的政治伦理》三联书店2002年版，第3页。

④ ［英］以赛亚·伯林：《俄国思想家》，彭淮栋译，译林出版社2001年版，第243页。

的，在那些负有创造性事业的人的行为中，在他们的性格中必然掺和着某些可笑的成分，但“无论如何，没有这些可笑的怪物兼发明家，人类就不会有进步——而哈姆雷特们也就没有什么可以思索的”[①]。理想、热情，无论什么时候都应在这“两极天性”中占据主导的位置，而怀疑和否定，正是为了捍卫他也许并不完全相信的真理——这就是“积极浪漫主义”。

2020年1—4月

节选自《纪念他们的步履——致敬北京大学中文系五位先生》，初刊《南方文坛》2020年第4期

① ［俄］屠格涅夫：《哈姆雷特与唐·吉诃德——1860年1月为贫苦文学家学者救济协会而作的感慨演讲》，沈成康译，《文艺理论译丛》1958年第3期。

话说老钱

赵　园

钱理群，除正式场合，人称老钱。甚至王瑶先生，偶尔也脱口而出，让老钱暗笑。研究生期间第一次在学术讨论与日常应酬之外与老钱交谈，似乎是在北大图书馆前。当时已入夜，老钱背后，是图书馆明亮的灯火。那或许是不止作为同学，也作为朋友交往的起始。

研究生班除玫珊外的六个同学中，王先生似乎认为其他几位有点“偏离”马克思主义。我和老钱之所以被摘了出来，大约也因时不时地引用“马克思主义经典著作”——我较早的学术文字的确如此。[①] 并非刻意——我们读研的那会儿，因“文革”中思路的“轰毁”，读马列更像是过时的姿态。对马列，我确实认真地读过，由本科的读马恩两卷集，到“文革”中读当局推荐的马列的六本书。对马克思某几篇的中译，倾倒备至。老钱则对毛的著作应当较我更熟悉。同学中，我和他都关心所谓的“社会问题”，只是关注的点不尽同。我对贫困、城乡差距之类社会不平等更敏感，至今仍能为杜甫的《茅屋为秋风所破歌》动心。老钱虽曾长期生活在经济社会落后的贵州，却始终聚焦在与“民主”有关的议题上。我想，倘若生活在“旧俄”，他会是“贵族革命家”的吧。而我若生长在上个世纪三四十年代，多半会像我早年的父母，“投身于”共产革命。

① 王瑶先生虽对时政有敏锐的洞察，却将早年形成的左翼文艺倾向保持到了晚年。

尽管由今天看去，难免会与老钱殊途同归。

那个研究生班内部关系和谐。从事中国现代文学的几位，因有老钱、老吴（吴福辉）这样的老大哥罩着，尤其亲密。六人中锋芒稍露的，或许是我与凌宇。尽管我往往因过于直率——或更是骄纵、任性——而得罪人，却并非不通世故，知道即使亲人、知交，也并非都可以直来直去，必有不能说、不敢说。这一点世故却不认为适用于老钱。或许也因摸准了他的脾气，欺他能忍，知道无论如何冒犯都不会反目成仇。也有过一两次他没能忍住。一次是在北大29楼他宿舍门前。盛怒之下我摔门就走。第二天早餐时想到有可能撞见，不免惴惴，却见他刚买了饭，端着碗若无其事地笑着迎面走过来。我有相交四十年的朋友，也有相交近五十年的朋友。五十年的，是在郑州那所中学结交的朋友。或许证明了即使骄纵、任性，也仍然不但能交且能久。相互迁就，并非就是久交之道。

老钱不装。即使缺点，也都在明处，不藏着掖着。1990年代也曾有过"危机时刻"，似乎没想到"公关"，因此免除了朋友的道义压力。他终是福将，沟沟坎坎平顺度过，不曾伤筋动骨，应当有得自北大的庇护。虽然总有某种传闻，却始终不曾被"封杀"，写的书在境内也一本本出版。

我很少读老钱的文字。这一点老钱也知道，并不介意。我则因太熟，读其本人就够了，不必再读其书。少读他的文字，也因不大能接受他的表述，疑心已然形成的表述方式反转来影响了他对外部世界的感知。老钱的文字汪洋恣肆，虽不免泥沙俱下，却酣畅淋漓，想必有写作中的快感。有人评论我的《想象与叙述》，一再使用"快乐"的字面，说读得快乐，我也一定写得快乐。我不敢说我快乐，却相信写作中的老钱肯定比我快乐。

网络时代我们的写作越来越"小众"。老钱的言论引起持续的关注，证明了确有需求。他关于公共议题的议论，呼应了相当一部分读者（包括在线阅读的读者）的期待，影响了他们对现实的认知，培养了他们对严肃议题的兴趣。尽管他们中的一些人会离他而去，但一段时间里的陪伴自有意义。我的影响很可能未出专业范围。当然，这不意味着我需要改变自己。我们因各自的选择也因各自的局限而成其为自己。

老钱的“语录”引用率最高者，或许是批评有些青年的“精致的利己主义”。据说是在一次会议的场合说的，会议尚在进行中，这句话已在网上疯传，可见针砭之精准。老钱的观察，自然由他与“青年学子”切近的接触中来。所谓“精致”，或许指善于投对方的所好，以足够的耐心曲线达成利己的目的。这目的既包括“票子”，也包括“位子”。为达此类目的不惜借与名人周旋、借师长的揄扬为进身之阶。老钱是鲁迅信徒，所说亦出自鲁迅式的痛。只不过鲁迅的时代未必像今天这样滔滔皆是的吧。

老钱的上述洞见的确是“现象级”的。我遇到的某年轻人，利己主义毫无“精致”可言，不过是不加掩饰地对你的利用。你看着那张冥顽不灵的脸，会想，是何种环境、风气造出了这种无可救药的畸形品性。我对青年无所谓期望，即便失望也不过对某个人。老钱始终保有的与青年的联系，对青年有期许，也就难免于鲁迅曾有过的失望。这失望与期许同等深切，以致对自己造成伤害，被算计，被利用，被诓骗。恶质的社会环境使人格扭曲。对于教育，这实在是灾难性的。

老钱较早的《丰富的痛苦》，讨论“堂吉诃德与哈姆雷特的东移”，晚年以梁漱溟、晏阳初、卢作孚等人作为分析材料的《志愿者文化》，都是好题目。只是我不知梁与“志愿者文化”有何相干——或许只是在“乡建”这一脉络上？冯友兰挽梁漱溟，有所谓“廷争面折一代直声为同情农夫而执言”，已非当今“志愿者”所能。对老钱的书，包括上述两种，我均不曾读。不是不屑，而是太熟——尤其表达方式，语气口吻。我辈大半生掉弄笔杆，难免写得熟、滑，我自己也未见得能逃脱。

在我看来，老钱的问题，是好做全称判断（包括所谓的“大判断”）；另一问题，则是对“天下”“国家”关心太过，对周边的小事会视若无睹。后一种问题，或许倒因了骨子里的软弱。像那支歌唱的，“我只是心太软，心太软”。他一再要我不要管文学所的事，我谢不能。管不了国家大事，对身边的不公不义，却不能不管。老钱能激烈地抨击时政，却不愿意得罪身边认识的人。对此也不宜苛责，只能说各人有各人的活法。他是战士，只不过战场较大较不切身罢了。他不介入单位的人事，不蹚这类浑水，未必出于精明，而是有种种忌惮。我形容自己身陷其中者为“蚁斗”。你何苦要别人也搅在蚁穴里？

朋友中可称“公知”者，唯有老钱，尽管他本人从不用此名目。对于粉丝众多，也不大以为然，认为有人不过跟风，人云亦云。我知道他的言论确有影响力，有吸引人“跟”的磁力。用有人关于梁启超说过的话，老钱亦“笔端常带感情”（大意）。虽不便拟之于梁，却可以认为与梁相近的，是“青春气息”。我们都在已步入中年后，被称作“青年评论家”。适用这一指称的却是长我六岁的老钱。由我的老眼看过去，难免有对老钱文风的挑剔，却明白那些文字，出自一个尚有力量抗拒衰老的心灵。这种活力、锐气何尝易得，更何尝易于保有！

名满天下，谤亦随之。随便的一句话，即在网络上传布，确也可怕。所幸老钱在这一点上也如我，对网络的依赖有限。因了粗心，被老伴限用手机（或许他自己巴不得如此）；电脑则除打字外，赖老伴打理，外界的毁誉不大能造成更多伤害。且用了流行语，老钱的神经“大条”，也不那么容易被人言所伤。有些方面（包括电脑技术）的无能，未始不成其为自我保护。我也不与时俱进，只不过无论生活还是电子产品的应用，较老钱稍有能力罢了。友朋中，平原有大将风范，长于策划、组织，能实际操作。老钱自以为可充当谋士，在我看来，因感觉比较夸张，思谋难以周全，有时不过快意一谈，出的不免是馊主意。

老钱标志性的大脑袋，招牌式的笑，有很高的辨识度。我曾不止一次在公众场合遇到别人认出他。那人可能是饭店的侍者。老钱的读者遍布不同阶层。对社会热点问题的敏感，使他的思想触角随时伸出。即使住进了养老机构，也绝不封闭，仍有自己的信息渠道，与外界呼吸相通，未失与年青一代的沟通能力。他自己却感慨已难以与更年轻者（95后、00后？）对话。我不能断定是否如此。老钱在安顺，是一伙青年知识分子的精神领袖。承认与更年轻的一代不再相通，想必是痛苦的事。这种失落，是较之学术评价更让他在意的吧。对此我不太能感同身受。因为从不曾有过号召力，没有被青年拥戴的经历。

尽管声望日隆，老钱仍然是朋友中变化较小的一个，尤其丰沛的激情，与言说、书写的方式。难以避免的自我重复则是高产、快速写作的代价。自我更新既赖有不同的资源，也须适时停下来清理、反省。但惊人的是他由一个议题转向另一个议题的强大动能。即使论证尚薄弱，也能不断开启新的研究思路。那种进取的强盛意志，至老不衰，毋宁说令人称奇。大半生燃烧自己的生命，直至油尽灯枯。文字也如其人，铺张扬厉，气势如虹——那也是老钱之为老钱。直到老、病，仍然饱满、旺盛，一泻千里，沛然莫之能御，岂是常人所能！

至今老钱仍然是友朋中我可以当面以至当众“怼”一“怼”的一个。有小友说赵老师批评钱老师不分场合。这自然要赖老钱的宽容、宽纵。这样的朋友不可再得。“直”“谅”乃交友的高境界。有能受诤言的朋友，才可能“直”。我应当自问的是，能以诤言对人的我，自己能否受诤言。活到这年纪，还真没遇到以剀切中肯的批评令我感受震动的朋友。小友听钱师母说，老钱最怕他的小师妹（即我）。是否因了使人怕，才听不到直言、诤言的？

曾有过中国现代文学研究者“第三代”的说法，已不大被人说起。发生在几十年间的种种变化，确也不宜于再做整体描述。曾被归为一“代”者，渐由“世代”中抽身而出，重新成为单个的人。

盛年的老钱，精力弥满。好胃口，好兴致。集体出游，与同伴打牌，热火朝天。还自负善于猜谜，即鼓动大家来猜。王先生在世时，春节会召得后与老钱，与家人凑一桌搓麻将。方城之战、牌戏、猜灯谜之类，应与少年时的家境有关。在这方面，老钱算得半个世家子弟。说半个，是因时局变化，家庭离散，也就习于粗粝，不大可能保有精致的品位了。

老钱好游，游兴至老不衰，直至住进了养老院。有一段时间他迷上了拍照，用的是普通的“傻瓜相机”。他声称摄影成就在学术之上，由自己的作品中筛选出得意之作，放大了挂在墙上。[①]这种痴迷到手机流行即告中止：手机使人人都自以为是摄影家。这类插曲之于他，意义或在总能找到生活的乐趣，随时随地处在兴奋状态。

朋友中同游的机会最多的是与老钱、老吴。即如山西（晋城、平遥、壶口），另如四川（成都、九寨沟）。前后三次到张家界，端赖凌宇的安排。在我，最难忘的，是某年的西北之行——回到我的出生地（兰州），抗战期间我家的停泊地（天水—清水）。其间有由樊锦诗接待、安排的敦煌游。游客稀少的荒漠上的嘉峪关，怪石嶙峋且有岩画的贺兰山，都令我怀念不置。我的经验，倘旅游，或与亲友同行，或索性与全然陌生者一道，都令人松弛。你可以专注于体验，不必、无须应酬。

老钱生活能力之差，朋友中传为笑谈。他非但不以为忤，且以此自嘲。幸有能干的妻子，将家中种种全包了下来。其妻医科出身，擅长烹饪，品味精致，略有民国上海名媛风范；却又因在“新社会”受了磨炼，吃得苦，受得累。以其才干，工作中能应付繁剧，理家自绰绰有余。崔大夫充当了老钱周围许多人的医学顾问。常常听到得后向她咨询，她则不厌其烦，倾其所有地答疑解惑。

写作是老钱的生活方式。即使老妻病危，也仍然利用陪伴的间隙写作，亦以此纾解心理压力，转移注意力。为病妻做纪念集的想

① 他的摄影作品已结集出版（《钱理群的另一面》，作家出版社，2019）。我对他受访时的“出世／入世”的说法不大以为然，尤其“出世”。“出世”岂是那样容易！

法很棒，是一段婚姻最好的落幕。收入其中的有几篇，出我意料地好。范智红的一篇，据说网上有相当高的点击量。玫珊的一篇也很有味，既可令人想见崔大夫的风采，且将玫珊体情之细心，呈现纸上。小我们一截的玫珊，很可能如此细致地观察了我们每一个人。而我则太粗心了，与崔大夫同游不止一次，甚至同在一间卧铺包厢，却不记得聊了什么。记忆较深的，是她任职受联合国儿童基金会资助的全国妇联中国儿童发展中心期间考察所见。因了工作的需要，崔大夫在国内游踪之广，或许超过了我们所有人；且因每到穷乡僻壤，更有寻常游客所不可能想见者。即如少数民族地区云上的县城，另如居民均近乎裸裎的地方。云上，我也见过。在广西或云南，在一片高地，看到低洼处白云涌动。崔大夫所见，却是云层上面的一座小城，自不能相比。若崔大夫写游记，想必会是令人惊羡的吧。翻看纪念集，后悔同行时沉湎于自己的思绪，不曾更多地倾听旅伴的故事。

旅途中老钱也如平原，自己不能唱，却喜欢鼓动他人唱歌。崔大夫却不待鼓动即会一展歌喉。我有时与她同唱。我们有共同的歌，也有崔大夫早年在海上学得的歌，以至外国歌剧的选曲，是我不熟悉的。她将这份爱好保持到临终。病逝前的春节，还在养老院的晚会上盛装演唱，不但将坚忍的形象留在了那里的老人心中，也将她的歌以音频的形式被所有爱她敬她的大小朋友保存。

小小的朋友圈子中，最先罹患恶疾的，却是崔大夫，证明了那句俗话，医可医病，不可医命。崔大夫应对噩运之冷静理性，足为我们所有人的榜样。到她的病床前心情不免沉重，却会想到你自己当面对此种时刻，能否做到如此坦然，不失尊严，且头脑始终清醒，甚至思维依旧敏捷。生前为自己安排葬仪，崔大夫是我所知少有的一例。身后家人谨遵她的遗愿，告别厅沿墙有素色花木，播放着她生前所录歌曲，摆放、循环播映着精心挑选的照片。我难免想到自己：是否可能连这些也一并省去？

2018年流年不利。亲友一再有坏消息传来。这一年我全年赶工，也仍然会分心关心夏天的足球世界杯、高层的北戴河会议、网上网外种种真伪莫辨的消息，一惊一乍。这样多私人的公共的事件挤在一起，其他年份少有。老钱却很狼狈，陪老妻辗转奔走在京城大医院。这种时候，你知道你能为别人做的很有限。总有一天，你的困局也要自己面对。2019年春节前，与平原夫妇看望老钱夫妇。病床上的崔大夫似乎一如往常，苍白外并无想象中的病容。老钱则全无异样。携手大半生而从容面对老、病与死，是勇敢者所为，却处之如此平静、平淡，令人起敬。

2020年3月

初刊《随笔》2020年第3期

大时代与思想者

——“钱理群作品精编”座谈会实录

王得后、黄子平、孙歌、戴锦华、赵京华等

按语：2014年12月，《读书》借“钱理群作品精编”出版之际，召开了一次出版座谈会。与会学者围绕“周氏兄弟与中国现代文学”“如何理解二十世纪与当代中国”“知识分子精神史”等议题展开讨论。其目的是以钱理群为个案，将视域尽可能打开，从而观照文学、历史、思想、方法、主体等一系列问题。我们将有代表性的发言整理出来，以飨读者。

王得后：别的话不多说，谈谈对老钱的三点印象。一是有特操的知识者，无论逆境、顺境都坚持不懈，敬重鲁迅，走近鲁迅，心无旁骛。二是有担当的学者，以天下为己任，“天下兴亡，匹夫有责”。清醒看到天下与国家的区别，对肉食者有高度警惕，拒绝做王者师。三是有充沛的旺盛的澎湃激情，以鲁迅为原点，传道授业解惑，把自己投入进去。但有一个缺陷：喜欢作宏大结论。要注意：作为结论的依据的事实与史实要慎重全面梳理，防止断章取义。鲁迅在不同时间对不同对象有不同说法，不能忽略其丰富性与复杂性，还有必须考虑的“例外”。

赵京华：我认为钱理群虽然90年代以来的研究有不小的转向，但鲁迅和周作人这两大思想资源却一直存在着。比如《心灵的探寻》里提出的“历史中间物”议题（当时汪晖也在讨论这个问题），这在80年代中国鲁迅研究大转折的时期具有相当重要的意义。而更重要的是这一议题的提出，又带动起对鲁迅“反抗绝望”式战斗精神的重新理解和把握，以及知识分子如何从反省意识出发而坚持解剖社会更解剖自我的立场。实际上是给后来钱理群主体投入式的学术研究和社会实践提供了一个重要的借鉴。我感觉钱理群把鲁迅精神深深接续到当代中国的历史语境中来，以鲁迅为标尺和参照，来批判反省我们这个大时代的种种问题。

关于周作人，我最近又重读了钱理群的《周作人传》，我发现1934年是一个战争与革命风雨飘摇的大时代，周作人作为那个大时代的知识者在这一年也陷入了深深的苦闷。但是在苦闷中，他相对于鲁迅走出了另外一条路，他从十字街头回到象牙之塔，在求知解惑、冷眼观察中将东西方知识化成思想的智慧，写出一篇篇优雅的文章，坚守住知识分子借知识来思考现实问题的专业立场。钱理群这一章写得非常投入，而且是非常深地体会到周作人作为现代中国知识者的既苦闷挣扎又要往前走的心境。1934年的周作人在钱理群笔下被写活了，写出了生动的味道。我又算了一下，在1989年写《周作人传》的时候，钱理群正好五十岁，五十岁的作者去写不惑之年的周作人，有一种心灵的撞击和真诚的体验。因此我觉得在钱理群整个学术研究和思想中，既有鲁迅深深影响的痕迹，也有周作人那种精神追求。

钱理群能够以鲁迅和周作人为思考的原点，走出一条独立的学术和思想的道路，应该说这是一条扎根中国历史和社会本土的道路，和我们现在的学者依靠西方知识来讲话是不一样的，这是他的独到之处。钱理群所走的这条道路，抓住了20世纪中国的核心问题，那就是革命、社会改造和知识分子主体性。我觉得他在反抗绝望的过程中能够坚守批判的立场，在孤独痛苦的思索中去追求知识分子独立的人格，从这些方面我们都可以看到他对鲁迅、周作人的阐发、接受、继承，甚至超越。尤其是他90年代以后关注社会问题，特别是对西部和农村教育问题的关注，注意去收集、挖掘、梳理民间思想史，这些将思想、将学问化成实践的行动，当年周氏兄弟也没有很好地做到。

三十几年来，钱理群在学术和思想方面所达到的成就，在未来如何继承和发展？我们前不久在海口开了一个会，戴锦华老师的发言很震撼，她讲什么是大时代——那就是生物技术发达、信息爆炸和大数据的时代。大数据时代一个重要的变化就是不再追求事物的因果关系，而是注重描述。我们知道近代以来，正因为有这样一个对因果关系的追求，我们才有了反思，才有了整个思想运动的展开。如果21世纪新的大时代到来，却没有了对因果关系的追问，那么"五四"以来中国知识分子的这样一份遗产，包括钱理群这一代人所做的工作，在21世纪的青年那里如何得到评价和接受，的确还都是未知的问题。

吴晓东：我从钱老师的现代文学研究说起。十多年前钱老师就跟我说，他自己最看重的是作为文学史家的身份，而最让我望尘莫及的也正是他对中国现代文学事无巨细的了解。他不仅精通周氏兄弟，而且对现代文学史各个领域和现象都有兴趣。有人曾经评价说像我这一代年轻学者的问题之一是占有的文本量太少，或者简单地说读的书太少，像我自己就比较偏食——比较喜欢读精彩的文本，对二三流作家注意不够。从做一个文学史研究者的意义上看，这种偏食会有问题。每次跟钱老师讨论一个文学史现象，他都能提供一系列相关文本的链接，用我的说法是钱老师相当于在网络时代之前就出现的现代文学领域里的"度神"。

更重要的是，钱老师表现出在文学史方法、观念方面的自觉，他每本书几乎都在寻找突破，比如通过一种剧场和广场艺术的参照模式来研究曹禺话剧，比如《1948：天地玄黄》开始更自觉地探索所谓的文学史叙述体例和叙事形式的实验。我个人认为在他一系列文学史书写过程中比较关键的一本是他90年代初合作的《彩色插图中国文学史》。我印象最深刻的就是钱老师特别主张回到文学史的现场，强调文学历史的偶发性、特异性、衍生性等特质。用钱老师的话说，就是要努力寻找能够照亮每一个时代的历史细节和单位意象，或者是典型现象，比如强调冯至在大后方“森林小屋中的沉思”，比如用“一个美丽苍凉的手势”概括张爱玲，等等。可以说，这本文学史把这种方法发挥到了某种极致，也使钱老师的文学史理论表现出一种系统性和可操作性。甚至这时他已经开始形成一种所谓的“大文学史”的观念，开始把现代传媒的产生，像文学市场的形成、现代稿费制度的建立等文本外的因素都纳入文学史的思考环节和叙述视野中。这在前几年出版的《中国现代文学编年史》得到了完整的呈现。

我比较关心的是，钱老师这些文学史写作是怎样跟他的全部研究、全部著述，包括周氏兄弟研究建立了一种整体性的？我注意到钱老师近来用的一个概念叫生命史学，强调文学史有着浓郁的生命气息，是活生生的，是和知识化与技术化的文学史相区别的，这就是所谓的有生命的文学史，有生命的文学研究。所以钱老师差不多所有的研究都强调所谓的个体史或个体的生命史，想讲述的也是带有个人生命体温的故事，其中有丰富的人和人的生命互动，还有复杂的关系，背后就是文学和政治、社会、教育、出版、思想、文化、学术这样一种有机的联系。这是他坚持文学本位的结果，他通过文学性抵达了历史中的人的存在维度，其文学史观念的核心部分叫作揭示人的生存困境和分裂。换句话说是把困境看成历史中的人的某种本体，这一困境也就构成了文学史叙述中的固有成分。我尤其看重钱老师的一个概念叫“有缺憾的价值”，这也是一种重要的思想方法，意味着思想和价值的非本质化。钱老师这些年的努力也使鲁迅以来的中国思想史和中国文学史的诸多命题重新获得了历史性，使人们看到了历史的未完成性，以及历史如何在缺憾中为我们呈现珍贵的价值依据。

孙歌：我前两天偶然读到了一篇俄罗斯学者的文章，认为今天的苏联知识分子，作为知识分子已经没有真正的功能了——功能是承担苏维埃时期社会主义的道德责任，承担传承文化与正面价值观的责任。而他认为今天的俄罗斯知识分子除了在学院里边贩卖一些半真半假的知识外，已经失掉了功能，因此他认为“知识分子终结”了。

今天中国知识界也面对同样的问题，但是这个过程其实早在“五四”之前、在清末就开始了。当然不能说它是“知识分子的终结”，我更愿意把它说成是知识分子政治和社会功能的转变。因为在清末中国社会面临大转变的时候，有一个潜在的结构性变化已经发生。传统社会中支撑着政治、道德以及民间社会生活的中坚群体就是士大夫。一直到传统社会解体之前，士大夫作为一个整体，它的历史位置是相对明确的。士大夫和政权的关系是一个可以直接对接的关系，从士大夫当中产生可以从事国家政治治理的王朝大臣和官僚群体；它和道德承担的关系也是相对明确的，士大夫是启蒙者，是通过各种教学活动向民间灌输道德观念的群体。同时他们还承担基层社会运作的责任，这就是所谓的乡绅的功能。但这些功能在进入现代这样一个转型期之后，其实都被打破了，甚至连知识分子作为一个有机的社会群体这个事实也不再能够充分成立。现代知识分子不但开始四分五裂，而且需要重新寻找自己的社会位置，重新定义自己的社会责任，我个人认为五四新文化运动面对的困境，恰恰是如何在一个新的、尚未定型的历史格局当中重新确立曾经由传统士大夫承担的三重责任，或者说重新定义自己的功能。而这样一个课题，在鲁迅那儿就表现为他作为历史中间物所产生的激烈的、悲观的，甚至是包含了内在张力的问题域。

鲁迅思想作为精神营养，被钱理群转化为他特有的透明的、天真的，但又充满怀疑的精神特质，我曾经在很长一段时期内把它归结为钱理群的个人担当。读到俄罗斯学者的这篇文章后，我突然意识到，也许钱理群是在自己所处的历史阶段里，用自己的方式，在回应同样的重新寻找知识分子在今天历史结构当中位置的历史课题。所以，我觉得钱理群表现出来的困惑、自我否定和自我坚持，乃至于自相矛盾，这种思想状态在某种意义上具有代表性。今天作为知识分子群体当中的一员，我们已经没有办法像传统士大夫那样，非常确定地去辨认我们和政治的关系，和道德承担的关系，特别是最后一重：我们和现实社会、和民众生活的关系。

我认为新文化运动面对的最大困境首先是这最后一重关系，在那个特定的历史阶段中去观察新文化运动主流所倡导的理念，考察这些理念与中国社会现实之间错位的关系，这也是在今天重新讨论五四新文化运动历史功能的潜在需要，我觉得恰恰是钱理群的精神史叙述，可以把我们引向对现代知识分子精神史原点的讨论。作为个案，钱理群凸显了一个极具代表性的思想困境：他试图面对复杂的时代课题，但他能够使用的工具却是粗糙的和有限的。钱理群用他的实践去弥补这样的缺憾，他在贵州基层的实践和他与年轻人的对话，都是他身体力行的思考的结晶。我们感觉到钱理群大于他的文本，在很大程度上是由于他的人格、他的感觉很难被他写作时使用的分析工具所穷尽。作为“五四”之子，钱理群遇到的难题不也正是我们这一代知识人无法回避的困境吗？而他面对困境所表现出的诚实、热情与执着，作为我们这个时代的稀缺品质，正是最值得我们继承的精神财富。

戴锦华：我想非常粗浅地来说几个感觉。我们很多人对老钱的印象是他永远在愤怒，他是个愤怒的人，他永远拍案而起，他永远在大声疾呼……与之相应的是另一种描述，大家说老钱是永远年轻的。我误以为他是我们的同学，从他90年代末期求学到在北大任教，直到今天他始终和形形色色的以青年学生为主体的社会运动走在一起，他是青年导师、青年偶像，却从来不具有青年导师的那种自我感知，或者是造作。而相反，他是用一种和年轻人同样年轻的状态去参与到年轻人的行列当中。而20世纪的中国，甚至21世纪的中国，我们每个人置身其间的最大困惑是我们好像从未年轻就已然老去。正是这样的体验，让我们知道老钱的状态是多么的宝贵，也知道他是多么的特殊。

但是我所要说的还不是他的特殊。我们能见到老钱和周氏兄弟精神上的联系，也很容易看到老钱和他们在精神追求与表达上又是何其不同，而我更倾向于这个不同。可能老钱并不愿意承认，这样一个“不同”，能够和1949年中华人民共和国成立、和马克思主义在中国的传播、和受到马克思主义呼唤和感召的知识分子等情感结构、知识结构联系在一起。这种结构很难用“批判知识分子”来概括，它代表着20世纪一种非常特殊的东西。这不是一般意义上的，也不是左拉意义上的批判知识分子。他敢于背叛，他不断地在背叛自己曾经拥抱、认同的一种所谓的原则逻辑。因为他用这样一种背叛来达成对自己的现实承诺。

所以在我看来，钱理群与鲁迅不同，与我们不同，当然与年轻人所描述的更为不同。因为从那些表述看来，只有一个词可以形容，就是“可爱”。他太可爱了，他老是这样自我矛盾和自我否认，在他们看来这是十足可爱的。而我想回到的一个问题是，有人说“小时代”的人们需要老钱。我想如果“小时代”的人们真的需要老钱，不会仅把他作为一个符号来消费，或者把他作为一个很可爱的老头来热爱。相反的事实是，我们生逢的是历史不断坍塌的“大时代”。这种坍塌是能指脱离了表意系统，是社会文化象征秩序整体想象的坍塌。我希望老钱是一个解读的力量和质疑的力量，不是一个重新飞扬的符号，而加入坍塌的扁平的图景当中。

黄子平：在老钱几十年的写作中，“知识分子精神史”是他的核心命题，当然由于专业训练，他只能从文学的角度切入，在文学的视野里研究。我不太喜欢“精神”这个词，这个词当然是从德国古典哲学而来（黑格尔的“精神哲学”“精神现象学”），其实老钱经常变换这个概念，有时候叫心灵（“心灵的探寻”），有时候叫思想（“民间思想部落”），其实叫它“精神史”有点勉强，“心灵史”更确切一点，或者鲁迅说的“魂灵”，魂灵史。

魂灵或精神是一种看不见、摸不着的东西，很难落实。总要通过语言文字来表述，所以作家就成了最好的研究对象，因为他有文字有表述，“言为心声”，有迹可寻。老钱看见作家的日记、书信发表就很激动，连郭小川的检讨书、林昭的狱中诗剧，都觉得很珍贵。可是文字未必是透明的中介，文章信口雌黄易，思想锥心坦白难。这时候文学分析就显得非常重要了，修辞分析，叙事分析，慢慢把魂灵勾勒出来。

另一方面的困难是怎么样把它放到一个时间脉络里，作为一种历史的精神来描写。老钱在写学位论文的时候，就有意识地采取了一种办法，就是把时间转化为空间，即所谓周氏兄弟的道路选择。知识分子空间位置的选择：兵临城下的时候，苦茶先生要不要南下？天地玄黄，走还是不走？很多人以为选择是简单的事情，站在未来的胜利者（“绝对精神”）一边就是了。幸好老钱一开始是从鲁迅的《野草》入手，这是选择了一个非常有利的分析空间，因为《野草》恰恰是描述不同空间之间选择的困难，比如天堂、地狱、深渊、光明、黑暗等等。我们相信在黑暗里是死定了，从来没想过你也可能会死在光明里。

老钱的一个重要写法是把自己写进去（“我的精神自传”），这是要求理性、客观、中立的学术研究的大忌，但又是“五四”传统之一，你只要想想胡适拼命劝朋友们写自传就知道了。从老钱一再强调的“典型形象”“单位意象”等方法论的角度，你觉得老钱是强烈意识到他的“自我”是具有“典型意义”的。同时我还要指出老钱做的很重要的工作：通常我们只研究“大知识分子”的精神，把小知识分子四舍五入了；老钱、吴福辉，都当过中专老师，他特别关注中小学老师的精神历史。中小学老师不得了，他们虽然没有提出或写出什么惊天动地的思想、精神、著作，但是在每日每时教育实践，就是葛兰西说的有机知识分子。

我虽然不做这方面的研究，但还是老钱的忠实读者（读的速度永远赶不上他写的速度），也常常想到精神史“写法”问题。譬如“知识”在现代读书人的人生选择那里到底怎样起作用？他所掌握的何种“知识”（或者更福柯地说“他被何种知识所掌握”）令他如此“行”？是何种“认知范式”左右了他对世界、历史、现实和民众的理解？知识分子以追求真理为使命，他们最大的毛病也在于常常以为掌握了真理就可以改天换地。所以写知识分子史，不得不仔细琢磨现代中国“知识—真理—权力”这些范畴。

旷新年：我认为第三世界知识分子的命运，也是钱老师的道路。钱老师是属于20世纪的，如果要给钱老师一个定义的话，他是一个知识分子，中国20世纪知识分子是一个受难的群体，在客观上赋予了崇高的地位，1957年反右开始了，它成为重大的历史教育，它对知识分子以及整个中国民族的心理都产生了巨大的风险。萨义德在《知识分子论》中说知识分子成为重要的研究对象与葛兰西有关，葛兰西在一本杂志里首先把知识分子不是社会阶级，作为近代社会运作的枢纽，知识分子作为一个俄语词和最出现在俄国，在俄国形成了强大的知识分子现象，在社会转型过程中知识分子产生了重要的作用。而在20世纪中国，走向现代文明的转型的过程里面，知识分子在民族国家，和启蒙叙事结合在一起，另一方面知识分子具有强烈的使命意识。同时知识分子的命运也非常复杂，在20年代就有要杀知识分子的说法，20世纪正是一个向西方现代文明转型的时代，知识分子是统治阶级中的被统治阶级，知识分子既是革命的先锋又是革命的对象，这也是他们的命运和遭际复杂性之所在。

在传统里面文学知识分子具有广阔的视野，处于知识的前沿，相比之下知识分子处于一种极端无知的状态，现代知识分子切断了我们进入一个虚拟经济和符号经济的时代，经历最大的腐败，好多人腐败发生在金融的领域，文学领域有涉及腐败的小说。今天的文学知识分子，他们的知识是极为可怜和贫乏的，经历了天翻地覆变化的转型期的中国社会。他们根本不可能具有正面强攻的知识能力。在“文革”结束以后伴随着新启蒙运动，知识分子重新回到社会中心，许多人都将新时期作为“五四”的重塑，现代文学成为80年代的显学，比如赵园老师的专著，说我最强烈的渴望是认识这个世界，同时在世界中体验自我的生命，实现生命和知识、思想与学术的统一，这是80年代的特点。鲁迅和周作人的研究在钱老师的学术研究中具有奠基的意义，但是对于钱老师来说，鲁迅和周作人不见得是一种研究对象，而是一种内心的选择。钱老师选择鲁迅和周作人，因为他们是新知识分子典型意义的代表，知识分子研究奠定了钱老师当代文学知识研究的核心。

贺桂梅：我想就钱老师的《我的精神自传》来谈谈我的阅读感受及问题意识。我认为《我的精神自传》一直在谈的，其实是在主体实践的视野内描述并分析如何做“批判的知识分子”；在基本的研究方法上，大致是一种叫“思想史”或“精神史”的路径。我曾经在研究中尝试用“知识社会学”的方法，跳出思想史研究的主观性，即在一种结构性的社会关系里看一群叫“知识分子”的人，他们的价值观和信念如何以“知识”的形式构造出来的，产生了什么样的社会效果。我发现有了这个“跳出”的过程之后，再重读钱老师，觉得更能理解他。跳出之后才意识到，在当代中国实践知识分子的批判性，如何“做”才是最重要的。

“批判的知识分子”这个词在今天变得很可疑。作为一个历史性范畴，“知识分子”在今天的中国是不是已经终结了？许多时候人们谈论“知识分子”，更多的是指一个职业的概念，或一个社会阶层的概念。而所谓“批判的知识分子”则是一个功能性的概念，也就是在社会上扮演一种批判者的角色，行使一种批判功能。刚才孙歌老师谈到传统士大夫的三重责任所对应的三重社会结构，只有在那种落差性的社会结构关系里，“知识分子”或“士大夫”才能行使教化或批判的功能，才能产生社会作用。我想，这是我们在谈论“知识分子”及其“批判性”时需要理解的一种社会结构视野。

钱老师关于“批判的知识分子”的理解，是从鲁迅那儿来的，叫“真的知识阶级”，或称“精神界战士”。他在书中做了两点界定，一是“永远不满足现状，永远批判”，二是“永远站在弱势一边、底层一边”。这是我自己非常心仪和向往的一种状态，也是一种呈现了知识分子批判主体性的精神状态。但值得思考的问题，除了“知识分子”在今天可疑的位置（作为一个批判性群体它是否已经历史性地消失），还有这里的“批判”到底是什么意思？“批判”就是“反对”吗？那是不是说只要有什么东西来了我就反对它，或者我一直在反对我以为的那个主流的社会权力结构？如果是那样，很可能造成一种后果，就是你永远处在你所反对的那个权力机制的对立面上。因此，“批判”的含义从来不是自明的。

重读钱老师这本书的时候，我一直在思考福柯提出的“什么是批判”“何谓启蒙”。这并不是要用西方理论来解释中国问题，而是当我们从“五四”资源里谈“知识分子”、谈“批判”、谈“启蒙”的时候，这本来就已经是一个现代的问题。这个问题已经完全内在于中国社会，也内在于钱老师的精神结构。福柯关心的不是如何反对一个东西，而是这种批判和反对怎么才能有效。所有的思想批判活动都没法离开各种具体的权力体制，真正的问题不是和权力划清界线，而是怎么用你的方式来调用权力机构，使行动变得有效。我认为钱老师最有意思的地方是他在不断地“做”：他的学术研究、介入中学教育，以及他最近这十多年来参与以青年为主的社会运动。他是在“做”的过程当中告诉我什么是“批判的知识分子”。这就使他具有当代中国历史实践的全部丰富性。

我不知道我的解读是否准确。我认为钱老师经历了一个变化，这个变化跟启蒙、革命和他后来提出来的命题有关。谈启蒙问题的时候，他一直在谈学术和生命的关系，学术变成了他的一个自我构造、自我实践的方式。这里有一个悖论：他谈的是他自己的生命，可是又会涉及启蒙的权力结构，涉及民众、民粹主义等问题。可以说，钱老师这时还是在“五四”的意义上谈启蒙，背后有一种康德式的批判框架：他没有质疑知识分子在社会结构中占据的特权位置，这个位置是以知识的合法性表现出来的。作为一个启蒙者只要接受“真理”就可以了，他不关心这个真理背后的权力或“真理的政治学”。而革命与此不同。某种程度上可以说，中国革命要回应的就是知识群体如何参与社会实践的问题，知识分子怎么可以被纳入社会运动和社会构造里面去。这个过程中形成的暴力和压迫性的东西，使钱老师有一种痛苦的历史记忆，所以在80年代，他一直要反思的问题是这场革命怎么使知识分子丧失了主体性，而他力图通过启蒙的方式找回这种主体性。

我发现到90年代后期，特别是钱老师参与和介入社会问题的时期，他开始进入到某种革命性实践的逻辑里。他提出来的一个命题我觉得很有意思，叫“想大问题，做小事情”。某种意义上这变成了一种福柯式的启蒙。在理解了知识、权力与主体的历史性关系之后，“策略”或伦理性的意愿开始变得格外重要。这意味着尽情地运用理性去剖析现实如何历史地构成，同时在种种权力机构的复杂关系中，寻找实践自由的可能性路径。我觉得钱老师说的“想大问题，做小事情”，也有这样的问题意识。用“大”和“小”不太准确，改成“想大问题做具体的事情”，可能更符合钱老师的工作状态吧。他持续坚持的探索和这种实践的丰富性，是我们后面这几代人都难以企及的。关心他怎么做、如何实践，也是理解当代中国历史与知识群体丰富性的一种途径。同时也意识到，在如何做背后的那个我以前轻视的伦理性愿望，其实是非常重要的，没有“要”做一个批判的知识分子的愿望，所有的问题都不用谈。

程凯：什么是大时代，大时代的特质何在？一方面，“大时代”是“易变”的，且“变化莫测”，于是，大时代中的人也易变，尤以知识分子为甚。由此，钱老师被认为最值得表彰的品格是有“特操”，于时代变幻中有坚守、不随波逐流。然而，我想钱老师还有突出的另一面，就是他的“变”。就此而言，其特操非“狷介”，而是“有所为，有所不为”。且相对于“有所不为”，他的操守更体现在不断于“有所为”中实现、转化他的价值信仰。或许只有理解其变的轨迹和方式才能抓住他那个不变的魂。

钱老师对自己的“变”颇为自觉，每隔一段时间他就会进行一番自我总结，清理自己正在做的事，检讨自己的思想，并对未来做一番规划。大凡开始总结时就意味着他要“变”了。只是，这些陈述一方面提供了一个清晰的“变”的线索，可另一方面，又似乎不能完全当真。因为钱老师发言、做事与自我整理的意识中包含着成分复杂的因素、动力，这使得他的发言、做事总在一种矛盾张力中推进，甚至单凭其自我表述也不足以完全呈现这种运动的逻辑。

近些年，钱老师出版了一系列当代史研究著作，包括他的个人精神史、他的家庭史。这使得我们有条件把钱老师当作一个历史对象来看待，而充分意识到钱老师人生经历所对应的整个当代史的起伏波折。只有还原到这一层面，“思想者”和“大时代”的关系才获得了某种具体性。而且，钱老师身后的“大时代”不是一个单数、同质的“大时代”，而是交替相生的一系列“大时代”。每个时段之间存在着醒目的断裂，彼此之间又构成断裂性的连续。而对身居要害的青年知识分子，每个时代都曾提出它的正面要求，并以自己的力量塑造他们。这意味着，这一代知识分子是被不同的时代要求所持续打造的。许多人在这样的过程中成为牺牲者、落伍者或随波逐流者，而钱老师的特质在于持续对同时代要求当中积极、主动与有思考力的方面开放，按照每个时代要求当中最进取、创造的方面来塑造自己。其变非逐利式的变，而是担当式的变，他在这种变中取得与时代一同摆动的品质。

这种与时代互动的方式中包含着难以消除的矛盾。这个矛盾的起源可以追溯到孙歌老师刚才说的从士大夫转向现代知识分子的过程中必须同时处理的三重关系：政治、道德与现实社会。即便对传统社会的士大夫而言，这三重关系也是在矛盾中推进的。当它转化到现代知识分子身上时，每个有担当者都深感资源之不足。这种资源的匮乏和矛盾不断令钱老师感到苦恼，为此，他似乎更不轻易抛弃任何一种资源。于是，他会同时关注很多事、做很多事——学术、教育、乡建、时政。虽然每时段侧重不同，但他务使自己的感觉、认识不被一种固定的视角拘束和遮蔽。这也表现于他不断在理想与务实、退守与进取、沉潜与呐喊、广博与专精之间寻求一种平衡。

钱老师在现代文学研究领域以研究知识分子精神史见长，而他自己的思想、实践、精神历程其实构成了当代知识分子史有分量的个案。经由其历程或可折射出当代历史的振动频率以及一代知识分子的拼搏轨迹。

整理 / 卫纯

初刊《名作欣赏》2020年别册第3期

钱理群与他对鲁迅心灵的探寻

汪　晖

心灵的契合

温和的微笑与对20世纪中国文化充满激情的声音几乎伴随着钱理群所到的一切场合，但倘若你留心，就会在他偶尔显得疲乏的眼神中读到几丝深沉的悲凉。悲凉对钱理群来说是一种人生境界，它的基础不是对这个世界的失望与憎恨，而是对自己的失望与憎恨，对自己渴望自由与无法自由的自我认识。钱理群显然感到自己身上潜藏的追求和力量与实现之间存在一种难以逾越的平衡，有一次，他竟当着许多朋友的面为此哽咽得说不出话来。我曾特别注意到钱理群讲课时那副挥舞眼镜、满头大汗的形象，但此刻我认识到，他哽咽得说不出话时流露出的湿润而悲凉的目光更深刻地表明了他是一个终身受苦的殉道者。从某一点上说，老钱就像黑塞笔下的那只“荒原狼”，整整一生，他将把全部想象的天才、全部思维能力用来反对自己。在为北京大学九十诞辰而出版的散文集《精神的魅力》中，唯独钱理群不是带着念旧与感恩的心情，而是带着批判与讽刺的眼光描写北大和逝去的年代，而结尾竟然又是更加无情的自我审判：他终于从自己安贫乐道的生活中觅出可恶的奴子性！

这是典型的钱理群的“心灵的形式”。只有理解了这一点，才能理解他对鲁迅的选择。他把最具内省精神的《野草》作为探寻鲁迅心灵的切入口，正基于他自身的这种内在心理基础。尽管钱理群在书的结尾处想要“竦身一摇”，将一切“摆脱”，“给自己轻松一下”，但我敢断言，他已病入膏肓，永难摆脱这种心灵的劫难！

这么说也许过于残酷了，因为对于钱理群来说，悲凉的人生境界包含了某种肯定性素质，这种肯定性素质甚至引起了他对“悲凉”的隐秘的迷恋。我还不至于残酷到说这种迷恋纯系心理的病态，因为那悲凉的心境中有一种很深沉的对人世的宽容、对生活的热爱、对后来者的善意。据我所知，钱理群这本系统性很强的著作原是他在北大开设鲁迅专题课的讲稿，他的学生一面在他那里看到了一个先驱者复杂的心灵，但同时又觉得他的鲁迅形象仍然有一种内在的神圣性。事实上，钱理群对绝望、孤独、悲凉、寂寞等心灵形式的体悟本来就蕴含着一种自我崇高感。我对钱理群的经历所知不多，从片言只语中知道他曾从京城被发配到贵州的山地，政治上的失意和生活上的磨难对这代人本来是不出意料的事，但令人惊叹的是，他的心灵仍然保存得相当完整，绝不像有些炫耀苦难的愤世者那样。我猜想他曾有过金色的童年和50年代的理想主义教育，这些使他的怀疑主义背后总是隐藏着对他人的挚爱和对自己的省察，他无法把自己同自己批判的对象分割开来，因此激烈的批判性总是和苛刻的自我审判一起扎根于他的心底。就凭这一点，他的怀疑、痛苦、孤独或是失望就不可能与当代青年的现代虚无主义简单地认同，尽管他一再地谈起“二十世纪”，但从本质上说，他距离萨特、加缪、卡夫卡还相当遥远，倒是和19世纪俄罗斯文学有更多的关联。

成长于50年代、成熟于六七十年代的一代人，是中国政治意识最强的一代人，也是社会批判性最强的一代人。钱理群这本书通过对鲁迅的研究表达出的那种对中国文化传统、社会结构、政治关系和人际关系的尖锐剖析，显然联系着这代人社会政治意识上的使命感和文化上的启蒙主义精神。但真正构成钱理群特点的是他对鲁迅心灵中那种内省精神的独特而深刻的分析。读他这本书，我感到的正是这种自我深省的气质。这本书的核心是探讨20世纪中国先驱者的心灵，命题本身就体现了作者内省的精神特点。老钱在书中对中国社会与文化的批判和揭示，对如何面对来自各个方面的明枪暗箭的思索，显示了他的人生智慧与鲁迅批判精神的独特融合；但更加令人印象深刻的，还是置身现实世界的孤独斗士的内心感受：孤独感、寂寞感、绝望与反抗、眷恋与复仇、自我牺牲与悲剧感……——对这些深微曲折的心理经验的描述与阐释，不仅呈现了作为一个活生生的人的鲁迅的丰富内涵，更显示了研究者自身的精神趋向。

这就是为什么钱理群对鲁迅种种精神现象的把握环绕着“历史中间物”这一中心概念的深因。“历史中间物”这个概念不仅意味着，无论是在20世纪古老中国向现代中国过渡的历史纵坐标上，还是在由国别文化的封闭体系向世界文化开放体系的历史横坐标上，鲁迅都处于“过渡的”位置；而且更重要的是“中间物”这一概念体现的是一种深刻的内省精神或自我意识；它意味着鲁迅对自己既反传统又在传统之中，既追求光明又不属于光明，既憎恶故乡又摆脱不掉与故乡的联系的悲剧命运的洞察；它标志着鲁迅对自己的孤独、寂寞、绝望、反抗、悲剧感等心理状态和现实际遇所达到的充分自觉。怀疑、叛逆、否定、探索、创造、开放、自我牺牲、矛盾与痛苦——这一切构成鲁迅基本的历史文化性格和实践性品格的精神现象，由于“中间物”意识的建立不再是自在的、偶然的个人心理现象，而是在自我深省、自我澄明的过程中，作为历史必然的精神现象由主体自觉地承担起来。从表面看，钱理群把他的关注投射于“先觉者与群众之间”“改革者与对手之间”“叛逆的猛士与爱我者之间”的现实关系，但他内心始终萦系着的也许更是这种现实关系背后的心灵的骚动与挣扎。

这是怎样的一种心灵的探寻呵！它充满了崇高与忧虑、恐惧与信念、混乱与追求、阴暗与期待。钱理群用自己的全部经验颤抖着摸索那个大憎大爱者的灵魂，那种心灵的契合使我默然领悟了在共同的“中间物”意识中隐然存在的联系：钱理群与鲁迅一样属于生活在两个时代或两个时代交替时期的人，他们失去了安全感，失去清白无辜的感觉，他们怀疑旧的政治秩序、旧的道德秩序、旧的心理秩序，却又并不能无所顾忌地拥抱新的混乱。一统的专制是他们憎恶的对象，但他们面临的、津津乐道的“二十世纪”其实也使他们感到陌生与迷惘。在这种无限的孤独和由于疏离了世界秩序而产生的“放逐感”中，留给人的除了绝望与对自身命运的深切体验还有什么呢？这种绝望和对自我的体验并不意味着人的消极的、被动的态度，相反，它意味着一切试图存在于绝对和终极之中的秩序、价值、知识或情感都是可疑的、表面的、相对的——不仅旧传统、旧秩序是可疑的，而且自我与自我的否定对象的关系、自我据以批判旧世界、创造新生活的价值理想也值得推敲。觉醒、幸福、期待、拯救民族的使命——从终极的诚实来看这一切会不会只是幻象？！鲁迅和他的这位虔诚的研究者为此忧心忡忡、劳命伤神，在焦灼的绝望体验中洞悉了自身的“无家可归的惶惑”状况。但是，他们没有颓丧、畏缩、消沉，那种顽强地反对自己的精神趋向，那种力图澄清自己在与旧秩序的关系中的不清白感（有罪感）的内心愿望，使他们选择了“绝望的反抗”的生存形式。

单纯的生活由于它的无可选择而使人觉得其中的一切——哪怕是苦难——理所当然，这就是专制时代的人们自愿放弃自己的思想权利的心理原因。一位西方作家说过，只有在两个时代交替，两种文化、两种宗教交错的时期，生活才真正成了苦谁，成了地狱。鲁迅的痛苦就在于他觉醒了却不得不生活于专制秩序之中，而钱理群也生存于我们这个失去了一切确定无疑的价值体系的时代。就像汤因比说的，他们不仅“在”而“不属于”一个社会，而且“在”而“不属于”两个社会。如果说鲁迅那时以他深切的敏锐忍受着苦痛而不被人理解，那么今天体验着这种“分裂感”的知识者又何止千万？怀疑、反叛、寻找、不断地告别与流浪——这就是他们的精神宿命！

鲁迅终究不是尼采，钱理群也似乎并不那么孤独。打开此书，扉页上赫然写着："谨献给正在致力于中国人及中国社会改造的青年朋友们。"钱理群正像他笔下的鲁迅一样对"中国"终究不能忘怀。我忽而憬悟："中间物"意识更是一种自觉承担历史责任的自我要求，所谓肩住黑暗的闸门，放他们到宽阔光明的地方去的悲壮场面充实了分裂的心灵。更有意思的是，借助于这种意识，人把自身投入必然的历史进程，既然是"必然"或无可选择，那么即使是"绝望"也无碍于人坦然地走向未来。

你想想，鲁迅承受着那样沉重的历史负担，经历着几乎像咬啮肉体一样的精神痛苦和冲突，可他没有自杀，没有消沉，他那样坦诚而有韧性地献身于改造中国人及其社会的伟大事业，终生不渝，矢志不移，为什么呢？他是如何在剧烈的心理冲突中维持心理平衡的呢？

至少，那种"中间物"式的精神内省起了重要作用。从这个意义上说，悲剧感、悲凉的况味和绝望等内心体验又确实是一种生活的智慧。

意象与现实

我一点也不奇怪钱理群会去做这样一种"心灵的探寻"，因为他在鲁迅那里获得了许多关于自身心灵的理解。然而，怎样去贴近一个人的心灵呢？这才是问题的关键。在钱理群看来，每一个有独创性的思想家和文学家，总是有自己惯用的、反复出现的观念（包括范畴）、意象；正是在这些观念、意象里，凝聚着作家对生活独特的观察感受与认识，表现着作家独特的精神世界与艺术世界，从而构成了我们所要紧紧抓住的最能体现作家个体本质的"典型现象"。而作家（以及思想家）作为一个语言艺术家，他的独特观念、意象总是通过独特的语言（词语）表现出来的。这样，钱理群从鲁迅世界中惯用的、反复出现的词语入手，找出作家的独特的单位意象、单位观念（包括范畴），然后，对单位意象、单位观念进行深入的多层次的开掘，揭示其内在的哲学、心理学、伦理学、历史学、美学等的丰富内涵，并挖掘出其中所积淀的传统文化、外来文化的多种因子，以达到对作家与古今中外广大世界息息相通的独特的精神世界与艺术世界的具体把握（见该书15—16页）。钱理群以鲁迅的“哲学”——《野草》为中心，提出了四组意象和观念作为结构全书的纲目，通过对这四组意象和观念的阐释形成完整的思想、艺术体系：

第一组：“一切”与“无所有”，“天上”与“深渊”，“希望”与“绝望”；

第二组：“先觉者”与“群众”，“改革者”与“对手”，“叛逆的猛士”与“爱我者”，“生”与“死”；

第三组：“冷”与“热”，“爱”与“憎”，“沉默”与“开口”；

第四组：“人”与“神”、“鬼”，“人”与“兽”，“梦”与“现实”。

值得注意的是，这些单位意象、观念或范畴总是以对立的形式出现的，而每一组又分属于不同的层次，从而显示出鲁迅心理结构上的复杂的、悖论式的特点。把对立的意象、观念、范畴同时作为阐释对象，实际上也就意味着对它们的阐释必然包含了对它们相互间的关系的阐释，即对鲁迅的心灵辩证法的阐释。

意象分析法显然是在现代心理学和现代语言学的影响下产生的，它的特点是从形式入手。以瑞查兹为开端的“新批评”显然多少影响了钱理群的思路：在展示对象的意义的同时，展示对象的呈现过程和形式，而这两者密不可分。然而，钱理群面对的并不仅仅是一部艺术品，而且是以思想家为前提的艺术家，意象仅仅是他通达思想、呈现思想的形式。对于老钱来说，那些富于魅力的意象多少有点像哲学的概念与范畴，他更热心于“透过”它们去把握他所说的哲学、心理学、政治学、伦理学、历史学、美学等的丰富内涵。钱理群显然更长于对这些意象做深刻的社会、历史和文化分析，对于意象本身、对于意象之间的形而上关系、对于意象所呈现的心理图式，他似乎远不如对“内涵”——社会的、历史的、伦理的……内涵那么重视。

这是钱理群的最深刻之处，也是他的局限所在，从中，我还隐隐地感觉到苦难和坎坷对一个研究者的难以抗拒的心理的和思维方式的影响。钱理群这本书的每一章往往以一个意象命名，并且在进入正文前他都引上一小节原意象，但我觉得，当钱理群抄录下这个意象时，在心理上他早已沉入到漫长又坎坷的经历所给予他的人生启示之中。于是，他用个人的体验与对鲁迅精神世界的理解来解释这一意象的丰富含义，意象作为一种语言存在似乎并不重要，它仅仅是一个具有高度概括性的命题。怀疑精神，否定精神，牺牲精神，“中间物”意识，悲剧意识，复仇意识……对敌人，对传统，对朋友，对群众，对自我……老钱以巨大的热情和翔实的材料探寻着一个伟人的心灵，又仿佛在借助于这个伟人诉说着自己的心声。他以坚定的、自信的、诚恳的平等态度面对那个矮小又高大的历史巨人，又以同样的平等态度与年轻的朋友们交流着人生的经验，他似乎很担心那些正在致力于中国人及中国社会改造的青年朋友像他当年那样有过多的幻想，他竭力通过对鲁迅的阐释让那些阅历甚浅的一代深味人间的复杂和改造的艰难。那种对自己的人生历程和身在其中的社会变迁进行思考和总结的巨大的人生责任和历史责任贯注其间。对于这样一种积久的、强烈的、广阔的心理冲动和需要，从语言到语言，从意象到意象，或从观念到观念地进行分析似乎难以胜任。因此，钱理群实际上只是把意象作为进入鲁迅世界的入口，而不是把意象作为这个世界的同一个东西来把握的，这就形成了他与西方“意象派”的区别，也使他的研究获得了更为深广和丰富的历史文化内涵。正是在这里，我看到了钱理群与传统鲁学的那种深刻的联系，这种联系使他避免了西方“意象派”完全不顾作者和作品产生的历史社会生活的弱点，并给他的研究以深厚的人文基础。我称他为“意象—文化”分析而非“意象”分析的原因，也就在这里。

然而，那种强烈的内心冲动和社会激情又往往使他过于迅速地越过作为语言存在的意象本身，而恰恰是这种语象不仅表达了作者对问题的态度和看法，而且呈现了这种态度和看法的形成过程。老钱在第十章“梦”中引用了厨川白村的“苦闷的象征”理论，并精辟地指出：构成《呐喊》来由的，不仅是以往的外在的生活积累、经验，而且还包含着年轻时的“梦”——主观的精神发展、内心体验的历史。正是那些“梦”的“隐意”构成了鲁迅小说内在的心理内容。在这些地方，我发现了钱理群对形式的高度的敏感和经由形式把握内容的探求，发现了钱理群对形式的心理体验的深度。不过，也许是出于结构上的需要，该书的许多章节似乎没有充分展现老钱对形式的这种敏感，而过于迅速地进入“内涵”的开掘。钱理群的意象分析有一种特别的倾向，即他始终想“穿过”观念或语象，穿过语言而达到隐藏在语言背后的某种非语言的现实——现实的社会存在和作家的心理体验。但我觉得他似乎太急于穿过语言了，例如他对“于一切眼中看见无所有”这一重要意象的分析，几乎直接进入关于“虚无主义”和怀疑主义的否定精神的理性认识，从而忽略了由这一意象（词语范畴）与由它形成的感性的经验之间的内在关系。按照现代语言哲学的观点，鲁迅在现实中获得某种直感，但这种直感尚不足以形成完整的经验，还必须有诸如“一切”与“无所有”、“天上”与“深渊”、“无所希望”与“得救”等概念——它们是经验的一部分，如果没有对适当的词汇的掌握，经验的确是不可能的。维特根斯坦把语言看作是在每一点上与我们的生活和我们的活动互相渗透的东西。当我们研究语言时，我们实际上是在研究经验的结构。就鲁迅笔下的意象言之，意象本身显示了主体的经验和存在的不同方式。因此，只有把意象看作是与作家的看法和感受相同一的东西，才能通过对意象的研究洞察作家形成经验的过程。

钱理群的“意象—文化”分析法构成了对传统鲁学的突破。

“传统鲁学”最重要的方法即“历史—现实”的方法，但实际上，这种方法是在一统的政治意识形态的支配下形成的，因此，传统鲁学的基本结构是由政治意识形态的一系列基本范畴决定的。在这种先验的政治意识形态的研究模式中，人们并不是从鲁迅自身的精神特点出发，而是用一系列普泛性的、未加界定即作为前提的概念——如民主主义、人道主义、个性主义、共产主义……——来涵括极其复杂的鲁迅的精神世界和艺术世界，而研究的结论也因此是先定的，即对权威意识形态的一系列命题的论证。钱理群从鲁迅的独特意象入手，力图摒弃鲁迅研究中的那些先验前提和概念，更真实地趋近了鲁迅精神本体。另一方面，这种对意象的解读显然依存于作者心灵中由这一意象激发起来的新的意象，融合着钱理群独特的人格力量和生命体验。这种灵魂的交流显示了鲁迅研究中极其难得的人格平等的意识，形成富有研究者个性的鲁迅形象——与那种单一的“民族的鲁迅”、“阶级的鲁迅”或“党派的鲁迅”不同，钱理群提供给我们的是一个复杂而深刻的个体形象，它与社会、历史、民族的丰富联系恰恰是通过个体的独特的精神品格呈现出来的。

这的确是一个说不完的鲁迅……

初刊《读书》1988 年第 12 期

两难而两可的选择

——也谈鲁迅“心灵的探寻”

解志熙

长期以来，鲁迅研究界一直以宣传和维护鲁迅的伟大为己任。如果这种宣传是以对鲁迅复杂本体的完整和准确的把握为前提，那是本无不当的。但事实是，愈来愈过甚其词的宣传，有意无意地将鲁迅简化和神化了——简化和神化是互为表里的，从而造成了始料不及的不良后果：简单化的宣扬，几乎完全抽空了鲁迅作为一个活生生的人所应有也实有的种种矛盾和困惑，结果是在人们眼中，鲁迅失去了人间性，变成了绝对正确、从无困惑的神明；而神圣化的直接现实，则是使鲁迅对千千万万普通读者失去了亲切的感召力。

新时期鲁迅研究的历史使命因此而定：破除简化和神化的迷误，恢复鲁迅伟大而又复杂的本来面目，并将鲁迅复杂矛盾的本体介绍给读者。在这两个方面，钱理群先生的鲁迅研究专著《心灵的探寻》堪称典范之作。对新时期鲁迅研究的历史使命，钱先生有非常自觉的体认。在该书的引言和后记中，他鲜明地提出“回到鲁迅的复杂本体”“鲁迅是属于中国当代青年的”口号，并由此把自己的研究工作的目标归结为一点：“尽可能如实地把我所认识到的鲁迅的本来面目介绍给当代青年，使他们冲破种种曲解、误解而造成的迷雾，直接接触鲁迅作品，与鲁迅进行心的交流”（见该书“后记”）。应该说，钱先生的目标获得了圆满的甚至可说是过分圆满的成功。该书出版后迅即销售一空，供不应求，并突破了学术界的小圈子，成为市面上的畅销书，在广大的青年读者中引起了格外热情的反响。这一切都证明了作者的成功。

如书名所示，《心灵的探寻》是一部对鲁迅的“心灵的探寻”进行再探寻的著作，而从更深一层说，这也是一部旨在通过对鲁迅思想矛盾的解剖，来探讨20世纪中国知识分子生存处境和人生道路的书。这就使该书不仅具有高度的学术价值，而且具有发人深省的思想史意味和亲切直接的现实感。我想正是后者才吸引了广大的读者，尤其是像我和我的同窗好友李书磊这样的青年人，也正是这一点激发了我们讨论的兴趣。书磊已率先表明了他的意见（《知识分子的鲁迅之爱——读〈心灵的探寻〉》，载1988年11月29日《光明日报》），我的意见与他有所不同，也与钱先生的思路不尽一致，所以让我先从钱先生的研究思路谈起。

瞩目于鲁迅的种种思想矛盾及其独特价值的发掘，显然是钱先生的研究旨趣之所在。这种特殊的着眼点构成了《心灵的探寻》一书与众不同的特色，并获得了巨大的成功。纵观全书的篇章，几乎无一例外地着力于鲁迅诸多矛盾心态的揭示，诸如“于一切眼中看见无所有”“于天上看见深渊”“于无所希望中得救”“先觉者与群众之间”“改革者与对手之间”“生与死之间”“冷与热”“爱与憎”“沉默与开口”“人与兽”“变革时代的悲剧意识与喜剧意识”，等等。这些矛盾性的命题过去很少有人探讨，甚至被有意无意地掩盖起来，但它们恰是鲁迅思想的本体真实。因此钱先生选中这些命题，不仅独具慧眼，而且显示出令人敬佩的学术勇气。围绕着这些命题，作者以极其丰富的实证材料和极富人情味的理解，第一次清晰地向我们展示了鲁迅复杂隐秘的内心世界，从而给我们树立起了一个真正伟大深刻而又活生生的鲁迅形象。这个形象在很大程度上已接近于“鲁迅的本体”。这在鲁迅研究史上是一个巨大的，我甚至想说是历史性的进步，它无疑是人学观念在鲁迅研究中贯彻的结果。

但是，我不大喜欢钱先生所使用的“心灵辩证法”这个概念。显然，这个概念极大地帮助钱先生打开了理解鲁迅心灵矛盾的思路，但我要说它同时也“先定”地束缚和限制了他的思考。不错，钱先生在《心灵的探寻》一书中，的确精细地向我们揭示了鲁迅人格和心灵的种种矛盾与困惑，但从他笔下看来，这些矛盾和困惑最终都得到了解决，即所谓由对立达成了辩证的统一。这不禁使人感到，钱先生之所以层层打开一把折扇，目的不过是为了让人看那最后一记漂亮的收合。鲁迅思想的实际果真如此么？我不无怀疑。事实是，鲁迅思想上的某些矛盾的确是解决了，但另一个更重要的事实是，鲁迅内心的某些矛盾和紧张始终存在。

这里特别重要的是个体存在问题和群体存在问题在鲁迅思想中的长期纠结。在我看来，终其一生，鲁迅的思考一直是向两个方面展开的。一个是关于群体存在的问题——民族、国家、社会、阶级以至于人类的存在及其命运。鲁迅思考的另一个方向则是关于个体，尤其是那些先进的“孤独个体”的存在问题。这二者的矛盾本来是一个古老的人本问题，而现代中国社会的特殊情势则特别加剧了它的紧张性——个人发展和群体生存同时成为被意识到的历史内容和时代的迫切要求，但事实上却难以同步完成；同时西方现代哲学思潮的引入则进一步深化了人们对这一矛盾的认识。鲁迅的敏感和卓识，使他对这一矛盾的各层面意义——人本的、社会学的和现代哲学意义上的内容，有着格外深切的体认和深入的思考。诚然，鲁迅在某些时候从行动策略着眼，暂时在为个人与为群体之间结成了契约（如早年），也应该承认鲁迅在另外的时候也确实从社会学的角度使二者有所靠拢（如晚年），但那些已被他意识到了的人本的和现代性的矛盾内涵，却从未化解，倒是一直让他焦虑不安。这种焦虑贯穿在从早期直到晚年的鲁迅思想中，构成了他思想的基本主题，当然也是他大半生思想矛盾的基本根源。只是在不同时期它的表现有或隐或显的区别和或多或少的侧重而已。

最明显也最集中的表露则是写于“彷徨”期间的散文诗集《野草》。《野草》被公认为集鲁迅思想矛盾之大成的杰作，它集中体现了鲁迅对人的存在，尤其是“孤独个体”的存在问题的深刻思考。在这种思考中，鲁迅深入挖掘了自己大半生的人生体验，并创造性地发挥了西方现代哲学先驱叔本华、尼采、克尔凯郭尔等人的思想，从而使他的思考达到了人本的形而上的高度，具有浓厚的现代哲学意味。因此，《野草》确如人们所说，是“鲁迅的哲学”，但这是一种关于“孤独个体”的存在观和人生观，就其基本性质而言，它与存在主义颇为相近。也因此，它所彰显的某些思想矛盾，例如存在的终极虚无和个人的绝望反抗之间的悲剧性张力、孤独个体与社会群体的本源性对立，就不是通常的社会学思路和理性主义的观念——比如个体与群体的辩证统一观所能弥合和修补的。

问题的复杂性还在于，这种在人本意义上无法克服的个体存在困境，进而又与鲁迅对社会群体存在问题的关怀纠结在一起，这就不仅造成了更大的思想困境，而且也给行动带来了困难。作为一个严肃的思想家，鲁迅对这两条思路的紧张有着清醒而痛苦的认识——它们分别属于不同的范畴和层次，他既无法使二者统一起来，又不愿放弃任何一方。由此而来的矛盾和分裂，是对鲁迅最严峻的考验。

鲁迅成功地经受住了这一考验。但鲁迅的成功不是表现为矛盾的统一或分裂的克服，而是对矛盾和分裂的自觉承担。这既显示了鲁迅思想的严肃性，也显示了他的存在的勇气。鲁迅不是盲目逞勇的李逵，也不是优柔寡断的哈姆雷特。当他深刻地意识到自己思想矛盾的不可调和之后，他既未轻易地放弃思想上的探索，也没有因为思想上的矛盾而无所作为，而是有意识地分而治之，即对自己的人生探索从内与外、思与行、为自己和为他人等不同的角度进行分疏和分理。1925年5月末鲁迅致许广平的那封著名信件，就透露了他的思想矛盾和对策：他把自己的思想矛盾概括为“人道主义与个人主义这两种思想的消长起伏”（这里的个人主义不是那种受到人道主义制约的因而可以被含摄在人道主义之内的近代个性主义，而是一种现代性的个体存在观）。由于这两者的矛盾不可克服，鲁迅便分而治之，用他自己的话来说就是：所说的话常与所想的不同；

对别人总是拣那些光明的说出，希望光明早日到来，自己的所想则太黑暗，因此只能在自身试验，不敢邀请别人；忽而爱人，忽而憎人；做事的时候，有时确为别人，有时却自己玩玩，以至于希望生命从速消磨……总之一句话——“为自己和为别人的设想”是两样的或者说是两歧的。这种分疏的策略，当然算不上是对内在矛盾的妥善解决，因为它是以确认思想的矛盾及其不可调和性为前提的；但也不是对矛盾的妥协，因为这是鲁迅在深刻地意识到自身的矛盾和分裂的基础上所断然采取的存在决断，是深深自觉到别无选择之后的人生选择。正是这种选择使鲁迅在矛盾困惑中仍然为自己的人生实践打开了一条行之有效的出路，从而不仅显示出无畏的存在勇气，而且表现出高度的生活智慧。中年之后的鲁迅之所以深谙人生的终极虚无而仍然不屈地反抗，深明并无真正的黄金天国和地上乐园却仍然义无反顾地走向现实政治，深知个人的本源性孤独却愈来愈坚定地介入群体的生存斗争，其道理正在这里。

这样看来，不论从思想上还是从实践上都存在着两个鲁迅——一个是公开为群体存在而积极行动热情呐喊的鲁迅，一个是私下里为个体存在的“黑暗”和“虚无”而默默探索且只在自己身上实验的鲁迅。这两条探索思路虽然时有交叉但并未实现统一，这两个鲁迅虽然同为一人，却始终矛盾着，这正是鲁迅矛盾本体的深刻性和复杂性之所在。应该指出的是，虽然这两个鲁迅始终存在着，但两者在表现上却有“隐”与“显”，或者说“公开”与“私下”的区别，加上鲁迅自觉地对自身的矛盾采取了上述分而治之的策略，这就使得人们对鲁迅矛盾本体之两面的认识，有难易之别：最容易认识也易于为人们接受的，显然是那个公开的为群体的鲁迅，它是鲁迅矛盾本体中显的一面，不容易认识而且也不大容易被人们接受的，则是那个私人的为个人的鲁迅，这是鲁迅矛盾本体中隐的一面。我想正是这些缘故，才导致了人们对鲁迅本体认识上的偏差与误解。

但钱理群先生的眼光是非同寻常的——他对鲁迅诸多思想矛

盾的精细发掘，对于集鲁迅思想矛盾之大成的《野草》的特别关注，都显示了他深刻的理解力和过人的敏感。事实上他的《心灵的探寻》一书正是有意识地为了校正人们对鲁迅矛盾本体认识的偏差和误解而作的，该书在很大程度上也是以《野草》的思想线索为纲而放大到鲁迅一生的。此所谓“纲举目张”，正是由于抓住了而且抓对了这一长期被人们忽视的重要的线索，钱先生对鲁迅心灵矛盾的再探寻才有了过人的，甚至可说是空前的发现。循此而进他本可望有更深入的发现，可他却令人惋惜地中途而返了。在我看来，这不是他不能而是他不愿。换言之，不是思想方法而是思想感情限制了钱先生。在学术研究中感情的投入比思想方法更有效也可能更有害。钱先生虽然清楚地看到了鲁迅的矛盾症结而且着意揭示它，但这一切最终是无法与他对鲁迅的那种近乎无限的热爱相抗衡的。我想，正是这种热爱之情使得钱先生不忍心让鲁迅最终以矛盾和分裂的形象示人，因而他在发掘出鲁迅的诸多矛盾之后又千方百计地去修补和弥合。就此而言，李书磊的批评——“钱理群对鲁迅的研究起步于对鲁迅的知与爱，也停止于对鲁迅的知与爱”，可谓是恰到好处，也可说是切中要害。只是确切点说，这是一种对一个圆满统一的鲁迅（他虽然有深刻的内在矛盾但最终仍被视为实现了圆满完成和辩证统一）的爱，而且钱先生笔下的鲁迅实质上仍然是以“为群体”的那个鲁迅为主脑而重获统一的，因而归根结底钱先生所重构出来的仍是一个作为群体杰出典型的鲁迅形象。这当然不能说是错误和歪曲，但作者的偏向和偏爱是可以看出来的，虽然钱先生在主观上并不一定自觉，但愈是无意识的感情流露，愈值得深思。它实际上表明，像钱先生这样从五六十年代走过来的知识分子，迄今所首肯和选择的主要还是为群体而战的鲁迅，而不是为个人的鲁迅。不言而喻，对鲁迅形象的这种选择，事实上也是钱先生以及他之前的几代进步知识分子人生态度的表白。

与此形成鲜明对照的是青年批评家李书磊的观点。在《知识分子的鲁迅之爱》一文中，李书磊毫不同情地否定了为群体的鲁迅精神，以及包括钱先生在内的数代进步知识分子对鲁迅的爱，从而张扬一种纯然为个人的人生态度。

这很有意思。在我看来，李书磊的批评错误地对了一点：当他错估了鲁迅的时候却“歪打正着”地击中了钱先生鲁迅观的弱点。很显然，李书磊所否定的鲁迅，是以钱先生所重构的鲁迅形象为依据的，而李书磊恰恰是认定鲁迅只是一个为群体的人才否定他的，因此这个否定也就反过来印证出钱先生鲁迅观的片面性和薄弱点——虽然比起此前的鲁迅研究来，钱先生相当用力于对作为“个人”的鲁迅的发掘，但是由于思想方法、思想感情及作为其基础的价值观（这一切都是历史生成的，并非钱先生所独有）的原因，他仍然未能将“个人”的鲁迅提到应有的高度和强度，反而在意识到问题之后却又一次模糊了问题——将为个人的鲁迅统一于为群体的鲁迅之中。正是这种处理导致了李书磊对鲁迅的误解和否定。

当然，我们不能要求钱先生对李书磊的误解负责，因为钱先生已声明他所写的只是他“所认识到的鲁迅”，这就不能不带有主观意向性。当李书磊不加反思地据此对鲁迅本人做出简单化的否定之时，他根本没有击中鲁迅，倒是暴露了自己的弱点——批判的意气有余而对被批判对象的理解不足。激昂的个人意气使李书磊看不到鲁迅身上那远比李书磊本人更为丰富和深刻的个人意识，批判的激情则使李书磊对鲁迅的群体意识及其介入社会改造事业的历史原因根本无暇深思。

毫无疑问，以鲁迅为代表的现代知识分子的社会改造事业，是一个值得认真反省的重大历史课题，但既然是对历史的反省，就不能脱离历史实际。李书磊说得不错，“新文化运动和新文化人所追求的目标是中国社会的现代化”，这种历史目标也必然如李书磊所谈的那样，要求以个人为主体的新人格。“五四”一代知识分子个体意识的觉醒正是这种历史要求的反映。就鲁迅而言，他的个人意识的觉醒甚至早在辛亥以前的留日时期就达到了李书磊迄今仍然未能超越的高度和强度，而且在后来的鲁迅心中也始终保持了足够的分量。正是从这个角度，我同情也同意李书磊的个人本位立场，虽然他忽视了鲁迅的为个人的一面。但是另一方面，中国社会的现代化目标有它特定的历史起点和社会基础——列强的压迫，内部的政治纷争和巨大的社会不公，加上群众的普遍不觉悟状况（这种不觉悟在鲁迅小说中有至为痛切的反映）。这些给定的前提并不理想，毋宁说是再糟不过的了，但却是无由回避地、沉重地压在每个有良知的现代知识分子身上。在这样的前提下，仅靠先进知识分子的个人奋斗是不可能完成社会的现代化的，也不能如李书磊所设想的那样，指望社会的每个成员都自发地变成先进的懂得捍卫个人权益的个人。李书磊再三说现代社会不需要知识分子去改造，健康的社会不需要知识分子去献身和牺牲，但怎奈“现代”中国社会并不是这样一个已现代化了的健康的社会啊！正是这种情形决定了诸如鲁迅等先进的现代中国知识分子之“真正而且真实的实践起点”，不可能如李书磊所设想的那样，纯粹“从自己的个体出发”，而不得不同时介入群体的生存斗争。这种双重使命当然不轻松，但有良知的知识分子除了同时承担别无良策。因此他们认命了，因为这是他们必须承担的历史使命和不得不认同的历史命运，个人不能抗拒也不应该拒绝。他们当然也感受到这二者之间的矛盾，也意识到投身于群体斗争会对个人的自由与发展有所限制和妨碍，但他们又知道这是必要的代价。正因为如此，鲁迅才在默默地进行着个人探索的同时，把越来越多的精力和心血用到为群体存在的呐喊和斗争中去。这理应如钱先生所说的那样引起我们的尊敬，至少也应有所同情。但李书磊却认为鲁迅们的“救国”“救民”言行仅仅是自慰和自欺，甚至说是幻觉——“好像是自己为民族的现代化奋斗了一生，但实际上却根本没有动手”，这就未免太不知轻重，太诬枉历史了。生在现代中国，一个有良知的知识分子怎么可能不顾民族群体的死活而一味地以自我为中心，只追求个人利益、个人发展呢？当然也有这样的人，例如周作人、林语堂之流。周作人确是一心只想保全自己的利益和自由，所以留在了沦陷区，但历史之残酷的嘲弄是他在日本人那里失去了个人的自由和尊严；抗战爆发前夕林语堂预感大势不妙，因此全家移居美国去发展他个人，但我们能设想当时的四万万五千万中国人都像林语堂那样去美国享受自由和发展自己吗？李书磊表彰为个人的人生态度的初衷并无不妥，但为此而一笔抹杀数代中国进步知识分子为群体存在而奋斗的业绩及其选择的历史合理性，这实在无法令人苟同，这反过来也就将他的个人主义推到了利己主义的边缘。

回到鲁迅身上来，我想我们既不必为鲁迅的矛盾和分裂而惋惜，也不必在两个鲁迅之间进行非此即彼的论衡。事实上鲁迅的伟大和丰富正在这里：他在对矛盾的历史处境和分裂的自我存在的自觉承担中，向我们展示了两种可供选择的人生方向。大体上说来，钱理群先生这一代以及他之前的数代进步知识分子，都倾向于选择为群体存在而战的鲁迅作为行为的楷模，而我们这一代人及后于我们者，可能更倾向于选择为个体存在而奋斗的鲁迅作为人生的范式。从这个角度说，我们的确比前辈们“自私”，但这种转变是以时代的进步和社会的发展为前提的，因而我们的“自私”和前辈们的“无私”一样无可非议。何况我们也不可能“自私”到只顾个人而不顾群体。这倒不是我们不愿，而是时代本身远没有进步到可让我们不再关心社会的改造就能充分发展个人的地步。这就意味着：不仅在整个20世纪的中国，而且在今后相当长的一个历史时期内，鲁迅所昭示的上述两种人生模式都是合理的和必要的。而真正的困难仍在于，我们作为个人能同时选择这两个鲁迅并将其统一于一身吗？在这里我们似乎又回到了那个长期困惑着中国知识分子的传统难题上了：是独善其身呢，还是兼善天下？当然这个两难命题经过鲁迅之手已获得了深刻的现代意义。李书磊事实上也未能逃脱这个难题的困扰。他虽然似乎是无条件地强调了“为个人”的合理性，但同时又寄希望于通过“为个人”而“歪打正着”地达到“为群体”。问题如果如此简单那就好了。我自然也没有什么集两善于一身的良策，我倒想借此机会再强调一下：这一两难选择及其种种变体，不但过去是现在是而且必然在未来相当长的一个历史时期内（或许还得百年吧），仍然是中国进步知识分子及其他先进个体所首当其冲的人生难题。此无他，只因为我们处在一个前所未有的伟大而艰巨因而相当曲折漫长的历史文化过渡期，而这种过渡时代给人出的最大也最常见的难题就是两难命题。

或许这个两难的选择并不是非此即彼的互相排斥，倒是两可两全而又互补共存的。当然这只是一种社会实践的策略，至于它们在人本意义上的矛盾，那大概是永远也不会解决的。

原文摘要刊载于1989年1月24日《光明日报》，本文选录自《风中芦苇在思索：中国现代文学的现代性片论》（解志熙著，河南人民出版社1994年版）一书。

对于鲁迅的发现和解读

——和钱理群学兄讨论

王得后

一

对于鲁迅的研究就是对于鲁迅的发现。这种发现只能从鲁迅的文本和他的作为中求索。

世间一切独立的个体物事、物质，都是多面的；平面的也如此。平面不但有这一面和另一面两面；它的边沿也是“面”。发现固然最好面面俱到；然而只发现一面两面或若干面的也常有，这也无妨，毕竟有所发现。这种情形，和研究者站立的立足点和方位是有关系的。东坡先生《题西林壁》云：“横看成岭侧成峰，远近高低各不同。不识庐山真面目，只缘身在此山中。”拿来作为鲁迅研究的或一方法论，和检讨研究中出现的某些问题，也是很有启发的。

世间的一切个体的物事、物质，又都是多层次的结构：地球由地壳、地幔到地核；地幔又有上下之分，地核又有内外之别。鸡蛋由蛋壳、蛋膜、蛋白到蛋黄，大大小小，无不如此。人的肉身固然如此，人的精神也无不如此。《昔时贤文》有言：“知人知面不知心。”作为器官，心在身体内部，谚云“人心隔肚皮”；作为“心思”“思想”精神的“心”，也是如此的。看表面的言语，可以“口是而心非”，可以“当面输心背后笑”，可以“见人说人话，见鬼说鬼话”，可以“食言而肥”；当然也有“言为心声”

的，像鲁迅所说“声发自心，朕归于我，而人始自有己”的真实的“人”，真诚的“人”。看表面的动作，并不能看出“动机”，《书》云“人心惟危”，而“人心难测”“人面兽心”，竟是成语；当然也有言行一致、特操卓然的“人”。因此对于“心”“思想”“精神”的发现，需要由表及里，层层深入，这决定于眼力和识见。

世间的一切个体的物事、物质，没有孤立存在的；它的上下左右前后是一个系统，是一张网。人在自然中，人在社会中，人一降生就坠入“亲亲，尊尊，长长，男女有别（它的自然属性和儒家的文化属性）”和非亲亲的复杂人际关系网中。要有所发现，发现多少，发现大小，决定于眼界或曰视野的开阔与狭窄、高远与浅近。

鲁迅作为研究对象，人是这样，文是这样，作为也是这样。发现和解读鲁迅，有一个立足点和方法问题、眼力和识见问题、视野和眼界问题。

这都是常识、常理。所以我知道自己“很幼稚”，只有这样的“想法，就是研究鲁迅思想首先要研究清楚鲁迅到底有哪些思想，然后才能进一步研究这些思想的性质，评论它的是非，衡量它的高低”（《两地书·几点说明》）。也就是问一问自己：鲁迅有什么思想，是怎样的思想，为什么是这样的思想？

王富仁学兄提出了“首先回到鲁迅那里去！首先理解并说明鲁迅和他自己的主导创作意图”，“为鲁迅小说的研究寻求一个更可靠的基础，一个较为开放的体系”（《中国反封建思想革命的一面镜子——〈呐喊〉〈彷徨〉综论》）的精辟的理论性的概括。

钱理群学兄在同样的理论性理解的基础上，提出了具体的方法论：“每一个有独创性的思想家和文学家，总是有自己惯用的、几乎已经成为不自觉的心理习惯的、反复出现的观念（包括范畴）、意象。”因此他提出了发现与解读鲁迅的“单位观念与单位意象”的见解（《心灵的探寻》）。他自己的鲁迅研究着重运用这一方法，他更把这一“金针”度给他的博士生用来研究鲁迅，成绩斐然。最近他在《鲁迅研究月刊》2003年第5、6期发表的《人间至爱者为死亡所捕获——1936年的鲁迅》中，再一次运用这一方法，强调这一方法，同样做出了独到的解读。

二

然而，他对鲁迅《死》中的“遗嘱”第五条的解读却引发了一系列问题。他的解读是这样的：

> 鲁迅叮咛自己的儿子“万不可去做文学家或美术家”——据前述冯雪峰的回忆，这是鲁迅的原意——，这或许是更值得深思的。这包含着对他自己的人生选择的一种反思。大家都知道，鲁迅是选择文学作为自己一生的事业的；但他又不止一次对文学的价值与作用提出质疑，他可以说是一辈子都在怀疑。他选择了一辈子，也质疑了一辈子。
>
> ……
>
> ……1936年的鲁迅，面临的就是这样一个现实。于是，他感到了从未有过的彻骨的绝望，于是，他在离开这个世界时，向他的后代发出了“万不可去做文学家或美术家”的遗言。这内心的痛苦是非亲历者绝难体会的。——而我们今天却似乎懂得了。

这一系列的问题是：

鲁迅对职业的看法？

鲁迅对文学的价值和作用的看法？

鲁迅对我们中国的父母“望子成龙，望女成凤”的传统观念的看法？

鲁迅对我们中国传统的“子承父业”、“诛族”乃至“灭十族”或“子以父荫”乃至“世袭罔替”的制度和观念的看法？

鲁迅真是一生在“绝望”中，乃至日益发展直到“彻骨的绝望”吗？

怎样发现和解读鲁迅？

三

我想先讨论最后一个问题。

发现鲁迅，自然首先不但要多读鲁迅，而且要常读鲁迅，鲁迅是常读常新的，最好能够对鲁迅的作品烂熟于心，融会贯通；其次也要熟悉鲁迅同时代人的作品，以及后人对鲁迅的看法。正如天文学家每天观察星座、星空和那茫茫宇宙一样。

解读鲁迅，这是非常困难的。文学作品和思想著作不像算术，有“1+1=2”的唯一答案。“诗无达诂”是古人的经验谈；也是对诗的内在因素和解诗者的外在条件的理论性的概括。鲁迅说：“《红楼梦》是中国许多人所知道，至少，是知道这名目的书。谁是作者和续者姑且勿论，单是命意，就因读者的眼光而有种种：经学家看见《易》，道学家看见淫，才子看见缠绵，革命家看见排满，流言家看见宫闱秘事……。”（见《〈绛洞花主〉小引》，删节号原有）这既是事实，也是公认的常理。一部《鲁迅全集》也逃不过这样的命运。那么，是不是就没有一个“近于”甚至“逼近”原作命意的解读呢？事实证明还不是这样。解读作品不是谈鬼，可以任由人“姑妄言之，姑妄听之”。大体还是可以求索，有线索可寻的。语言文字毕竟是交流心意和思想的工具。无论多么真真假假，云遮雾罩，单词有多义，语法有变则，风格有特例，在具体的上下文和语境中，大抵有章可循，有义可解。

即如鲁迅这个“遗嘱”的第五条，原文说的是：“五、孩子长大，倘无才能，可寻点小事情过活，万不可去做空头文学家或美术家。”“空头”二字，如老钱所说，据冯雪峰先生回忆，是他建议增加的。关键在“孩子长大，倘无才能”八个字。鲁迅逝世的时候，海婴先生七岁。鲁迅不是算命先生，不能预料到海婴先生成年后的情况，包括有无才能，才能大小。然而鲁迅说过，“况且世界文学史上，有多少中国所谓‘父子作家’‘夫妇作家’那些‘肉麻当有趣’的人物在里面？因为文学和梅毒不同，并无霉菌，决不会由性交传给对手的”（《中秋二愿》）。当然也不会像梅毒可以传给儿子。“遗嘱”后面的嘱咐，是以“倘无才能”为前提的。这是一个“条件”。鲁迅这一条“遗嘱”，不是“无条件”嘱咐海婴“万不可去做文学家或美术家”，而是假定海婴先生长大以后没有才能，才嘱咐他“万不可去做文学家或美术家”。这一点恐怕不需要再讨论的吧？既然没有才能，却偏要去做文学家或美术家，这样的文学家或美术家会是怎样的，已经不言而喻了。因之，“空头”云云，如果不是表达一种“强调”的意义，而以为有“实质”的意义，恐怕在修辞上就有可议之处了。

如果这一解读可以成立，那么，鲁迅不希望自己的孩子“子承父业”，就不能用这一点来断定鲁迅行将谢世的时候，对自己从事了一辈子的事业后悔莫及了，竟至于不让儿子重蹈覆辙。

即使鲁迅“无条件”遗嘱海婴先生“万不可去做文学家或美术家”，我以为也还不能简简单单以此推断鲁迅对自己从事了一辈子的事业后悔莫及，竟至于不让儿子重蹈覆辙；要做这样的结论，还必须有直接的说法，或可靠的证据。我举两个可做参考的例证。第一个，鲁迅给许广平先生写过这样一封信：“在好看的天亮还未到来之前，再看了一遍大作，我以为还不如不发表。这类题目，其实，在现在，是只能我做的，因为大概要受攻击。然而我不要紧，一则，我自有还击的方法；二则，现在做‘文学家’似乎有些做厌了，仿佛要变成机械，所以倒很愿意从所谓‘文坛’上摔下来。至于如诸君之雪花膏派，则究属‘嫩’之一流，犯不上以一篇文章而招得攻击或误解，终至于‘泣下沾襟’。”（《两地书·三五》）如果鲁迅不说明原因，可引起的推测就多了。第二个，杨霁云先生为《集外集》写了一篇序，鲁迅看后，回信说：“先生的序，我看是好的，我改了一个错字。但结末处似乎太激烈些，最好是改得隐藏一点，因为我觉得以文字结怨于小人，是不值得的。至于我，其实乃是箭在弦上，不得不发。不知先生以为何如？”（1934年12月23日致杨霁云信）在这样的人我两者之间，我以为有“鲁迅精神”在。“明于礼义”和“知人心”之间，是需要深思的。鲁迅曾经引征季札所说，又加以评论道：“季札说：‘中国之君子，明于礼义而陋于知人心。’这是确的，大凡明于礼义，就一定要陋于知人心的，所以古代有许多人受了很大的冤枉。”（《魏晋风度及文章与药及酒之关系》）今之“太学生”，看到鲁迅一生过得很苦而不知其所以然，又似乎以为鲁迅希望他们像自己一样吃苦地过活，曾经纷纷吐露心声：不愿意像鲁迅那样生活了！这当然很好。听了他们的誓言，我常常苦笑：鲁迅何尝希望他们像自己一样生活？他们在中学里读过课本上的鲁迅的《故乡》。有时也能看到他们引用其中的半句话：“地上本没有路，走的人多了，也便成了路。”这当然不错。可是，就在这一段话的前面，我以为还有一段至少同样可资引用的话，说的是：“我想：我竟与闰土隔绝到这地步了，但我们的后辈还是一气，宏儿不是正在想念水生么。我希望他们不再像我，又大家隔膜起来……然而我又不愿意他们因为要一气，都如我的辛苦展转而生活，也不愿意他们都如闰土的辛苦麻木而生活，也不愿意都如别人的辛苦恣睢而生活。他们应该有新的生活，为我们所未经生活过的。”当今之“太学生”不忘记这一段话，而又能够看到他们生活的社会里，还有像鲁迅当年引述爱伦堡所说的现象：“一方面是庄严的工作，另一方面却是荒淫与无耻。”再来发誓想怎样过活，——当然不是也不必完全像鲁迅。至少会比较切合实际吧？

解读鲁迅，还有更难、更丰富、更复杂的一面。这就是从全部鲁迅著作中搜索鲁迅对于某一概念、某一观念、某一问题的见解。因为鲁迅没有用像《中国小说史略》这样的专著来表达自己对于中国小说史的看法那样，用专著来表达自己的思想。而是通过他的“社会批评”和“文明批评”的数以百计的短评也即杂文来表达他的思想，自然还有其他的短文，如序跋等。他逝世以后，他数以千计的私人信件被发表出来，其中也常表达了他的思想观点。就是日记，虽然一如他生前所说明，“是写给自己看的”，“目的，只在记上谁有来信，以便答复，或者何时答复过，尤其是学校的薪水，收到何年何月的几成几了，零零星星，总是记不清楚，必须有一笔账，以便检查，庶几乎两不含糊，我也知道自己有多少债放在外面，万一将来收清之后，要成为怎样的一个小富翁”（《马上日记》），当然也是有用的参考材料。这就要求研究者从三百万字的鲁迅著作中搜索、汇集鲁迅对某一个问题的看法：在什么时间，什么地方，针对什么，说了什么，怎么说的，进而分析为什么这么说，才可望“逼近”鲁迅，“尽可能”懂得鲁迅的原意。

首先，当然是对于某一概念或问题的汇集。比如“革命”一词，鲁迅总共使用了一千四百四十一次。除了通常的“用暴力夺取政权”如“法国革命”的含义以外，鲁迅有他自己独特的含义。如，“其实‘革命’是并不稀奇的，惟其有了它，社会才会改革，人类才会进步，能从原虫到人类，从野蛮到文明，就因为没有一刻不在革命”（《革命时代的文学》）。这是把社会的改革和生物的进化都看作“革命”。又如，“所谓革命，那不安于现在，不满意于现状的都是。文艺催促旧的渐渐消灭的也是革命（旧的消灭，新的才能产生）”（《文艺与政治的歧途》）。还有，“‘革命’这两个字，在这里不知道可害怕，有些地方是一听到就害怕的。但这和文学两字连起来的‘革命’，却没有法国革命的‘革命’那么可怕，不过是革新，改换一个字，就很平和了，我们就称为‘文学革新’罢，中国文字上，这样的花样是很多的”（《无声的中国》）。此外还有。如果专门研究鲁迅对于暴力的流血的推翻一个政权的革命的思想，自然只取这一意义的论述；如果研究鲁迅对于“一般性”的革命的观点，就必须汇集全部相关的论述加以分析和归纳才不致“断章取义”。

其次，从上述举的例证已经可以看到，同样一个“意义”，鲁迅可能使用不同的“词”“概念”。因此，在研究的时候，又必须把鲁迅同一意义所使用的不同的“词”“概念”搜索汇集起来加以分析和归纳。这种情形是常见的。如汪晖学兄所发现的极重要的一个“概念”，即“中间物”，《鲁迅全集》共四见。但同一“意义”鲁迅又用“桥梁”来表达，而且凡七见。如：“但祖父孙子，本来各各都只是生命的桥梁的一级，决不是固定不易的。”（《我们现在怎样做父亲》）又：“只将所说所写，作为改革道中的桥梁，或者竟并不想到作为改革道中的桥梁。”（《古书与白话》）还有，鲁迅还用过“环”和“环子”来表达同一个意义。这见于他1935年6月29日给唐英伟的信：“例如问‘木刻的最后的目的与价值’就是。这问题之不能答复，和不能答复‘人的最后目的和价值’一样。但我想：人是进化的长索子上的一个环，木刻和其他艺术也一样，它在这长路上尽着环子的任务，助成奋斗，向上，美化的诸种行动。”此外，鲁迅在谈论“不朽”的时候，有的地方明显和“中间物”的意义是相通的。如“例如《鲁迅在广东》这一本书，今年战士们忽以为编者和被编者希图不朽，于是看得‘烦躁’，也给了一点对于‘冥顽不灵’的冷嘲。我却以为这太偏于唯心论了，无所谓不朽，不朽又干吗，这是现代人大抵知道的”（《我的态度气量和年纪》）。谈到“现代人”，在鲁迅的思想中，自然“现代人”应该具有人是进化的产物也即“中间物”的常理常识，人所创作的一切也是“中间物”的常理常识。在“中间物”的思想中，宇宙万事万物都是一条流动的河；不存在“不朽”的东西——包括人的生命和古人所谓的“立德，立功，立言”的“三不朽”，以及成佛、成仙的长生不老，天堂地狱。

还有一点是非常奇特的。在鲁迅笔下，他的概念、观点、意象的重要与否，并不和他使用的频率成正比。相反，在他思想中具有根本性的概念、观点和意象，出现得非常少。我认为是他思想的根本、出发点和归宿的“立人”的概念，只用了一次。另有两次是因为韦丛芜改名“立人”，鲁迅在给韦素园的信里使用的。当然，如上面所说，相关的如“人立而后凡事举”（《文化偏至论》），“这是人的问题。做事不切实，便什么都可疑”（《马上日记》）等论述就遍及《全集》了。这自然不可不注意。

四

这里我只想讨论一下所谓鲁迅的“绝望”乃至“彻骨的绝望”问题。其他几个问题写在一篇文章里太长，另外再讨论。

关于所谓鲁迅的“绝望”问题，是改革开放以来的二十多年里，议论很多、影响很大、青年很钟情的问题之一。它的提出推动了“回到鲁迅”的研究；但答案虽“持之有故，言之成理”，却并不符合鲁迅的真实。现在，理群兄把它推到极端，说是1936年或鲁迅逝世前竟达到了“彻骨的绝望”的境地了。这就不能不和“我的朋友”而且“们”讨论清楚了。

首先，就在这1936年的3月26日，鲁迅在写给曹白的信里说：“人生现在实在苦痛，但我们总要战取光明，即使自己遇不到，也可以留给后来的。我们这样的活下去罢。”这是一个“绝望”乃至“彻骨的绝望”的人能有的思想和心情吗？一个“总要战取光明”而不计较自己是不是能够享受这胜利果实的人是“绝望”乃至“彻骨的绝望”的人的精神境界吗？到8月23日，在理群兄已经引用的鲁迅这一天写的《“这也是生活”……》中有这样的话：“无穷的远方，无数的人们，都和我有关。我存在着，我在生活，我将生活下去，我开始觉得自己更切实了，我有动作的欲望——”则距离他谢世只有一个半月。这和“绝望”乃至“彻骨的绝望”是有矛盾的。即使像鲁迅有一时说他的意见“本含有许多矛盾，教我自己说，或者是人道主义与个人主义这两种思想的消长起伏罢”（《两地书·二四》）那样，也不能抹去矛盾的一个方面，而把另外一个方面强调到绝对的地步。

何况，1936年，鲁迅在逝世前的十个半月写了四十九篇文章（包括口述而由冯雪峰先生“笔写”“笔录”的两篇），写信一百九十三封。且不论这许多文字，洋溢着生气，充满了战斗的精神，单单这样的工作量，是一个“绝望”乃至“彻骨的绝望”的人所能做得出来的吗？这一年，鲁迅还曾经生过大病。可见直到逝世，他有着多么旺盛的生命力，有着多么坚韧的意志力。对于这样一个人，渲染他的“绝望”乃至“彻骨的绝望”，我以为并不是符合实际的解读。

认定鲁迅是“绝望”的，是“反抗绝望”的，当然是一种认真的深入的研究。他得到青年的热烈响应，也是时代使然。在解读鲁迅方面，自然也仿佛有所根据。“反抗绝望”一词，就是出自新时期发现的鲁迅给赵其文的两封信。1925年4月11日的一封，有如下的话：

> 《过客》的意思不过如来信所说那样，即是虽然明知前路是坟而偏要走，就是反抗绝望，因为我以为绝望而反抗者难，比因希望而战斗者更勇猛，更悲壮。

这里，我想有两层含义。一是指生命的过程。鲁迅的《“与幼者”》和《生命的路》是研究者所熟悉的。这正是进化论的思想。前文引证的鲁迅致唐英伟的信，那引文后面就是：“至于木刻，人生，宇宙的最后究竟怎样呢，现在还没有人能够答复。也许永久，也许灭亡。但我们不能因为‘也许灭亡’就不做，正如我们知道人的本身一定要死，却还要吃饭也。”所以说“明知前路是坟而偏要走”。二是指工作、事业。这自然复杂得多，前面关于木刻的话可以是一个参考。关键在大的方面。鲁迅在《答国际文学社问》中说过：“先前，旧社会的腐败，我是觉到了的，我希望着新的社会的起来，但不知道这‘新的’该是什么；而且也不知道‘新的’起来以后，是否一定就好。待到十月革命后，我才知道这‘新的’社会的创造者是无产阶级，……”在这之前两年，鲁迅在《二心集·序言》中说过："只是原先是憎恶这熟识的本阶级，毫不可惜它的溃灭，后来又由于事实的教训，以为惟新兴的无产者才有将来，却是的确的。"但正如理群兄所发现，鲁迅对于"黄金世界"是怀疑的；他"于一切眼中看见无所有"，"于天上看见深渊"，但是，却"于无所希望中得救"（见《心灵的探寻》）。鲁迅在反驳创造社的时候，提出过一个严厉的问题："倘若难于'保障最后的胜利'，你去不去呢？"（《"醉眼"中的朦胧》）随后有一个严正的回答："但不是正因为黑暗，正因为没有出路，所以要革命的么？倘必须前面贴着'光明'和'出路'的包票，这才雄赳赳地去革命，那就不但不是革命者，简直连投机家都不如了。虽是投机，成败之数也不能预卜的。"（《铲共大观》）"反抗绝望"正因为还没有绝望；只是不知道前途如何，成败如何，但无论如何必须反抗，唯有反抗才可望有前途。鲁迅说："一个活人，当然是总想活下去的，就是真正老牌的奴隶，也还在打熬着要活下去。然而自己明知道是奴隶，打熬着，并且不平着，挣扎着，一面'意图'挣脱以至实行挣脱的，即使暂时失败，还是套上了镣铐罢，他却不过是单单的奴隶。如果从奴隶生活中寻出'美'来，赞叹，抚摩，陶醉，那可简直是万劫不复的奴才了，他使自己和别人永远安住于这生活。就因为奴群中有这一点差别，所以使社会有平安和不安的差别，而在文学上，就分明的显现了麻醉的和战斗的的不同。"（《漫与》）鲁迅对于人和人赖以生存的条件及环境，无论自然的、社会的、政治的、经济的、法律的、道德的、文化的、文学艺术的、宗教的一切方面，都是从人的生存的根底来观察和思考的。我读鲁迅所领悟到的，觉得鲁迅从骨子里就决不是一个绝望的人。他对于"希望"，无论大的还是小的，无论是"黄金世界"，还是"别人应许给你的事物"，都不抱幻想。他永远不平着，挣扎着，反抗着，坚韧地向前走去。这和"绝望"是完全不同的，更不要说"彻骨的绝望"。

《故乡》的结尾，鲁迅关于"路"的话引用率是很高的；但读者往往不察，鲁迅在这里要说的主旨，不是“路”，而是“希望”。“路”只是比喻，而且是对人们“合理的”生活的憧憬，也就是社会改革的理想了。请看鲁迅是怎么说的：

> 我想：我竟与闰土隔绝到这地步了，但我们的后辈还是一气，宏儿不是正在想念水生么。我希望他们不再像我，又大家隔膜起来……然而我又不愿意他们因为要一气，都如我的辛苦展转而生活，也不愿意他们都如闰土的辛苦麻木而生活，也不愿意都如别人的辛苦恣睢而生活。他们应该有新的生活，为我们所未经生活过的。
>
> ……
>
> ……我想：希望是本无所谓有，无所谓无的。这正如地上的路；其实地上本没有路，走的人多了，也便成了路。

认为鲁迅“绝望”的，还有一个争论不休的话题，就是鲁迅《野草》中的《希望》，特别是鲁迅征引的裴多菲的一句诗：“绝望之为虚妄，正与希望相同！”

这一句诗的出处，曾经遍寻不着，直到1981年才为万先生查到，原来出自诗人致友人的信。原信的译文中这一句是这样的：“我的朋友，绝望是那样地骗人，正如同希望一样。”鲁迅是喜爱裴多菲的，他把这一句诗化了。也许鲁迅在什么地方读到别人把这一句诗化的译文？

《野草》确乎难懂。但也只限于有些篇。即如这一篇《希望》，主旨并不难懂。何况鲁迅自己在五年之后就有过说明：“因为惊异于青年之消沉，作《希望》。”这不分明表示要鼓舞青年奋起么？青年为什么“消沉”？大概出于看不见“希望”吧，大概因为看不见“希望”而有点“绝望”，而“消沉”吧，所以鲁迅先说“希望”。

我只得由我来肉薄这空虚中的暗夜了。我放下了希望之盾，我听到Petofi Sándor（1823—49）的“希望”之歌：

希望是甚么？是娼妓：
她对谁都蛊惑，将一切都献给；
待你牺牲了极多的宝贝——
你的青春——她就弃掉你。

这无疑是说：“希望”是骗人的东西。你们不要相信它，不要依赖它。

然而，不相信“希望”，不相信将来的“黄金世界”，无论谁应许给你们的“黄金世界”，是不是就“绝望”了呢？拿一句时下风行的学术语言来说，鲁迅没有这样的“非此即彼”的二分法。他赞颂诗人的战斗至死。他指出，诗人的个体生命是结束了，但“他的诗至今没有死”，而且诗人“回顾着茫茫的东方了”。他说：

绝望之为虚妄，正与希望相同。

这不是说：绝望是虚妄的吗？绝望的虚妄和希望也是虚妄的，是相同的罢了。这不是“绝望”也是“娼妓”，也是骗人的吗？

青年消沉，《希望》的作者决不消沉。诗中再次吟唱：“我只得由我来肉薄这空虚的暗夜了，纵使寻不到身外的青春，也总得自己来一掷我身中的迟暮。”不是说我虽然比你们年老，但我还要坚持与暗夜肉薄吗？而且，鲁迅表示“而我的面前又竟至于并且没有真的暗夜”。不是说连青年的消沉也不在意吗？

从《希望》这首哲理诗中，我怎么也读不出鲁迅“消极”“悲观”“颓唐”“绝望”的情绪来。

鲁迅在他的全部作品中，用了三十三次“绝望”这个词（六次是引文不计）。上文已经引用的不再重复，我把他谈到自己的几处排列在下面。

但是，我于高兴之余，接着就是扫兴，因为我请人讲完了二十四个故事之后，才知道“孝”有如此之难，对于先前痴心妄想，想做孝子的计划，完全绝望了。

（《〈二十四孝图〉》）

然而我那时对于“文学革命”，其实并没有怎样的热情。见过辛亥革命，见过二次革命，见过袁世凯称帝，张勋复辟，看来看去，就看得怀疑起来，于是失望，颓唐得很了。……不过我却又怀疑于自己的失望，因为我所见过的人们，事件，是有限得很的，这想头，就给了我提笔的力量。

“绝望之为虚妄，正与希望相同。”

（《〈自选集〉自序》）

但是到嘉业堂去买书，可真难。我还记得，今年春天的一个下午，好容易在爱文义路找着了，两扇大铁门，叩了几下，门上开了一个小方洞，里面有中国门房，中国巡捕，白俄镖师各一位。巡捕问我来干什么的。我说买书。他说账房出去了，没有人管，明天再来罢。我告诉他我住得远，可能给我等一会呢？他说，不成！同时也堵住了那个小方洞。过了两天，我又去了，改作上午，以为此时账房也许不至于出去。但这回所得回答却更其绝望，巡捕曰：“书都没有了！卖完了！不卖了！”

（《病后杂谈》）

学监大久保先生集合起大家来，说：因为你们都是孔子之徒，今天到御茶之水的孔庙里去行礼罢！我大吃了一惊。现在还记得那时心里想，正因为绝望于孔夫子和他的之徒，所以到日本来的，然而又是拜么？一时觉得很奇怪。而且发生这样感觉的，我想决不止我一个人。

（《在现代中国的孔夫子》）

你好像常在看我的作品，但我的作品，太黑暗了，因为

> 我常觉得惟“黑暗与虚无”乃是“实有”，却偏要向这些作绝望的抗战，所以很多着偏激的声音。其实这或者是年龄和经历的关系，也许未必一定的确的，因为我终于不能证实：惟黑暗与虚无乃是实有。所以我想，在青年，须是有不平而不悲观，常抗战而亦自卫，倘荆棘非践不可，固然不得不践，但若无须必践，即不必随便去践，这就是我之所以主张“壕堑战”的原因，其实也无非想多留下几个战士，以得更多的战绩。
>
> （《两地书·四》）

从这些议论可以看出，凡是可以“量化”的目的，如做孝子，书卖完了，这样的地方所用的“绝望”，是实在的。但这只是具体的一件事，与人生的关系不大。——在鲁迅的眼里，古之“孝子”在古人虽然是大事，对于“现代人”已经失去了它的传统的意义了。即使颇大的“失恋”，也可以看作“绝望”；但鲁迅的意见是：“由她去罢。”

对于孔夫子和他的之徒的绝望，这是对他人的绝望，实质意义并不在自己。鲁迅的“绝望”和“彻骨的绝望”，指的是鲁迅对于自己的“绝望”。

最值得注意的是最后一条，但意义显豁，鲁迅自己已经说明“我终于不能证实：惟黑暗与虚无乃是实有”了，我想不应该有歧义的。

这是必然的。鲁迅自成年就读于南京矿路学堂，不但读到一般现代科学课本，特别是读到英国赖耶尔的《地学浅说》，学到现代的古生物学知识；赖耶尔是达尔文的朋友，他的学说对于达尔文完成进化论有很大的帮助。而就在这时候鲁迅在课外读到严复翻译的赫胥黎的《天演论》，奠定了他接受达尔文进化论学说的基础。此后又在日本学医，进一步接受现代生命科学的教育，完成了他对达尔文进化论的终身信仰。

达尔文进化论是鲁迅“立人”思想的科学基础，也是鲁迅“立人”思想的哲学基础。这基础主要在于：第一，“石类既自少而至多，生物亦由简以进复，……是即造化自著之进化论，而达尔文剽窃之以成十九世纪之伟著者也”（《中国地质略论》）。“故进化论之成，自破神造说始。”（《人之历史》）这使鲁迅重观察，重事实，立于坚实的唯物论的立场。第二，“知一切生物，实肇自至简之原官，由进化而繁变，以至于人”（《人之历史》）。“所谓世界不直进，常曲折如螺旋，大波小波，起伏万状，进退久之而达水裔，盖诚言哉。”（《科学史教篇》）“然奈何星气既凝，人类既出而后，无时无物，不禀杀机，进化或可停，而生物不能返本。”（《摩罗诗力说》）这使鲁迅奠定了一种经典的进化思想，但非直线的，是曲折如螺旋的、不能返本的、充满杀机的进化思想。第三，“动植之间，无脊椎和脊椎动物之间，都有中间物；或者简直可以说，在进化的链子上，一切都是中间物”（《写在〈坟〉后面》）。这是鲁迅创造性地提炼出来的“中间物”的思想。在这样一个建立在现代自然科学基础上的、具有哲学意义的基础上的思想，虽然可能对于社会现状和可见的将来抱着“怀疑”“不相信”“无希望”的观察，但决不可能对社会、人类、世界的远景怀抱着“绝望”乃至“彻骨的绝望”的思想。因为这完全违背他的自然科学知识基础和他的思想的哲学基础；是和他的思想的逻辑起点和逻辑思考不相容的。

长期以来，人们对鲁迅1932年在《三闲集·序言》中所说的两段话有一个几乎定论的解读。鲁迅说：“我一向是相信进化论的，总以为将来必胜于过去，青年必胜于老人，对于青年，我敬重之不暇，往往给我十刀，我只还他一箭。然而后来我明白我倒是错了。这并非唯物史观的理论或革命文艺的作品蛊惑我的，我在广东，就目睹了同是青年，而分成两大阵营，或则投书告密，或则助官捕人的事实！我的思路因此轰毁，后来便时常用了怀疑的眼光去看青年，不再无条件的敬畏了。然而此后也还为初初上阵的青年们呐喊几声，不过也没有什么大帮助。”“我有一件事要感谢创造社的，是他们‘挤’我看了几种科学底文艺论，明白了先前的文学史家们说了一大堆，还是纠缠不清的疑问。并且因此译了一本蒲力汗诺夫的《艺术论》，以救正我——还因我而及于别人——的只信进化论的偏颇。”曾经流行的解读，认为这表明鲁迅自己否定了对进化论的信仰了。其实，我的解读不同。“我的思想因此轰毁”，是指对青年的“无条件的敬畏”的思路轰毁了。一般性地认为“青年必胜于老人”有“偏颇”，他们自己是分裂的。事实上，鲁迅从来没有这样幼稚、简单地看待青年这一族群。他早在1925年就写过了：“近来很通行说青年；开口青年，闭口也是青年。但青年又何能一概而论？有醒着的，有睡着的，有昏着的，有躺着的，有玩着的，此外还多。但是，自然也有要前进的。”（《导师》）《三闲集·序言》这是带论争性的文字，这里显然是鲁迅笔法，同时有一种强调。至于第二句，我以为“只信”二字就表明并不是否定自己相信的进化论，而只是说明“只信”是一种“偏颇”，但不是错误；“只信”还不够，还必须增加别的观点、别的思想而已。

事实也真是这样。鲁迅在此后的文字中，依然不断肯定进化论。如在谈到中国语文的改革会遭到反对的时候，说：“反对，当然大大的要有的，特殊人物的成规，动他不得。格理莱倡地动说，达尔文说进化论，摇动了宗教、道德的基础，被攻击原是毫不足怪的；但哈飞发见了血液在人身中环流，这和一切社会制度有什么关系呢，却也被攻击了一世。然而结果怎样？结果是：血液在人身中环流！”（《中国语文的新生》）鲁迅在指出名人的话不一定是名言的时候，举例说：“德国的细胞病理学家维尔晓（Virchow），是医学界的泰斗，举国皆知的名人，在医学史上的位置，是极为重要的，然而他不相信进化论，他那被教徒所利用的几回讲演，据赫克尔（Haeckel）说，很给了大众不少坏影响。因为他学问很深，名甚大，于是自视甚高，以为他所不解的，此后也无人能解，又不深研进化论，便一口归功于上帝了。”（《名人和名言》）至于鲁迅在进化论的含义上使用“进化”的概念，也是依然不断。

鲁迅早年，在给许广平先生的信里，曾经写过一段“走‘人生’的长途”的话，后来许先生认为应该公之于众，让更多的人知道，曾向鲁迅提议过。鲁迅1934年写了一段话，我以为可以看作鲁迅对于“走‘人生’的长途”的问题的总纲，其中首先就谈到“进化”。他说：

> 人固然应该生存，但为的是进化；也不妨受苦，但为的是解除将来的一切苦；更应该战斗，但为的是改革。责别人的自杀者，一面责人，一面正也应该向驱人于自杀之途的环境挑战、进攻。倘使对于黑暗的主力，不置一辞，不发一矢，而但向“弱者”唠叨不已，则纵使他如何义形于色，我也不能不说——我真也忍不住了——他其实乃是杀人者的帮凶而已。
>
> （《论秦理斋夫人事》）

对于鲁迅的“绝望”乃至“彻骨的绝望”问题的讨论，本当学习理群兄的梳理鲁迅笔下重要的概念的方法，将与“绝望”关系密切的诸如“希望”“悲观”“黑暗”“虚无”“恨恨”“愤恨”等词语也梳理一番，庶几比较全面。但，这一篇文字，已经超出一万字，太长了。好在鲁迅博物馆创制的“鲁迅著作全编微机检索系统”早已开通，有兴趣的朋友，可以用它来检索并梳理。

以上，当否，尚望得到理群学兄“们”指教也。

2003年7月20日星期日

初刊《鲁迅研究月刊》2003年第9期

中国的堂吉诃德们

——读钱理群《丰富的痛苦》

王乾坤

我不弄文学，并不与钱理群先生同行。因为不同行，对其著作中的文学性铺陈，常常是跳着看，对太专业化的交代甚至不看。远观其势，模糊接受。虽然如此，我却很注意读他的书，并且同样注意读有关他的评论文字。

我决不轻看他的学术思想，但其著作吸引我注意的主要不在于此，而在于作者本人生命形态的置入，也就是把自己熬煎在里边。所以读他的书，有时会产生一种视点滑动：本来想看他如何阐释客体，结果悄悄地，边界模糊起来，最后变成看他自己。这是一种很有趣的读书体验。

这种介入常常会遇到“学术不纯”的讥评，对一个学院派教授的“正果”是有碍的。他很清楚这一点，但他宁可这样，有时似乎还很得意于这种“不纯”。钱理群是一个有情感色彩的学者，但他做得这样自觉而且一贯，却不是情绪主义的产物。他坚信，人文学科的解释性“研究”不可能做到也不应该是关于对象的纯客观解剖。我想他的见解虽然不合时宜，却至少是老实的。人文学科应该洗刷亵渎，“为学术而学术”也没有什么不对，但没有必要同自然科学攀比来证明其纯洁。因为人文这个词本来指的就不是自然对象而是一种价值存在。抽掉了价值意义的人文研究恰恰是不要人文本身，恰恰是把人还原为机器而使其失去尊严。人文的“纯洁”“圣洁”只能是人的意义本身而不是别的什么。

这样说也许让一些搞人文的研究者有些扫兴，但实在没有办法让其不扫兴。扫兴的根子在于对自己存在的理由的“不自信”。

生命形态的自觉介入，证明了钱理群的自信。这种介入当然可能“走火入魔”，但只要这种介入是真诚的，不管成败如何，它本身就构成了一种供人解释的历史典型，一种价值存在。我正是这样注意着钱理群的。

前些年，钱先生似乎还没有系统研究过伽达默尔等，但这并没有妨碍他对“我观”表达方式的一拍即合，即使有时强调“客体”“回复本来”，也常常闹得“主体”原形毕露。并且很少例外地在书前书后有大段自白，把自己赤裸裸地交出去。他出身南方，且常常似乎得其真谛地讲“壕堑法”，然而他的道行不深，掩体功夫也实在不行。加上行色匆匆，所以常常闹得衣冠不整，很狼狈，然后无可奈何，歇下来舔伤。接着是忘掉伤痛，又日夜兼程，“仿佛有人抽打”着自己。

我常常想到“过客”给他的投影，但稍稍一想又不尽然。过客似乎只是鲁迅所独有。过客虽然执着于无希望的反抗绝望，但毕竟是冷峻而精明的。钱理群没有过客老到，而且在他的精神世界中分明还有一种别的东西，至于是什么东西也没有认真去想它。直至1994年冬天，读了他的新著《丰富的痛苦——堂吉诃德与哈姆雷特的东移》，才恍然大悟到那别的东西，很类似那位西班牙骑士的“憨”和“傻”性。

这一下子把我对他的印象连成一串。我已记不得他在多少篇什、多少场合中讲到他的贵州的“精神兄弟”尚沸的故事。在《丰富的痛苦》中，他又讲开了：

> 他（指尚沸）常常把他理想的对象尽情地美化。我至今仍不能忘怀，在向我描述他心目中“美”的化身时，他是怎样地动情，眼睛闪着光，微笑着，沉迷在一种宗教般的感情中，以至旁观者都不忍心告诉他，那不过是他的幻觉。但很快他自己

就会清醒过来，幻想破灭了，他又是那样沮丧、痛苦……但不久，他又会制造出一种新的“美”，又开始新的迷恋，新的破灭，新的痛苦……这就是尚沸，他永远是“幻美”的俘虏，认真、直率、真诚，甚至达到了天真的地步。可以说他终生保持着，更确切地说，是终生追求着儿童的纯真：他是长不大的。

听口气，他似乎比尚沸清醒一些，其实不过是惺惺惜惺惺。比如他不知道眼下有多少人愿意听尚沸的故事，就这么一次次复述：从著作讲到课堂，由中国讲到日本。我可以断言，他在讲尚沸的故事时也一定是“动情的”，“眼睛闪着光”，也一定是“沉迷于一种宗教般的感情中”的。

在《丰富的痛苦》中，尽管钱理群把哈姆雷特的怀疑主义与堂吉诃德的理想主义并论，尽管他本人兼具怀疑和信仰两种气质，但我注意到，构成其心理基质的不是前者而是后者。在他身上有一种理想主义的情结作祟，每每涉及这个话题，他几乎都是忘情地投入，文字也比他的“反思”来得生动。

这种投入是不合时宜的。除了上面讲到的学术的不谐调，还有历史的不投机：钱理群虽称“在无所希望中得救”，但同时又以“历史殉道者”自命，殉道不就是寻梦么？然而他所寻之梦已经不再是甜美的乌托邦，而注入了“丰富的痛苦”，这就等于在同代人中设了一层壁膜。而下一代正风行把理想与梦化为感性的东西，信仰的脖子上有着他们的唾液和排泄物。这同样使他无可奈何。

对这种尴尬，钱理群有着充分的估计，而常常有一种孤独无助感。他多次称羡年轻学生的“潇洒”。其实，每一个人只要肯放下包袱，一样可以潇洒。这一点他很清楚，可是他偏不，他“羡慕”潇洒然而并不认同，他宁愿“把各种包袱背起来，背起来”，老牛破车地苦行。不管是不是来得及理解，他尊重年轻人的个性选择，但同时又有一种无可言状的隐忧。他哈姆雷特似的反省自己的过去但意识中对道德情操终极信仰却有着剪不断的苦恋。

钱理群警惕自己的历史包袱影响年轻人，强调学生“依自不依他”的选择，他非常认真地学着鲁迅说，自己这一代不过是“中间物”。年轻人于是以一种“后喻文化”的优越眼光打量着他们的前辈。

如果历史文化真的全是线性进化的，前者的无可奈何与后者的优越自得也就各得其所。

可是问题并不全是这样。如果从生生死死前后相继的思想惯性中挣脱出来，人们并不难发现，古人今人老人少人常常做的是同一篇文章，而且后来者的解释未必优于前者。

“中间物”的概念对钱理群影响太深，他似乎太注重于这个概念的历史性诠释，并且自觉以此律己。像他那样向年轻人敞开自己、忏悔自己的同龄人并不很多。不过同时他似乎感到了其中的问题，既然每一个人都是中间物，那么无论新老都有它同等的存在价值，所以惆怅之余，他有时又表现得很自信。他相信他可以逾越时空同古人对话，与今人沟通，于是他不知疲倦左冲右突，追寻那些永恒的人生主题，写了一本又一本叫作著作的东西。但他不满足，因为他没有找到跨越时空，包含人类普遍价值的典型或中介。他苦苦地探索“深入”与“升华”的突破口，终于蓦然回首，看到了堂吉诃德与哈姆雷特的东移。这一发现给他“带来了难以言传的兴奋与研究冲动”。不难想象，这仍然是一种“尚沸式”的兴奋与冲动。

研究这两个典型的东移，用他的话说，是“力不从心”的“话儿”：“连自己也没有想到，已经到了这个年龄，还会去冒险跋涉完全不熟悉的外国文学（文化）领域。”“横跨英、西、法、德、俄、中六个国家”，涉及近现代世界著名的文学大师。他承认这是在他所有的著作中“最没把握的”一本。但是仅仅由于爱，他就一支秃笔披挂上阵，“明知可能失败，却偏要试一试”。不仅如此，当他精疲力竭地到达终点后还来不及卸装，就兴致勃勃地向人宣布他的旅行“还没有结束”，不过是“暂告一段落”，“与以前每写完一本书就宣布告别相反”，“希望有一天还会回到这本书上来”，再来一次“漫游”。我同样可以断言，他在写这些话的时候，也一定是“动情的”，“眼睛闪着光”，“沉迷于一种宗教般的感情中”。

钱理群毕竟不是尚沸，他的确比尚沸清醒。他不断地盘诘自己的理想与梦，不断地对“黄金世界”提出哈姆雷特式的怀疑。但是，由他生活的那个理想主义时代注给他的性格基因使他终于不能孤独到底，所以虽然这本书没有如此前的著作那样，冠之以“献给×××”之类的赠言，却一如既往地在前言后记中期待“读者更积极地参与”，来同他一起“上路”“漫游”。

我很担心，却忍心告诉他，在这物质至上的时代，很难说有多少人愿意跟他一起做精神漫游，去煎熬于什么“丰富的痛苦”。这本书并不逊色于他以前的任何一本，但据我所知，它至今几乎没有什么反应。

这样的窘境绝不是钱理群一人的。

文人顺应历史，盯向“买方市场”，这自然是找到了新的“活法”，因而无话可说。看准能给人带来利益的“有用的知识”，忘情于工具理性的生产，这更是无话可说。而那些只交流“良知”的著作者向来只有一个精神支撑：心灵的对话。可今天这个支撑成了问题：人家不愿意听你启蒙或者同你对话！

拜伦曾责怪塞万提斯笑掉了骑士制度，同时使西班牙此后不出什么英雄。“傻博士”“迂教授”“无用知识”之类的奚落会不会笑掉一种传统，而使中国人从此不出“迂夫子”，现在还不知道，但愈来愈多的人哀叹、罢笔却是事实。

一种传统文人“百无一用是书生”的自嘲与调侃之风弥漫于知识界，一种并不传统的关于堂吉诃德“归来”式的思考也郑重其事地进行着。“哲学往哪里去”之类的论题屡现于各种传媒和讨论会。因为问题被置于工业化、商品化的背景，所以这种“归来”的思考第一次具有全世界的普遍性。除了自身的生存问题必须正视，工业化、商品化可以为贫穷的中国带来实利和发展，这也使一切有良知的知识者不得不推敲自己的“有用性”，不得不反问只按“内心律令”行事的“合理性”。

然而，对形而上的拒斥，使我们已经习惯了把纯善称为“乌托邦”，习惯了把不能实证化的东西统统叫作“无用”。但是不是也应去想一想：“实用”与“有用”是不是穷尽了人生的一切而可做唯一的价值参照？没有实体、不能科学验证的东西是不是就不能或者不应存在，就没有其价值？人类有谁看过无限？但谁能否认无限及其意义？如果只有“实际”而没有“梦幻”（乌托邦），人类还可能存在到今天么？有谁见过完善与纯粹？但有谁能否认这子虚乌有的东西对推动人类历史的贡献？

骑士制度被笑掉并不足惜，骑士的迂执与蹩脚被哈哈一笑也无大妨，然而骑士的圣徒性格却是不能笑的，它没有任何笑料成分。这就像你可淋漓尽致地奚落从孔夫子到梁漱溟等辈的社会设计方案，但其恒心道心却不是每个人都配发言的。刻毒的鲁迅从不轻慢孔夫子“不可与言而与之言”“知其不可而为之”；智慧的爱因斯坦读遍塞万提斯的小说，可从来没有笑谈堂吉诃德的头脑简单。鲁迅一生所激赏的“向上之民”“柱石”“桢干”“脊梁”都不是以成败为参照的。爱因斯坦终生敬重这位傻骑士，不是因为他有什么成就了的大勋业，而是他有一个纯洁的灵魂。

怀疑是人类成熟的标志，但怀疑本身的最后有效性也是值得怀疑的。人类应有一个最终的价值公设（不管你称作什么）才能有所凭依，应该“回归”的只能是形下的选择而不应该是这种价值公设。钱理群有一个命题是很精到的：用堂吉诃德的精神去处理哈姆雷特意识到的问题。但他发挥得并不尽意。中国知识者成熟的标志，不只是一味地“哈姆雷特”，而且同时是把经过推敲的价值公设贯彻到底：即便没有一个听众（连嘲弄的人也没有），也要有足够的傻劲支持，心安理得于无所求的孤寂的独白。独白是一种不看听众眼色行事的生活方式，是一种自省自救。这是著作者最有力的存在理由或根据。

人同此心。不看听众眼色的独白未必就没有通约性，清理自己未必不能同时洗涤别人，自救未必不是同时救人。或者干脆直白地说，越是真诚（！）的独白，越有跨时空的普遍性。不欲公，方能成其公。干吗要什么“理解万岁”？

我已经留心并且赞赏钱理群在几个场合关于今天的文人要耐得住寂寞以及文场寂寞并不一定是危机（大意）的高见。如果我的理解没错，他的著作动机乃至生存方式都将有一个新的转捩，他的续著将更深地介入他自己的生命。

我更注意到，商品机制在法术一般地生产功利主义的同时（这自然是有意义的），也在高质量地筛选和造成一批堂吉诃德圣徒。“永远追求同一使得他的思想有些单调，使得他的才智有些片面”，甚至肉体有些畸形，但“没有这些可笑的怪物兼发明家人类就不会进步”（屠格涅夫语）。这些以“走路”为唯一存在方式的人自然是无须喝彩和支援的，但我还是愿意借《读书》递给他们一块汗巾。中国的堂吉诃德们似乎很喜欢在这里聚集。

初刊《读书》1995年第1期

试谈钱理群独特的学术个性

薛　毅

钱理群先生是北京大学中文系教授，中国现代文学史研究专家。1939年出生于一个现代知识分子的大家庭里，1960年毕业于中国人民大学新闻系，因“与家庭划不清界限”，被发放到贵州安顺。1978年才到北京大学中文系，师从王瑶先生研究现代文学，1981年获文学硕士学位并任教于北京大学中文系。

钱理群是成长于50、60年代的知识分子，尽管因家庭的影响与各类书籍的熏陶而具有自由思想，但仍不可避免地半是被迫、半是自愿地进行着对自我思想的“改造”，后来的钱理群发现他曾长时间地“陶醉”于甘心做“驯服工具”中，因此不再用玫瑰色来装点自己所属的一代知识分子，而是强烈地正视和反省这一代在历史上被驯化、奴化的事实，以及由此造成的不可估量的精神缺陷。[①]值得注意的是，钱理群似乎一直无法轻松地宣告他从这一代的局限性中摆脱出来，相反，他总是感受到这种精神重压，并时时咀嚼，称自己为“历史中间物”，称自己的学术研究是一种生命的“挣扎”，其间渗透着悲凉的人生境界。有学者断言，他“永难摆脱这种心灵的劫难！”[②]

《心灵的探寻》（上海文艺出版社，1987年初版）作为他的第一部个人专著，展开的正是一个成长于50、60年代的知识分子与20世纪中国变革的先驱者鲁迅之间的心灵对话。论著在方法上强调

① 钱理群：《心灵的探索》“后记”，上海文艺出版社1988年版。

② 汪晖：《钱理群和他对鲁迅心灵的探寻》，《读书》1988年第12期。

“回到鲁迅那里去”，他发现每一个有独创性的思想家和文学家，总是有自己惯用的、几乎已经成为不自觉的心理习惯的、反复出现的观念（包括范畴）、意象；它们凝聚着作家对生活独特的观察、感受与认识，表现着作家独特的精神世界与艺术世界。因此，可以从作家在作品中惯用的、反复出现的词语入手，找出作家独特的单位意象、单位观念（包括范畴），对此进行多层次的开掘，揭示其丰富内涵，可以达到对作家与古今中外广大世界息息相通的独特的精神与艺术世界的具体把握。钱理群从鲁迅最个性化的哲学性著作《野草》中，找到了鲁迅所特有的单位观念、单位意象：“一切”与“无所有”，“天上”与“深渊”，“希望与绝望”，“先觉者”与“群众”，“改革者”与“对手”，“叛逆的猛士”与“爱国者”，“生”与“死”，“冷”与“热”；“爱”与“憎”，“沉默”与“开口”；“人”与“神”，“鬼”；“人”与“兽”；“梦”与“现实”。——对于鲁迅独有的单位观念与意象的确立，从根本上改变了鲁迅研究中用意识形态语词同化、修改鲁迅的倾向，使非个性化的鲁迅形象重新个性化，这是方法上的一次大变革。同时，对鲁迅的阐释也从证实意识形态的合理性、真理性转化到审视意识形态荒谬性、欺骗性而认同鲁迅。他指出，只有在严峻地审视、解剖自己的灵魂，“煮自己的肉”的过程中，才能真正理解与接受鲁迅。

钱理群着力于发现被以前的研究者视为有局限性的鲁迅思想的意义。鲁迅的“于一切眼中看见无所有”，在以前是被视为“虚无主义”的。但钱理群论证到，这是鲁迅对传统整体性的挑战和否定；是对民族自大狂、“十景病”的轰击，是对中庸主义思想模式的反叛，由此建立了以“否定辩证法”为中心的新的思维模式。钱理群又以鲁迅的“于天上看见深渊”“于无所希望中得救”这些以前往往被责为看不到光明希望的思想中发现鲁迅反乌托邦主义、反自欺的直面人生的价值。他从以前所讳言的鲁迅的“多疑”“尖刻”中深刻地领悟到：“为了反抗民族的健忘症，为了民族的生存，鲁迅不得不直面历史陈尸的全部罪恶，保持着高度的敏感和最鲜明的记忆，因而形成了以‘多疑’‘尖刻’为主要特征的思维方式，在这样的思维方式中，集中了20世纪中华民族人生智慧和政治智慧。”这真可谓是知人之论。

有学者说道：“就钱理群的‘探寻’而言，大体可以说，愈是乍一看可疑，再一想可怕，三思而后觉得大背时论……则多半愈是鲁迅独到而精警深刻的思想，他一定揭示了大家讳言的人生隐秘，刺痛了我们的神经，这尤其适用于生在旧社会，长在红旗下，高校调整后受高等文科教育而后死去活来过的一代人。”[①]这效果与钱理群的通过审视自我及一代人来接近鲁迅的方式相吻合。钱理群由审视自己这一代知识分子的“驯化”“奴化”倾向和自我麻木的倾向，而深入地把握住了鲁迅作为启蒙主义者的清醒的社会批判意识和绝望中抗争的人格力量。但是钱理群并没有止于此，没有完全用启蒙主义思想整合鲁迅。更进一步，他把握住了鲁迅心灵的矛盾和困境：鲁迅的自我牺牲精神以及被利用后的愤怒和复仇意识，他身陷无物之阵中的愤激、苦恼和疲劳、无奈，他对生命的爱以及对人生苦的感受，他关于死的自我解脱思想与面对死的悲怆感，他的吾行太远的寂寞感……钱理群同时把承担着启蒙主义使命的鲁迅与经受着精神的剧烈痛苦和冲突的鲁迅推向前台，这不仅使鲁迅的个性形象更为丰富，而且给钱理群以后的学术研究提供了不断发展的可能性。由于《心灵的探寻》，钱理群在学术界和青年们那里被称为一个启蒙主义知识分子。著作的扉页上题着：“谨献给正在致力于中国人及中国社会改造的青年朋友们。”显然这是一句充满历史责任感和启蒙主义色彩的题词。但就像鲁迅一样，钱理群在选择承担启蒙主义重任的同时，已深深体会到启蒙主义的困境。

钱理群的第二本专著《周作人论》（上海人民出版社，1991年初版）的出版时间较晚而写作时间较早。实际上钱理群的研究是从周作人开始的，他自己也说明此书所显示的观念、方法以至文风，

① 王得后：《钱理群〈心灵的探寻〉读后》，《鲁迅研究动态》1989年第3期。

是他研究的“起步”[1]。该书的扉页有“谨以此书献给我的导师们”。可以发现此书的观念、方法、文风与上一辈学者的学术研究有着承继关系。由于周作人的“汉奸”身份，其在新文化运动中的贡献、地位及思想发展在中国大陆学术界一直被忽视和抹杀，《周作人论》成了学术上的“拓荒”之作。尽管因写作时间跨度较长而使论著的某些观点前后不尽统一，但主要是以启蒙主义的标准来衡量周作人的功过得失。钱理群全面肯定了周作人对启蒙主义的贡献，对于周作人脱离启蒙工作颇有微词，并把这与他以后的走向深渊联系起来。尽管钱理群力求谨慎和客观，但这种联系仍过于简单化了。因此，《周作人论》的学术价值体现在全面而系统地研究了周作人的启蒙主义文化贡献。全书的第二编“开拓者的足迹”最为饱满，钱理群从各个侧面详尽地阐发了周作人关于性心理学与自然人性、儿童学与神话、民俗学与国民性、文艺理论和批评、翻译理论和实践、语文变革等的独到见解。在以儿童、妇女为本的人性解放思想，在对民间节庆、民间艺术的关注，在对“专制的狂信”的抨击等方面，钱理群颇为准确地显示出周作人的光彩，而对周作人散文艺术的产生的文化背景的描述，尤其是对其艺术性质的把握：理性通达中的人情味，蕴藉、温厚的风致，“闲话风”中的平等、亲切，其中不露痕迹的优越感和寂寞感，闲适风格中的苦味与苦中作乐，雅趣与谐趣结合中的蕴藉而诙诡艺术境地，都颇为精当、细腻而且传神。由于钱理群的研究主要关注对象的思想和文化意义，他对艺术形式的高度敏感和体悟能力没有得以充分展现，但从该书的上述段落及《心灵的探寻》中的“艺术篇”却可窥见一斑。

《周作人传》（北京十月文艺出版社，1990年初版）则无论从何种角度看，都堪称钱理群学术研究至今为止的代表作。它集中体现了作者对周作人的长达十年的研究成果。钱理群力图从周作人身上揭示出一代自由主义知识分子在20世纪中国的人文姿态、痛苦的选择和挣扎，以及寂寞的命运和沉落的悲剧。不仅周作人各个时

① 钱理群：《周作人论》“后记”，上海人民出版社 1991 年版。

期的重要文章，在传记中得到了颇为恰当的体现，对它们在文化思想史上的意义做了细腻的阐释，而且结合周作人的生存选择，透彻地描述了文与文之间、文与人之间的复杂而曲折的关系。作者还展现了周作人与同时代文化人之间复杂关系，不仅充分体现出周作人思想和选择的独特性，而且有效地把他纳入20世纪中国文化思想史的宏观视野之中。传记既有微观的细致，又有宏观的气魄，既把握住了对象的主体性质，又写出了政治文化背景的影响。由于充分考虑到了对象的复杂性，传记在描述周作人的思想走向时完全脱离了机械决定论模式，而将其落实在周作人心灵的几个侧面的消长、变化、发展与环境所提供的可能和制约这种互动关联之中。方法上对机械论的抛弃无疑有助于钱理群在写作中与周作人进行精神对话，而使对话深入地进行下去的原因则在于钱理群对自我作为研究主体的反思。钱理群发现周作人逐渐唤起了那个遥远的自我，一个从小受西方与“五四”文化影响的自我，在追求个性和自由这些方面与周作人是相通的。但钱理群并不愿完全认同周作人，他更接近鲁迅。[①]这倒能使钱理群既进入到周作人的内在世界中去体悟和理解，又具备着从侧面对其进行反思和审视的能力。这两个方面贯穿始终使传的品格提高了不少。只是在对周作人沦为汉奸的分析方面似责之苛刻而较少平和与冷静，显然这是由于民族立场的合理存在。钱理群发现在自己身上，“民族意识与个性意识的矛盾显得特别尖锐”，这也是中国现代文化思想史上贯穿始终的一对重要矛盾。[②]实际上这也是一直延续到当代中国的矛盾，是中国20世纪知识分子的一大困境。对此，与其轻轻松松地“解决”它，还不如沉重而痛苦地体验它、充分地感受和指认它更为深刻。专家称钱理群“是以诗人的方式”，“带着巨大的精神痛苦来写周作人的”[③]，正是因为钱理群充分感受到了20世纪知识分子的困境，并以痛苦的

① 钱理群：《有缺憾的价值》，《读书》1993年第6期。

② 钱理群：《有缺憾的价值》，《读书》1993年第6期。

③ 张铁荣：《钱理群著〈周作人传〉读后》，《鲁迅研究月刊》1991年第9期。

心情真诚地投入到学术写作之中，这确实又是一种心灵的劫难。而其结果是如同学者所指出的那样，钱理群“剖析的是一条被隐藏得很深的心路历程。汇积成一道汪洋恣肆的精神长河，在各类因素的互为渗透、互相消长的演变中磅礴地穿过全书”[①]。传记超一般价值就在于呈现出这个自由主义知识分子的代表人物在20世纪的巨大困境。他的光彩、挣扎、转向、沉沦和最终的寂寞与苦难，都令人产生苍凉与悲悯之感，传记显示出了一个自由主义知识分子在这个政治文化环境中所能达到的极限：他的辉煌的文化启蒙工作与对启蒙的后果“小河”泛滥的忧惧，他对各个政治力量的不妥协态度与退回书斋生活的无奈、寂寞，他对个性自由的固守与多次回到民族主义思想又多次离开它的摇摆，他在死亡威胁后所产生的生命虚无感与他对生活的艺术化追求，等等。周作人多次的自我反省与转变都表现出在这种困境中的挣扎及挣扎的极限和最终的失败。

《丰富的痛苦》（吉林时代文艺出版社，1993年初版）一书无疑在钱理群的学术研究中有着重要的地位和价值。钱理群在此书中找到了恰当的途径对他以前的学术研究做了一次独特的总结、扩张与升华。钱理群紧紧把握住世界文学的两大典型形象——堂吉诃德与哈姆雷特的“东移”过程，由英法到德国、俄国、中国，观察和研究在这个过程中各国的作家、知识分子们如何阐释这两大形象，如何在创作中丰富、发展这两大形象，以及这些作家、知识分子自身命运与这两大形象有如何的相关性质。如此，著作如滚雪球般地由文学形象向人类精神文化与知识分子的命运方向展开，囊括了启蒙主义知识分子、自由主义知识分子、共产主义知识分子，囊括了理想主义追求、乌托邦实验、怀疑主义、虚无主义思想等等。因为这两大形象的东移过程，即是越来越被作为知识分子的两个精神侧面进行不断的再思考的过程。这是两个相互矛盾又能相互渗透的典型，一个在大胆无畏地行动，而另一个却耽于思虑而使行动不

① 陈思和：《关于周作人的传记》，《中国现代文学研究丛刊》1991 年第 3 期。

停地延宕下去。这正是呼唤行动、以行动为价值和目的的时代知识分子的两种典型心态，而行动的时代无疑包括了整个近现代世界与中国知识分子和文化思想历史的一个极为重要的方面。钱理群从启蒙主义文化开始就提出的一个哲学主题——“行动是存在的主要目的”，从海涅对堂吉诃德的无限赞美中，发现了“思想要变成行动”的呼唤，进而又看到了海涅的哈姆雷特式的对“思想与行动的后果”的疑惧，最终归结为“思想的实现即思想自身以及思想者的毁灭”这一展示知识分子大困惑的命题。屠格涅夫一方面高度赞赏堂吉诃德的信仰与意志，贬低在他看来是过分虚无的哈姆雷特，另一方面又从俄国的致力于行动的堂吉诃德那里看到专制、独裁的倾向，甚至惊呆于他们的凶恶、残酷，而这又包含着哈姆雷特式的忧虑了。这都是典型的呼唤行动的时代的困境：行动还是思想？思想不化为行动，思想家似乎是多余的人；思想化为行动，行动的后果连思想家也无法料想，它可以一直发展到思想的反面，将思想送上断头台；没有行动的思想缺乏意义，没有思想的行动又缺乏理性，而当思想充分考虑到行动的可怕后果后，思想家又如何选择行动？钱理群从知识分子们对两大形象既有双重肯定，又有双重否定，选择其一又无法满足，寻找两者的结合却难以避免两者分裂中，发现了近现代思想文化史的共同课题与近现代知识分子的共同命运。同时，钱理群把中国现代知识分子的命运和思想文化现象放置在整个历史中进行考察。一方面，堂吉诃德的地位在不断高涨，从新文化浪漫主义时期“新村”运动的追求，“革命文学”时期创造社、太阳社的“奇情异想”，到抗战初期的堂吉诃德的“全民化”，七月派诗人的行动姿态。另一方面又有鲁迅的怀疑、瞿秋白的痛苦、曹禺的忧虑、穆旦的沉思，构成了哈姆雷特的系列。两者形成了“复调”，在矛盾、冲突、对话、渗透中推进和发展。

阅读《丰富的痛苦》，往往会惊讶于两大形象与知识分子历史之间几乎是神秘的对应关系，每一个时期，知识分子在思考自己命运、选择生存意义的关键时候，往往总是以这两大形象为话题做进一步的阐发。从具体的大量的原始材料出发，思考着历史性与人间关怀相一致的课题，并以新的视角、新的方式去激活原始材料，这是钱理群学术研究的一个重要特点。另一方面，钱理群研究学术对象的过程的同时也是沉思自我及自我所属的一代知识分子的过程。钱理群发现自己这一代人在历史上被抑止、扼杀哈姆雷特精神，具有浓重的堂吉诃德气质，而如今，哈姆雷特精神被充分唤醒，堂吉诃德精神在遭到质疑后又不断被呼唤。这似乎存在着将两者统一起来的机会，但钱理群并没有构想出一个合题，这正是他的清醒之处：他既对两者做一种双重肯定，又带着双重疑问，唯独没有抛出一个简单的解答，辩证法的“正—反—合”在此被转换成“矛盾地思考矛盾”。《丰富的痛苦》的写作是这种心灵的辩证法的实践，是又一次灵魂挣扎，有如此书题目所标明的紧张关系：既是丰富的、充实的，又是痛苦的、无以摆脱的。

我们可以发现，随着学术研究的发展，钱理群越来越有了明确的追求，他的研究方法、角度也越有了鲜明的特点。在80年代中期，钱理群与黄子平、陈平原三人一同提出了“二十世纪中国文学”[①]概念，设立了一个纷繁复杂的文学总体，并且提出了文学史研究的方法和观念问题。经过不到十年的研究实践，钱理群对此问题有了富有个性的回答。[②]他指出，文学史的研究任务在于毫无伪饰地揭示人的生存困境和分裂。这不仅是因为人生、人性的破碎与缺陷是“存在”本身具有的特性，而且是文学性质使然。文学一方面发挥人的想象力，不断构想着乌托邦世界，另一方面这种想象往往只能成为“精神避难所”，甚至成为一种“欺骗”。而现代文学的最大任务是打破幻想与神话，直面生存的困境。因此，文学史应该关注与审视特定时代的人的生存境遇、生存体验与生存困惑。它

① 黄子平、陈平原、钱理群：《二十世纪中国文学三人谈》，人民文学出版社 1988 年版。

② 钱理群：《我这十年研究——〈精神的炼狱〉序》，《中国现代文学研究丛刊》1993 年第 3 期。

体现在对种种文学现象的“现代重写”上，深入到“作家、作品、读者”的内部深层肌体里，去审视开掘发现特定历史时代下的个体与群体的生存状态，并由历史文化的思考上升到形而上的人类学思考。在研究方法上，必须自始至终抓住“典型文学现象”——这个概念是由王瑶先生提出来的，他强调文学史研究必须找到既有普遍性意义，能进行某种概括、抽象的，又具备丰富性、具体性、个别性的文学现象。钱理群发现，典型文学现象中不仅体现出人的具体存在，人们能从这种生存图景中发现生命力量和生命形式，而且，它是思想所无法穿透的“典型困境”。研究者所做的不应是以后来者居上的姿态去解除这种困境，而应是充分地体验和理解典型现象中饱含着的生命存在，结合历史文化背景和历史发展的结果去如实地揭示人在具体历史中的困境，并从中发现具有人类学意义的形而上困境。——我们发现，钱理群自身的哈姆雷特精神，在否定辩证法的推进下，落实在对生存困境的揭示能力上，而他的堂吉诃德精神，已由英雄主义、浪漫主义转化为一种终极关怀，它又表现为对人生困境的悲悯。

长期以来，文学史怎样才具备独立价值是困扰研究者的一个问题。它或者成为社会史、思想史的附庸，或者远离与后者的关系而变为缺少历史文化内涵的纯语言游戏。钱理群对此有了独特的发现。一方面，他的研究完全把文学史与历史文化思想紧密地联系在一起；另一方面，由于以揭示生存困境为目的，那些历史文化思想不是以独立的姿态，而是在与具体的生命的关系中得到呈现的，生存困境在这种关系中得到了阐明。换言之，在钱理群那里，文学史不再是对前人困境的解答，而是对这种困境的不断追寻和开掘。由此，钱理群以自己的方式写出了对生命的爱和关切。

初刊《徐州师范学院学报》1995年第3期

钱理群的文学史观

吴晓东

在所有可能的称谓中，钱理群先生最倾向于认同和接受的，也许是“文学史家”的称呼。多年来，他私心里一直把文学史的研究和写作看作自己的一块重要领地，对文学史的理论、观念、方法一直保持自觉的探索激情，并始终执迷于文学史的叙述体例和叙述形式。我们不妨先来看看他的近作《1948：天地玄黄》的开头：

“……正是午夜时分，历史刚刚进入1948年。北京大学教授、诗人冯至突然从梦中醒来，在万籁俱寂中，听到临近有人在咳嗽，咳嗽的声音时而激烈，时而缓和，直到天色朦胧发亮了，才渐渐平息下去。冯至却怎么也睡不着了，他想：这声音在冬夜里也许到处都是吧。只是人们都在睡眠，注意不到罢了。但是，人们不正是可以从这声音里‘感到一个生存者是怎样孤寂地在贫寒的冬夜里挣扎’吗？——诗人想了很多，很久。”

这段叙述看似平淡，却是钱先生花了一个月的时间殚精竭虑选择的结果。在这部著作的具体写作中，最困难的可能正是这段开头，它不仅要奠定书的基本调子，统摄与提示整部书的叙述流程，同时还应该体现钱理群对一种可能的文学史的叙述学的追求。他在书的后记中这样写道：“事实上对于一个文学史家，每一次文学史写作实践，不仅要考虑描述内容，也要努力探寻与其内容相适应的形式——文学史结构与叙述方式（包括叙述视角、叙述语调等），这一点与作家的创作并无实质的区别。”“我的这一次写作冲动恰恰是来自一种文学史写作形式（结构与叙述方式）的试验欲求，在人们往往忽略文学史写作形式的时候，这也许是不无意义的吧。”《1948：天地玄黄》的这段开头值得重视的，首先在于它在文学史写作形式上的试验意义。它为读者引入了一个以第三人称出现的历史叙述者的视点，“他是全知全能的，因此可能通过语气、角度、语言（时代习惯用语、句式的选择等），表达方式（叙述、描写、议论）的不断变换，自由地‘出入’于‘过去’与‘以后’及‘现在’之间，同时又将一种‘未来’（‘远方’）视点‘隐蔽’其后”（《1948：天地玄黄》代后记）。可以说，这个第三人称的叙述者正是作者的化身，但通过第三人称叙述者的选择，作者的声音却可以含而不露，“叙述”的意义从而凸显了出来。这颇有点像小说或报告文学的写作，其叙述化的语境迅速地把读者引入历史的情境，使读者感同身受般地置身于一种过去的现场之中。

叙述化的语境的鲜明美学特征在于它体现了文学史叙述的具体性和细节性。钱理群作为一个文学史家的敏感和禀赋体现在他很少发纯玄理性的议论，而往往从文学史实、事件和具体文本出发，从具体的历史细节以及文学史细节中引出问题，从典型现象的诗意描述中生发概括。譬如，他在《彩色插图中国文学史》中写“五四新文化运动”一章，不是从政治、经济、文化的广阔历史背景起笔，而是以电影摇镜头的方式一一闪过：1915年夏，胡适和他的朋友梅光迪等人漫游美国东部风景胜地；1917年夏，章太炎的几个弟子钱玄同、鲁迅、周作人在绍兴会馆的古槐树下高谈阔论，以此形象地显示五四新文化运动是不同思想文化背景、不同个人经验的知识者“殊途同归”的结果；写沈从文他强调其创作与“水”的关系；写冯至则渲染他在大后方的森林小屋中的沉思；用“一个苍凉的手势”概括张爱玲；用“战争废墟上的哈姆雷特”形容穆旦；等等。这就是文学史研究与叙述的具体性、形象性、情景感、诗意化，它表明，文学史的叙述至少应和其他的历史叙述有所区别，有其无法替代的文学性特征。而其中最本质的支撑是文学史叙述对文学历史情境的具体呈露，是对提示一个时代的内在意蕴的“瞬间显现”的历史细节的颖悟：“我至今也还记得我的一段阅读经验。在旅途中随便翻阅一本抗战时期一位美国医生写的见闻录，其中提到他目睹的一个细节：在战火纷飞之中一个农人依旧执犁耕田，战火平息后，周围的一切全被毁灭，只有这执犁的农人依旧存在。我立刻意识到，这正是我要努力寻找的，能够照亮一个时代的‘历史细节’：在这‘瞬间永恒’里蕴含着极其丰富的历史内容（多义的象征性），同时又具有极其鲜明、生动的历史具体性。”（《我这十年研究——〈精神的炼狱〉序》）。

对历史的具体性和细节性的关注，追求一种回到历史的“设身处地”的现场感，还表现了钱理群对文学历史的偶发性、特异性和原生味的执迷。隐含在这种执迷背后的，是一种文学史观以及一种历史观。如果说，在钱理群和他的两位友人80年代所倡导的“二十世纪中国文学”的理论框架中还留有历史进化论和历史决定论观念的影子，相信新比旧要好，未来胜于过去，相信历史是“沿着某种既定的观念、目标（‘本质’‘必然规律’）一路凯歌行进，即使有一时之曲折，也是阻挡不住历史发展的‘必然趋势’”（钱理群《矛盾与困惑中的写作》），那么，在90年代的历史语境中，对历史理性、本质规律、美好未来诸种范畴的虔信已成了破碎的神话。钱理群称他从昆德拉的一段话中体验到深刻的灵魂震动：“过去我也曾相信，未来是我们的作品和行为唯一有资格的评判者，后来我懂得了，追逐未来是所有逢迎者中最恶劣的逢迎者，是对强权的怯懦谄媚。”“但是，如果未来对于我不是一种价值，那么，我的归宿是什么呢？上帝？国家？人民？个人？我的回答既是荒谬的，也是真诚的：我不以任何事物为归宿。”钱理群认为，一切经历了“追求— 皈依”而最后幻灭的知识分子，都必然达到这一结论。这是一种重估历史话语和价值体系的合法性的新的历史观，这种重估也必然影响到钱理群的文学史观念的转换。这体现在对黑格尔式的历史决定论的摒弃，对历史规律性和必然性的怀疑，对历史宏观叙事的合法性的质问。当我们关注规律、本质，关注历史的大叙事的同时，历史的那些独一无二的具体性和偶然性以及不连续性就可能被忽视甚至漠视了。其结果，是对历史复杂图景的“净化”和“简约”。钱理群强调“典型现象”和“历史细节”的深层的动机正在于“要恢复那些能够显示文学发展的偶然性、个别性、特殊性的文学现象（细节）在文学史描述中的地位，而且提醒人们，在勾勒历史发展中的人的生命流动轨迹时，不要忽视轨迹图像之外、未能包容的生命（文学）现象，及其孕育的生命流动的另一个方向、文学发展的另一种可能性”（《我这十年研究——〈精神的炼狱〉序》）。

对所谓“偶然性、个别性、特殊性”的关注，在某种意义上必然与文学史叙述对归纳、线索、概括的内在要求发生矛盾与冲突。文学史中毕竟有“史”的维度，因此，如何处理文学性的因素和史的因素，是任何一个文学史家都无法回避的课题。钱理群平衡这两个维度的具体方法是对文学史中“单位意象”“单位观念”等“典型现象”的抽绎和提炼。这是钱理群文学史方法论中最为引人注目的部分。“典型现象”的提炼使文学史叙述既从丰富而具体的文学史细节中来，同时又不至于迷失在纷纭复杂的文学史现象中，最终表现出一种史家所具有的超越和概括的意向。因此，文学史叙述最终被钱理群理解为“是一连串的‘典型现象’‘历史细节’的连缀，但又不是对材料的简单堆砌，而是通过新的叙述赋予旧材料以活力（因此每一条材料的引述都具有一种‘发现’的意义），并在‘材料’（典型现象）之间建立起一种‘新型关系’，这就构成了对于‘历史’的‘复述’（与‘再现’）”。

这使钱理群的文学史理论表现出一种系统性和可操作性。但这是不是说他的理论中内在的矛盾与悖论就得以解决了呢？可以说，钱理群的文学史观念中仍无法祛除这种偶发性与概括性的悖论以及一种内在的困扰，而这种困扰正来自“历史”本身，这就是“史”的范畴中对规律、本质、整合的固有追求，与历史本身的无序性、偶然性之间的先在的矛盾。钱理群的文学史观也涵容了这种矛盾。

“典型现象”的范畴尽管以其“历史细节”涵容了丰富而初始的文学性，但它依旧是一种抽绎、归纳与概括。它本身就有无法克服的悖论性。但从另一个角度说，“典型现象”之所以是一个内蕴丰富的可生长性的文学史范畴，正是因为它与悖论的内在绞结的关系。可以说，它向在历史中的生存困境保持了一种开放性。

钱理群指出：“当我们选定文学史研究的目标是在发现与结识特定历史时代人的生存境遇、体验与困惑，描述人的生命涌动轨迹时，我们就已赋予了‘典型文学现象’与‘历史细节’在文学史描述中的本体论的意义与价值。”（《我这十年研究》）这句论述确立的是“典型现象”在文学史中的“本体论”的地位，即文学史的写作是通过文学现象和历史细节揭示特定历史时代人的生存境遇、体验和困惑。因此钱理群通过文学性抵达了历史中的人的存在的维度。“毫无掩饰地揭示人的生存困境和分裂”构成了钱理群文学史观念的核心部分，也是最有力度和厚度的部分。它把困境看成是历史中的人的某种本体，因此困境也构成了文学史叙述中的固有成分。从80年代的启蒙理想主义、历史乐观主义到90年代的人的生存困境的文学史观，反映了钱理群对历史以及文学的理解发生了很大的变化。可以说，90年代的文学史观，是以悲观主义和怀疑主义为其深层背景的。它在涵容了文学历史本身的复杂性的同时也为钱理群的文学史叙述带来了一种内在的困惑。

回过头去再看看钱理群在《1948：天地玄黄》的开篇拟设的叙述者，我所要问的问题是：叙述者如何在呈示一种过去的现场感的同时，也把历史情境本身的复杂性、未知性和不可索解的语境氛围传达给读者，或者说把文学历史本身的困境以及文学史家的困境呈现出来？这恐怕也是文学史叙述学的重要维度。这要求著作中虚拟的历史叙述者可能要调整全知全能的姿态，兼用一种限制的视点。限制的视点本身就意味着我们不可能真正了解历史的来龙去脉，更不可能把握历史的全部真相。任何视点都是有限度的、有盲点的。而文学史叙述的课题之所以有着丰富的理论生长点，是因为它不仅是纯粹的叙述问题，更是历史观的问题。如何叙述历史，其实就是如何认识历史和如何建构历史，历史其实不是自我生成的，而是被叙述出来的。换句话说，本来没有本真的历史，是当我们把它叙述出来之后它才存在的。钱理群的文学史观中，仍有一种追求历史的本真性的执着，即相信有那么一种真实的历史存在。这就意味着，他在确立了怀疑主义的基本立场，打破了决定论和本质主义的历史观之后，仍有其最后的支撑，那就是对本真历史存在的信仰。因此，构成钱理群文学史观念的底座的，仍有其信仰主义以及人本倾向的一面。尽管他一方面凭借对昆德拉的感悟而拒斥某种具体归宿，另一方面又把归宿看成是人性的不可缺少的东西，把超越性看成是人的某种本性，坚信鲁迅所谓的“夫人在两间，……倘其不安物质之生活，则自必有形上之需求”。对钱理群先生所代表的一代人来说，假如不相信历史本身的真实性，不相信人性是一个实存的范畴，是无法生存下去的。而回到现场，设身处地，也都意味着有那么一个现场可回，有那么一种真实的历史时空和情境可以去共感，从这个意义上说，即使他的文学史理论框架中允许有虚构与建构的成分，也是技术性与策略性的，不会破坏历史的“本体”，相反，是可以有助于凸显这个本体的。对本真的历史以及人性的存在的虔信，构成了钱理群这一代人难能可贵也是无法替代的财富。然而，历史可能还有另一副面孔，这另一种历史存在的方式，也在翘首等待着它的叙述者。

初刊《文艺争鸣》1999年第3期

玄黄时代的“大文学史”视野
——钱理群20世纪40年代文学研究的方法与启示

路　杨

1945年抗战胜利后，郭沫若在一篇杂文中写道：“有什么办法呢，我实在有这样的感觉，天玄而地黄。要玩点训诂学的老套的话，‘玄黄，病也’，天地的病情还没有彻底澄清。”[①]1998年，钱理群借用了郭沫若的这篇杂文（及其同名杂文集）的名字“天地玄黄”为1948年命名，也为一个时代命名。文学史上的20世纪40年代，以一种充满动荡、转折的时代性，不断变动、重组的空间感，及其丰富、驳杂的文学性，在钱理群的一系列研究中第一次呈现出一种具有整体性的文学史图景。经过钱理群及其学生辈的一批青年学人从90年代到新世纪初具有奠基意味的文学史开掘，“四十年代文学”研究在近十年间又逐渐进入一个深耕细作且众声喧哗的新的研究热潮。值得注意的是，钱理群最初借由40年代文学研究提出的一种“大文学史”的研究视野，直到今天仍构成这一研究领域借鉴与对话的文学史框架与方法意识。在今天逐渐形成的某些新的问题结构中，重新回顾钱理群的40年代文学研究，或将收获更多的经验与启示。

一、“历史交接期”与“多元化格局”：40年代文学的总体结构

自80年代末完成《周作人传》后，钱理群便将20世纪40年代文

① 郭沫若：《天地玄黄》，上海《周报》第八期，1945年10月27日。

学作为此后专注近十年的学术研究方向。谈及钱理群的40年代文学研究，最具代表性的著述大致可以概括为：一份札记，一门课，一个年头，一个构想。

“一份札记”，是指钱理群发表于1996年的《文体与风格的多种实验——四十年代小说研读札记》。这份研究札记及其背后一系列关于40年代小说家的具体研究，与一部资料（《四十年代小说理论资料》）和一套丛书（《中国沦陷区文学大系》）的编选[①]，共同构成了其40年代文学研究在文本、理论与史料上的准备，以及初步的文学史筛选工作。“一门课”，指的是钱理群1995年在北大中文系开设的研究生课程“四十年代小说研读”。课程讨论结集成书《对话与漫游：四十年代小说研读》，于1999年出版，以扎实的文本细读工作为40年代文学打开了一个别开生面的形式世界。“一个年头”，即钱理群1998年为“百年中国文学总系”写作的专著《1948：天地玄黄》。通过聚焦这个转折的年代，钱理群对40年代文学与历史的整体理解都在这一页现代知识分子的精神史上实现了深沉的投射。“一个构想”，是钱理群90年代初拟订的一个长篇研究计划，后以《关于20世纪40年代大文学史研究的断想》为题于2005年重新整理发表。这一构想计划以五大卷容纳年表资料、文化政治思潮、作家生活与精神史、文学本体发展与代表性作家作品研究等五方面的工作。事实上，这个庞大的构想最终并未以多卷本“四十年代文学史”的面貌实现，但其中有关“文化、思想、学术史背景下的文学史”研究视野，即一个“大文学史”的构想，却引发了现代文学研究界持续的关注、讨论与实践，并在2013年由钱理群、吴福辉、陈子善主编的《中国现代文学编年史——以文学广告为中心》中得到了更为广阔的辐射与更有创见的实施。

① 钱理群主编的《四十年代小说理论资料》后纳入五卷本的《二十世纪中国小说理论资料》之中作为第四卷（1937—1949）出版，北京大学出版社 1997 年版；钱理群主编：《中国沦陷区文学大系》七卷本，广西教育出版社 1998 年版（其中史料卷出版于 2000 年）。

这一系列研究构想与实践都基于钱理群对20世纪40年代的一个总体判断："40年代文学在整个20世纪中国文学发展格局中具有特殊的位置：它是一个中间环节，上承20世纪前半个世纪的'五四新文学'，同时又下启后半个世纪的'共和国文学'。因此，研究20世纪中国文学，从40年代文学切入，就可以起到'拎起中间，带动两头'的作用。"[①]与赵园认为文学史上的"四十年代"存在所指不够明确的"分期难题"[②]不同，钱理群从一开始就很明确40年代在整个20世纪中国文学史进程中所处的位置、意义及其所涵盖的历史情境与文学状况。换言之，钱理群一直是在一种具有转承性质的时间意识下去认识40年代，这也决定了他观察40年代文学的出发点与参照系。这当然与钱理群80年代与陈平原、黄子平所共同倡导的"二十世纪中国文学"概念带来的某种长时段、整体性的文学史视野有关，但具体到40年代文学，这样的定位则敏锐地把握到了这一"中间年代"的特殊性。这一特殊性在于：在以侵略战争、政权更替等诸多以分裂、离散为表征的历史事件带来的某种鲜明的断裂感之外，40年代实际上保留了大量具有延续性的文化脉络与文学实践；而空间性在不断被暴力打散的过程中也在发生新的流动与聚合，各种政治方案与文学力量也在彼此之间相互争辩、角力甚至相互渗透。因此，在这种"上承"与"下启"的位置感中，钱理群一方面关注的是40年代文学对"五四"文学传统的拓展与新变，另一方面也关注40年代文学作为50年代以后的当代文学或"共和国文学"的"历史起源"[③]的意义。如果说由于学科差异和专业背景的不同，钱理群不会像洪子诚一样直接讨论"当代文学的发生"，

① 钱理群：《一个亟待开发的"生荒地"》，《中国现代文学研究丛刊》2004 年第 2 期。

② 赵园：《研究现状、问题与方法》，《中国现代文学研究丛刊》2004 年第 2 期。

③ 钱理群：《我的中国现代文学研究大纲》，《中国现代文学研究丛刊》1997 年第 1 期。

但他至少是将40年代文学作为现代文学的发展、成熟、变异与转化这一问题来思考的。由此生发而出的所谓“拎起”与“带动”，则是钱理群关于40年代文学研究所具有的某种结构性与动力性的预期。

这种“历史交接期”①的时间定位，也决定了钱理群在一个横向的空间层次上对40年代文学总体结构的把握，即考察这一历史时段内部如“五四”启蒙主义文化、自由主义文化、现代主义文化、民间文化等多种文化脉络之间错综复杂的关系。在知识分子精神史的层面，钱理群关注的其实也是知识分子在各种文化脉络的遭遇与冲突之中或主动或被动的姿态与反应，及其理性与情感上的判断与抉择。具体到文学研究的层面，钱理群则特别注重发掘40年代小说在浪漫主义与英雄主义的文学主流之外形成的“多元化格局”②。通过对端木蕻良、废名、路翎等作家的许多不被以往的文学史家所重视的作品的重新评价与解读，钱理群的研究率先揭示了这一时期丰富的文学试验中未及展开的多种可能性。

在“历史交接期”与“多元化格局”的总体判断之下，钱理群对40年代文学的观察还交织在其对整个20世纪历史的结构性认识当中。因此，40年代文学是被放置在“战争与文学与人”“共产主义运动与文学与人”“民族解放运动与文学与人”这“三大问题的交叉”之中来看待的③，这三大事件也构成了钱理群讨论四十年代文学时的主体问题结构。在“大文学史”研究最初的设计中，那些对大量的所谓文学“外部”问题的关注，如“战争初期全民族的大流亡”、“战争中期发生的战争投机主义（市侩主义、物质机

① 钱理群：《我的中国现代文学研究大纲》，《中国现代文学研究丛刊》1997年第1期。

② 钱理群:《漫话四十年代小说思潮》,《对话与漫游：四十年代小说研读》，上海文艺出版社1999年版，第25页。

③ 钱理群：《关于20世纪40年代大文学史研究的断想》，《中国现代文学研究丛刊》2005年第1期。

遇）”、“大后方的生活方式”、“沦陷区的生活环境”、“延安与敌后根据地的新民主主义的新生活”、“国、共两党的文化政策”、作品的“生产、传播与接受过程”、“学校及社会图书馆，书商与出版团体的关系”、“战争引起的印刷、出版状况的变化”、“读者群体”与“接受效果”、“解放区的农村教育、农村文化活动”[①] 等诸多问题，其实都是在上述三大主体结构中被纳入讨论的。“大文学史”的构想看似零散、驳杂，但实际上自有其内在的问题结构，正因其同构于整个40年代的历史结构，因此也就不止是一种能够被泛化到广义的文学史研究领域中去的文学史观念和实践方式。对于40年代文学而言，“大文学史”的观念之所以重要，是由于它在视野和方法上高度贴合于它的对象。相比于现代文学史中的其他“十年”，它更像是从40年代的历史情境与文化状况中生长出来的一种认识论。这种认识历史与文学的方式注重社会、政治、文化的流动性、变动性与互动性，对各种各样的政治设计与文学方案抱有高度的开放性，试图还原的是一个复杂多元、纵横交错的历史结构与文学生态。

二、“面对转折”：战时知识人的精神史与敞开的历史时刻

从钱理群关于“20世纪三大事件”独特的描述方式（“×××与文学与人”）中已可看出，与他一贯的文学研究与思想研究的精神底色一样，这一“大文学史”构想最终的落脚点仍在于“人”：“本书的写作目的，总的来说，是要探索这一时期中国民族（尤其是他们中间的知识分子，更进一步说，是知识分子中最敏锐、最感性的作家）的精神历程与由此形成的精神特征，使中国人更好地认识自己，也使世界更好地认识中国人。以特定历史时期、战争情境中的‘人’为中

① 钱理群：《关于20世纪40年代大文学史研究的断想》，《中国现代文学研究丛刊》2005年第1期。

心：文学中的人，创作、接受文学的人。”[①]应当说，对于战争时代的人史与心史，尤其是战时知识分子精神史的探究，构成了钱理群40年代文学研究核心的问题意识与切入历史的具体方式。

在“战争中的人”这一大的问题结构之中，钱理群首先关注的是战争中的迁徙、流亡、物资匮乏等现实语境下，人的日常生活、生命体验与精神困境，尤其关注作家“生存与精神的双重危机”[②]，并力图辨认其言说处境、人际关系、思维方式、心理状态在战争中的变化。在对沦陷区文学的观察中，钱理群在沦陷区作家普遍面对的“言”与“不言”的两难处境之中，发现了一种“劫后余生”的生命体验与沦陷区文学对日常生活的重新发现之间的逻辑关联：由于经历了“死里逃生”而重新发现个人琐细的日常生活才是“最基本，最稳定，也更持久永恒的生存基础”，而个人的生存又构成了“整个人类（国家、民族）生存的基础”。因而张爱玲等人对于表现“永恒人性”的热衷，也就并非是脱离战争与政治的纯形而上学思考，而恰恰是对于“‘战争’下的‘人’（个人与人类）的生存困境的一种紧张探寻”[③]，是具有极强的时代性与现实性的。这一对沦陷区文学的体贴观照与重新评价，概是源自对作家战争体验的细腻捕捉与深切理解。与此同时，也是从作家最直观、具体的生存处境与言说处境出发，钱理群对于不同的文学潮流在40年代的交互与会通做出了相当令人信服的解释。在日军占领的政治高压与战争造成的经济困顿之下，沦陷区作家既要通过职业写作解决生存问题，又需要将文学创作作为自我拯救的精神避难所，因而势必会在“文学市场需求”与“内在精神追求”之间谋求一种艰难

① 钱理群：《关于20世纪40年代大文学史研究的断想》，《中国现代文学研究丛刊》2005年第1期。

② 钱理群：《关于20世纪40年代大文学史研究的断想》，《中国现代文学研究丛刊》2005年第1期。

③ 钱理群：《“言”与“不言”之间——〈中国沦陷区文学大系〉总序》，《中国现代文学研究丛刊》1996年第1期。

的平衡，这也就导致了文学品格在“雅”与“俗”之间的相斥与相容，严肃文学与通俗文学两大文学思潮在此形成了一种对立之中的趋近倾向。在这些地方，钱理群不仅是将沦陷区文学视为一种“战争废墟上的精神存在”[①]，更是从战争中的人的生存处境出发，去探寻战时文学的内部构造与动力机制。

在战争造成的所有精神处境之中，钱理群格外关注的是新旧政权的争夺与交替过程中，知识分子如何“面对转折”做出自身心灵的抉择。如果说，研究40年代文学是希望“从一个时代看一个世纪”，那么选择1948年这个历史关头则是希望从“一个年代看一个时代”：“选择1948年作为历史叙述的切入口，是因为这一年正是20世纪的中国历史、现代文学史上的两个时代，一个将亡未亡，一个将生未生，进行最后的生死搏斗的一年。抓住这一年，不仅可以展示中国文学从40年代以来的发展趋向，而且决定1949年及其以后的中国文学的发展方向的一些基本因素，已经孕育在这一年文学的发展中。在这个意义上，‘1948年文学’本身就构成了一种典型的文学现象，人们确实可以从这一个年代看到整个时代的文学。”[②]而“转折”正是钱理群对这个典型时代做出的整体判断。《1948：天地玄黄》一书的各个章节讨论的对象与问题看似只是国共内战从相持到激变过程中，不同政治区域或文人群体的各种文化活动的松散拼合，但其背后贯穿着一种整体性的问题意识，即如该书第一章的题目所表明的那样：“面对转折”，知识分子如何做出选择，如何安放自身与想象未来，如何面对每一种选择可能造成的困境，甚至包括如何承担这一选择带来的后果。

“北方自由主义教授”是钱理群特别关注的一个知识分子群

① 钱理群：《“言”与“不言”之间——〈中国沦陷区文学大系〉总序》，《中国现代文学研究丛刊》1996年第1期。

② 钱理群：《我的文学史研究情结、理论与方法——〈中国现代文学编年史——以文学广告为中心〉书后》，《中国现代文学研究丛刊》2013年第10期。

体。在玄黄未定、危机四起的政治局势当中，自由主义知识分子既需要面对自身在政治立场与文化站位上的抉择，也是两党政权皆殊为重视、试图说服与争取的知识群体。因此他们的道路选择也就变得格外重要与艰难。钱理群关心的是在诸种事件与运动的席卷之下他们的内部分化，不同倾向的自由主义知识者或决绝，或被动，或尴尬，或孤立，或挣扎的复杂处境；坚持独立思想，却无力重整乾坤，又怕被时代抛弃，既想改变自己，又怕失去自己的精神困惑；或是看似“转变”背后的“调整”与“保持”，以及大变革到来前后甚至是生前身后的曲折“命运”。在关于1948年爱国学生运动的考察中，钱理群着重讨论了校园学潮与“反美扶日”运动如何促成了自由主义知识分子的内部分化，并特别谈到了“中国社会经济研究会”的成立与《新路》周刊的创办，如何“自觉地提倡一种理性的、宽容多元的自由主义的话语方式，以与时尚的二元对立模式相对抗”。值得注意的是，在关于《新路》开辟的“辩论”专栏中，“苏联是否民主”“用和平的方法能否实现社会主义”“社会主义经济是否需要计划”等诸多议题的设立与那些“无结论”的辩论，不仅如钱理群所说，“反映了中国自由主义知识分子在社会主义的新时代到来之前的种种矛盾与犹豫”[①]，还展现出了这些知识分子在大变革到来之前，对于历史进程迫切而主动的参与感，以及有关未来国家社会的多元设计。

在其他章节的讨论中，类似的发现还有很多。譬如朱自清晚年如何以一种“跳出了知识分子本位的更为宽容的文化态度”，重新理解文学史与现实创作中的“雅俗”问题与通俗化实践，重新认识如朗诵诗这样具有强烈政治性、群众性、战斗性的艺术形式及其美学接受，重新检视“五四”以来确立的文学“尺度”的历史效用问题。钱理群将其理解为朱自清的一种自觉努力，即将“五四”个性主义话语与集体主义的革命话语相沟通，将精英文化与平民文化相沟通，提倡一种“雅俗共赏”“兼容并包”“多元发展”的文学现

① 钱理群：《1948：天地玄黄》，中华书局2008年版，第68—69页。

代化思路。[①]又譬如继1947年下半年关于“中国出路”问题的论争之后，《观察》周刊又自发地展开了关于“自由主义往何处去”的论争。在朱光潜对政治上的自由主义立场的坚持、张东荪向文化自由主义的退守之外，还可以看到李孝友这样的知识分子对自由主义自身问题的反省，试图沟通自由主义者与共产主义者的努力，以及援引法共的经验，希望在苏共模式之外构想出一条不同的社会主义道路。再譬如1948年冬天在北大召开的“今日文学的方向”座谈会上，朱光潜、沈从文、冯至、废名等著名的自由主义教授也纷纷从自身对一个新的国家的态度和期许出发，讨论文艺、文学家与政治的关系问题。通过对这些鲜活的、充满声音性的历史现场的发掘，我们似乎可以看到：一个多声部的、蕴含着多种可能性的历史时刻正向我们敞开。

在这里，敞开的不仅是钱理群所关心的战时知识分子的精神世界，而且是一个富于参与意识和思想活力的、具有开放性的知识现场与文学现场。在这个历史时刻，不是只有国共两方在提供自身想象中国的方法，也不是只有“旧中国”与“新中国”这两个“中国”在发生碰撞与交接，而是可能蕴含了多个不同的国家方案与远景想象。值得注意的是，这一由史料打开的历史情境的开放性，与历史叙述中对于一个巨大“转折”必将到来的预设性视角（同时也是一个历史“后视镜”视角）之间，存在一种悖论关系。如已有评述者指出的那样：“预设转折已经发生并将其作为论述起点，剩下的只是如何面对转折、被动选择的问题。”[②]但一个敞开的历史时刻则意味着“转折”发生的内在逻辑以及“各势力的关系变动及其背后的历史必然性与偶然性”[③]是值得进一步深入与展开的。仍

① 钱理群：《1948：天地玄黄》，第128—129页。

② 魏域波：《叙述、史识与情怀——简析〈1948：天地玄黄〉》，《云梦学刊》2014年第6期。

③ 魏域波：《叙述、史识与情怀——简析〈1948：天地玄黄〉》，《云梦学刊》2014年第6期。

以自由主义知识分子在40年代的文化实践为例。对于钱理群而言，他其实对于自己采取的历史叙述视角非常自觉，甚至是有意在一种“现在进行时”的史述中引入一个“将来完成时”的眼光与声音，“既进入当年的情境，又不断联想以后发生的一切”，正是为了既能“由此及彼，努力进入历史情境，设身处地地去体察、理解彼时彼地的人（个体与群体）怎样、何以做出这样或那样的选择，也即某种历史命题是怎样产生的；又要由彼及此，毫不回避地正视与揭示在选择（命题）展开与实现的过程中出现的一切严峻而复杂的事实（后果）”[①]。实际上，今天的很多研究在论及这些作家或知识分子在历史关口上的抉择与命运时，都很容易滑入一种悲剧化的叙述模式，即尽管他们有很好的文学主张或政治构想，但终将会被一个即将到来的历史远景证明是不合时宜的。但这样的叙述或许过快地滑入到了这一“不合时宜”的悲剧性结论中去，而在“构想”与“时宜”之间具体的摩擦、商榷与重组的过程，包括其“构想”本身的逻辑、内涵、历史效能以及在一个更长时段的历史实践中的移步换形或起死回生，都尚未得到足够深入的讨论。实际上，即使是在1949年新中国成立后的相当一段时间内，仍存在“多种文化成分、力量互相渗透、摩擦、调整、转换、冲突的情况”[②]。而在一个更大的聚散离合的时空视野中，这些失去了下文的设想很可能也获得过其他一些生长、实践或转换的可能。因此，如何进一步撑开这个历史时刻所蕴含的政治想象力与文学创造力，而不是任其被回收到一种既有的历史认知框架或悲情论述中去，也将成为40年代文学研究面临的新课题。

① 魏域波：《叙述、史识与情怀——简析〈1948：天地玄黄〉》，《云梦学刊》2014年第6期。

② 钱理群：《我怎样想与写这本书——代后记》，《1948：天地玄黄》，第263页。

三、“照亮一个时代”：文体实验与现代主义

关于战争年代的生存情境与生命体验的捕捉和文学史呈现，最为评述者所津津乐道的莫过于《1948：天地玄黄》的开头：

> ……正是午夜时分，历史刚刚进入1948年。北京大学教授、诗人冯至突然从梦中醒来，在万籁俱寂中，听到临近有人在咳嗽，咳嗽的声音时而激烈，时而缓和，直到天色朦胧发亮了，才渐渐平息下去。冯至却怎么也睡不着了，他想：这声音在冬夜里也许到处都是吧。只是人们都在睡眠，注意不到罢了。但是，人们不正是可以从这声音里“感到一个生存者是怎样孤寂地在贫寒的冬夜里挣扎”吗？——诗人想了很多，很久。

通过这一细节，钱理群的文学史叙述获得了一种与40年代的历史氛围紧紧贴合的叙述调子与情境感：在那个生存的需求高于一切的战争年代，人人都在挣扎着以求得生存的微息。在钱理群的40年代文学研究中，这样的细节还有很多：美国医生在重庆大轰炸中看到的“执犁的农人”、1948年在关于萧军的文坛大论战中《生活报》报头画上出现的一只“铁拳”，都是这样富于历史象征性与文学形式感的瞬间、意象或情境。对于钱理群而言，这是具有“典型”[①]力量的、足以“照亮一个时代”[②]的历史细节，是一个时代的灵魂式的意象。

---

① 洪子诚：《历史清理的方法》，《中国现代文学研究丛刊》2004年第2期。

② 在钱理群的40年代文学研究中，无论是“从一个人看一个世界”“从一个年代看一个时代”，还是从“一个细节看一段历史”的研究方式，钱理群都将其归为一种源自王瑶的“典型现象”研究法。参见钱理群《略谈“典型现象”的理论与运用——中国现代文学研究方法的一个尝试》，《文艺理论研究》1998年第5期。

出于对人的生命史与心灵史的强烈关注，钱理群对“文学性”的理解也与“人”直接相连：“我们理解的文学性，是指文学观察、把握、书写世界的独特方式，它关注的始终是大时代里的人的存在，而且是个体的存在，具体的存在，感性的存在，心灵、精神的存在，日常生活里的普通人的存在。因此，我们对文学史的观照，也是集中在文学运动与创造中的‘个体史’。”[①]因此，当钱理群处理40年代的“战争与人与文学”等问题时，“人”处在一个中心位置，文学外部的历史现实与文学内部的形式世界正是通过“人”的处境、经验、情感勾连起来的。因此，钱理群对历史细节、文学瞬间和形式缝隙的关注，并非执滞于新批评式的细读，而是要从上述这些象征物与形式感背后读出“人”，读出历史对人的塑造或挤压、泯灭或召唤。人，始终是历史与形式之间的能动主体，也是根本性的意义来源。

但反过来讲，在历史与人的关系结构中，文学又充当了重要的中介。在钱理群笔下，那些富于文学性的细节与瞬间、对这些细节的记录以及由此生发开去的文学想象，正是作家感受与把握历史的方式。更重要的是，从纷繁浩渺的历史烟尘中重新打捞、撷取这些感性瞬间，也是钱理群作为研究者从文学切入历史的方式。钱理群特别擅长从40年代小说家笔下提炼出一些象征意味浓厚的意象、人物形象甚至神情姿态。如在师陀的《果园城记》中，钱理群即辨认出一种“凝神远望”的神态与“跋涉者”或“流浪汉”的形象，又从路翎、萧红40年代的小说中提炼出“旷野”“远方”“流亡”等核心意象，以及大地生命的“漂泊者”与“固守者”的形象。在钱理群看来，这正是一个时代的“中心意象”与“中心人物”[②]。同时，生命、时间、信仰、追寻、皈依等范畴都构成了钱理群40年

① 钱理群：《关于20世纪40年代大文学史研究的断想》，《中国现代文学研究丛刊》2005年第1期。

② 钱理群：《有缺憾的价值——在〈中国现代文学编年史〉出版座谈会上的讲话》，《文学评论》2013年第6期。

代小说研究中反复关注的重要母题或主题模式。在这些主题之下，再进一步考察各种意象的叠合，如“土地”“农民”“母亲”“家庭”“国家”“人民”的意象如何逐渐在“寻找归宿”这一大的主题下叠合为一种浪漫化的、至善至美的终极价值。由此可见，钱理群其实是通过这些意象和主题去直觉化与象征化地把握一个时代的整体氛围与历史性格。

值得注意的是，这些中心意象的提出也不仅仅是作为“历史象征物”被发现的。一方面，这些意象其实初步揭示了战时中国的一些重要的结构性变动。例如“流亡”主题与“流亡者”形象的反复出现，触及的是战争时期大规模的人口迁徙，与之相伴随的是政治、教育、工业、文化等多重资源向内地的流动；关于“土地”“回乡”的书写，以及农民“新人”形象的出现背后，涉及的是乡土中国的地方经验、基层治理、社会改造与新的政治主体的生成问题。在一个“大文学史”的视野之下，这些问题结构还需要在一个更广阔的政治史、社会史与文化史的综合考察之中得以凸显与深化，而这一时期的文学实践也不只是作为一种精神表征或符号世界，而是全方位地卷入到上述这些结构性变动之中，生成具体的话语、行动甚至政治参与。

但另一方面，钱理群又是将作家作为战争中的一个个鲜活的个体，将这些主题、意象或姿态落实为一种文学化的现代生存状态。在端木蕻良、萧红等人40年代的小说中，钱理群发现了“童年回忆”之于作家在战争体验与心理机制上的意义；在张爱玲的小说中，战争中的“日常生活”与“软弱的凡人”则彰显出一种极端的现代生存情境如何催生出现代都市人的自我意识与一种“苍凉”的美学境界。借此，“回忆”主题之下的“回溯性叙事”“儿童”意象背后的“儿童视角”等也进一步上升为中国现代小说的诗学范畴；萧红小说对写实与象征的结合、在儿童视角与成人叙述之间的自觉转换，路翎对强烈复杂的精神现象的追求，张爱玲小说中“参差的对照”，废名《莫须有先生坐飞机以后》的“非小说化”倾向，沈从文《看虹录》中“抽象的抒情”，冯至《伍子胥》的语言实验，汪曾祺以“不像小说”为追求的小说观念，都在一种“中国现代小说诗学”的理论建构视野中被视为一种自觉的文体实验。在钱理群、吴晓东等一批学者同时期倡导的“诗化小说”研究中，40年代的这些小说家也构成了“诗化小说”或“中国现代抒情小说”谱系中的重要成员。此外，在讨论1948年“诗人的分化”时，钱理群也关注“中国新诗”派在新诗现代化、戏剧化等方面的实验性努力。从总体上讲，无论是小说还是诗歌，上述这些文体实验主要都是在一个现代主义的文学脉络中展开的。

由此可见，钱理群关于40年代文学“多元化格局”的整体判断与具体开拓，主要是以现代主义的生存体验与美学方式为前提的。我们或可从中看到80年代“重写文学史”的某种余绪。对于钱理群而言，他也确实是有意在浪漫主义与英雄主义的文学“主流”之外，发掘那些不为以往的文学史家所重视的作家作品，那些看上去“与抗战无关”的、“非主流”的、“边缘性”的、采取“个人本位”与“人类本位”的、具有“超前性”的文学存在[①]，在今天看来，当“现代主义”也已经沉落为某种既定的知识框架，我们对于40年代文学的“多元化格局”这一历史描述的期许也开始转向多种文学潮流以及具体的文学实践之间的碰撞、交互与渗透。仍是在某些饶有意味的细节中，我们或许可以继续寻求历史的敞开。钱理群在讨论朱自清晚年心境时，有一个扭秧歌的细节未及展开。据王瑶的回忆，朱自清“复员以后，他随时参加青年人的集会，朗诵诗，扭秧歌”[②]，李广田在写于1950年的《朱自清先生传略》中记有：1947年“10月，中国文学系举行迎新大会，朱先生与同学们一起学扭秧歌”[③]。毕业于清华大学中文系的记者陈柏生在朱自清逝世两

① 钱理群:《且谈战争岁月作家心态》,《对话与漫游：四十年代小说研读》，第30页。

② 王瑶：《念朱自清先生》，见朱金顺编《朱自清研究资料》，北京师范大学出版社1981年版，第46页。

③ 李广田:《朱自清先生传略》，见朱金顺编《朱自清研究资料》，第354页。

周年写作的纪念文章中回忆道："记得1947年的除夕，清华中文系举行了一个同乐晚会。当时从解放区带过来的秧歌，已在清华园里流行。那天的晚会主要节目就是扭秧歌。自清老师带着病，但是还兴致勃勃地和同学们在一起热烈地扭起来。同学们给他化了装，穿上一件红红绿绿的衣服，头上戴了一朵大红花。他愉快地兴奋地和同学们扭在一个行列里，而且扭得最认真。"[①]这是一个自由主义知识分子与一种来自民间大众以及中共文化实践的新文艺形式之间发生的一些近距离的、主动参与的、富于愉悦感的亲密时刻。朱自清晚年关于一种多元文化图景与新的文学尺度的构想，也许正萌发于这些与学生们一同朗诵诗、扭秧歌的共同娱乐与新鲜体验之中。在这里，我们可以看到知识分子与青年学生如何在这种充满声音性与互动感的文艺活动中获得一种审美愉悦与政治活力；也可以看到这种原本根源于边区农村基层治理与政治动员的文艺形式，如何跨越了不同的政治区域，在都市大学的校园空间中获得新的形式与功能。所谓40年代文学的多元化格局，可能正是在这些地方呈现出变动与交互中的契机。透过这样一些历史细节与文学瞬间，许多尚未被既有的历史认知框架所涵盖的具体情境与具体问题正有待于被"照亮"。

结　语

钱理群谈及自己最初选定"四十年代文学"作为新的学术方向时，曾多次将其比作一块"生荒地"[②]。但距离《1948：天地玄黄》初版二十年后的今天，"四十年代文学"研究已被证明的确是

① 柏生：《纪念朱自清师逝世二周年》，《笔墨春秋三十年——新闻专访通讯选》，人民日报出版社 1983 年版，第 223 页。

② 见钱理群《"言"与"不言"之间——〈中国沦陷区文学大系〉总序》，《中国现代文学研究丛刊》1996 年第 1 期；《一个亟待开发的"生荒地"》，《中国现代文学研究丛刊》2004 年第 2 期。

一座“富矿”。在近三十年的时间里，围绕战时中国的三大政治板块的文学研究热潮此消彼长，战时文人群体与文学活动的研究已细化到多个城市中心或地方区域，战时文学的生产、传播、接受等诸多环节机制，及其与战争、政治、市场、教育以及学术等各方面的关联视野亦逐步建立。伴随着“抗战文学”“大后方文学”“正面战场文学”“战时文学”等概念的提出，抗战与新中国成立、地方经验与国家想象、基层治理与战争动员、迁徙与流动、记忆与创伤等各种问题领域也相继浮现。各种各样的命名与议题的发明与开掘背后，都是对新的问题结构与研究方法的持续探寻。

“四十年代文学”研究或许的确在近十年间迎来了一个新的热潮，但反观这一研究的起点位置也会发现，现有的很多讨论其实也未完全脱出钱理群在那份没有完成的“大文学史”计划中所构想的范围。但我们的期许在于，能否从这一“大文学史”的研究视野与钱理群已经实现的研究形态之间存在的那些差异性的选择之中，找到某种方法上的以及历史认知结构上的新启示。除此之外，当越来越多的年轻研究者加入这一研究领域当中，或许还需要面对与这一研究对象在情感经验上的距离。对于钱理群而言，他的研究动力之一在于一种“生于斯时”的40年代文学“情结”[①]。那个时代的天地玄黄或聚散离合，都是真切地发生在他的生命历程中的经验与记忆[②]，其文学史叙述中流露的警醒与悲情，也部分源自于此。新一

① 钱理群：《关于20世纪40年代大文学史研究的断想》，《中国现代文学研究丛刊》2005年第1期。

② 1948年钱理群与父亲在南京诀别，整个家庭自此永远离散。钱理群的二姐抗战时参加中共地下工作，加入新四军后成为文工团员，姐夫即《白毛女》的作者之一丁毅。在沦陷区另有一兄长参加地下党，成为南京学生运动的一位领导人。《1948：天地玄黄》中“校园风暴”一章写学生运动中的文艺运动，“战地歌声”一章写解放区的文工团活动，还引用了二姐的一段关于知识青年与战士相结合的文字，作为对哥哥姐姐的纪念。参见钱理群《我的精神自传》，生活·读书·新知三联书店2016年版，第15—16页。

代的文学研究者或许已惯于与历史对象之间保持一种客观、冷静的学院距离，但必须承认的是，40年代中国的战争经验与“战争的框架”①已长久地遗留在现代中国人的集体无意识当中，形塑了我们在冷战与后冷战时代对历史、现实、国家、民族、世界乃至日常生活的认知与想象。与钱理群这一代学人从个体经验以及自我的精神构成出发去感知历史的方式相比，今天的我们或是丧失了在个人与历史之间建立关联的能力，或是更善于发现个人经验的局限性与相对性对历史的遮蔽作用，以致陷入解构的虚无感或庸俗的微观政治学。在这个意义上，钱理群的“四十年代文学”研究也提醒我们：如何重新面对亲历者的个体经验与历史认知，才能既不囿于历史的悲情，又能激活其中的历史容量。毕竟，“四十年代文学”研究朝向历史的同时，也朝向当下与现实，并终将朝向我们自身。

初刊《汉语言文学研究》2019年第1期

① “战争的框架”是朱迪斯·巴特勒提出的一个概念，指的是战争及其主导者带来的一种会“暗中引导阐释和理解的思维框架”。参见朱迪斯·巴特勒《战争的框架》，河南大学出版社2016年版，第48页。

重读“二十世纪中国文学”

贺桂梅

“二十世纪中国文学 ”这一文学史论述从1985年提出，距今已有二十余年的历史了，不过它却似乎并没有因此而成为一个只能被贬入历史冷宫的学科概念。姑且不论从其提出之初就被接受为开辟了自其时迄今的学科发展“新阶段”，并被实践为多本已出版或仍在写作中的名为“二十世纪中国文学史”的著作；更值得分析的是，20世纪的逝去、新世纪的降临似乎使这一概念获得了更为充足的合法性：它从一个“渗透了‘历史感’（深度）、‘现实感’（介入）和‘未来感’（预测）”①的现实概念，变为了一个被封闭在“自然终结”的物理时间中的历史概念，一个“真正”的史学范畴。如果说在二十余年前，提出这一概念的研究者们尚在回望20世纪已经逝去的过去和展望即将来临的（尽管是短暂的十五年）未来之间，将20世纪的中国文学定义为从“传统中国”迈向“现代中国”的线性时间进程中“过渡”的、“蜕变”的和“不中不西”②的历史环节，那么，值得追问的便是：在“二十世纪”作为一种物理时间已经终结的今天，在“中国”

① 黄子平、陈平原、钱理群：《论“二十世纪中国文学”》，《文学评论》1985年第5期。收入黄子平、陈平原、钱理群《二十世纪中国文学三人谈》，人民文学出版社1988年版。另收入钱理群、黄子平、陈平原《二十世纪中国文学三人谈·漫说文化》，北京大学出版社2004年版。后面引文均引自这一版本。

② 黄子平、陈平原、钱理群：《关于“二十世纪中国文学”的对话·缘起》，《读书》1985年第10期。

已然置身于“世界市场”和世界格局当中，并且由于世纪末发生的全球／中国诸多历史事件而被称为“历史终结”的今天，同时也是在中国按照现代化理论被认为进入了“起飞”／“崛起”阶段，而“文学”逐渐丧失其在民族—国家机器中的特权地位并被“边缘化”的今天，我们再如何理解“二十世纪”、“中国”和“文学”？

显然，同样是由“二十世纪”、“中国”和“文学”这三个关键词组合起来的范畴，从80年代到今天，其具体内涵已经发生了很大变化。只是由于一种看似“自然”的转移，使得人们并不去深究其中发生的变化。或许可以说，真正使得“二十世纪中国文学”成为一个必须被放置于当下历史视野中加以批判性考察的原因，正在于因世纪之交的诸多社会变迁而导致的文化转移，使得那些支撑它的曾经不言自明的知识谱系和话语机制被“暴露”为一种历史的“建构”。也就是说，只有在已然“全球化”的今天，当“二十世纪”、“中国”和“文学”再度成为需要被追问和质疑的范畴时，曾经看似极为自然的“二十世纪中国文学”的命名和论述，才可以也应该成为被重新讨论的对象。

文学、学科与“政治”

选定“二十世纪中国文学”作为分析80年代文学／文化史的关键词，显然不仅仅因其修辞方式与当下中国境况之间颇为暧昧的历史关联，更重要的是这一范畴曾在80年代文化场域中产生的极为广泛的影响。

“二十世纪中国文学”论作为现代文学这一学科内部的研究突破和新进展，被称为开启了在“中国新文学史”研究、“中国现代文学史”研究之后的第三个研究阶段。[①]这一范畴提出时的诸多

① 陈思和：《关于编写中国二十世纪文学史的几个问题》，《犬耕集》，上海远东出版社1996年版，第236页。

评述文章，都是在“文革”后现代文学学科重建和发展的脉络中来定位“二十世纪中国文学”的，将其视为“打通”近代、现代和当代文学学科界限的“新文学整体观”的代表论述。但值得分析的地方正在于，仅仅“打通”近代、现代和当代文学的学科界限，并不会自动也不必然导致“二十世纪中国文学”论述的出现。如果说强调“新文学”应作为一个统一的文学进程而不应被“人为”的“政治”观念切断，这被视为“整体观”的核心内容的话，那么由“新民主主义”论述界定的“现代文学”史观向“二十世纪中国文学”论述的飞跃，其话语资源并不完全来自现代文学这一学科体制内部，而与80年代中期的整个知识场域有着紧密的互动关系。就这一层面而言，可以通过分析“二十世纪中国文学”论的具体知识表述及其播散方式，来考察作为80年代“显学”①的现代文学这一学科与当时文化/知识变革之间的关联方式。

现代文学学科在80年代的中心位置，是与曾经作为50—60年代“显学”的“当代文学”在80年代出现的危机直接联系在一起的。也正因此，在“二十世纪中国文学”论提出之后，才有接踵而至的“重写文学史”思潮。这里不仅有学科之间的位置错动，更重要的是知识范式的转型。由“二十世纪中国文学”所代表的新的知识范式，正是80年代中期的主流话语形态。事实上，就“二十世纪中国文学”的论述方式及其在当时的影响来看，它与知识界的“文化热”有着直接的关联：三位作者是以甘阳为代表的学术群体“文化：中国与世界”编委会的重要成员，而其论述也正是“文化热”的重要构成部分。正如笔者曾在另外的文章中所阐述的那样，“文化热”得以形成的核心知识谱系，是出现于60年代美国社会科学界、随后主导美国对待第三世界的外交政策、并因后冷战时代的来

① 温儒敏、李宪瑜、贺桂梅、姜涛等：《中国现当代文学学科概要》第九章“现代文学作为八十年代的‘显学’”，北京大学出版社2005年版，第91—107页。

临而成为全球意识形态的“现代化理论”[①]。在后来的回顾中，倡导者自己也承认，主导“二十世纪中国文学”的正是一种“现代化叙事”：“光打通近代、现代、当代还不够，关键是背后的文化理想。说白了，就是用‘现代化叙事’来取代此前一直沿用的阶级斗争眼光。”[②]而尤为值得关注的是“二十世纪中国文学”是80年代诸多有关“现代化”的论述当中较早地采用了传统／现代、世界／中国等现代化理论叙述结构的文本之一。因此，剖析其讲叙和想象“现代化”的方式，不仅可以更深入地讨论“文化热”与“现代化理论”知识之间的关联方式，更可由此讨论“现代化叙事”在80年代中国得以发生和成形的历史语境。分析这一个案，既可以剖析勾连起两种知识范式，即“革命”范式与“现代化”范式之间冲突与转换的历史形式；且因其与“现代文学”这一特定学科及80年代人文学科体制间的关联，更可呈现出制约着80年代的现代化改革与文化规范及人文学科、学人更替的历史／话语机制。也就是说，重读“二十世纪中国文学”，不仅意味着将其视为80年代文学／文化的重要文本进行解构性剖析，更重要的是，借助对其知识表述及播散方式的追索，可以显影出支配这一观念表述的知识／权力机制的体制性力量。

以一种回望的历史视野打量，“二十世纪中国文学”的提出形式本身或许便是非常有意味的。它是由三个不同学科方向的年轻研究者即主攻当代文学的黄子平、主攻现代文学的钱理群和主攻近代文学的陈平原集体提出的。这种“打通”学科界限的合作形式本身，就是“二十世纪中国文学”所倡导的整体观的具体实践。而从另一方面来看，这一范畴在当时学界的发布形式本身，则进一步越出了文学学科的界限，而在当时的人文知识界产生了广泛影响。对

① 贺桂梅：《一九八〇年代“文化热”的知识谱系与意识形态》，《励耘学刊·文学卷》，学苑出版社2008版。

② 参见查建英主编《八十年代：访谈录》陈平原部分，生活·读书·新知三联书店2006年版，第128页。

这一范畴的阐述由两部分构成：一是单篇的专业论文《论“二十世纪中国文学”》，最早在1985年万寿寺现代文学馆举办的“现代文学研究创新座谈会”上公布，继而发表于专业文学刊物《文学评论》上。一位现代文学研究者回忆道，该论文在这次会议和杂志上的发表，使他“和许多同行一样受到了强烈的震动”[①]。另一构成部分则是发表在以人文知识界人士为阅读对象的《读书》杂志上的六篇“三人谈”。一方面因为发表媒介的不同，“很多人对《读书》上的‘三人谈’的印象，远远超出了作为主体的《论“二十世纪中国文学”》——那是我们的主打产品”；另一方面，则由于采取了对话和漫谈而非“正儿八经写论文”的形式，“很能代表80年代的风气”，这种“侃大山式的学问”使得《读书》上的“三人谈”甚至成为“八十年代学术的一个象征”[②]。或许可以说，“二十世纪中国文学”的发表形式本身，所显示的正是这一文学史论述形态所勾连和跨越的知识领域的不同侧面，这使我们可以借此而获得一个进入80年代的知识生产的组织形态的入口。

从90年代已经规范化和建制化的学科体制角度来看，固然可以认为“二十世纪中国文学”是对学科领域（或学科方向）的越界，不过，就当时的历史和文化处境来看，这种“越界”行为却恰恰是某种学科/知识重组的表征。这里或许包含着两方面的作用力，一方面的作用力是具体学科内部的压力，即那种强烈的渴望破“关”而出的诉求。赵园如此表述：“现代文学研究只有‘破关而出’，才有可能真正‘返回自身’——一种古怪然而真实的逻辑。”[③]而另一方面的作用力则来自知识界某种正在成形中的广泛的新共识。王晓明曾使用了一个形象的比喻来表达对“二十世纪中国文学”所

① 王晓明：《从万寿寺到镜泊湖》，《刺丛里的求索》，上海远东出版社1995年版，第242页。

② 参见查建英主编《八十年代：访谈录》陈平原部分，第126—132页。

③ 赵园：《一九八五：徘徊、开拓、突进》，《中国现代文学研究丛刊》1986年第2期。

产生的强烈共鸣："各种各样的新的学术思想，就好像是早春时候江中的暖流，在冰层下面到处冲撞，只要有谁率先融塌一个缺口，四近的暖流就都会聚集过来，迅速地分割和吞没周围的冰层。"[①] 从表面上看，这两方面的作用力似乎是任何一种文化变革所必然会有的，但具体到"二十世纪中国文学"提出时的历史语境来说，关键问题并不在于质疑当时支撑着现代文学学科体制的主流知识体系，那种强烈的"破关"意识本身已经宣告了这一知识体系的失效；更关键的问题在于以怎样的"语言"来表述（或"创造"）新的共识。也正是在后一意义上，"二十世纪中国文学"的提出者在当时就意识到，他们所做的不是"用材料的丰富""补救理论的困乏"，而是"换剧本"的问题（黄子平），涉及"建立新的理论模式"问题（陈平原），是从"旧概念"到"新概念"的"飞跃"（钱理群）。这也就是说，"二十世纪中国文学"的独特之处不在"破旧"，而在"立新"。而如若我们采取某种后结构主义的眼光来看待这一突破，就需要意识到，所谓"新"从来就不是"说出"那些早已存在的事实的意义，而是"创造"那些已经存在的事实的意义的过程。因此，值得分析的首先便是他们以怎样的叙事逻辑、知识构成和文化想象来"讲述""二十世纪中国文学"。这种讲述方式所产生的广泛影响，"只能理解为整个学术界、文化界都在调整，我们因应了这种变化的时代需要"，即所谓"踩上点儿了"[②]。但需要说明的是，这里将"二十世纪中国文学"作为80年代文化的核心范畴加以考察，并非要格外突出这一论述的署名权／发明权，也并不认为这种论述对当时文化语境的"因应"是出于三位研究者个人先知先觉的"天才"，而是在福柯理论的意义上首先质询"作者是什么"之后，将这一文学史表述视为某种话语构成的征兆，亦即在谱系学意义上将其视为某一话语形态"出现"／

① 王晓明：《从万寿寺到镜泊湖》，《刺丛里的求索》，第242—243页。

② 参见查建英主编《八十年代：访谈录》陈平原部分，第128页。

显影的话语事件。[①]唯有在这样的研究视野当中，“二十世纪中国文学”所勾连的知识领域才可得到更为历史化的呈现。

“二十世纪中国文学”的最基本诉求，“首先意味着文学史从社会政治史的简单比附中独立出来，意味着把文学自身发生发展的阶段完整性作为研究的主要对象”。要求文学获得“独立性”的表述，显然也是整个80年代文化变革中最响亮的声音之一，这种声音从80年代前中期的“让文学回到文学自身”“文学审美”“文学主体性”到80年代后期的“纯文学”“文学性”，经历了不同的变奏，而“二十世纪中国文学”对文学史独立性的强调自然也是这一变奏中的主要声部。这种倾向和诉求在随后由陈思和、王晓明主持的“重写文学史”专栏[②]而引发的文学史研究思潮中，得到了更为明确和充分的表达与实践。当时对文学“独立性”的倡导，显然应当看作是特定历史语境中对抗体制化的主导话语形态的方式，而其时的“旧概念”被不言自明地名之为“政治”。“政治”与“文学”的二元对立在当时是如此有效，以致批判前者就足以为后者的合法性张目。也就是说，正是通过将自身界定为“非意识形态化”的并将前者指认为意识形态，80年代新的文学观念和文学形态才据以确认自身的合法性。不过，当我们来仔细考量具体历史文本中聚集于“文学”这一能指之下的符码和信息时，问题就会复杂许多。“文学”并不像当时的倡导者所想象的那样“非政治”和“独立”，它始终是在极其复杂的文化、政治、社会乃至经济话语的网络当中定位自身。并且，如果我们参考日本学者柄谷行人在《日

① 有关理论参见[法]米歇尔·福柯《知识考古学》，谢月、马强译，生活·读书·新知三联书店1999年版。另见《尼采·谱系学·历史学》，苏力译，陈永国、汪民安编《尼采的幽灵——西方后现代语境中的尼采》，社会科学文献出版社2001年版。

② 陈思和、王晓明在《上海文论》杂志主持这一专栏，从1988年第4期开始，到1989年第6期结束。但作为一种文学研究思潮，一直延续至90年代迄今。

本现代文学的起源》一书中，对日本70年代新左翼运动中那种“政治运动一旦破产就回归文学回归内心”[①]的倾向所做的批判，便应当意识到所谓“独立的文学”的诉求不过是一种“颠倒的风景”。也就是说，对“纯文学”的强调并非因为存在着“纯粹的文学”这一实体，而是一种“现代性装置”即制度化的认知模式和物质性的国家机制这两者所造就的结果。所谓“独立的文学”并非一种脱离开“政治”的纯粹观念性的存在，而是现代民族—国家制度的构成部分。具体到“二十世纪中国文学”对独立的文学史的诉求，也应当将之视为“颠倒的风景”之一种，它的“政治性”是内在于其所寄身的意识形态国家机器当中的，而所谓“非政治”/独立性仅仅是为一种“新政治”张目的合法性手段。更重要的是，由于在80年代，文学仍旧处于民族—国家机器的核心位置（即文学的“黄金时代”和“轰动效应”），因此，以“文学”的方式来播散诸种新意识形态，是更为有效的手段；而“文学”表述中所涵盖的“政治”叙述也更为丰富。

不过，相比于80年代其他的政治/文学的二元论述，“二十世纪中国文学”自有其复杂之处。这表现在它不仅将自身的合法性建立在“文学”与“政治”对抗的基础上，而且它还尝试建立另外一套“非政治”的论述来填充在二元结构中的“政治”这一位置上。换句话说，与那种建立在“阶级斗争”“新民主主义”“反封建”等“革命”范式的现代文学论述“政治”不同，“二十世纪中国文学”是通过“时代”“世界”“民族”“文化”“启蒙”等“非政治”论述来重新定位现代文学及其“艺术规律”的。后一组范畴无疑是80年代社会与文化变革的主题词。其中，最为核心的内涵，聚集于“二十世纪”与“中国”这两个能指之下。

① ［日］柄谷行人：《日本现代文学的起源》，赵京华译，生活·读书·新知三联书店2003年版，第224页。

“二十世纪”与“现代化”的意识形态时间表

首先被独立出来的是“文学史时间”。“二十世纪中国文学”批判那种将文学史等同于政治史的分期方法，而要求“文学史的分期应当以文学系统的变化为依据”，即从文学系统的角度来确定“二十世纪”中国文学的起讫时间与总体特征。于是，文学时间上的“二十世纪”首先被确认为“一个不可分割的有机整体”，这一“整体”表现为一个持续展开的“文学进程”，即“一个由古代中国文学向现代中国文学转变、过渡并最终完成的进程”。其总体特征则由“世界文学中的中国文学”“改造民族灵魂的总主题”“悲凉”的美感特征、包括文体／语言在内的“艺术思维的现代化”这四项指标来显示。这里所谓的“文学系统”论，正如倡导者明确说明的，来自1985年这一文学理论的“方法年”流行的所谓“三论”（即系统论、信息论、控制论）之一。它由此将“古代中国文学”与“现代中国文学”切分为性质截然不同的两大块，而“二十世纪中国文学”则成为由前者“走向”后者的一个时间“进程”，亦即一个“现代”比重逐渐压倒并最终取代“古代”／“传统”成分的过程。并且因为这一时间进程同时表现为“走向并汇入‘世界文学’”这一空间性存在，与古代／现代的历时二元结构同构存在的还有“东西方文化大碰撞”和“中国”／“世界”这样的共时结构，两者共同构成“二十世纪中国文学”的纵／横两大坐标。在这一文学时间表当中，一些文学运动和事件被赋予了特别的重要性。最重要的一是五四新文学革命，另一则是所谓的“新时期文学”。正是观察到“五四”与“新时期”这两个文学时段或文学事件之间“非常相像，几乎是某种‘重复’”，观察到“新时期文学”与“五四”时期的文学有很多相似之处，是一个更高阶段上的发展”，他们才由此意识到“二十世纪”的历史完整性，即“一种躲在后面的‘总体框架’”。在确认“五四”和“新时期”的重要位置的基础上，“二十世纪”的历史进程被描述为这两个“高潮”之间的“一种螺旋式的上升”，一种“否定之否定”的曲折发展的“整体性”——显然，如果我们要索解“二十世纪中国文学”这一范畴的意识形态特性，再没有比分析这两个重要事件及其关系更为有效的入口了。

在作为“文学史时间”的“二十世纪”中，“五四”被看作“闭关锁国”的古老中华民族“走向世界”的起点，是“现代中国”完成同“古代中国”的“断裂”的标志。它标志着由晚清开始的与古代中国文学的“全面深刻的‘断裂’”，并且这种断裂“不是在中国传统文学封闭系统内部实现的，而恰恰是以冲破这种封闭体系，击碎‘华夏中心主义’的迷梦为前提的”；这也意味着“二十世纪中国文学”“越过了起飞的‘临界速度’，无可阻挡地汇入了世界文学的现代潮流”。这里值得分析的是论者所采用的语词，如“断裂”“起飞”“阶段”“系统”等。或许即使是论述者自己也未必明确意识到这些语词的来源，但有意味的是，这恰恰是60年代由美国社会科学界生产出来的“现代化理论”的经典语言，尤其是经济学家罗斯托（W. W. Rostow）在《经济成长的阶段——非共产党宣言》[①]中做了集中表述。罗斯托在书中提出的经济成长的五个阶段论（即传统社会、为发动创造前提条件阶段、起飞阶段、向成熟推进阶段和高额大众消费时代），被视为现代化理论中有关第三世界国家发展理论的“《圣经》”[②]。这也就是说，如果我们要追溯“二十世纪中国文学”论用以表述“二十世纪”现代性的这套语词的来源的话，那么它们正源自冷战时期，美国为抗衡社会主义阵营对新崛起的第三世界的影响而生产出来的现代化理论。正如分析者指出的，当现代化理论逐渐演变为一种有关发展的意识形态之后，它在不同情境下

① 罗斯托此书于1962年作为“内部读物”由商务印书馆出版。

② 王正毅：《世界体系论与中国》，商务印书馆2000年版，第21—28页。另参见［美］雷迅马《作为意识形态的现代化：社会科学与美国对第三世界政策》，牛可译，中央编译出版社2003年版，第66—73页。

发挥作用的方式也不同，既可作为一种“政治工具”、一种“分析模式”，也可作为一种“制造言辞的工具”，更可成为一种“认知框架”[①]。而在80年代中国语境中，人们对“现代化”的理解和认知，采取的是一种想当然且十分“自然”的方式，将其看作一个超越性的普遍概念，而很少有人去正视这一说辞作为特定历史语境中的一种言说方式如何被“创造”出来。也就是说，80年代有关“现代化”的想象更接近于一种“现代化意识形态”[②]，即它作为一种认知框架，是在“无意识”的情况下表达“由一个社会集团的信仰、价值、恐惧、偏见、反思和义务感组成的系统——简言之也就是社会意识”的语言。显然，这里并不是在考据“现代化”作为一种“学说”的最早起源，而是考察其作为一种“话语”表述得以成形的历史语境。正因为“现代化”在80年代中国不是作为一种新“学说”，而是以“话语”的方式弥散于社会意识当中，当它被构造为一种新的学术语言时，其具体的表述方式和知识构成又恰是特定历史语境的产物。因而，“二十世纪中国文学”论在“现代”/“世界”的同构语义上，一面是进化论的启蒙主义历史景观的确立，另一面是以马克思的《共产党宣言》提出的“世界市场”与歌德的“世界文学”论述为主要知识资源的世界景观想象，构造出有关“现代化”的独特表述。就80年代前中期的历史语境而言，有意味的并且也正是“二十世纪中国文学论”有意略去或闭口不谈的地方，恰恰在于这个“世界市场”的特性，按照冷战语言应被描述为“资本主义”，而在一种现代化理论语言中被描述为“现代”。这正如80年代中期，在以对传统中国文化的批判来表达对当代中国政治批判的文字表述

① ［美］雷迅马：《作为意识形态的现代化：社会科学与美国对第三世界政策》，第20—21页。

② 有关“现代化意识形态”的论述，参见汪晖《当代中国的思想状况与现代性问题》，《天涯》1997年第5期。

中，似乎是突然间用“传统”这一语汇取代“封建”这一语汇[1]一样，以“现代”“世界市场”来定位20世纪，而不是以“资本主义”“社会主义”这样的语汇来定义20世纪，并不单纯是语汇和修辞的更替问题，而是话语转换的问题。或许在这里，我们同样必须使用“语言学转型”之后的理论视野来看待这一问题，即不是语言“表达”意义，而是语言“创造”意义。对“传统”的批判取代对“封建”的批判，以“现代”“世界市场”而非“资本主义”“社会主义”来命名20世纪，正是有关“现代化”的一整套话语取代有关“革命”话语的具体表征。

呈现“二十世纪中国文学”论述的意识形态特性的最好方法，或许便是拿它来与建立在毛泽东的《新民主主义论》等基础上的“现代文学”论述进行参照。日本学者沟口雄三在反省日本学界的中国研究时，曾批判那种把有关历史的叙述和假说当成事实的做法：“如果说历史学在某种意义上可以称为假说的学问，那么这个结构相应地具备作为假说的机能。问题是假说再怎么样也是假说而不是事实……换句话说，由于没有别的假说与之对立，因此它基本失去了假说对于事实本该具有的谦虚。”[2]沟口对历史叙述作为一种“假说”特性的强调，对我们理解“二十世纪中国文学”论中的历史想象显然是有启发的。因为在80年代（乃至更长的时间中），人们更多地将其有关“二十世纪”的叙述视为某种“自然”的“物理时间”，一种对“客观”存在的事实的描述，而遮蔽了其意识形态内涵。自然，这里将“二十世纪中国文学”的传统/现代论与《新民主主义论》的历史叙述相参照，也并非要否定前者的叙述结构，而是要将其还原为一种历史“假说”。在很大程度上，80年代

① 参见贺桂梅《八十年代文学与五四传统》第二章《“反传统”文化思潮中的文学》中的第一节“‘封建’‘传统’和‘现代化’”，北京大学博士学位论文，2000年。

② ［日］沟口雄三：《日本人视野中的中国学》，《作为方法的中国》，李甦平、龚颖、徐滔译，中国人民大学出版社1996年版，第24—25页。

将“传统”/“现代”的历史叙述接受为“客观”事实，恰恰是因为人们很少将“别的假说与其对立”；就当时的历史语境而言，或许更真切的情形是，人们为了摆脱体制化且丧失说服力的革命范式“假说”而因此将有关现代化的论述视为“事实”。如若将“二十世纪中国文学”论与“新民主主义”论同样看作两种关于历史的“假说”的话，那么毛泽东那篇几乎可以说确立了整个现代文学论述基调和格局的《新民主主义论》[①]，对待“现代”历史的态度要复杂得多。他不仅将“二十世纪中国文学”所确立的“现代”明确定性为“民主主义”（或资本主义），而且将其区分为“旧”/“新”两个阶段，而“五四”则成为区分这两个阶段的标志。毛泽东也是在一种“世界”视野当中展开论述的。不过，与“二十世纪中国文学”在“现代”与“传统”的二元结构中切分“世界”/“中国”的做法不同，毛泽东固然重视以“外国资本主义侵略中国”而带来“资本主义因素”这一现代时间，但他更重视的是这一现代时间内部的反动，即“因为第一次帝国主义世界大战和第一次胜利的社会主义十月革命，改变了整个世界历史的方向，划分了整个世界历史的时代”。也就是说，与“二十世纪中国文学”以“传统”与“现代”的二元结构划分20世纪历史格局不同的是，毛泽东勾勒出了中国革命的三分结构。他格外强调所谓“现代”的“资本主义”性质，以及在这一“资本主义”现代历史内部反叛现代性的“社会主义”。因此，这里不仅有资本主义的“现代”，还有社会主义“反抗”资本主义现代的“现代”。在这样的意识形态坐标上，“新民主主义文化”正如同“二十世纪中国文学”，也具有“过渡”的性质，不过不是从“古代”转向“现代”，而是“现代”内部的转换，即从“旧民主主义革命”（资本主义革命）转向“社会主义革命”。于是，依照毛泽东所勾勒的这种历史图景和革命构想的步骤，遵循着文化/政治一元观，近代文学、现代文学与当代文学分别被作为旧民主主义、新民主主义和社会主义三个阶段

① 毛泽东：《新民主主义论》，人民出版社 1968 年版，第 623—670 页。

的文化／文学的呈现。这正是在“二十世纪中国文学”提出之前统治着近代、现代、当代三个学科方向的体制化叙述。

特别地参照《新民主主义论》而指出“二十世纪中国文学”在如何理解20世纪这一“现代”／“世界”时间表上发生的变异，一方面固然是因为“二十世纪中国文学”之所以“新”恰在于它是对近代、现代、当代学科界限的“打通”，也就是说，这正是当时两种更替的“新”／“旧”研究范式；而另一方面则希望通过两种范式间的对比，凸显“二十世纪中国文学”有意或无意地遮蔽或“不说”的那些历史内容。正如法国理论家路易·阿尔都塞在提出“症候阅读”理论时所说的，那些“没有说出”的内容往往比“说出”的内容更重要，并且，正是那些“没有说出”的内容才能凸显“说出”的内容的意识形态特性之所在。[①]如果说我们仅仅阅读“二十世纪中国文学”无法观察到它遮蔽或遗漏了怎样的历史内容的话，那么，恰恰是在与《新民主主义论》的参照中，它有关“20世纪”历史讲述的意识形态性才得以显影。

事实上，这里提到的对于这些被“遗漏”内容的“发现”也并非新鲜，其实在“二十世纪中国文学”提出之初，类似的质疑便存在了。如1986年在北京大学组织的有几位日本的中国学研究者参与的讨论中，木山英雄相对隐晦地提出，“二十世纪中国文学”用马克思的“世界市场”来定义中国的20世纪历史，忽略了“文化主体的形成”这一问题，因为“从东方民族的立场来看，这（指20世纪——笔者说明）并不是像马克思所说的世界市场的成立。马克思是完全站在西方立场上说的”。而丸山升则直截了当地提出，“二十世纪文学”的“中心问题”应当是“社会主义”，但在“二十世纪中国文学”论中，这一“中心问题”却并没有出现。[②]

① ［法］路易·阿尔都塞、艾蒂安·巴里巴尔：《读〈资本论〉》，李其庆、冯文光译，中央编译出版社2001年版。

② 孙玉石等：《世界文学·中国文学·日本文学》，《当代作家评论》1989年第3期。

到90年代后期，钱理群在回顾提出“二十世纪中国文学”这一概念的经过时，也曾提及王瑶的质疑：“你们讲二十世纪为什么不讲殖民帝国的瓦解，第三世界的兴起，不讲（或少讲，或只从消极方面讲）马克思主义，共产主义运动，俄国与俄国的影响？”[①]——这些“二十世纪中国文学”“不讲”的内容，概而言之，便是遮蔽所谓20世纪“现代性”的内在矛盾与冲突，将其视为一个内在统一的因而也是“单一现代性”的过程，也因此抹去了作为资本主义内部反动的“社会主义”现代性。

如同“二十世纪中国文学”论所意识到的，“‘二十世纪’并不是一个物理时间，而是一个‘文学史时间’”。事实上，或许应该说，从来不存在什么客观、中性的“物理时间”，任何时间尺度都是某种意识形态作用的结果。美国学者伊维塔·泽鲁巴维尔（Eviatar Zerubavel）在他的论著中指出，时间尺度在组织社会生活的过程中具有极其重要的位置，“通常，时间秩序为某一社会群体所共有，并且独特到能够将组织成员与外人区分开来的程度。它有助于确定群体间的界限，并为群体内部僵化的凝聚力提供强有力的基础”[②]。梁思文将伊维塔·泽鲁巴维尔的这一论断落实于对共产主义运动的分析，认为可以将其视为一个“由符号、仪式和语言组成的文化共同体”，而其中尤为重要的则是“共产主义日志”，即“在共产主义文化的时间框架中，规定他们在这些运动内部的时间秩序”[③]。参照这些论断，显然可以给我们讨论“二十世纪中国文

① 钱理群：《矛盾与困惑中的写作》，《文艺理论研究》1999年第3期。

② Eviatar Zerubavel, Hidden Rhythms: Schedules and Calendars in Social Life, Chicago: University of Chicago Press, 1981. 转引自梁思文（Steven I. Levine）：《中国与社会主义国际：标志表象一体化》，牛大勇、沈志华主编《冷战与中国的周边关系》，世界知识出版社2004年版，第175页。

③ ［美］梁思文（Steven I.Levine）：《中国与社会主义国际：标志表象一体化》，牛大勇、沈志华主编《冷战与中国的周边关系》，第174—175页。

学”论的“文学史时间表”带来启发。如果说毛泽东的《新民主主义论》恰恰是通过将现代中国的历史时间纳入“共产主义日志”，从而勾勒了整个中国革命运动的策略和步骤，以及中国现代文化的性质与特征的话，那么，“二十世纪中国文学”论则确立的是另外一套时间尺度，即由现代化理论所构造的一个从“传统”向“现代”进化的统一的时间过程。在后一时间表中，与同样建立在进化论基础上的“共产主义日志”相比，其重心不再是现代历史内部的意识形态冲突，而转移为从“传统”走向“现代”过程中的阶段性矛盾。比如，在“二十世纪中国文学”论中，核心的冲突不再是现代历史内部资本主义与社会主义的生产方式及其代表阶级的不同政治策略之间的冲突，而是如何挣脱“传统”而进入“现代”的主要矛盾，并且随时处在因现代进程有可能“中断”而重新回复到传统的危险当中。显然，这是两种完全不同的时间尺度。并且与80年代“新启蒙”思潮中的流行看法相反的是，它不是以“现代化”为主要诉求的“二十世纪中国文学”论，而是以“革命”为主要诉求的《新民主主义论》，表现出了对“现代性”更为复杂也更为辩证的关注。

从这一“现代历史的时间表”具体到“文学史的时间表”，则是五四新文化运动从《新民主主义论》中作为既有“新民主主义”因素也有“社会主义”因素的历史起点，变成了“二十世纪中国文学”论中的“单一”现代性的历史起点。更具有意识形态意味的是，“二十世纪中国文学”将“新时期”与“五四”这两个事件做了一种历史性的对接，尤其将前者视为后者“更高阶段的重复”。“二十世纪中国文学”论看待这两个历史事件的方式在80年代并非偶然，而毋宁说这是塑造所谓“新时期”意识的核心历史观之一，更是所谓“新启蒙”思潮的基本思想前提。在当时文化界的自我意识当中，“新时期”被认为是“第二个‘五四’时代”，是“又一次文艺复兴”，是“新启蒙时代”。这种历史意识的来源恰恰在将“新时期”类比于“五四”的历史想象当中。“二十世纪中国文学”论提出的这两者关系，在同期或稍后的文学研究者那里有更为明晰的表达。如李泽厚在《启蒙与救亡的双重变奏》中，将“新时期”视为“五四”启蒙文化在“六十年代之后的复归”，并在《二十世纪中国（大陆）文艺一瞥》中描述了一种与之相应的高潮（“五四”）——低落（40至70年代）——回升（新时期）的文学史历史景观。[①]而陈思和则干脆把“五四”以来的文学史发展画了一个“圆型”图。[②]确立起“新时期”与“五四”的特殊关系，不仅通过将“新时期”类似于“五四”而为80年代历史/文化变革的合法性张目，更关键的是，这种历史叙述还确立了另一组历史对应结构，即将“新时期”之前的50—70年代社会主义历史等同于“五四”之前的古老中华帝国的前现代历史。正如一些学者已经敏锐地指出的那样，80年代的整个新启蒙主义思潮在重申现代性意识形态时，借助的正是这样一种历史隐喻来确立自身的合法性，即将50—70年代的社会主义历史实践隐喻性地转换为前现代的“封建”历史，从而将80年代中国的变革类同于“五四”时期的新文化革命，同时也类比于欧洲从中世纪转向世俗社会的“现代化”初始时期。[③]而50—70年代的历史（尤其是“文革”）也因此被“剔除”出现代历史，而成为整个“二十世纪”时间表当中的“例外”，甚或“畸形”的时段。

不过，今天重新讨论这一问题，如若还仅仅停留于分析其采

① 李泽厚:《启蒙与救亡的双重变奏》《二十世纪中国(大陆)文艺一瞥》，《中国现代思想史论》，东方出版社1987年版。

② 陈思和:《中国新文学整体观》,上海文艺出版社1987年版,第45—46页。

③ 汪晖在《当代中国的思想状况和现代性问题》中概括为“‘新启蒙’的政治批判（国家批判）采用了一种隐喻的方式，即把改革前的中国社会主义的现代化实践比喻为封建主义传统，从而回避了这个历史实践的现代内容”。戴锦华在《隐形书写——九十年代中国文化研究》(江苏人民出版社1999年版）中将其概括为“对当代中国历史的思考，转而成为对前现代中国社会与传统文化的批判”。

取了何种意识形态修辞的层面显然是不够的，我们还需进一步追问使得这样的修辞在当时被视为“理所当然”的话语构成；并且正面地讨论那些被“回避”了的历史实践中的“现代”内容，以及这种“回避”在80年代语境中如何成为可能。

“中国”与全球化想象

两种意识形态时间表相应地建构了自身关于“现代世界”这一全球性的空间景观和民族—国家主体的不同想象方式。与《新民主主义论》通过不同阶级关系与政体形态间的冲突而将历史主体确立为阶级—国家不同，“二十世纪中国文学”首先将现代化进程中的历史主体确立为似乎无须论证其合法性的现代民族—国家。显然，在这里，国民／民族（nation）[①]这一共同体想象方式的最大变化，便是“阶级”维度的消失。如果说《新民主主义论》所代表的“革命”范式建构其“想象的共同体”的方式，必须被置于二战后第三世界独立建国浪潮的历史语境中加以考量的话，那么这种阶级—国家的主体形态与发源于19世纪西欧的民族主义思潮则有所不同。英国历史学家霍布斯鲍姆（Eric J. Hobsbawm）提出：“第三世界的民族解放运动，在理论上虽是套用西方民族主义的模式，可是它们实际想要塑造的国家，却与西方民族—国家的标准背道而驰。”如果说主宰19世纪的民族主义思潮的，是一种“马志尼模式”，即“创造一种族群、语言与国家领土一致重合的民族国家（‘所有的民族都是国家，一个民族只有一个国家’）”，那么二战后非殖民化过程中出现的新国家则是“反殖民化”、“革命”与“外力干预”这三种力量作用的结果；与民族主义有关的议题，都只是用来强调或干扰“革命

① 有关民族—国家作为“想象的共同体”这一理论阐述，参见［美］本尼迪克特·安德森《想象的共同体———民族主义的起源与散布》，吴叡人译，上海人民出版社2003年版。

与反革命的政治”这个主角的“陪衬角色”[1]。由此看来，对于“二十世纪中国文学”有关19世纪拉丁美洲、非洲和亚洲“各个民族的文学走向并汇入世界文学的路径”的描述，也需要区分这种源自“五四”时期的19世纪民族主义思潮与20世纪80年代由50—70年代接续过来的第三世界民族主义思潮之间的差别。相当有趣的是，钱理群提及他所理解的“二十世纪”是从苏联革命导师列宁有关“亚洲的觉醒”的论述中得到启发的，并且特别提出“世界文学”不仅包括欧美文化，也包括与“中国近似”的非西方国家，“比如印度、日本、东南亚，还有非洲，最后拉美文学也进入了我们的视野”。但是，在如何理解这些非西方的、后发现代化的，并且大多显然是在殖民主义的情境中遭遇西方因而进入“现代”的国家主体形态时，恰恰是霍布斯鲍姆所谓的“反殖民化”、“革命”与“外力干预”这三种因素被排除在“二十世纪中国文学”论的视野之外。这也正是日本学者木山英雄和伊藤虎丸批评其忽略了“文化主体的形成”和“西方的文化侵略”[2]的地方。

由于并不区分西欧式民族主义和第三世界（与后发现代化国家）民族主义这两者间的差异，因此在“二十世纪中国文学”论中的“中国”，就成为自我决定的历史主体，其能否进入“世界”完全取决于它的自我意愿，即在“闭关自守”与“打开门户”之间的自行选择。在这一理解层面上，50—70年代社会主义中国被全球资本体系排斥和拒绝于其外的历史，就被描述为如同晚清帝国那样基于愚昧意识的“闭关锁国”或“夜郎自大”；相应地，“新时期”打开国门，则成为步入“文明”的明智之举。这里姑且不讨论世界体系理论研究者如贡德·弗兰克在《白银资本：重新重视经济全

① ［英］埃里克·霍布斯鲍姆：《民族与民族主义》（原名 *Na-tions and Nationalism since 1780*，即《1780 年迄今的民族与民族主义》），第五章“20 世纪晚期的民族主义”，李金梅译，上海人民出版社 2000 年版，第 196—224 页。

② 孙玉石等：《世界文学·中国文学·日本文学》。

球化中的东方》（中央编译出版社2001年版）、乔万尼·阿瑞吉等在《东亚的复兴：以五百年、一百五十年、五十年为视角》（社会科学文献出版社2006年版）等论著中对晚清中国经济在全球体系中的位置及其对外政策的重新阐释，也不去讨论50—70年代毛泽东时代的中国与资本主义全球市场的“脱钩”，是一种老大帝国意识的短见、第三世界国家必要的发展措施还是美国基于冷战意识对中国的封锁，即使就70—80年代中国“融入”西方资本市场这一转型本身，也是全球国家体系间和中国内部多种政治、经济力量博弈的结果。“新时期”中国是否选择“开放”，或许更多地源自中国外部由美国主导的全球资本市场对中国由“封锁”“遏制”转向有限度的接纳，而非出于某种错误意识的导引。这一点在今天以一种历史回望的眼光看来，几乎成为一种不言自明的“常识”。不过有意味的地方正在于，对跨越曾经由冷战划定的国家间界限的这一历史行为，如果说美国社会科学界构造出有关“全球化”这种看似中性客观的理论描述的话，那么，作为冷战另一方的中国也相应地生产出了自己的理论描述和想象。就这一角度而言，“二十世纪中国文学”有关“中国”和“世界”的想象方式本身正是这一历史情境中的产物，并且因其在80年代产生的广泛社会影响，可将其中有关“中国”与“世界”的想象和表述视为一个突出的话语事件。正是通过对自身历史所产生的一种“自我憎恨”式的批判和反省，对“西方”想象方式所发生的变化，“世界”景观得到了重构。“世界”不再是“革命”范式中由地缘政治权力关系构成的“世界”，而某种意义上成了一个理想的乌托邦。于是，有关“世界市场”/“世界文学”的想象便剥离了现代世界内部的冲突，被描述为一个尚待实现的理想化的全球/世界秩序。不同的民族—国家按照时间先后，或早或晚纷纷加入这一历史进程，并最终通过先进与后进国家同时进行的“自我改造”，达成“人类分享着一个共同的命运”的“全球村”。因此，便有这样的结论：“沟通东西方文明，实现人类大家庭的‘内在的归一’，这也许就是20世纪‘世界文学’发展的总任务、总趋势”；而“二十世纪中国文学”的核心内容便是“走向世界文学”历史进程与“改造民族灵魂”总主题的彼此同构。

将50—70年代“东风吹，战鼓擂，现在世界谁怕谁”的“世界”转化为“人类大家庭内在归一”的“全球村”，这里想象世界的方法所发生的变化，正如同“20世纪”时间表所发生的变化，关键是背后支撑其叙述结构的知识范式。如果说，在《新民主主义论》的时间表中，主题词是世界革命、帝国主义、民主主义（资本主义）/社会主义、阶级—国家的话，那么，“二十世纪中国文学”论中的主题词则相应地变成地球村、普遍人性、现代/传统、民族—国家。在这种转换中，最大的变化来自“中国”这一现代民族—国家的主体位置和认同方式的偏移。在《新民主主义论》中，“中国”这一共同体想象是在抵抗外来的帝国主义和批判内部的封建主义这两个辩证的方向（即所谓“反帝反封建”）上进行的。应当说，这里的民族主义和现代主义构成两个不可分割的面向。之所以如此，关键在于其确认“中国”的“民主主义因素”时，从不否认这一“现代”因素来自帝国主义的殖民与侵略。与之相比，这或许便是“二十世纪中国文学”论最有意味的地方了。它将“世界市场”和“世界文学”的形成时间确定于19世纪中后期，并将其视为由一套现代民族—国家体系构成。尽管主要讨论的是拉丁美洲、亚洲和非洲这些后发达区域如何进入现代民族—国家体系，但几乎不讨论殖民主义产生的影响，以及这些后进的民族—国家与侵略他们的现代西欧国家在文化上的既要进入“现代”又要抵抗其侵略的暧昧的双重关系。因此，20世纪中国现代化的时间起点，被上移到1840年，这一“传统中国”遭遇“现代西方”的时刻。尽管在“新民主主义”论中，鸦片战争同样被视为现代历史的起点，不过那是在一种对于“老师打学生”的既反叛又臣服的悖论关系中展开的。与之相对，“二十世纪中国文学”论则干脆略去了其中地缘政治的冲突内涵，而将之视为“文明”对“落后”（野蛮）的启蒙。也正由于西方的启蒙/侵略被作为某种历史的最高规律即"现代"/"世界"的化身而被非历史化，"中国"主体的成形便成为参照已经进入"世界"的西欧国家而完成的极为艰难的"自我改造"的过程。

显然，这里的"西方中心主义"，这里的遮蔽其殖民主义意识形态内涵的启蒙主义现代想象，以及这里的有关第三世界民族—国家的单一维度的现代性想象，都是极为明显的。这也正是80年代中期构造出新启蒙主义思潮的中国/世界、传统/现代同构的核心意识形态坐标的具体呈现。这种"发现"不过是一种历史的时间距离赋予每位后来的重读者的"后见之明"。简单地批判其浓郁的西方中心主义（80年代名之曰"世界主义"），并无助于问题的讨论，或许反而将陷于另一种中国/西方的二元框架中。因为真正值得关注的问题，并不在于抽离历史语境地去比较"二十世纪中国文学"论中有关全球化的想象是否与西方相同，而在于，这种想象"世界"的方式在80年代中国的历史语境中扮演怎样的历史角色和功能。也就是说，使得"地球村"式的世界想象在80年代出现，使得"走向'世界市场''世界文学'"而非反抗"帝国主义"成为确立"中国"主体地位的依据的历史契机是什么。

对这一问题的解答仅仅局限于中国这一单一民族—国家的内部视野，是无法得到深入讨论的。或许可以说，正因为将70—80年代中国转型的全部的历史压力，解释为中国内部的政治/文化"失误"，才是80年代那种将40—70年代的社会主义实践史等同于前现代史的新启蒙式历史想象和隐喻表述得以出现的关键。70—80年代之交的政治、社会和文化转型中最大的变量，是中国的主体位置在全球格局中所发生的变化：它由曾经的社会主义阵营和"第三世界"的重要国家，自行"开放门户"，主动进入资本主义全球市场。这一主体位置的转移，导致的不仅是中国的民族—国家想象方式的变化，更重要的是整合包括政府、知识界乃至普通民众在内的整个认知框架发生了变化。这种主体位置及其认知框架的变化，才是"世界"景观和"中国"认同方式发生变化的关键原因。如果说，“二十世纪中国文学”论（现代化范式）与“现代文学”论（革命范式）中的两种知识范式与两种“世界”想象，恰是冷战时期两个冲突阵营所代表的各自的意识形态（也就是说“革命”范式中由资本主义与社会主义所构成的现代世界内部的冲突，是冷战时期的社会主义国家的“世界”想象；而“现代”范式中在传统／现代时间维度上的“地球村”，则正是冷战的另一方尤其是美国所创造的“世界”想象），那么，70、80年代之交，中国在全球格局中位置的变化，则使得这种对峙的意识形态分野也相应地发生了错动和极为复杂的交融关系。对这一问题的讨论，不仅可以在宏观层面上分析后冷战的全球格局中，与“现代化”相关的民族—国家建构、意识形态转换与知识生产体制间的复杂关联形态，同样也涉及新的知识范式与具体学科体制之间的关系。在这一历史过程中，“二十世纪中国文学”论与其说是其中的主流且具有代表性的论述，毋宁说它仅仅是这一话语构成的一个话语事件而已。但其特殊位置在于，它恰好可以勾连起后冷战情境中的中国在重建其“想象的共同体”时，“现代化”意识形态与人文学科知识生产体制间的历史运作轨迹与重要侧面。

可以说，与此前诸多的有关“现代化”或“二十世纪中国文学”的讨论相比，这里尝试建立的论述路径或许是相当“冒险”的。如果说从一种文学史论述到一个学科研究范式的转变，这一“跳跃”尚可被理解的话，那么，从一种学科研究范式再转向对学科体制与民族—国家意识形态关系的考察，则是更为复杂也更为大胆的举措。不过，如若我们试图跳出80年代所确立的现代化意识形态，仅仅进行一种与之相抗的意识形态批判是不够的，更需要的，或许是对这种意识形态的知识构成进行一种谱系学式的清理。只有在经历这样的清理工作之后，所谓的现代化意识形态才能真正被指认为一种“意识形态”。

初刊《当代作家评论》2008年第4期

承担意识与行动精神

——“钱理群鲁迅”的提出及其核心义涵

李浴洋

一、“钱理群鲁迅”的提出

在1980年代以来写作的多篇自述中，钱理群反复追忆了自己学术生涯的起点：“1962年第一个早晨，我空着肚子，在一间又小又冷的屋子里，拿起笔，开始写我的《鲁迅研究札记》。”[①]尽管直到1978年返回北京大学攻读研究生学位，钱理群才“终于走上了学者的道路”[②]，但此前在贵州度过的漫长的“学术准备期”无疑至关重要，正如他所言，“自己是带着丰富的经历闯入学术界的”[③]。这种“丰富的经历”不仅在很大程度上影响了他此后的学术道路，而且几乎也从根本上决定了他的学术面目。在他已逾55年的学术生涯中，鲁迅研究不但是起点，更是其间的一条主线。借用钱理群自己的话说，从“1962年第一个早晨”开始，“我的人生之路，都是与鲁迅相伴而行的；个人的生命史与自己的鲁迅研究史，竟如此紧密纠缠在一起”。在他看来，“这或许正是我的鲁迅研究的最大特点”[④]。而毋庸讳言的是，在“新时期”以来的鲁迅研究

① 钱理群：《心灵的探寻》“后记”，三联书店2014年版，第287页。

② 钱理群：《我的人生之路与治学之路》（中），《我的回顾与反思——在北大的最后一门课》，台北：行人出版社，2008年10月版，第87页。

③ 钱理群：《历史的中间物》，《我的精神自传——以北京大学为背景》，《台湾社会研究》杂志社，2008年8月版，第13页。

④ 钱理群：《后记》，收录于《活着的鲁迅》，安徽大学出版社2013年版，第259页。

者中，钱理群也的确不只堪称深乎创造力与历史感的一家，更可谓极具个性色彩的一位。当然，钱理群涉猎的学术领域之广之博远非“鲁迅研究”所能涵盖[①]，但鲁迅研究在其整个学术格局中却具有诸如“发动机”与“路线图”的重要作用。

钱理群独立完成的首部学术著作即他的鲁迅研究专著《心灵的探寻》（1988）。此后，他又先后出版了11部鲁迅研究的专著与论文集，即《话说周氏兄弟——北大演讲录》（1999）、《走进当代的鲁迅》（1999）、《与鲁迅相遇——北大演讲录之二》（2003）、《鲁迅作品十五讲》（2003）、《远行以后——鲁迅接受史的一种描述（1936—2001）》（2004）、《鲁迅九讲》（2007）、《钱理群中学讲鲁迅》（2011）、《活着的鲁迅》（2013）、《中学语文教材中的鲁迅作品解读》（2014）、《与鲁迅面对面》（2015）与《与钱理群一起阅读鲁迅》（2015）。至于由他编选与导读的各种“鲁迅读本”，数量则更为大宗。而2017年问世的论文集《鲁迅与当代中国》作为钱理群的第十三部鲁迅研究著作，在其“鲁迅研究著作系列”中则不仅是最新一员，而且是迄今为止篇幅最巨的一部。

2017年5月，在《鲁迅与当代中国》出版前夕，北京大学人文社会科学研究院举办了题为“鲁迅与当代中国”的学术论坛。钱理群应邀与会并且发表了长篇演讲《我为何、如何研究鲁迅》。在演讲中，他首先回顾了自己的鲁迅研究生涯，然后介绍了自己鲁迅研究的8个主要面向，即分别发现与阐释了“个人的，民族的，人类

① 根据钱理群的自我总结，他迄今为止超过1500万字的著述可以“归为十个系列”，即“周氏兄弟研究”“中国现代文学史研究”“20世纪中国知识分子精神史研究”“毛泽东及毛泽东时代研究”“中国当代民间思想史研究”“中国教育问题研究”“志愿者文化与地方文化研究”“思想、文化、教育、学术随笔”“时事、政治评论”“学术叙录及删余文”。（参见钱理群《“钱理群作品精编系列”总序：大时代里的个体生命史》，《心灵的探寻》，第1页）

的鲁迅”“‘周氏兄弟互相映照’下的鲁迅，现代文学、现代知识分子传统中的鲁迅”“世界知识分子精神史上的鲁迅，集中了20世纪中国和东方经验的‘东亚鲁迅’”“社会的，阶级的，左翼知识分子的鲁迅，‘鲁迅左翼’的传统”“‘真的知识阶级’‘精神界战士’的鲁迅”“具有原创性与民族思想源泉性的文学家与思想家的鲁迅”“作为现代白话文学语言的典范的鲁迅，作为文体家的鲁迅”“‘活在当下中国的鲁迅’”。这八个面向的发现与阐释构成了由钱理群的十三部鲁迅研究著作组成的他的鲁迅研究体系的主体部分，是他对自家鲁迅研究的系统总结。在演讲之后的回应中，钱理群补充指出，其鲁迅研究在这八个面向以外还具有“一些更根本性的追求与认识”，即“努力揭示一个‘充满着深刻矛盾’的鲁迅‘有机体’”，同时“要在自己所研究的领域打上个人的印记”。而他所谓的“个人的印记”，便是追求在鲁迅研究中形成“自己独特的进入鲁迅的途径”“自己的独特的观察，发现鲁迅风景的角度”“自己独特的言说方式”“自己独特的追求”。在钱理群看来，“这是一个独立、创造的学者应有的学术抱负”。于是，在基于自己的鲁迅研究已经“形成了鲜明的学术个性，对鲁迅确实有自己的独立发现和属于自己的阐释，产生了一定影响”的自我认识的基础上，钱理群在同与会学者讨论时提出了“钱理群鲁迅”的概念。[①]

“某某鲁迅”的命名方式最早出现于战后日本的鲁迅研究界。[②]

---

① 钱理群：《我为何、如何研究鲁迅——2017年5月29日在北京大学人文社会科学研究院“鲁迅与当代中国”学术论坛上的讲话》，《文艺争鸣》2017年第10期。需要说明的是，钱理群的自我认识既包含自我肯定的一面，也具有清醒的自我反思。他说：“我所追求的‘建立以揭示鲁迅思想矛盾性为中心的研究结构和体系’的目标，只是部分地实现，远不够完整、完善，问题多多。”

② “某某鲁迅”式的命名方式在日本并非鲁迅研究界的“专属”。例如，丸山真男对于福泽谕吉思想的创造性发现与阐释，也被称为“丸山谕吉”。

日本战后成长起来的最为重要的鲁迅研究者丸山升在《日本的鲁迅研究》一文中，使用了“竹内鲁迅”的概念指称“竹内氏的鲁迅论、鲁迅像”[①]，即其前辈学人竹内好经由1944年出版的《鲁迅》一书以及此后写作的相关著述建构起来的以“文学者鲁迅”为核心义涵的鲁迅论述与鲁迅形象。“竹内鲁迅”既包含竹内好对鲁迅的独到发现与阐释，“也包括竹内好自身的因素”，即一种独特的“方法论”[②]。竹内好认为，与“政治”在现实世界中总是以“面对现实不断革命”的方式展开不同，“文学”是“通过不断自我否定而达到自我实现的唯一手段”。在他看来，战前日本之所以最终走向战争与其对近代以来“脱亚入欧”的现代化道路缺乏反思直接相关，而日本战后非但没有“痛定思痛”，反而“不加分析地抛弃战败日本的已有机制，模仿先进的西方社会”，即“开始了新一轮的脱亚入欧”。这使得竹内好产生了“用自己的方式阐释日本的现代性问题”的强烈冲动[③]，其结果便是借助鲁迅发现了“文学”具有一种经由“自我否定”而达到“自我实现”的力量，而这无疑正是“竹内好时代”的日本亟需的思想资源。是故，“竹内鲁迅”既是一种鲁迅研究，“对其后的鲁迅研究起着决定性影响”[④]，是日本鲁迅研究史上一个举足轻重的学术“坐标”；同时也是竹内好基于战后日本的思想状况将鲁迅资源化的一次理论尝试。它固然是被竹内好与“竹内好时代”的问题意识照亮的“鲁迅思想”的某些面向，但更是一种通过个性化与创造性地阐释“鲁迅思想”而完成的“竹内好思想”。

① 丸山升：《日本的鲁迅研究》，《鲁迅·革命·历史——丸山升现代中国文学论集》，王俊文译，北京大学出版社 2005 年版，第 339、355 页。

② 靳丛林：《“竹内鲁迅”——难以逾越的高峰》，《竹内好的鲁迅研究》，北京大学出版社 2012 年版，第 15 页。

③ 孙歌：《在零和一百之间》，收于竹内好《近代的超克》，孙歌编，李冬木、赵京华、孙歌译，三联书店 2005 年版，第 52 页。

④ 丸山升：《日本的鲁迅研究》，《鲁迅·革命·历史——丸山升现代中国文学论集》，第 339 页。

在“竹内鲁迅”之后，日本鲁迅研究界又有“丸山鲁迅”的说法，以指称丸山升的“鲁迅论、鲁迅像”。“丸山鲁迅”的核心义涵是“革命人鲁迅”，即在丸山升看来，“鲁迅从未在政治革命之外思考人的革命，对他而言，政治革命从一开始就与人的革命作为一体而存在”[①]。尤其值得一提的是，他的这一在1965年出版的《鲁迅——其文学与革命》一书以及此后写作的相关著述中建构起来的鲁迅论述与鲁迅形象，直接的对话对象乃“竹内鲁迅”。换句话说，在1960年代日本的具体历史语境中，正是通过对“竹内鲁迅”的不断质疑与挑战，“丸山鲁迅”才最终得以成立。与竹内好相比，丸山升的问题意识更多地在于“作为一个马克思主义者，如何面对鲁迅的问题”[②]。当然，倘若放长视线便会发现，“丸山鲁迅”在突破“竹内鲁迅”的同时也“从精神脉系上保留了竹内好以批判和反省精神观照中国文学的思想传统”[③]，两者从根本上都属于一种“作为民族自我反省和思想抵抗的鲁迅像”[④]。而“竹内鲁迅”也正是经由丸山升及其同人的再三论述才实现经典化的。可见，“丸山鲁迅”与“竹内鲁迅”既“双峰并峙”，又“一脉相承”，它们共同构成了战后日本鲁迅研究的两大学术与思想“支点”，赋予了日本战后鲁迅研究以巨大而内在的动力与张力。

在日本鲁迅研究界，“某某鲁迅”的概念存在广义与狭义两种使用方式。广义的“某某鲁迅”用来指称那些具有学术独创性的对于鲁迅的发现与阐释，例如在“竹内鲁迅”与“丸山鲁迅”之外，

① 丸山升：《辛亥革命与其挫折》，《鲁迅·革命·历史——丸山升现代中国文学论集》，第 37 页。

② 木山英雄：《也算经验——从竹内好到“鲁迅研究会”》，《鲁迅研究月刊》2006 年第 7 期。

③ 孙玉石：《现实情怀、历史视点与学术意识——读丸山升先生的〈鲁迅·革命·历史〉》，《鲁迅研究月刊》2006 年第 1 期。

④ 赵京华：《作为民族自我反省和思想抵抗的鲁迅像——竹内好与丸山升的鲁迅观》，《周氏兄弟与日本》，人民文学出版社 2011 年版，第 3 页。

还有“伊藤（虎丸）鲁迅”、“木山（英雄）鲁迅”与“丸尾（常喜）鲁迅”等；但狭义的“某某鲁迅”则特指“竹内鲁迅”与“丸山鲁迅”。狭义的“某某鲁迅”不仅是一种学术史层面上的肯定，还是一种思想史视野中的表彰，甚至更进一步，它们还被认为不只为日本的鲁迅研究提供了某种学术与思想的内在支撑，更在其中发挥了价值与精神“原点”的重要作用。也就是说，它们在以学术的方式将鲁迅资源化的同时，本身也成为一种自足的思想、价值与精神资源。与广义的“某某鲁迅”相比，狭义的“某某鲁迅”不仅要求学术观点的原创性与“方法论”的自觉，同时还必须承担此前的“全部”鲁迅研究以及贮藏其间的历史“遗产”与“债务”，并且能够对时代的思想状况做出有效的理论突破，即不仅是一种学术发现，而且是一种思想创造。只不过这种创造是以阐释经典的方式做出的，但值得注意的是，这种阐释本身充满历史感与当下性，是对经典的创造性的转化甚至“发明”。

如果参照日本鲁迅研究界的命名传统，那么“钱理群鲁迅”既是一种广义的“某某鲁迅”，也是一种狭义的“某某鲁迅”。对中国鲁迅研究界甚至整个学术界与思想界而言，提出“钱理群鲁迅”的意义在于通过面对其作为一种学术与思想“支点”以及价值与精神“原点”的作用为批判性地分析当代中国的思想状况以及探寻超越性的突破方案准备某种谱系学的路径与“方法论”的“抓手”。也就是说，“钱理群鲁迅”的提出既是鲁迅研究界的“内部”议题，同时也为以一种问题化的方式展开对当代中国的知识分子问题甚至当代中国问题本身的分析提供了新的可能的视角与准绳。在这种意义上，这一概念的提出也就不再是一种自我总结式的封闭性的学术史评价，而是转化成为一个对“当代中国”的“历史”与“当下”都持有高度介入姿态的开放性的思想史命题。正因如此，“钱理群鲁迅”也可以并且需要被“问题化”，而分析这一概念的核心义涵、生成语境、对话对象、构造方式、展开逻辑与修辞策略则将是当下知识生产与思想开掘的重要一环。

二、从“探寻心灵”到“走进当代”

正如“竹内鲁迅”与“丸山鲁迅”在各自的学术“起点”——《鲁迅》与《鲁迅——其文学与革命》——上就显示了非凡的个性色彩一样，对“钱理群鲁迅”的核心义涵与“方法论”的讨论同样可以追溯到钱理群的首部鲁迅研究著作《心灵的探寻》。钱理群称其为自己“对鲁迅的第一次独立发现”，同时“也第一次发现了我自己”。他“从此，义无反顾地走上了用怀疑的批判的眼光重新审视历史、社会、现实，重新审视既成观念中的先验的前提的道路；这同时也是自我灵魂与升华之路——时时都可以感到鲁迅的同在”[①]。对于《心灵的探寻》之于自我的重要意义，钱理群在完成该书以后就曾经反复说明。在《我为何、如何研究鲁迅》中，他也再次提及当初写作《心灵的探寻》时的追求，即“不仅要找到在现代思想、文学界里的鲁迅‘这一个’；还要找到当代鲁迅研究中的我自己‘这一个’：属于我的理论、领域与方法”[②]。可以并不夸张地说，钱理群的这一自觉意识反映了他在1980年代已经走向独立与成熟，而《心灵与探寻》日后也的确成为鲁迅研究史上的“一代名著”。

不过值得关注的是，与“竹内鲁迅”或者“丸山鲁迅”在各自“起点”上就对鲁迅的“文学者”身份或者“革命人”道路做出了明确选择与判断不同，钱理群在《心灵的探寻》中开篇却是“‘鲁迅’（鲁迅其人，他的作品）本身即是一个充满

① 钱理群：《再版后记》，《心灵的探寻》，第 305 页。

② 钱理群：《我为何、如何研究鲁迅——2017 年 5 月 29 日在北京大学人文社会科学研究院“鲁迅与当代中国”学术论坛上的讲话》，《文艺争鸣》2017 年第 10 期。

着深刻矛盾的、多层次、多侧面的有机体”[①]。这也就意味着钱理群对其作为一位鲁迅研究者的自我定位是揭示一个“充满着深刻矛盾的鲁迅”。他此后反复强调这一点，在《我为何、如何研究鲁迅》中更是将之称为自己研究鲁迅的“更根本性的追求与认识”。他甚至还曾经对《心灵的探寻》未能充分揭示鲁迅的“矛盾”面向多次做出自我批评，从“方法论”的束缚一直反思到“世界观”的限制。[②]钱理群的这一态度无疑是真诚而深刻的，也是在评价他的鲁迅研究时尤其需要参照的。但问题在于一个“充满着深刻矛盾的鲁迅”更多乃是“个人的”与“人类的”层面上的“鲁迅”，因为仅将“深刻矛盾”回收回鲁迅心灵“内部”的做法指向的是一种范畴化与本质化的“鲁迅的生命哲学”的建构，而在“矛盾”的来源与去向方面却无法做出准确说明与展开深入讨论。[③]在现代中国的具体历史语境以及由此辐射开来的思想史脉络中，无疑还存在一个同中国的时代变革与社会改造更为内在而密切地关联在一起的具有“当下”价值与精神“母体”意义的“鲁迅”。换句话说，鲁迅的超越性不是孤立地存在于形而上的层面上的，而是通过某种具体性、当下性与关联性实现的。“竹内鲁迅”与“丸山鲁迅”对“文学者鲁迅”与“革命人鲁迅”的阐释进行的便是这样一种以“现实”突入“思想”，同时又以“思想”与“现实”互搏的创造性的思想实践。而事实上，这也正是钱理群

① 钱理群：《引言》，《心灵的探寻》，第 1 页。

② 参见钱理群：《现代人的生存困境及审美形态——我这十年研究》，《反观与重构——文学史的研究与写作》，上海教育出版社 2000 年版，第 144—147 页；《学术坚守与宽容——解志熙对我的提醒和我对解志熙的提醒》，《活着的理由》，广西师范大学出版社 2010 年版，第 287—288 页；《我的文学史研究》，《一路走来——钱理群自述》，河南文艺出版社 2016 年版，第 140—141 页。

③ 当然，对于 1980 年代的钱理群做出的发现与阐释“个人的”与“人类的”鲁迅的学术工作具有的思想史意义也不可低估，必须结合当时的历史语境，尤其是这一时期中国思想界最为主要的“历史使命”加以认识。

1990年代以来思考的核心议题。

在钱理群看来，《心灵的探寻》“在‘照亮了’鲁迅的个人性与人类性的同时，却‘遮蔽’了鲁迅的社会性”[①]。他的这一反思，与他1994至1995年间在韩国外国语大学讲学期间的“异国沉思”直接相关。[②]其时，中国大陆知识界正处于两场大规模“讨论”的交替之际——兴起于1993年的“人文精神讨论”已经在日益严峻的中国社会现实问题面前逐渐丧失了理论效力[③]，而1997年正式拉开帷幕的“新自由主义”与“新左派”的论争此时也已经蓄势待发[④]，新一轮的“知识转型”正在悄然发生并且迅速完成。在这两场“讨论”的“现场”，钱理群都是“缺席”

① 钱理群：《我为何、如何研究鲁迅——2017年5月29日在北京大学人文社会科学研究院“鲁迅与当代中国”学术论坛上的讲话》，《文艺争鸣》2017年第10期。

② 参见钱理群的“异国沉思录”系列四文，即《世纪之交的中国大陆知识分子对历史的反思与现实困境——异国沉思录之一》（1995）、《自说自话：我的选择——异国沉思录之二》（1994）、《关于北大历史命运的思考——异国沉思录之三》（1994）与《未名湖畔的老人——异国沉思录之四》（1994）。（钱理群：《知我者谓我心忧——十年思考与观察（1999—2008）》，香港：星尔克出版有限公司2009年6月版，第481—508页）

③ 通常认为，“人文精神讨论”兴起于王晓明等人1993年发表《旷野上的废墟——文学和人文精神的危机》(《上海文学》1993年第6期)一文，以1996年《人文精神寻思录》（王晓明编，文汇出版社1996年版）的出版为结束标志，历时四年，但讨论主要集中在1994与1995两年。

④ “新自由主义”与“新左派”的论争一般以汪晖1997年发表《当代中国的思想状况与现代性问题》（《天涯》1997年第5期）一文为发端标志。汪晖本人也将这一论争的起点确定于1997年，只不过在他看来，所谓“‘新自由主义’与‘新左派’的论争”这一说法并不准确，“论争的核心是有关‘新自由主义’的论战”。（汪晖：《中国“新自由主义”的历史根源——再论当代中国大陆的思想状况与现代性问题》，《去政治化的政治：短20世纪的终结与90年代》，三联书店2008年版，第139页）

的。[①]不过尽管没有直接参与论争，钱理群对于其间提出与带来的问题却一直保持高度关注，并且将其作为某种自身存在与造就的问题加以批判性地审视。他在此前后再度“与鲁迅相遇”，于是便有了他在《走进当代的鲁迅》一书中的一组指向1990年代中国大陆思想状况的文章，即《作为思想家的鲁迅》《鲁迅对现代化诸问题的历史回应》《中国知识者“想”、“说”、“写”的困惑——读鲁迅作品札记》《鲁迅与二十世纪中国》。[②]从《心灵的探寻》到《走进当代的鲁迅》，钱理群关注与思考的重心从“探寻（鲁迅）心灵”转向了“走进当代（中国）”。自此以后，“当代中国”的历史与思想向度便更为直接而强烈地介入到了他的鲁迅论述中去。当然，所谓“转向”并非“转折”，而是某种程度的自我调整与自我超越，其间的内在连续性同样值得关注。

---

① 钱理群的《自说自话：我的选择——异国沉思录之二》便是由于“人文精神讨论”的代表人物之一蔡翔的约稿而写作的，但完成之后却没有在当时发表，因此在“人文精神讨论”中也就没有他的“踪迹”。而根据汪晖自述，《当代中国的思想状况与现代性问题》“初稿于1994年以韩文的形式发表在《创作与批评》（‘东亚细亚的近代与脱近代的课题’专号，总86期）上”以后，“有一天，钱理群先生从韩国访问回到北京，从城南的家中，跑到西郊我的寓所，坐在地毯上，谈了一整天，话题就是这篇文章引起的”。（汪晖：《死火重温》“序”，人民文学出版社2000年版，第2页）。钱理群的《世纪之交的中国大陆知识分子对历史的反思与现实困境——异国沉思录之一》与汪晖的《当代中国的思想状况与现代性问题》虽系各自完成，两者的具体观点也不乏歧见，但二人的核心关切却十分相似，彼此的问题意识也多有交叉。但钱理群同样没有在当时发表此文，是故在“新自由主义”与“新左派”的论争“现场”，他也是“缺席”的。钱理群在这两场“讨论”中的态度以及他对于这两场论争的观察，甚至“1990年代的钱理群”都是值得专门研究的思想史课题。

② 这一组文章写作于1993至1997年间，在收入《走进当代的鲁迅》一书时被编入“鲁迅的当代阐释”一辑。（参见钱理群：《走进当代的鲁迅》，北京大学出版社1999年版，第63—126页）

2002年从北京大学退休前后，钱理群正式提出了“‘真的知识阶级’鲁迅”的说法[①]，此后又不断丰富与发展了这一学说。待到《鲁迅与当代中国》问世，一个“具有承担意识与行动精神的‘真的知识阶级’鲁迅”的“鲁迅论、鲁迅像”已经完整形成。而这或许才是“钱理群鲁迅”真正的核心义涵，是可以同“文学者鲁迅”与“革命人鲁迅”处于同一思想界面并且构成呼应关系的思想史命题，也是“钱理群鲁迅”这一概念最终得以成立的关键。因此，《鲁迅与当代中国》的意义自然不容小觑。它既是钱理群个人学术生涯中的重要创获，是“新时期”以来中国鲁迅研究史上具有标志意义的学术文本，同时也是当代中国知识分子谱系中重要的思想文本、价值文本与精神文本，具有不可替代的穿透力与启示性。

《鲁迅与当代中国》凡四十五万言，分为“我们为什么需要鲁迅”、“鲁迅与当代青年的相遇”与“重看历史中的鲁迅”三辑，收文36篇。钱理群在《后记》中表示，这些“基本上都写在2002年退休以后”的文章，旨在“将鲁迅思想与文学转化为当代思想文化教育资源”，而“作沟通‘鲁迅’与‘当代中国’的桥梁”，是他“自己主动担起的历史使命”[②]。在“‘真的知识阶级’鲁迅”这一概念背后，“自我”、“鲁迅”与“当代中国”构成了钱理群探寻“鲁迅与当代中国”命题的三个“关键词”，而三者之间的彼此关联与相互作用则构成了这一命题展开的具体脉络。这些话题都集

① 钱理群最早提出“‘真的知识阶级’鲁迅”的说法是在2001年12月韩国召开的学术研讨会上。当时他分别做了题为《“真的知识阶级”：鲁迅的历史选择》与《鲁迅：中国“真的知识阶级”的历史命运——兼论鲁迅与毛泽东的关系》的报告。（参见钱理群：《“真的知识阶级”：鲁迅的历史选择——在韩国学术讨论会上的发言》，《生命的沉湖》，三联书店2006年版，第333—344页；钱理群：《教学与科研活动纪事》，收于北京大学二十世纪中国文化研究中心编《钱理群教授学术叙录》，内部发行，2005年9月版，第114页）

② 钱理群：《鲁迅与当代中国》“后记”，北京大学出版社2017年版，第527页。

中呈现在《鲁迅与当代中国》中。是故，讨论“钱理群鲁迅”，此书也就是一部核心文本。

对于钱理群以及他把握与理解的“当代中国”而言，“鲁迅”具有的“方法论”意义自不待言。不过仅在钱理群的鲁迅研究系统内，大概还无法触及《鲁迅与当代中国》的全部义涵。因为他在“自我”与“当代中国”两个维度上的思考与实践同样关涉并且作用于“钱理群鲁迅”的提出与成立，而他在这些方面的努力则记录在了2002年退休以后自觉写作的“退思录”系列著作中。钱理群将这一系列写作定义为“思想学术随笔”，并且有意效法鲁迅，以“编年文集”的形式出版。在他看来，“退思录”系列“因为都是按年代编，而且写得比较袒露，较少遮蔽，也就相对真实地展示了‘我自己’：我的精神结构和生命存在状态，及其发展变化的轨迹”[①]。迄今为止，这一系列已经出版7部，即《追寻生存之根：我的退思录》（2005）、《那里有一方心灵的净土》（2008）、《活着的理由》（2010）、《重建家园：我的退思录》（2012）、《智慧与韧性的坚守：我的退思录》（2011）、《静悄悄的存在变革——〈退思录〉之六》（2014）与《与鲁迅面对面》（2015）。[②]虽然按照写作时间的次序，这7部“退思录”讨论的具体话题呈现了较为明显的“由内而外”的演进趋向[③]，但“承担”与“行动”却是其中贯穿始终的两条主要线索，而“钱理群鲁迅”的基本义涵，即“‘真的知识阶级’鲁迅”的意义指向也是如此。换句话说，在“钱理群鲁迅”与1990年代以

① 钱理群：《纪事》，《静悄悄的存在变革——〈退思录〉之六》，华文出版社2014年版，第76页。

② 不过，钱理群“退思录”的第四部《智慧与韧性的坚守》由于出版方面的原因反而比第五部《重建家园》更晚问世。

③ 根据钱理群的自述，“退思录”的前两部“趋向内心，寻求自我的安身立命”，此后“由内而外，越来越关注自我存在与社会存在的关系，提出了一些社会的生命命题”（钱理群：《静悄悄的存在变革——〈退思录〉之六》“后记”，第262页）。

来，特别是晚年的钱理群之间存在某种深层的同构关系。那么，在以《鲁迅与当代中国》为核心文本讨论“钱理群鲁迅”这一概念时，也就很有必要在引入钱理群的其他鲁迅研究著作之外，同时引入他的“退思录”系列作为参照。“钱理群鲁迅”正是在他晚年的“全部”著述以及由此延伸出来的同“当代中国”相关的思考与实践中提出与成立的。以“问题化”的方式分析“钱理群鲁迅”，首先便要回到这一背景中去。

三、作为“二十世纪中国经验”的“鲁迅”

在收入《鲁迅与当代中国》的一篇演讲稿的开场白中，钱理群谈及自己的退休生活：“我这个退休教授有点特别，就是退而不休。退休之后还到处讲。讲什么呢？到处讲鲁迅。”[①]而《鲁迅与当代中国》记录的正是钱理群2002年之后“讲鲁迅”的“心路”与“足迹”。收入其中的泰半以上文章都是演讲稿以及为他人著作写作的序言，这种文体的公共性在很大程度上保留了钱理群“讲鲁迅”的现场感，构成了此书的一大特点。与通常的学术著作相比，《鲁迅与当代中国》无疑更像是一部将具体的学术思想在各个不同的公共领域中展开的“实践文本”。而钱理群的公共效力正是当下绝大多数的学院学者所不及的，所以此书的形式特征自然也就值得认真分析。但在对此进行讨论之前，首先需要厘清的恐怕还是其中提出了哪些新的观点，因为“讲鲁迅”便是一个将自己对“鲁迅”的理解在个人与受众共同营构的话语场域中“随物赋形”的动作过程，而对于具有主体意识的学者而言，“讲”的先决条件当然是已经形成了自己的“鲁迅观”。钱理群作为资深研究者，他在学术思想层面上的推进自是应当比他使用的文体形式引起更多关注，况且他“讲”的方式其实也与他对“鲁迅”的理解有关。由是，《鲁迅与当代中国》在作为“实践文本”之外，还是一部重要的“学术

① 钱理群：《和宝钢人谈鲁迅》，《鲁迅与当代中国》，第125页。

文本”与“思想文本”，更为准确地说，乃是一部部分地“集中了二十世纪中国经验”的“经验文本”。而认为“鲁迅”是一种“二十世纪中国经验”，正是钱理群1990年代以来的鲁迅研究的一项主要结论，同时也是“钱理群鲁迅”最为根本的学术基点与思想前提。

在钱理群看来，2002年以后他“提出了一些对鲁迅的新认识，新概括”，具体而言便是“中国文化中的‘另一种存在，另一种可能性’的鲁迅”、“‘具有原创性与民族精神源泉性的思想家、文学家’的鲁迅”、“‘集中了20世纪中国经验’的鲁迅”、“‘真的知识阶级’的鲁迅”、“左翼鲁迅”与“东亚鲁迅”等。[①]这些观点当然都是极具启示意义的，但需要补充说明的是它们在各自成立之余，其实彼此也多有交叉。而将分属不同层面的它们关联在一起的，便是作为“二十世纪中国经验”的“鲁迅”与“‘真的知识阶级’鲁迅”。两者的关系简而言之，前者是基础，后者是“指归”。也就是说，“钱理群鲁迅”正是由于具备了对“二十世纪中国经验”的科学总结，才选择了“真的知识阶级”的价值立场与现实“站位”作为其核心义涵。

“科学总结二十世纪中国经验”是钱理群在退休伊始提出的一个重要命题，收录在他的首部“退思录”《追寻生存之根：我的退思录》中。在钱理群看来，“二十世纪中国经验”有两重含义，“一是处于半封建、半殖民地状态的后发达国家，如何对内反抗封建专制统治，对外反抗殖民主义、帝国主义的侵略与压迫，建立独立的民族国家与民族文化的经验”，“另一是以探索具有自己民族特色的现代化道路为中心的‘中国式的社会主义’经验”。与此后大行其道的某些旨在单向凸显“当代中国”的“成功经验”的“中国经验”论述不同，钱理群特别强调在真正的“中国经验”中“不仅有光荣、美好的记忆，更有充满屈辱与痛苦的记忆”，“历史的

① 钱理群：《鲁迅与当代中国》“后记”，第528页。

正面与负面难解难分地纠缠为一体”[①]。借用他在评价丸山升的中国问题研究时征引的后者的著名论断，“科学总结二十世纪中国经验”的目的在于建构一种具有“追问”能力的“能承担实际历史重负的强韧的历史观”[②]。换句话说，能否“承担”20世纪中国的“全部”历史事实，是衡量“中国经验”真伪的一条根本标准。而钱理群追求的便是一种丸山升式的能够“正视与揭示中国现实的复杂性”的“历史观”。为此，“科学总结二十世纪中国经验”也就要求“质疑绝对主义历史观”、“警惕反历史主义、历史虚无主义和学术独立自主性的丧失”以及“拒绝、反抗‘历史终结论’”的基本立场。[③]而这也正是所谓“科学总结”的科学性所在。

钱理群认为具体承载了“二十世纪中国经验”的历史人物是孙中山、鲁迅与毛泽东，“20世纪的中国经验，主要集中在他们的思想与著作中，不管人们对之做出怎样的评价，他们都是研究与了解20世纪中国不可忽略、绕不过去的‘世纪遗产’”。当然，从丰富而复杂的“二十世纪中国”选取样本加以分析的做法本身具有的风险是显而易见的，但从历史事实的角度来看，孙中山、鲁迅与毛泽东的理论与实践的确最大限度地覆盖这一时期的“经验”范围，可谓“二十世纪中国经验”的主要载体。而除此以外，钱理群给出的更有说服力的理由还有他们的理论与实践既是“中国的”，又是“现代的”，是“真正立足于中国本土现实的变革，以解决现代中国问题为自己思考的出发点与归宿的”宝贵资源，是“整个国家、民族、人民（包括知识分子在内）”通过“付出了极其惨重的代价，做出了巨大的牺牲，忍受着难以想象的痛苦”收获的独特“经

① 钱理群：《科学总结20世纪中国经验》，《追寻生存之根：我的退思录》，广西师范大学出版社2005年版，第21、22页。

② 丸山升：《鲁迅的“第三种人”观——围绕“第三种人”论争的再评价》，《鲁迅·革命·历史——丸山升现代中国文学论集》，第37页。

③ 钱理群：《构建“能承担实际历史重负的强韧历史观”——我看丸山升先生的学术研究》，《活着的理由》，第164—181页。

验”。但在1990年代以来的中国大陆知识界出现的局面却是“孙中山之受冷遇，毛泽东之被遗忘，鲁迅之一再受到攻击”，对他们的严肃讨论与认真研究十分不足。在钱理群看来，导致这一局面的根源在于“在中国思想界与学术界盛行着两种思潮：或者认为中国的问题是在‘割裂了传统’，因为主张‘回归儒家’；或者以为对西方经验特别是美国经验的拒绝，是中国问题的症结所在，因而主张‘走英美的路’”，而在这两种思潮兴起的背后则是“中国的一些学者至今还没有摆脱‘非此即彼，不是全盘肯定，就是全盘否定’的二元对立模式”。也就是说，他们不是从“历史”中总结“经验”，而是以某种既存的又在发言的当下语境中具有“政治正确”色彩的论说裁剪“历史”。钱理群认为这些“把目光或转向中国古代，或转向外国（而且限于西方世界）”的做法存在的根本问题是“忽略了‘现代’（20世纪）与‘中国’”，即“20世纪中国”的历史事实。而“逼人思考与反省的、严峻而又沉重的20世纪中国经验被遗忘”，也就“意味着历史的教训没有被吸取，导致历史错误的观念与体制的弊端没有得到认真的反省，历史的悲剧就完全有在人们无法预料的时刻，以人们同样无法预料的形式重演的可能”，同时“真正有价值的中国经验，也会在这样的集体遗忘中被忽略，从而导致思想与精神传统的硬性切断，人们不能在前人思考达到的高度上继续推进，而必须一次又一次地从头开始”。钱理群在2002年做出的这一描述与剖析对刻画与把握当下的中国思想版图无疑依旧有力，或许唯一需要补充的便是“国家主义”思潮在知识界的强势崛起，同“新保守主义”与“新自由主义”形成了“三足鼎立”的权力格局。但“国家主义”的症结同样在于不能科学地看待“二十世纪中国”走过的历史道路，人为割裂了中国的独立与发展同“亚洲的觉醒”、“第三世界的兴起”以及对“解放全人类（包括中国人民在内）”的道义追求之间的内在联系。可见，提出“科学总结二十世纪中国经验”的命题与钱理群对当代中国知识分子的历史使命的理解直接相关。在他看来，在“历史”面前原本应当具有承担意识的中国知识分子，在1990年代以来的“当代中国”的“现场”却大都选择了“逃避”或是“趋炎附势”，“这背后隐藏着的民族文化、民族精神，以至整个民族发展的危机，是每一个有良知的知识分子不能不感到忧虑的”[①]。在这一背景下，钱理群对“二十世纪中国经验”的三大载体中的两位——鲁迅与毛泽东进行了长期关注并且做出了系统研究[②]，以此身体力行他提出的“科学总结二十世纪中国经验”的学术主张。

那么，作为“二十世纪中国经验”的“鲁迅”，即鲁迅的“世纪遗产”究竟是什么？或许可以从鲁迅在1990年代以来的“遭遇”说起。钱理群在《远行以后——鲁迅接受史的一种描述（1936—2001）》中对此时“鲁迅运交华盖，突然变得不合时宜”曾经有过一番生动勾勒。他发现，“新保守主义者”、“民族主义者”、“‘新儒学’‘新国学’的大师们”、“新中国中心论者”、“具有中国特色的后现代主义者”、“后殖民主义者”、“自由主义者”与“自称‘新生代’的作家”等“各式各样的‘主义’的鼓吹者”在这一时期“轮番走过”，“而且几乎是毫不例外地要以‘批判鲁迅’为自己开路”[③]。这段文字在《鲁迅与当代中国》中被再三引用。在这样的时代氛围中，钱理群对鲁迅的高调表彰与“文坛学界”的激烈批判形成了饶有意味的对照，但两者其实不无关联。

---

① 钱理群：《科学总结20世纪中国经验》，收《追寻生存之根：我的退思录》，第21—23页。

② 钱理群的毛泽东研究的主要成果集中在他的《毛泽东时代和后毛泽东时代（1949—2009）：另一种历史书写》（台北：联经出版事业股份有限公司，2012年1月版）一书中。当然，对于钱理群而言，选择鲁迅与毛泽东作为自己主要的研究对象，既出自他们承载了“二十世纪中国经验”这一学术判断，也与他的个人情结，即两人曾经在他的生命历程中曾经扮演“精神之父”的角色有关。（参见钱理群：《心灵的探寻》“后记”，第291页）

③ 钱理群：《远行以后——鲁迅接受史的一种描述（1936—2001）》，贵州教育出版社2004年版，第100—101页。

其中一个值得注意的现象是，对鲁迅持“批判”态度者大都拥有属于自己的命名，以一种群体形象示人，并且在“批判”时通常认为自己先在地占据了某种道德“高地”与理论“优势”，同时声称各自依傍的道德立场与理论体系在相当广泛的范围内具有绝对普遍性。而作为被“批判”一方的鲁迅却是无以命名的。“批判”者往往很难找出一个群体与鲁迅直接对应，他不是任何一种立场与理论的代表，以至遭受“批判”者时常就是他而已，再无其他。于是钱理群敏锐地抓住了这一点。在《鲁迅与当代中国》的头题文章《我们为什么需要鲁迅——2006年10月19日在北师大春秋学社“鲁迅逝世七十周年追思会”上的讲话》中，他开宗名义：“鲁迅对我们的意义”正在于“他是另一种存在，另一种声音，另一种思维，因而也就是另一种可能性”，而这便是一种“二十世纪中国经验”，因为“对于中国这样一个大讲‘正统’‘道统’，同化力极强的文化结构与传统来说”，“鲁迅”的存在是十分不易却又意义深远的，“中国现代思想文化，幸亏有了鲁迅，也许还有其他的另类，才形成某种张力，才留下了未被规范、收编的另一种发展可能性”。概而言之，鲁迅的“世纪遗产”就是他的“无以归类”的“思想与文学”。钱理群特别指出的是，鲁迅“不接受任何收编，他也从不试图收编我们”，而所谓“收编”既指“体制的收编”，也指“文化，例如传统文化和西方文化的收编”[①]。这样钱理群便在提出自家主张的同时从更深层次上回应了“各式各样的‘主义’的鼓吹者”对鲁迅的“批判”，并且以一种更为宏阔与纵深的视野彰显了鲁迅的独特价值。

在《鲁迅与中国现代文化——2006年6月23日在电视大学演讲》中，钱理群具体分析了鲁迅对“中国现代文化”的诸种主要面向——“启蒙”“科学”“民主”“自由”“革命”“平等”“社

① 钱理群：《我们为什么需要鲁迅——2006 年 10 月 19 日在北师大春秋学社“鲁迅逝世七十周年追思会”上的讲话》，《鲁迅与当代中国》，第 6—8 页。

会主义”“自由主义”——持有的态度。他发现，鲁迅对它们都是既“坚持”又“质疑”的，“在坚持中质疑，又在质疑中坚持”，而这正是“鲁迅思想的无以概括性”的根源。那么，鲁迅又何以如此？钱理群认为关键在于鲁迅的思维方式。在他看来，“这种既肯定又否定，在认同与质疑的往返、旋进中将自己的思考逐渐推向深入，将自己的价值判断充分地复杂化，相对化，可以说是鲁迅独有的思维方式”。而在鲁迅之外，抱定“中国现代文化”的任何一种面向，以之为“主义”者具有的共通之处便是都在思维方式上“陷入‘要么肯定，要么否定’的二元对立模式中”[①]。对于鲁迅的思维方式，可以略做引申的是：其间的重点并不在于超越“二元”，而在于能够从“二元”必然导致“对立”的逻辑链条中解放出来，否则“二元”一旦成为“一元”，原本由“二元”的交互关系赋予的结构性的生机与活力也将随之丧失。超越“二元对立”的根本途径是明白“二元”中的任何“一元”对另外“一元”都是具有意义的，同时知道在一组“二元”关系以外还有其他“二元”关系的存在，诸种“二元”关系相互作用而生成的“多元”视野可以提供“另一种可能性”。倘若以此为参照，反观20世纪中国知识界则不难发现：当知识分子格于某种既定立场与理论，尤其是这一立场与理论还是以一种具体的学说、党派与人物为现实载体时，思想的主体性与开放性便很有可能大打折扣。其实任何立场与理论，包括没有立场的立场与不讲理论的理论都不可能完全脱离现实载体而存在，关键的是立场与理论的持有者的态度。但这无疑是一个“知易行难”的问题，以至几乎所有在20世纪中国“登场”的立场与理论及其真心或者假意的信仰者没有多少否认过这一道理，可一旦比照他们的现实作为，被立场与理论所格、所限甚至所异化，同时也异化了某种原本生气淋漓的立场与理论的行径却可谓比比皆是。相形之下，大概只有“鲁迅”是“例外”。这便不能不归功于他独特的

① 钱理群:《鲁迅与中国现代文化——2006年6月23日在电视大学演讲》，《鲁迅与当代中国》，第21、33页。

思维方式，而这一思维方式正是他承载的“二十世纪中国经验”。

2017年8月15日，于京西畅春园北窗下

初刊《文艺争鸣》2017年第10期

（限于本书篇幅，仅收录此文前三节。后三节为“何谓‘真的知识阶级’”、“‘人学’视野中的‘鲁迅左翼’”与“‘鲁迅文学’与‘文学性’问题”。）

鲁迅研究的“现世性”光辉

——读钱理群《鲁迅与当代中国》

姚　丹

钱理群先生认为鲁迅在《中国人失掉自信力了吗？》一文中区分了“两个中国”：“要论中国人，必须不被搽在表面的自欺欺人的脂粉所诓骗，却要看看他的筋骨和脊梁。自信力的有无，状元宰相的文章是不足为据的，要自己去看地底下。”一个是“地上的”，由官方和主流知识分子主导，“做着宰相状元的文章”，是“因此充满了自欺欺人的诓骗的”中国；另一个则是“有着中国的筋骨和脊梁”的“地底下”的中国，那里的人们“有确信，不自欺；他们在前仆后继地战斗，不过一面总在被摧残，被抹杀，消灭于黑暗中，不能为大家所知道罢了”。如果眼睛只盯着前者，会很绝望；如果看取后者，就有自信力了。在引述了鲁迅的上述观点之后，钱先生指出，“看地底下”是具有方法论意义的，“它所提供的是一个如何观察中国，思考中国问题的基本方法”[①]。可以说，钱先生的研究继承了鲁迅“看地底下”的方法，他所关注的“当代中国”是地底下的中国，是中国的脊梁。

从“独异反抗”的“个人”到“成己成人”的“共同体”鲁迅

“当代中国”是一个巨大的精神共同体，但又不是一个凝固不

① 钱理群：《鲁迅在当下中国的历史命运》，《鲁迅与当代中国》，北京大学出版社 2017 年版，第 303 页。

动的存在，而是在不同的关系结构中灵活地变化着。钱先生1987年出版的首部鲁迅研究著作《心灵的探寻》，可以说是“个人的”，这“个人性”既表现为他主张从个体生命感受出发展开研究，同时也表现为将鲁迅视为独异个人来看。而2017年结集的《鲁迅与当代中国》一书，其中的鲁迅则成了“共同体的”，而这“共同体”既可大至“世界”，也可小至一个中学的班级。此种将鲁迅由“个人”而“共同体”的定位变化，和钱理群自身的生命体验以及对知识分子（鲁迅是他们最杰出的代表）在历史与现实中的位置的认识的发展有关。“个人的鲁迅”所强调的是向内的精神与情感的“心灵”结构，是充满“个性的”。正如钱理群自己所言，1980年代写就的《心灵的探寻》，是为了发出自己的声音，因而刻意与老一代研究者拉开距离，同时也由于过分强调“个人的鲁迅”而忽略了“社会的鲁迅”“民族的鲁迅”这一脉络。[①]现在，经由思想的螺旋发展，由否定之否定之后，钱理群提出了新的鲁迅观：“鲁迅思想是二十世纪中国经验的有机组成部分”；“鲁迅对中华民族来说，是一位具有原创性、源泉性的思想家、文学家”；以及“东亚鲁迅”“左翼鲁迅”的概念。[②]这就恢复了鲁迅“民族的”“社会的”“阶级的”属性，让鲁迅回到“当代中国”，在不同的“共同体”中加以考察。说钱先生的鲁迅研究由“个人”而“共同体”，不但指钱先生将鲁迅重新置于“共同体”中研究，而且指他将自己的研究与不同的共同体互动。从横向的空间轴上，他在韩国、印度，在台湾、北京、南京，在工厂，在中学，面对不同对象，讲解自己的鲁迅观。在时间轴上，从“七八十年代青年眼里的鲁迅”到“鲁迅与九十年代北京大学学生”，接触的人群则有大学生，更有越来越多的中学生，还有工人。

而钱先生这种“转变”，是有时代的多重因素的。我们先来回顾一下他的“个性化”的鲁迅研究。在《心灵的探寻》中，钱理

① 钱理群：《“30后”看“70后”》，《鲁迅与当代中国》，第243页。

② 钱理群：《鲁迅在当下中国的历史命运》，《鲁迅与当代中国》，第306页。

群一再表明自己的鲁迅研究是要将“个人”的鲁迅与“民族精神代表”的鲁迅，与“人类探索真理的伟大代表”的鲁迅三者统一起来。但我们真正看到的，还是“个人”的鲁迅。这在三十年后，他自己也是承认的：“对鲁迅的自我——他的独特的思维方式、心理素质、性格、情感——都感到浓厚的兴趣”，“我始终对个体生命的精神有着强烈的探索欲望”[①]。而他所关注的、收录的80年代大学生对鲁迅的理解中，鲁迅也是作为“个人”的精神形象。他们认为鲁迅是“‘粗糙’的满身伤痕的”“斗士”；是一条“坦荡而无所顾忌地走着自己生命行程”的“好汉子”；是“最真诚的人，是敢说实话的人”；当然，“他的心灵上总不可避免地布满创伤”，因为“见事太明，做事即失其勇，鲁迅实际是承担着这一历史时期新的旧的，合理的与不合理的一切（道义感本身即是一种束缚），成为超负荷的行者”。[②]总体而言，《心灵的探寻》所要探寻的是鲁迅“思想与心灵的辩证法”，是“于浩歌狂热之际中寒；于天上看见深渊。于一切眼中看见无所有；于无所希望中得救”的鲁迅式心灵哲学的多重内涵，以此抵达鲁迅思维方式、心理特质、情感方式和美学风格的深处，“打开鲁迅心灵的奥秘”[③]。这里呈现的鲁迅，是一个内心丰富而阴暗，蔑视群氓，忧心于中国未来，而又深受来自人我荼毒的伤的敏感而杰出的诗人、斗士。而2017年钱先生新著中的鲁迅，则有着另外的精神风貌，是“俯首甘为孺子牛”的以“硬骨头精神”“韧性精神”“泥土精神”为标志的“东亚鲁迅”“左翼鲁迅”。

这种“研究转向”，既源于钱先生自身的调整，也源于他和学生们的互动，特别是1990年代以降的大学生，他们与1980年代的大学生有了很大不同。1990年代上半期，面对着社会分化的巨大压

---

① 钱理群：《“30”后看“70”后》，《鲁迅与当代中国》，第242—243页。

② 钱理群：《七八十年代青年眼里的鲁迅》，《鲁迅与当代中国》，第312—319页。这篇也收录在《心灵的探寻》中，属于早期研究的成果。

③ 钱理群：《心灵的探寻》，三联书店2014年版，第10页。

力，开始走向独立成熟的北大学生，对鲁迅似乎存有相对保守的见解。他们虽然承认“极钦佩鲁迅的见解和精神”，但“不赞成他为社会理想而投入斗争的方式”，“因为历史太庞大，太混乱，太复杂，它淹没我们，我们却无能为力”，甚至认为“想把握历史就如同想把握我们正在做的梦”，“对强大的现实去认真、去生气、去抛洒热血”是“不理智的，没必要的”。他们坦然承认自己只是“平凡的人”，表示“希望自己活得轻松”，不愿也“不能承受生命之重”。青年学生认为鲁迅“他的思想彻底得可怕”，“我们的意志承受力在他那里脆弱得不堪一击。他的思想的永不停歇的运动性是任何人无论如何都无法担负的。向他学习，以他为榜样，无异于使自己的思想陷入无法挣脱的苦难”[①]。这里引述的1990年代上半期北大学生以自己为“凡人”，拒绝接受鲁迅精神特质里面“彻底”的“痛苦”，拒绝为了“历史”而牺牲“自己的现在”的态度，影响了钱理群的思考，这表现在他对自己的鲁迅理解做出了“修正”，更注重普通人享有生命权和生活权的天然合法性。当然，这种承认里面也包含着对中国革命经验的惨痛总结。

钱理群认为包括他自己那一代在内，都曾经“把希望寄托在‘将来’”，“而我们所期待的‘将来’，又是一个彻底地、一劳永逸地消灭一切不合理制度的理想”，其结果就是“试图用专政的强制手段在此岸实现”“乌托邦”，其间难免遭受暴力与压迫，而终于“走到了理想的反面”；这一代人“也重视‘现在’的奋斗，但却强调‘现在’必须无条件地为‘将来’牺牲”[②]。“用暴力实现理想”“以牺牲现在换取完美未来”，是那个年代习惯的思维和行为方式，但显然无法对应于这“理想”后的现实了。因此，在总结20世纪“革命理想主义”的失败教训之后，钱理群认为，21世纪上半叶的行动和实践应该具有新的特点：

① 钱理群：《鲁迅与九十年代北京大学学生》，《鲁迅与当代中国》，第331—333页。

② 钱理群：《活在当下中国的鲁迅》（未刊稿）。

一是不再追求用暴力的革命，一劳永逸地彻底解决社会弊端，而是提倡一种和平的、渐进的、逐步推进的变革；二是不把实现理想的希望放在遥远的“将来”，而是把理想的实现变成“现在”的实践；三是不把“献身精神”理解为无条件地牺牲个人，而是强调个体的精神发展与社会贡献的统一，是为了实现个体生命价值而为社会服务，并在服务过程中寻求、实现人生意义和享受快乐。[①]

这三点结合起来说，就是改变自己和改造社会要避免暴力，要从现在做起，同时尊重人活在当下的幸福权与享乐权。对第三点尤其要多说几句，“个人”不可以被“无条件地牺牲”，或者说，是不能被牺牲的。服务社会是“个体”实现“人生意义”的方式，从中甚至能够“享受快乐”，从而达到“个体的精神发展与社会贡献的统一”。这当然是一种理想的状态，未必能够完全实现，但重要的是这里彰显出的对人的生命权、自由权的尊重与理解，对普通人寻求人生快乐的尊重与理解。而这样的“个人”如何在“共同体”中实现自己的价值，是一个很有意义的伦理命题。

这就要回到社会主义传统的“个人”与“集体”的关系中去探讨。在和宝钢工人谈鲁迅时，钱先生引述鲁迅，主张“自他两利”的道德观、伦理观。鲁迅说：“道德这事，必须普遍，人人应做，人人能行，又于自他两利，才有存在的价值。”钱理群认为鲁迅“自他两利”的道德观在今日依然有价值、有活力，依然“可以作为一个基本的价值伦理观念”。他在宝钢鼓励工人们要把“为己”与“利他”统一起来，以取得“自我”和“集体”的关系，“我”和“我们”的关系的协调、平衡——我们讲“合理的做人”，“合理”就是协调与平衡。他提出“我们中的‘我’、‘我’中的‘我们’”的概念，就是说，当强调“我们”的时候，不要忘记

① 钱理群：《活在当下中国的鲁迅》（未刊稿）。

“我”，要记住“我们”的发展必须以“我”的发展作为基础；当强调“我”的时候，不能忘记“我们”，因为每个人的发展必须以集体的发展作为前提。[①]钱理群在这里关于“我”和“我们”，“个人”和“集体”的关系的讨论，似乎还有可以推进之处。我们可以在另一个历史情境中来看这个问题，在比对中深化理解。1980年由《中国青年》杂志发起，曾经有过著名的潘晓讨论，潘晓是某工厂女工，和钱理群今天对话的宝钢工人在阶级地位上是一致的。潘晓的名言是“主观为自我，客观为别人”，最近，一个研究者将潘晓名言中的“自我”“他人”，拉回到中国传统圣贤的“为己”范畴中展开讨论，和钱先生的观点形成了某种呼应：

> ……在这些中国史上的圣贤这里，“己（自我）”不是给定的，“为己”和自我身心状态的改善，道德、人格、精神境界的成长有关，并关涉到对“自我”“他人”“世界”理解的深化问题。而正是这一“为己”的身心、道德、人格、精神成长中所伴随的认知进展，一方面可使主导“己”身心、道德、人格、精神成长的认知判断权确定在自身，而这一主导权在自身，无疑更有助于人们把自己的精神生命成长充分扎根自己的生活世界来建立——和自己的身心、道德、人格、精神追求有机配合的——自己身心、道德、人格、精神形态；另一方面，这种对自己所处身历史文化积累有真诚对待，同时认真消化其中圣贤教训的“为己”，不是在把自己和处于同一历史——文化世界的他人推开，而是在“为己”的同时也在建立着有效通达他人、理解他人，通达世界的通道。也即他们强调的“为己”，实包含着对他人、对“己”和他人所处身的世界与历史建立起更深入、有效沟通、理解的契机。而这一对他人、对所处身世界与历史的理解契机、潜能一旦发挥出来，又可成为——“己”进一步深化自我理解，“己”更准确找到既

① 钱理群：《和宝钢人谈鲁迅》，《鲁迅与当代中国》，第148页。

> 基于自身状况又有效为世界承担责任的实践位置、实践介入方式的——认识、思考媒介。而如是，也便意味着，关注自我和关注他人与世界成为一种相互建设推进的正相关关系。只是这时关注他人与世界的，不再是一个未经充分锻造与涵育的“我”，而是一个被努力锻造与涵育过的“我”。……而也只有当“己”（自我）对他人和世界有真的深入、展开的理解时，“己”在对世界承担责任时，才能更准确地沿着他人和世界本身的生机脉络去行动介入，从而更能做到——在有效克服他人与世界的问题时，最大限度保存他人与世界的生命能量，最大限度顺畅他人与世界的生机脉络，而不会因为看不清对象的生机脉理，事实上在把自己认定的“善”与方法强加给别人和社会。也就是，如果人们努力沿着上引圣贤所说的“为己”前行，人们就能在更好地为“己”同时，达致更负责地为世界“成物”。[①]

在贺照田看来，“为己”并不是在这个世界上为自己攫取物质利益，而是在对世界承担责任的过程中培育自己的道德、人格；而一个对世界有着深入理解的“己”，才能真正地理解他人的生机脉络，从而有效地帮助到他人。于是，人在更好地成全自己的同时，也成全了他人。这也是钱先生讲的“从改变自己和身边的存在开始，以‘建设你自己’作为‘建设社会’的开始”。他希望，“或个人，或志同道合者，按照自己的理想、价值观，做有限的可以做到的事。当许多人奉行个人中心主义，我们这群人却尝试‘利我利他，自助助人’的新的伦理”，这也可以说成是“好人联合起来做好事”，而这些好人“不但是理想主义者，而且是理性、低调的行动主义者”。钱先生相信通过这样的具有“内在对抗性”的理性的“草根变革”行动，“通过一个个教育存在、学术存在、社会存

① 贺照田：《当社会主义遭遇危机》，台湾：人间出版社，2016年版，第140—141页。

在、政治存在”的具体变化，能够为将来的整体变革创造条件；而这些“好人”们，也能“从所做的每一件具体的好事、实事里获得意义和快乐”[①]。这些，可以说在伦理的意义上论证了从“个人”到“共同体”的转化，即如何在保存“个人”价值的同时，成就共同体。

“现世性”的三大精神特点

这里来简单谈一下本文标题中的“现世性”，借用的是萨义德的说法。我同意萨义德的一个基本观点，学者是不可能做到“纯粹”的：

“没有人曾经设计出什么方法，可以把学者与其生活的环境分开，把他与他（有意或无意）卷入的阶级、信仰体系和社会地位分开，因为他生来注定要成为社会的一员。这一切理所当然地会对他的学术研究产生影响，尽管他的研究及其成果确实想摆脱粗鄙的日常现实的约束和限制。”[②]

因此学者们的观点必然带着自己所从属的环境、阶级、信仰体系和社会地位的烙印，不过这个非“纯粹性”并不是“现世性”。“现世性”（worldliness）所要求的恰好是要突破各种藩篱，如学科的、阶级的限制，去与世界建立更为密切的关系。按照萨义德的话，“现世性”首先是一种“全球主义”的知识视野，是“一种无所不能的兴趣”，是像伟大的奥尔巴赫或阿多诺那样“普遍打破了学科的限制”。其次，“现世性”更是一种“责任感”，是“植根于真实的斗争和真实的社会运动”，“必须与正在进行的政治运动建立起某种活生生的联系”的责任感，而这并不是针对“一个特殊团体的社群”（比如专业内部），而是把阅听者理解为“政治的和人类

① 钱理群：《活在当下中国的鲁迅》（未刊稿）。

② ［美］萨义德：《东方学》，王宇根译，生活·读书·新知三联书店2007年版，第13页。

的社群”[①]。萨义德认为“人并不只是写作，而是与其他作家和写作、其他活动、其他对象处于反对、对立或某种辩证关系”[②]。因此“要把一个人（不管是劳动者、文学批评者、工程师或什么）的作品解释成一个人本身以及整个实体密切而且有机地关联”[③]。人把自己“做什么”和自己“是什么”统一起来，是具有“现世性”的前提。就作品而言，“现世性”指作品“在建制中、在历史时刻中、在社会中向外扩展，而且和其他作品发生关联的程度”[④]。

现世性是“一个人本身以及整个实体密切而且有机地关联”的那种关系，是行动和实践。当然，萨义德这里讨论的主要是知识分子。而钱先生的鲁迅研究其触角虽然已经伸出知识分子圈子以外，但他的重心仍然是知识分子。因而本文所谓“现世性”的问题也主要还是知识分子与身处的“共同体”有机互动的问题。钱先生注意到，在鲁迅生命的最后十年，他所设想的“真的知识阶级”的核心要义之一是“思想运动与实际的社会运动的结合”[⑤]，而青年鲁迅也曾经呼唤过“精神界战士”，其最大的特点乃“立意在反抗，旨归在行动”。钱先生认为，“真的知识阶级”其实就是“精神界战士”的延续和发展，“它的一个基本特征也是强调反抗和行动。这是左翼知识分子和学院里有左倾倾向的知识分子的区别”。“立意在反抗，旨归在行动”是精神界战士的特质，也是“行动型”知识

① ［美］萨义德：《批评与政治的艺术》，《权力、政治与文化——萨义德访谈录》，薇思瓦纳珊编，单德兴译，生活·读书·新知三联书店2006年版，第192—193页。

② ［美］萨义德：《开始》，《权力、政治与文化——萨义德访谈录》，第20—21页。

③ ［美］萨义德：《开始》，《权力、政治与文化——萨义德访谈录》，第22页。

④ ［美］萨义德：《处于公众生活十字路口的文学理论》，《权力、政治与文化——萨义德访谈录》，第118页。

⑤ 钱理群：《“真的知识阶级”：鲁迅的历史选择》，《鲁迅与当代中国》，第40页。

阶级的根本特点。不过，如我上文已经谈到的，由于历史条件的变化和对个体能力有限性的清醒判断等综合因素，钱理群不再倡导一种“振臂一呼，应者云集”的运动式的行动，而是主张“静悄悄的存在变革”，主张脚踏实地“想大问题，做小事情”，要“执着现在，执着地上”[①]。

基于对变革艰巨性的理解，基于对“做小事情”艰难性的了解，钱先生从鲁迅经验中萃取出三大精神，以充实“当代中国”“精神界战士”的内心，给他们的前行以支持。这三大精神来自钱先生对作为“二十世纪中国经验”的“有机组成部分”的鲁迅思想的概括：“硬骨头精神”、“韧性精神”和“泥土精神”。虽然，“硬骨头精神”是毛泽东对鲁迅精神的著名概括，是在抗日战争的背景中提出的，离今天多少有些遥远了，但其中的核心内涵仍有其借鉴意义。毛泽东赞扬“鲁迅的骨头是最硬的，他没有丝毫的奴颜和媚骨，这是殖民地半殖民地的人民最可宝贵的性格”。钱理群认为：“当时中国与东亚各国，正面临着帝国主义侵略与压迫，并进行了不屈不挠的斗争，正是在这样的斗争中，培养出了这样的硬骨头精神，绝不屈服、迎合、投降，坚定地维护民族和个人的荣誉和尊严，由此而形成了极其可贵的今天我们所说的第三世界的精神传统”；“硬骨头精神”在国际关系中的表现是“绝不屈服、迎合、投降”的“独立性、主体性”，既不“视他国为奴”，也不成为他国奴隶。[②]这种“主奴”关系延伸到社会系统中，在知识分子与“官”（统治阶级）、“商”（资产阶级）、“大众”（普罗）的关系中，钱先生引用鲁迅来强调不可为奴的重要性，呼唤“鲁迅式的精神独立性、主体性”，“鲁迅式的硬骨头精神”[③]。

钱先生指出，有了“硬骨头精神”未必就能“成事”，在实际的工作中还会遇到各种各样的困难。最大的挑战可能是对手过于

① 钱理群：《在台湾讲鲁迅》，《鲁迅与当代中国》，第190—191页。

② 钱理群：《在台湾讲鲁迅》，《鲁迅与当代中国》，第182页。

③ 钱理群：《在台湾讲鲁迅》，《鲁迅与当代中国》，第184页。

强大，而“醒觉者少，工作量大”，因此“要做好在自己这一代看不到结果的准备”，要承受“你付出代价和你的收获绝对不成比例”[①]。这时候所需要的就是韧性精神了。谈到韧性精神，钱先生举了一个他一再举到的抗日战争期间美国医生看到的中国农民犁地的场景。这个医生从重庆乘轮船往武汉走，在半路遇到日本飞机轰炸，“他看到一个农民在那里犁地，不为飞机轰炸所动，耕作不止”。钱理群说：“这个场景让这个美国人一直难忘，他说他从中看到了中国农民、中华民族坚韧的生命力量，并由此看到了中国必胜的希望。”钱先生认为，鲁迅的坚韧精神“和中国农民之间是有着深刻联系的”，“韧性精神”的核心是“一代接着一代，长期地、持续地奋斗下去”的思想。[②]钱先生由此提出了一些富于启示性又具有可操作性的设计，他主张“慢而不息，锲而不舍”“打壕堑战”的水磨功夫，要把目标“日常生活化”，认为“只有把奋斗常态化，才可以持久坚持下去”，“这叫日常生活化的持久战”，可以“边玩边打”，却也能做到“纠缠如毒蛇，执着如恶鬼”[③]。

知识分子往往自视甚高，“眼高手低”是通病，针对这种“贡高我慢”的毛病，钱先生提出鲁迅遗产的第三个特点“泥土精神”来对治。“泥土精神”首先是“不怕做小事情”，钱先生认为“鲁迅的批判精神和他的实干精神是统一在一起的”，由此提出“想大问题，做小事情”的号召[④]；“泥土精神”还体现于“执着现在”，这“是内含着一种鲁迅式的反抗绝望的人生哲学的”。所谓“绝望”，就是敢于正视现实，有清醒的现实主义精神；所谓“反抗”，就是一种积极进取的人生态度，知其不可为而为之。在“泥土精神”中包含了鲁迅“绝望的抗战”基本精神。由以上三种精神，我们确实看到了要求知识分子与世界的联系与互动，而不再是

① 钱理群：《在台湾讲鲁迅》，《鲁迅与当代中国》，第186—187页。

② 钱理群：《在台湾讲鲁迅》，《鲁迅与当代中国》，第186—187页。

③ 钱理群：《在台湾讲鲁迅》，《鲁迅与当代中国》，第188页。

④ 钱理群：《在台湾讲鲁迅》，《鲁迅与当代中国》，第190—191页。

孤独个体的苦斗，是在"关系"中展开的"现世性"。

当然，这"现世性"又以"绝望"为前提。在《心灵的探寻》中，钱理群曾深入分析了作为鲁迅生命哲学的"绝望的抗战"。他认为"绝望"丰富的内涵不是消极的"虚无主义"所能完全包含的。所谓"绝望"，是"走出麻木境界，丢掉一切自欺欺人的假面，直面人生：一面正视现实的黑暗与人生的痛苦，一面正视自我主观能动作用的局限，在现实世界中支配自我命运的有限性"。"思想与心理的辩证法正是如此：对一切做了最坏的思想准备，抛掉了一切不切实际的幻想，去掉盲目性，就不会陷入彻底的悲观主义与虚无主义。"[①]所以，所谓"绝望的抗战"就是一种"不抱幻想的抗战"，"不计成败"，"只求耕耘，不问收获"的抗战。

"绝望"与"抗战"，既是对立的，又是互相渗透、补充的："抗战"以绝望即清醒的现实主义人生估价为基础、前提，一扫浮躁之气，"绝望"以"抗战"为归宿，又一扫消极色彩，"二者的辩证统一，最能反映鲁迅作为20世纪现代中国的民主主义斗士的战斗风貌与本质"[②]。在这个意义上，绝望不是无所作为，而是有所作为和有所承担的，是更深沉意义上的承担，是真正的"现世性"。"绝望的抗战"既是鲁迅生命哲学的核心要点，又何尝不是钱理群整个生命哲学的立足点，在研究与生命活动中，他一直在提倡和力行"绝望的抗战"。2009年10月，在台湾"与鲁迅重新见面"的台社论坛上，钱先生再次强调了二十多年前的"现实主义的'知其不可为而为之'"："所谓'绝望'，就是敢于正视现实，有清醒的现实主义精神；所谓'反抗'，就是一种积极进取的人生态度，知其不可为而为之。"[③]在最近的一次访谈中，他也强调"我的准确思想是反抗绝望"，承认自己"所做的一切都没多大意义"，"但还是要反抗，这正是中国传统的知其不可为而

① 钱理群：《心灵的探寻》，第46页。

② 钱理群：《心灵的探寻》，第47—48页。

③ 钱理群：《在台湾讲鲁迅》，《鲁迅与当代中国》，第192页。

为之"[①]。

"现世性"是与世界发生关联的程度，是将个人与周围"整个实体密切而有机地"联合起来，钱先生阐释的鲁迅三大精神（硬骨头、韧性、泥土）具有"在建制中"、在"历史时刻中"、"在社会中"向外扩展的关联性，而钱先生的鲁迅研究与传播也同样体现了这样的"现世性"特点，他是在向社会中扩展，在与自己周边不同的"共同体"展开"密切"而有机的关联中推进、推广自己的研究成果的。这是本书不同于一般学术著作的又一特点。《鲁迅与当代中国》分为三辑，每辑各占三分之一。第一辑是钱先生自己的文章，多数为演讲或给他人著作所作序言；第三辑"重看历史中的鲁迅"，谈鲁迅与历史人物的关系；第二辑"鲁迅与当代青年的相遇"，辑录了从1980年代到21世纪，从大陆到台湾的大中学生以及中学教师对鲁迅的理解与感悟，而这些人多数受到钱先生直接或间接的影响。相比第三辑，我更看重这第二辑，这是钱先生和那些不同时空中的鲁迅爱好者共同写就的；最好地贯彻了"从小事做起""执着现在、执着地上"的"泥土精神"，是钱先生鲁迅研究"现世性"光辉所照耀之处。

"相濡以沫"——让生命更有意义

先来引一段钱先生的自述，由此可以看到他自觉介入"学院"以外，在更广大的世界里传播鲁迅思想的努力。

> 我大概做了五个方面的工作。其一是编选系列"鲁迅读本"，计有：《小学生鲁迅读本》（与小学老师合作）、《中学生鲁迅读本》（后与中学老师合作，改编为《中学生鲁迅作

① 徐鹏远：《从未停歇过的钱理群，如今有了廉颇老矣之感》，凤凰网文化，网址：http://culture.ifeng.com/a/20170726/51509262_0.shtmel，2017年7月26日。

> 品选修课》教材）、《钱理群中学讲鲁迅》的讲稿、大学通识课教材《鲁迅作品十五讲》、为研究生讲课的讲稿《与鲁迅相遇》，以及为文学爱好者编选的《活在当下中国的鲁迅入门读本》。其二是自己到南京、北京三所中学开设“鲁迅作品选读”选修课，并在全国各地大学和社会做关于鲁迅的演讲。其三，是深入到作为当下中国三大民间运动之一的“志愿者（非政府、非营利组织）运动”中，为青年志愿者提供鲁迅思想资源。其四，到工厂去讲鲁迅，和中国最大的钢铁公司宝钢党委合作，编写《鲁迅论中国人和中国社会改造》的语录和《鲁迅作品选读》，并应邀给企业领导和骨干做学习辅导报告，探讨在建设中国现代企业文化中，如何借鉴鲁迅思想资源。其五，2009年我还到海峡另一边台湾去讲鲁迅，在台湾清华大学中文系开设了“鲁迅作品选读”课，这是鲁迅教学第一次成为台湾大学的正式课程，在听课的台湾、香港青年学生和来自马来西亚等国家和地区的学生中，引起了强烈反响。[①]

钱先生为之提供鲁迅思想资源的对象，遍布大学、中学、小学，由大陆到台湾，从体制内的工人到体制外的志愿者，确实深入到了中国社会比较广泛的阶层。当然，我们也可以挑剔地指出——其中没有中国最广大的农民，没有今天在中国已经成为不能忽视的力量的商人（资本家）——但与其去挑剔钱先生没有关注到的对象，不如去探讨钱先生在自己能力范围内做出的最大成效。正如钱先生自己所言，他其实是有很多“同道”的：“在当下中国，不只是我一个人，还有许多鲁迅研究界的朋友，新闻界、出版界的朋友，特别是许多中小学教师，社会上的有识之士，民间思想者，都在不约而同地默默做着普及鲁迅的工作。”钱先生的努力得到了他们的“有力支持”，所以钱先生经常用‘相濡以沫’四个字来描述

① 钱理群：《鲁迅在当下中国的历史命运》，《鲁迅与当代中国》，第306—307页。

他们之间的关系。[①]在这里要重点讨论的是中学教师们与钱先生的心心相印、相濡以沫。

钱先生特别欣赏中学教师中对鲁迅富于创造性的教学实践。北师大第二附属中学的何杰老师就得到了他的高度肯定。不能否认，21世纪初以来，在中学语文界曾经出现过对鲁迅的质疑和冷落。何杰老师针对这种现象，有自己独立的思考。有的人攻击鲁迅作品“不合时宜”而欲将其逐出课本，还有的攻击鲁迅“谁都骂”“不宽容”，何杰老师不是急于辩驳，而是冷静反思像鲁迅这样一位——“绝大多数作品都应该列为定篇”，“一个对民族和民众深怀大爱”——的作家，受到如此攻击，作为中学语文老师难辞其咎：“我们把鲁迅教好了吗？”“我们到底教给了学生什么样的鲁迅？”而且他把自己的反思推进到教学实践中：“我们应该如何教鲁迅？”正如钱先生所肯定的，“他或许认为空谈不如行动更为有力”。于是他在自己所教的两个班级中连续进行了两年的“鲁迅杂文单元教学”的实验。针对长期以来鲁迅作品阅读教学存在的两个问题，他有对应的解决思路。这两个问题，第一个问题是“概念化的鲁迅”，“一说鲁迅就是‘文（文学家）思（思想家）革（革命家）’，就是‘改造国民性’‘批判中国人的麻木’”，无法让学生真正领悟“鲁迅作品的思想魅力、语言艺术”。第二个问题是教学没有触及鲁迅的“思想体系”，因此学生最多只能理解鲁迅某篇作品，而无法“全面了解鲁迅思想，进而不能真正理解鲁迅作品的意义”。针对这两个问题，何老师的教学做出改变。钱先生认为其教学目标与特点有二：一是在单篇教学的基础上设置单元教学，“使学生通过这一组文章的解读，对鲁迅的思想形成全面的结构性的认识”，“进而在头脑中自主建构鲁迅思想体系，使其在今后的阅读中，能够独立完成对鲁迅作品的解读”；二是不仅引导学生“对鲁迅思想有深入的理性分析”，而且引导学生“深入体会鲁迅的内心情怀”与“人生体验”，感悟鲁迅的思维方式和情感方式，

① 钱理群:《鲁迅在当下中国的历史命运》,《鲁迅与当代中国》,第307页。

“在走近鲁迅的同时，让鲁迅走进自己”，“将其变成自己的精神世界和情感体验的一部分，奠定精神的底子”[①]。

其实像何杰老师这样走着探索之路，以鲁迅作为自己教学“重中之重”的，还有不少中学老师，很多人也得到过钱理群先生的帮助。福州一中特级语文教师陈日亮，早在十多年前就为钱先生所注意，陈老师对鲁迅“文”的重视，得到了钱先生的莫大会心。他指出虽然“陈老师对鲁迅的关注，始终是鲁迅之‘文’”，而自己可能更关注鲁迅的“心灵”“思想”，但在“根本点上”，他和陈老师是“各有侧重”而又“一致而趋同”。因为钱先生相信“文字与心灵、思想是不能分离的；因此，我在近年的研究中，也在关注鲁迅的语言和文体，并且十分重视文本细读”[②]。陈日亮老师非常注意立足于“文本”中的“文字”来阐述鲁迅的思想，他认为“对高中生来说，只要对鲁迅作品‘精悍’和‘沉酣’这两个语言特色进行精细的品味鉴赏，即可深入鲁迅文本的内蕴，引发他们的阅读兴趣和养成良好的习惯，而无须再涉及其他”。因此陈老师断言，根据自己的“深切的体验”，“侧重讲鲁迅的语言形式，我以为是引导学生走近鲁迅的一个成功通道”[③]。

北师大第二附属中学王广杰老师所做的努力，则似乎比陈日亮又往前走了一步。2013年王老师为高中二年级下学期的学生开设了一个多月的“鲁迅作品专题学习”，王老师的做法是首先“将教师真实的个人化的体验真诚地传达给学生”，然后他让学生“静下心来，走进作品文字的内部”，在“字里行间的游走”中，被“作品的内容”和“文字背后的作者”所感动。钱先生认为这种文字间的游走，因为有学生自己的体验，就可能带来“师生之间、学生之间的交流，在交流中深化、升华了彼此的体验”，“最后大家都与鲁

① 钱理群：《让自己更有意义地活着》，《鲁迅与当代中国》，第398页。

② 钱理群：《“以心契心”的交流，弥足珍贵的“个案”——陈日亮〈我即语文〉序》，《我即语文》，福建教育出版社2007年版，第5页。

③ 陈日亮：《琐谈“我在课堂上讲鲁迅”》，《语文学习》2016年第12期。

迅‘相遇’了”。这种“通过最朴实的方式，达到最真实也最真诚的相遇”，是“刻骨铭心”的，也是超越了文字的欣赏，而达于情感、生命体验的契合的。[①]

这种契合，在第二辑所录学生们的“作业”中都有很好的体现。不仅是在王广杰老师的课堂上，在钱先生自己为南京师范大学附属中学所开设的课堂上，也有学生们的积极回应。南师大附中学生对钱理群给他们讲课的理解和评价是从“教学法”突入到“心灵”的，他们“注意到老师的讲课方式，总是从我们能够感受和理解的某个感性的细节入手，然后层层递进，最终上升到一个高度，揭示出最本质的，甚至是血淋淋的真实，让我们的眼睛为之一亮，心灵为之一震，就在这一瞬间，和鲁迅相遇了”。他们认为“这样的引导方式，这样的引领人”，“是有魅力的”，因为他们的“思想也随之递进，上升到一个我们所能承受的制高点，再慢慢将一种鲁迅式的深刻融进我们的血液，塑造出一个更加有内涵的我”[②]。这样的回应，难道不是最好地体现了钱先生所倡导的“自利利他”“成己成人”的与共同体互动的关系吗？还有的学生张扬鲁迅作为“个体生命”的意义的：

> 我读鲁迅，最注目的，是他关于生命意识的各种命题。其中有对“生命个体”的思考：“张扬生命力（生机，奔放，反抗，过程）”，“生命的自由独立（精神与思想的解放，反奴役）”；对“生命群体”的观照：“生命意识（反漠视、反吃人）”，“生命的关爱（传统文化的人性的压抑，弱者本位）”，“生命传承（幼者本位，青年责任，未来的路）”，等等。“对生命个体的珍惜、眷恋，对整个生命长河的责任与

① 钱理群：《“在高中与鲁迅相遇”的意义》，《鲁迅与当代中国》，第 417 页。

② 钱理群：《当代中学生和鲁迅》，《鲁迅与当代中国》，第 380 页。

期望，构成了鲁迅思想与情感的核心轴。”[①]（北师大实验中学高二4班 李兮）

这种将鲁迅落实为“个体生命”的理解方式，是很“八十年代”的，但也无疑是钱先生从80年代开始就从来没有放弃过的最根本的立足点，从学生对生命意识的重视，可以想象钱先生在课堂上曾经如何以逻辑、语言以及思想的魅力传播了鲁迅的生命哲学。并且，这些观点最终化为了学生们自身思想和情感的血肉。这应当是教育者最感欣慰之处吧。

虽然21世纪以来，钱先生对鲁迅思想的研究是放在“共同体”中展开的，但这与“个人化”的鲁迅其实并不矛盾，恰恰是通过研习鲁迅“成己”了的学生，更有可能从个人走向更为广阔的世界。钱先生曾经认真分析了北京师范大学第二附属中学的“90后”女学生李明倩的课堂作业。在何杰老师开设的“鲁迅杂文散文阅读”课上，李明倩读到了鲁迅的《灯下漫笔》。钱先生注意到李明倩的省思：“我们需要清醒，需要诚实地面对社会，面对自己，面对现实。”钱先生认为，她提出这样的自我生命发展的命题，是基于在阅读了鲁迅作品以后产生的自我反省。李明倩发现自己真实的生命状态是“对生活满足，对社会满足，对自己的生命状态满足”，实际上就“失去本来应有的对美好幸福的追求，失去了独立的人格和个性，失去了自由的精神追求，成为不折不扣的，统治者的忠实的奴隶”。钱先生通过李明倩的反思，引发出来一个深刻的追问：“到底什么是好的有意义的生活？”显然，“满足”不是好的生活的状态，这由他引用李明倩的话可以看出：“即使在今天，在我们普遍认为的思想自由的当代社会，也还是有许多方面我们在不自觉地被人‘奴役’着，并且不自觉地以此为很好的生命状态。这是我们绝对应该正视的。”“满足”就是安于被奴役，而鲁迅则是激励人们去奋斗和反抗，去追求美好和幸福，因此，鲁迅的意义就在于

① 钱理群：《当代中学生和鲁迅》，《鲁迅与当代中国》，第358页。

他能“让自己更好地，更有意义地活着，他是一个永远能引发我们思考的思想家”。[①]这也是钱先生这部新著能够提供给读者的意义，在现世性光辉的照耀下，“幸福的度日，合理的做人”。

初刊《文艺争鸣》2017年第10期

① 钱理群:《鲁迅在当下中国的历史命运》,《鲁迅与当代中国》,第307页。

钱理群的“双重反思”

李云雷

一

在《我的精神自传》中，钱理群结合自身的经历，对自己二十多年来的治学思路进行了梳理与反思，在这里，我们看到的是“双重性”的反思，这包括以下三个层面。首先在时间上，这些反思包括20世纪80年代对50—70年代的反思，同时也包括90年代中期以来对80年代的反思，这些反思是在一些思想命题中展开的，比如知识分子独立性与主体性问题，知识分子和民众关系问题，关于启蒙主义、理想主义以及思想与行动的关系，关于人性论与个人问题，等等。其次，是对自身所处位置的反思，即对体制与民间、中心与边缘之间的双重性反思；再次是对当前思想立场的反思，钱理群对自由主义与“新左派”同样持一种双重性反思的立场，他既对50—70年代的激进思潮持一种批判性的态度，同时也意识到了80年代对50—70年代的批评遮蔽了一些有价值的东西，从而试图结合新的社会现实，在现实中艰难地确定自己的思想立场。

正因为有了这种“双重性”的反思态度，钱理群的立场是复杂而暧昧的，他对某一种思想立场并不是完全肯定的，他清楚这样单纯的立场将会造成某种遮蔽，因而他试图在两种相对立的思想立场中，或一组相对立的思想命题中，持一种既赞成又不完全赞成，或既反对又不完全反对的态度。以启蒙主义为例，钱理群既反对启蒙主义，因为他意识到了启蒙主义背后的精英意识与权力关系，同时他也反对完全“否定启蒙”，因为他认识到在当前中国的现实中，现代性启蒙的诉求仍有其合理性。因此他所选择的思想态度是：在认识到启蒙主义本身的不足并加以反思的同时，仍坚持启蒙的必要性。在这里，我们看到了一种值得尊敬的思想态度，他的真诚使他不回避问题与自己的不足，但他同时又对不同的立场持一种反思性的态度，而这正是一个知识分子应该坚持的。

与简单地肯定50—70年代激进思潮的人们相比，与仍在坚持80年代新启蒙主义的人们相比，钱理群的思想态度无疑是值得肯定的，因为与前者相比，钱理群不回避历史问题及其带来的经验教训，而与后者相比，钱理群对现实社会问题的变化更加敏感、更有切肤之痛。需要指出的是，如果说80年代以来，大多知识分子持新启蒙主义的思想立场，那么90年代中期以后，伴随着中国现实中出现的新问题，能够突破这一思想框架与个人思想局限的人，在学术界尤其是文学界是颇为少见的。钱理群能够做到这一点极为可贵，这与他的经历、性格与自我意识是分不开的，我们在书中也能清楚地看到。

另一方面，钱理群的“双重性反思”，是在自由主义与左翼思想内部展开的，我们可以看到，他更多的是在80年代以来的思想框架中加以反思的，而对于左翼思想及其提出的命题，他只是有限度地加以认同，而不是将之作为思考的起点与方法，这或许与他的个人经历有关，但没有将80年代以来的思想框架“相对化”，则限制了他更加开放性地将二者加以“切磋”的可能性。同时他没有在更广阔的思想视野中对这两种现代思想本身进行更为深入的思考，而只是在二者之间保持一种复杂的态度，这虽然是必要的，但也造成了他所说的“犹豫不决”。而这不只是他一个人的问题，也是当前思想界与学术界面临的重大问题。解决这一问题，可能需要一种思想与学术“范式”的转换，需要我们提出新的思想命题，并以一种新的方式来面对与解决。在这个意义上，我们可以将《我的精神自传》视为这一“范式”的萌芽，它的成就与不足都在启发我们做更为深入的思考。

二

在这本书中，钱理群的思想方法值得我们注意，从“知识分子自我独立性与主体性问题”“知识分子和民众的关系问题”及随后的几章中，我们可以看到他的思想方法：他最初提出的命题是特定时代的命题，是对“文革”的一种反思，但随着时代的转换，他反思的角度和重心也在不断地发生变化。这一命题与社会现实的关系及其内部的丰富性也被发现，但对于不同时代两个“极端”的反思，并未使他轻易地走向“中庸”或者黑格尔所谓“合”的命题，而是将自身的矛盾、分裂之处呈现出来。

在这里，我们可以看到，钱理群提出命题并进行思考的方法，是一种“心灵辩证法”，而这大体有以下几个因素或特点，我们试着略加分析。

首先，他的思想命题的提出与思考是和时代密切相关的，并且随时代的变化而不断深入。但另一方面，现实永远是“漂浮的土地”，这也就决定了他的思考与认识永无止境，并会不断摇摆、转变，但真诚的态度使他对自己思考的有限性有一种清醒的意识，对内在的矛盾、变化也持一种敞开的态度。这虽然有时使他“犹豫不决”，但也让他的思考保持着一种开放性与及物性。鲁迅先生曾将没有内在逻辑的思想变化称之为“流氓”，但一个真诚的知识分子只要没有“僵化”或止步不前，就必然会不断地“变”，不断突破自我与时代的“框架”，在一种思想的紧张中不断丰富和发展。

其次，钱理群的思考与个人的体验紧密相连，不仅《我的精神自传》中如此，其他学术著作也是如此，这使他的写作充满了激情，有一种切身的亲和力。但是个人体验在多大程度上能代表公共或集体经验，他所处的知识阶层、城市、大学的局限性如何能被有效地克服？这是一个重要的问题，或许也是钱理群尤其注重贵州经验，以及去中小学讲鲁迅，与“民间思想者”“青年”保持联系的一个理由，虽然这不能完全解决此问题，但却也是一个“知识分子”所可能做到的最好的了，这也是钱理群受到广泛尊重的原因之一。与此相关的另一个问题是，个人的经验或体验本身也不乏局限性，理论、“乌托邦”或者“客观规律”往往是超验的，或许不是某个个人所能体验或印证的（所谓“不以人的意志为转移”）。在《我的精神自传》中，钱理群对“乌托邦”与理想主义有一种复杂的思想态度，对个人体验的有限性与有效性也有所反思，但从总体上他更接近于顾准意义上的“经验主义”。如果我们将之历史化，可以视为一代知识分子理想破灭的产物，那么新的理论与理想、新的思想方法是否可能，如何可能?

再次，他对问题的思考有一种开阔的历史视野，这种历史首先是20世纪中国文学史、思想史，而在其中，对鲁迅的思考则贯穿了他研究的始终。这不仅是“专业”的需要，更是一种精神上的契合与接近。对鲁迅与20世纪知识分子精神史的深刻理解，使钱理群对现实问题的思考有一个思想背景，如上文所说，是在自由主义与左翼思想内部展开的。在这里，值得思考的一个问题是，他对保守主义或传统文化很少展开讨论，或许对他来说这并未构成思想上的紧张或精神上的“问题”。在这个意义上，我们可以说钱理群延续了五四新文化运动的“态度同一性”，对传统文化所包含的等级关系、专制主义有一种天然的反抗，但同时对传统的精华或者说中国的政治思想文化传统尚缺少一种“同情的理解”。另一个有趣的问题是，在自由主义与“新左派”的论争中，钱理群并不认同于任何一方，而之所以如此，并非是由于内在的“矛盾”使他左右为难，而是由于在他看来双方都是想在“体制”内争夺“中心”的话语权，而他则更认同于边缘、民间的位置。不过从实际的情形来看，他的想法虽然可以理解，但在学界的影响力使他“边缘化”的愿望只能是一种“想象”，或者我们只有以一种更加复杂而不是二元对立的方式才能理解这一意义上的体制与“民间”。另一方面，如果仅就客观的立场而言，他在这一论争中虽然有内在的复杂性与思想的转变，却也是清晰可辨的。

最后，钱理群有一种清醒的自我意识，如果说《我的精神自传》的上半部分“我的回顾与反思”是作者对不同思想命题的思考，那么在下半部分“我的精神自传”中，我们可以看到他的“自我意识”的不同侧面：历史中间物、堂吉诃德与哈姆雷特、幸存者、“学者、教师、精神界战士”、真的知识阶级、思想者与实践者、漂泊者与困守者。虽说其中也不乏对同代人与“知识分子”阶层的一般概括，但这首先是作者自我认识、自我定位或自我期许的产物，它们或者是对某种精神状态或精神气质的描述，或者是对某种身份、位置或立场的认同，其中不无交叉与矛盾，却共时性地展示了自我的“丰富性”。从这些描述中，我们可以看出，尽管钱理群对自我（也包括同代人与“知识分子”）的局限性有着清醒的意识，在思想追求上却有着更多英雄主义气质和理想主义色彩，这虽然被他的自我反思、“犹豫不决”部分消解，但却愈加呈现出一种悲壮的色彩，而这又与他积极、乐观、充满激情的性格形成了一种有趣的反差。

三

如果从文艺思潮的角度来看，这本书的特点是将反思50—70年代与反思80年代紧密联系在了一起，以个人的经历与思想发展为线索，展开了对自我和时代的双重反思，从而为我们开辟了新的思想空间。

关于50—70年代，我们已经看到了不少人的反思，如巴金的《随想录》、韦君宜《思痛录》以及不少知识分子关于“反右”“文革”时期的各种回忆文章等，但大多只是从个人遭际的角度展示“伤痕”，而未能从整体上对这一时代做出更加深入的反思，没有涉及钱理群谈到的诸如知识分子和民众关系，关于启蒙主义、理想主义以及思想与行动的关系等问题，因而不能从理论与实践上探讨这一时代的真正得失，而只能是情绪性的或新时期“政治正确”的一种反应。关于“新时期”以来的三十年，近年也出现了不少书籍与回忆文章，如查建英的《八十年代访谈录》等，但大多只是怀旧与“自恋”，而缺少真正的研究与反思，尤其缺少对现实中社会与精神问题的重新发现，从而重新认识自我，重新认识两个“三十年”。

在这个意义上，钱理群的《我的精神自传》是直面现实与历史的，他的回顾不是为了塑造自我的形象，不是作为“胜利者”讲述个人的光辉岁月，而是试图以一种新的视角，反思自我与时代可能存在的不足，将以前被遮蔽、被压抑的思想重新加以阐释。作者不惮于展示个人的尴尬、矛盾与困顿、挣扎，显示了一种可贵的真诚与学术勇气。如果我们注意作者对50—70年代和80年代的描述，可以发现他与一般人将前者妖魔化、将后者神圣化的理解大不相同。而这同样有一个重新认识的过程，如果说在“新世纪”以前，钱理群的言说更具有自由主义的色彩，那么在新世纪以后，对现实问题的重新发现与重新认识，使他对80年代以来的思路有一个批评性的返观，而对50—70年代则有一个新的认识，这构成了他反思的基本动力之一。可以说，新世纪以来重提“社会主义文学遗产”构成了他思想上的一条脉络，但重提并不是简单的认同，而是重新思考、重新认识与重新评价。这种真诚的反思不仅丰富了钱理群的精神世界，而且为我们重新认识“20世纪中国文学”提供了一种新的视角。

我们可以将《我的精神自传》与洪子诚、谢冕等人的《回顾一次写作》做一下比较。《回顾一次写作》将50年代写作的“新诗发展概况”和这些作者80年代以来的回顾与反思并置在一起，让我们在新世纪重新反思50年代的“新的美学原则”和80年代的“新的美学原则”，重新反思50年代与80年代的文学环境、文学生态与文学机制。它所达到的效果，不是让我们简单地认同哪一种“美学原则”和文学机制，而是将之“相对化”，将之作为一种特定历史时期的文学现象，从而在历史中汲取经验与教训，给未来中国文学的发展以启迪。

如果说《回顾一次写作》的特点在于将不同的环境“并置”，在于围绕一个事件不同回忆的交织，那么《我的精神自传》则不是“并置”，而是为我们打开了思想发展与转变的内在皱褶，让我们更加清晰地理解作者的精神逻辑。它反思的不是一件事情，而是“一生”，反思的方式也不是与不同回忆的“对话”，而是一个人的“独语”。但在大的方面，《我的精神自传》，可以说与《回顾一次写作》、与反思50—70年代与80年代的著作也构成了一种“对话”关系。这两本书的具体内容虽然不同，但同样让我们看到了新中国六十年文学与历史发展的两个极端，以及一代知识分子置身其中的感受与思考。在改革开放三十年的今天，这两本书可以说代表了人文知识分子反思所能达到的深度与广度，而将来中国文学的发展也必将从他们的反思中获益。

最后我想谈一谈师生关系，在《回顾一次写作》中，作者们回忆了他们50年代对林庚、王瑶先生的批判，在《我的精神自传》中，钱理群则提及了王瑶先生80年代在精神与学术上对他的巨大影响。在我看来，50年代的“大批判”虽然过火（不少作者为此而忏悔），但对建立平等的师生关系、对“小人物”的成长、对他们的“独立”与创新也不无益处，80年代的“尊师重道”虽然更符合传统伦理，但也可能隐含了一种等级关系和“为尊者讳”的倾向。如果说在80年代这一倾向尚不明显，那么在今天问题可能更加突出，“学术权威”对“小人物”的巨大压迫感，在大学里讲究师承（你的老师是谁，老师的老师又是谁）所带来的等级关系与依附关系，都是显而易见的。一个突出的例子是“钱文忠给季羡林磕头事件”，这样一种权威崇拜没有发生在其他社会领域，而发生在大学里是耐人寻味的，或许可以视为大学（北大）从“新文化运动中心”到“保守主义中心”的一种转变。在这样的情况下，如何建立更加平等的师生关系，是我们应该思考的，相信50年代和80年代的遗产都可以给我们启发，而本文的写作也可以视为这样一种尝试。

初刊《读书》2008年第12期

晚年钱理群的第二课堂

孙　郁

中国现代文学研究越来越象牙塔化，鲜活的当下意识不太易见到了。这与研究对象的精神传统，形成了不小的反差。钱理群是最早针对这一现状表示忧虑的人，认为远离“五四”的精神，其实不会给研究带来活力。学术的过分细化是教育发展的必然，也易遮蔽人们的视野，知识分子注重知识而疏远思想，不再介入启蒙以及社会公益，可能产生大量的无意义文本。鲁迅当年对学院派的批评，在钱理群看来依然没有过时。想起来，钱氏在晚年坚持鲁迅的社会批评与文明批评思想，其实是有着很深的用意的。

不过钱理群的精神突围，有效性十分有限。如果说体制化的学术属于第一课堂，那么他的选择是超功利的审美传播平台，不妨称为第二课堂。第二课堂并非完全游离于体制之外，主要处于边缘的、松散的、不确切的状态。它主要由从第一课堂退下来的知识人或民间思想者所支撑。就文学教育来说，近年来这一存在时冷时热，一定程度上补充了第一课堂的某些不足。除了校园讲座，博物馆、图书馆与书店都是特别的舞台。活跃在其间的学者，衔接了近代文化的某些遗风。

在第一课堂和第二课堂间，钱理群先生是十分活跃的人物，他的一些学术思想在其间得以自如舒展。这是一个带有“五四”印记，且不断反省自己的学者，自80年代进入学界，他的学术生命一直植根在北大的沃土里。他在未名湖边的授课赢得了无数追捧，那些沉睡的存在被一遍遍激活，有了异样的图示。我们在他那里看到了“有学问的思想”和“有思想的学问”。但与那些书斋化的学人不同，他具有思想者和实践者的诸多特点，并非象牙塔化的单一化的思考者。到了晚年，这一特点越发明显，与校外不同群落的人对话占去了大量时间，甚至回到早期工作过的贵州安顺，将其视为北大之外的另一个“精神基地”[①]。他在校外的许多演讲的题旨，可以说是先前学术研究的社会性的延伸。从以下目录看得出其精神实验的一种努力：

《把晚年献给青年》（2003年11月7日在上海演讲）

《认识我们脚下的土地》（2003年12月在贵州演讲）

《关于当下中学语文教育的忧虑》（2004年12月18日在厦门演讲）

《我们需要农村，农村需要我们——中国知识分子“到农村去”运动的历史回顾与现实思考》（2004年11月4日在“西部阳光行动”沙龙上演讲）

《请倾听打工子弟学校孩子的心声》（2004年12月25日在北京首届打工子弟学校作文竞赛颁奖会上的演讲）

《地方文化研究的意义》（2005年8月23日在贵阳演讲）

《寻求中国乡村建设与改造之路》（2005年8月23日贵州演讲）

《关于西部农村教育的思考》（2005年9月17日在兰州演讲）[②]

这些仅仅是他退休初期部分活动的痕迹，此后的活动空间还不断扩大。由此带出了新的学术兴奋点，仿佛已经脱离了文学研究者身份，审美话语落到了人生命运的图景里。考察他晚年的行迹倒看出其视线不断转移的内因，这些都是第一课堂内容的现实转化，泥

① 钱理群：《我的精神自传》，广西师范大学出版社2007年版，第355页。

② 参见《钱理群讲学日程录》，《我的精神自传》，第371—375页。

土气与市井里的存在也进入自己的视野。他曾把许多精力放到社会文化的实践里，又不断深入到不同青年那里讨论彼此面对的现象。作为现代文学研究的学者，他打通了过去与现在的界限，许多青年因了他的启示而寻到了望道之乐。

从北大课堂转向社会，尤其是社会青少年，思维方式与表达方式都有所变化。在北大附中、清华附中、南京师大附中、宝钢、赴西部志愿者等群落，他播下的思想有些超出了自己的专业，社会学与政治学的影子随处可见。可以说，他开辟了新的领域，转变了先前的角色，直面的是大学课堂里鲜见的精神现象。他相信第二课堂可以建立一个超越性的话语空间，这个空间，泛功利的意图伦理趋于弱化，所置换的是非应试教育的另类辞章。而这辞章里的灵魂，恰是鲁迅的思想。

对于钱理群来说，鲁迅是教父般的存在，向社会青年和中学生讲述鲁迅的思想，在他是一种使命。因为注意到了普及学术的特点，经典文献被以一种鲜活的话语复述着。鲁迅思想对青年的隔膜不都在思想的层面，知识结构的不同也使后人难以知晓其内在的丰富性。要传播鲁迅的思想，便要清理诸多的认知障碍。从几年的苦苦摸索里可以看到，在体制化的第一课堂之外，思想空间可能更为辽阔，在另类的词语与逻辑中拓出新路，并非没有可能。他的关于鲁迅演讲和文章的题目都很有意思：

《鲁迅的命运》

《鲁迅作品及其教学》

《把鲁迅精神扎根在孩子心上》

《做沟通“鲁迅”与“当代青年”的“桥梁”》

《“鲁迅”的“现在价值”》

《中学语文教材中的鲁迅作品解读》

《当代中学生和鲁迅》

《读什么，怎么读：引导中学生“读点鲁迅”的一个设想》
《和中学老师谈鲁迅作品教学》
《让鲁迅回到儿童中间——刘发建〈亲近鲁迅〉序》
《鲁迅是谁——和中学生谈鲁迅》

面对青少年，他有了更有趣的选择。也因了专业的性质，他不得不对自己的言说进行调整。于是便面临两个任务，一是说清鲁迅是什么，二是如何走进其世界。前者纠缠着知识论的话题，后者有方法论的出新。在流行的理论里都不易找到实现这两种任务的入口，需从第一课堂里突围方能为之。于是绕过旧的话语体系，转变叙述的视点，话题也因之在不断更新。他充分运用了自己的学术储藏，又以陌生化的表达，寻觅到了一条与青年沟通的渠道。在这个过程中，文学研究如何为人生，并且改良人生，已由知识的领悟，变为了生活意义的追问。

显然，钱理群在此遇到了诸多挑战。向民间传达学理，并非想象的那么简单。什么是真的鲁迅思想？胡风、冯雪峰之后的批评家对此一直有不同的表述，钱理群对此要做深入的辨析。他已经避开了流行的语境讨论问题，词语里的逆俗性的元素增多，有了另类的凝视。这使他绕过了鲁迅同代人的恩怨，视野里多了冷静的存在。不得不承认的是，一般的学者在习惯性思维里很难叙述那世界里的本真，许多人疏离鲁迅，其实不是鲁迅自身的问题，而是流行的观念无法走进其特有的世界。钱理群意识到，教育界的阐释方式常常偏离了文本的核心，这其实是鲁迅一直要颠覆的话语逻辑。鲁迅的文章是明白无误的美文，不是其作品艰涩难懂，而是世间的思维钝化了感知的触角。这仿佛是佛家所云的语障，当其表述体系分解之前，鲁迅是不易被世人看清的远去的存在。而另一方面，要梳理鲁迅的思维方式，也是面对青年必做的功课。但是吊诡的是，鲁迅的思维方式恰是今天主流教育放弃或遗忘的部分，青年人要接受这些，必须远离的是第一课堂的某些僵化理念。

“五四”遗产的重要一面是尊重个性的差异性，钱氏在北大时一直坚守这样的理念。但他深入到中小学教育后，处处看到的是审美的趋同。显然，这些被“五四”先驱们诟病的存在一日不去，文化的生长都将是困难的。鲁迅精神的特点是保持儿童式的天然感觉，在好奇中挑战陌生的存在。苏格拉底在与青年交流的时候，首先辨析概念与思维里的问题，让人从世俗积习里出离，到明澈的地方去[①]。鲁迅精神的特点何尝不是如此，他带有一点哲学家的意味，思想里有强烈的自新意识。一面是告诫青年，教育的目的不是让青年成为别人，而是成为自己。另一面，则是批判性思维的养成，这种批判性不是文化虚无主义，而是以未被污染的目光，清理历史惰性里的积弊。此外，是精神的自由发展形成的“独立思考”“独立人格”的重要，先验的概念有时候使人无法返回自身，以自己鲜活的感知方式与世界交流，方能进入澄明之所。这里最为重要的是，学习鲁迅乃为了有趣、健康地活在世间，脱离低级趣味和无聊的功名利禄。鲁迅在无聊、灰色之世以智慧之光驱除了暗影，审美中的灵光代替了生活的苦涩，给人充实的力量。在钱理群看来，自己在课堂里要展示的，正是这样的存在。

长久沉浸在鲁迅思想里，自然会染上鲁迅的某些气质，但也因之堵塞了通往别一世界的路。鲁迅作为方法，对于其自身也是一种解构。走进这位先驱者必须放弃前定的各种先验范畴，并警惕词语的陷阱。鲁迅的思维不是一加一等于二的常态模式，他从不简单地说“是”或者“不是”。尼采式的高蹈和托尔斯泰式的友善，十分自然地交织在其语境里。面对青少年，应指出鲁迅文本背后的深影，要知道词语所指乃具体语境的产物，意义是有所限定的。他发现鲁迅讨论民主与自由的时候，不仅与左派不同，而且与自由主义也颇相反对。在面对革命风潮时，见解往往与左翼作家相悖。而在思考启蒙文化的时候，一面注意常识的普及，另一面不忘对自己的

① ［古希腊］柏拉图：《柏拉图对话集》，戴子钦译，上海译文出版社 2013 年版，第 105 页。

审视，拷问灵魂的目光也落在自己的身上。这种复杂性，要求研究者必须具有超凡的领悟力，建立独特的阐释学逻辑。我们高兴地看到，至少在以下几个方面，他找到了为青少年普及鲁迅思想的路径：

一是“循文会心”，把学生自己的经验与文本结合起来，从自己生命感受自然导入鲁迅的文本世界。感兴趣的是在辞章里建立感悟之径，渐渐悟出几个原则：“文从心出——不能将‘文’作为语言知识或文学、文化知识的例证，而不触及‘文’中之‘心’；心在文中——不能脱离‘文’而‘抽’出思想、理念大谈之”；“循文会心——要引导学生从领悟‘文’面之‘义’（字义、语义、用法、表现特点）入手，感悟‘文’后之‘意’（意味、情意、意念、观念、用心、意图）达到‘会心’，心灵的相遇相通”[①]。显然，这带有审美之外更为复杂的用心，一部分来自许多中学语文教学专家的启示，一部分有着钱理群自己的创意。与第一课堂的过于学理化的表述不同，他在摸索一条与心理学相关的途径。

二是文本之外的资料补白，这提供了更为开阔的思想背景。不满足于一般教科书里找资料，也从新的学术成果和野史里寻觅新的资源。教育是一种选择性的工作，拒绝选择中的盲区，是不能忽略的环节。运用各类文献，让学生懂得鲁迅之外的话语方式，同代人的精神走向的差异以及差异产生的原因，才会刺激青年去思考问题。钱氏在晚年带领的文学史写作中，还曾专门研究过报刊广告与文学间的关系，私人语境和公共语境的分野，等等。“我还主张要读胡适、周作人的文章，现在的语文教材中把他们两位排除在外，是不应该的。我们应该给学生提供一个比较开阔的阅读空间、思想文化空间，这是没有问题的。但我要强调的，是鲁迅与梁实秋、林语堂他们的不同之处，也就是我在很多场合都谈到的，鲁迅不是一般的文学家，而是具有原创性的、民族思想源泉性的思想家、文学

① 钱理群：《鲁迅与当代中国》，北京大学出版社 2017 年版，第 101 页。

家。”[①]传达这样的思想，就不得不从多重视角看待经典。他已经做到不限于鲁迅一家，对于京派传统和左翼传统都有自己的心得，而这些都为理解鲁迅作品提供了背景性的资料。

三是以感人的诵读将学生带入情景之中。把自我阅读经验与青年的阅读体验打通，形成一种审美的共振。借着文本的画面感和节奏感，以声音的方式引学生到幽深的意境里去，是课堂必做的功课。“鲁迅语言里的色彩感、音乐感和镜头感，不仅充分展示了中国汉语的绘画美、音乐美，游戏性，而且也是最接近中学生的思维、欣赏趣味，最容易被他们所接受的。”[②]面对学生时，便充分展示文本的空间功能，以生命的旋律再现鲁迅内心非凡的一面。钱理群一直试图以自己的方式，复制鲁迅世界的诸种意象。他在不同青年群落的各种实验，调动出审美的特别思维，阐释的词语里有着梦想的再造。

“思想者”“实践者”“漂泊者”“困守者”诸多角色给他的晚年生活带来了复杂的感受，在课堂上，他甚至像一名演员再现历史的某些瞬间，以诗的激情调动孩子们走向神秘的体验里。在一段时间里，他投入了大量精力去编辑新式的中小学课文，内有《中学鲁迅读本》《诗歌读本》《大师名作坊·鲁迅卷》《鲁迅作品选读》等，这里也可看出其价值取向。显然，钱氏在庄重的叙述里，渴望建立一种趣味主义话语逻辑，其中也警惕教徒式的阐述会带来新的困境，因为鲁迅精神一直处于敞开状态，且没有最终的答案。他要告诉人们的是，鲁迅文本不是晦涩难懂的存在，需要从一个特别的角度才能发现其悲壮之美。鲁迅有一颗没有被污染的纯然之心，文章道出的意蕴乃朴素之思的光彩，色盲者无法辨识其思想内核。教育者面临的重要问题之一是如何保持儿童的简单与诚实之心，而这些中外伟大的思想者早已注意到了。尼采谈及叔本华对自己的影响时说，叔本华“兼顾独特天赋和全面能力的发展培养完

① 钱理群：《鲁迅与当代中国》，第63页。

② 钱理群：《鲁迅与当代中国》，第70页。

整的人。学者盲目地为科学献身，人性被弄得枯萎。叔本华教我在思想上和生活中回归简单和诚实，也就是不合时宜。叔本华是真诚的，因为他是为自己写作，此外他还是欢快的、坚韧的”[①]。无论是尼采还是鲁迅，都有叔本华这一点。教育学其实一直致力于人性的敞开，然而在钱理群看来，做到此点，从经典文献获取灵感是一种必经的训练。经典的存在是不能以现实流行的思维诠释的，如何还原经典的语境里的隐喻，才是研究者要下的功夫。

中国文化里的“通经”“见道”的历史很悠久，但钱氏对此似乎没有兴趣，他在新文学那里看到另类的存在，与其对话的过程，古人的解经方式难以奏效。以鲁迅的方式回到鲁迅，便成了一种尝试。他以简单的话语呈现复杂的存在，和以复杂的形式透露简单的思想，会心的体验比比皆是。这使钱氏的文本呈现出单纯里的复杂，句子平和，陈述简约，而宛转间有高远之思。他知道，尽力分层次地再现鲁迅思想的多样性，避免以简约的方式遗漏其思想之珠。这样的结果是，一方面有着某种稚气的言说，另一方面带有精神的纵深感。钱理群的表达就这样以童贞之语与精深之思联动起来，遂有了朴实里的深切、平凡里的复杂。

这样的时候，他的堂吉诃德气和哈姆雷特气便复杂地交织在一体。[②]钱理群自己身上的孩提意味和严谨的学风间并不冲突。拒绝流行色和世俗之风，对于他是不能放弃的坚守。鲁迅作为参照，可以建立起新式的文学思维和理论思维。他以为在青少年感知世界的方式具有无限的可能性，可惜人们被几种模式限定住了。在回顾自己的思想演进历史的时候，他以为人们的精神维度还没有被拓展出来。思想的养成不是灌输的结果，而是一种召唤和互动的产物。钱理群不是以导师的姿态出现在青年面前的，他处处呈现出朋友的身份，对青年不是指示什么，而是友善地攀谈，词语里散出无边的暖

① ［德］尼采：《我的哲学之师叔本华》，周国平译，北京十月文艺出版社 2019 年版，第 65 页。

② 钱理群在《丰富的痛苦——堂吉诃德与哈姆雷特的东移》中曾专门论述过堂吉诃德与哈姆雷特对于自己的影响，他自己身上集结了二者的特点。

意。这分明是鲁迅《我们现在怎样做父亲》提倡的精神的再现，而他自己很自觉地以这种再现鲁迅思想的方式出现在青年面前。

看得出，鲁迅的《我们现在怎样做父亲》对他的影响极为深远。他以为此文对于今天的人们依然有颇多意义，那文字深处有着新道德伦理和新的文化逻辑的闪光点，这是鲁迅精神的本然的地方，不仅传达了对传统文化的基本态度，而且有着开辟新路的责任承担。鲁迅觉得，传统的家庭伦理中不变的教条，其实有扼杀青年的残酷性。这种惰性的存在是违背生命价值的。儒家的思想让人在固定的秩序上，不知道生命在进化的途中。今天的子，就是未来的父，一切应以幼者为本位，而不是相反。作为父亲，不能把利己和权利放在首位，而应有“义务思想”和“责任心”。在此，鲁迅提出爱的概念，但这爱是觉醒者的爱：

> 所以觉醒的人，此后应将这天性的爱，更加扩张，更加醇化：用无我的爱，自己牺牲于后起新人。开宗第一，便是理解。往昔的欧人对于孩子的误解，是以为成人的预备；中国人的误解，是以为缩小的成人。直到近来，经过许多学者的研究，才知道孩子的世界，与成人截然不同；倘不先行理解，一味蛮做，便大碍于孩子的发达。所以一切设施，都应该以孩子为本位，日本近来，觉悟得也很不少；对于儿童的设施，研究儿童的事业，都非常兴盛了。第二，便是指导。时势既有改变，生活也必须进化；所以后起的人物，一定优异于前，决不能用同一模型，无理嵌定。长者须是指导者协商者，却不该是命令者。不但不该责幼者供奉自己；而且还须用全副精神，专为他们自己，养成他们有耐劳作的体力，纯洁高尚的道德，广博自由能容纳新潮流的精神，也就是能在新潮流中游泳，不被淹没的力量。第三，便是解放。子女是即我非我的人，但既已分立，也便是人类中人。因为即我，所以更应该尽教育的义务，交给他们自立的能力；因为非我，所以也应同时解放，全

部为他们自己所有，成一个独立的人。[①]

这可以说是新文化人的纲领性文献了。以幼者为本位，而非安于儒家的君臣父子之道。反对家庭的蛮横，考虑弱小者的冷暖。但又非溺爱他们，乃教会在社会闯荡的技能，目的在于自立。不依附于父母，不丧失生存的能力，在江海里泛舟而行，才是应有的本领。这里不仅有爱，还有严明的理性。重要的是，其间有殉道的精神，内中流溢的是大的悲悯。如他一再所说："自己背着因袭的重担，肩住了黑暗的闸门，放他们到宽阔光明的地方去；此后幸福的度日，合理的做人。"[②]这样的语言，我们只能在《旧约》和佛经里找到。而鲁迅在面对新文化的思路时表现的悲悯精神，与历史上的圣贤们比毫不逊色。

以鲁迅为引领者的钱理群，对鲁迅的箴言深记于心。他强烈感到，鲁迅当年提倡的"立人"思想在今天的许多领域被颠倒过来了。目前的教育中最为缺少的是鲁迅式的父爱精神。"五四"先驱者对父子关系的思考，推及社会伦理与国家层面，都是新文化理念动人的一部分。不过，钱理群与前人不同的是，我们在其身上看到的不都是父爱，多是朋友之情。他是把自己与幼小者作为朋友相处，善于发现青年的美德，并且惊讶于他们的审美感受，哪怕有一点精神亮点，都深刻于心且引发新的幽思。将自己与青少年定位于朋友关系的时候，鲁迅的"互为主体"[③]的思想便得以另外的一种体现，传统教育中的主奴意识在他那里是看不到的。

在《当代中学生和鲁迅》和《"在高中与鲁迅相遇"的意义——王广杰主编〈在高中与鲁迅相遇〉序》《部分台湾青年对鲁迅的接受》等文章里，他对青年人感受鲁迅的闪光点都做了记录。

① 鲁迅：《鲁迅全集》一卷，人民文学出版社 2005 年版，第 141 页。

② 鲁迅：《鲁迅全集》一卷，第 135 页。

③ 参见高远东《现代如何"拿来"——鲁迅的思想与文学论集》，第 3 页，"互为主体意识"这是鲁迅思想中的基本元素，高远东对此有深入的论述。

他意识到，这些青年本来具有这种感知世界和判断世界的能力，遗憾的是这种天性很快被功利主义思想淹没了。他抓住了这些闪光点，希望孩子们在此基础上继续自己的认知与思考。在这里，他不但一直警惕儒家的从众心理和中庸之思，而且提倡精神的放飞。我们从一些学生在课后留下的心得中发现，钱理群刺激了众多学生的思考，一些灵动的感受和突围的渴念被慢慢召唤出来。那些青年所思所想，反过来也影响了他工作的思路。因了青年认知方式的特别性，意识到了自己该做些什么，拒绝什么。他的价值判断，有时候是那么泾渭分明。

一些有思想的青年对鲁迅的朴素印象，曾使钱理群兴奋不已。那些不同阶层的读者对鲁迅文本初始的感受，拽出被隐蔽的精神灵光，鲜活的、没有杂质的领悟飞腾着智性元素，生命里的火散出无边的热力。《当代中学生和鲁迅》《读什么，怎么读：引导中学生“读点鲁迅”的一个设想》诸文透出青年学子良好的艺术感受力。这里没有学者腔，也无专业思维里的套路，却道出一般读书人罕见的理趣。比如一些学生有这样的句子：

> 看鲁迅的文章，总有种先知者有罪的感觉。他是将整个民族的灵魂都压在了自己肩上，一步步爬上高山。整个中国的哀痛轻了，他却倒了。
>
> ——北大附中　高一（3）班　徐笑蓥[①]
>
> 他的世界，是灵世与现实的游离，是魔鬼与天使的交替，并且是高尚与低俗的并存。硕大的矛盾制造出天衣无缝的和谐，找不出一丝瑕疵，或是否认的缘由。
>
> ——北师大附属实验中学　高二（13）班　齐玉[②]
>
> 对于他，我还不能与之完全进行心灵的交流。每当我刚走进他的心门时，逼人的寒气，以及自己心灵的那种阵痛逼迫我

① 钱理群：《鲁迅与当代中国》，第 362 页。
② 钱理群：《鲁迅与当代中国》，第 346 页。

离开。但在我数次往返中，我的前进愈来愈深。

——南师大附中　高一（2）班　丁俊[①]

这些被钱理群课堂和鲁迅文本激发出的心音，有着可以深入引领的审美基础和思想基础。在新老之间的互动里，文本阐释便盘旋着种种哲思。我们可以将此看成钱理群劳作的实绩，亦当成学术思想的共振产生的精神效应。由此，他为经典传播提供了一种特殊的经验，这些经验是不在教学评估体系里的别样的声音，它叫出了青年隐含很深的期冀，人可以在没有外在暗示的情形下自由地走向内心，恢复先秦诸子面临存在的那种独思。在这里，先验的观念隐退了，心灵与上苍是可以互感而存在的。

有趣的是，钱理群在台湾等地的演讲也收到了意外之喜。如果说大陆青年接受鲁迅时有一个重新发现“五四”的过程，那么台湾青年与鲁迅的相遇，则现出了经典的“通世性”价值。那些青年听过他的课程后，许多感受都出人意料。在一个远离左翼空间的地方，鲁迅何以使人产生兴趣，非旧有的思维可以解之。他发现了青年们阅读鲁迅时的“心有戚戚”之感，因为文字之美而进入作者的内心，词语的变幻之际，带来了新式的思维，进而“他使我反省自己”，从而建立了“自我选择，自我承担”的责任。从启发式教学中，他意识到台湾青年需要重建批判传统，除了一些思路在呼应钱理群的思想外，特别的思路里的忧思，也给其带来思考的刺激。

这使他看到了鲁迅遗产可散播的辽阔的空间。后来在与韩国、日本学者的交流里，他发现“东亚鲁迅”的内在价值。鲁迅之所以深深吸引着东亚青年的眼光，其实是因为他显示了相似的历史问题和文化基本难点。在主奴文化盛行的地方，个性主义的彰显与否，也是精神自由有无的象征。这也恰是未完成的启蒙的后遗症。鲁迅思想相当的部分，是针对这些产生的。而在青年教育领域，直面这些问题也显得极为重要。

① 钱理群：《鲁迅与当代中国》，第369页。

可以说，钱理群在第二课堂拓出了一片新地，这成了他精神的试验田。如同罗素所云，现代教育不是都灌输知识，重要的是培养一种思想能力。[①]第二课堂的目的不是让学生适应社会的功利潮流，而是养成一种独立思考的习惯。那结果就与现行教学体制产生抵牾。他自己说，教学效果还是很好的，但高中生后来选课的人越来越少，乃至起初的风光不再。以一己之力挑战强大的教学体系，颇有些堂吉诃德的意味，诸多思想不得实践，也是情理之中。他后来退出中学教学，不能不说有一种失败感。第二课堂与第一课堂面临的苦涩似乎有相近的地方。

这时候他意识到左右青年的惯性之力的强大，那些青少年在新的选择里遇到难题时显得格外脆弱。他看到了一代人进步的同时，身边掩埋着诸多陷阱，即便是很优秀的青年，有时在精神的攀缘里也不能显出高度。聪明不等于智慧，博学未必有思想。他要求于青年的是独立性的和创造性的精神。不仅仅中小学的学子当如此，大学的青年学者亦当如是。比如在面对70年代学子的学术研究的时候，一方面赞美他们的学问的扎实和功底的深切，另一方面对疏远现实表示了担忧：

> “70后”学人是存在着先天不足的，他们成长与生存于学院里，如何“伸出头来”，看看外面的世界，如何建立和保持与底层社会的联系，这还是有待解决的问题。这也是鲁迅研究，特别是强调与实际生活相连接的鲁迅研究是否健康发展的一个重要问题。[②]

这类忧虑还带有诸多的温情，因为学术是有其特殊规律的，它有自己的生态系统。让钱氏担忧的不仅仅是学术风气，重要的还

① 罗素：《自传：早期所受的书籍的影响》，靳建国等译，《罗素文集》第三卷，内蒙古人民出版社1997年版，第538页。

② 钱理群：《鲁迅与当代中国》，245页。

有青年的价值观。他在不同群落的青年那里发现了精神滑落的可怕，最著名的是对青年学生的“精致的利己主义”的批评，在社会引起意外的反响。强调个性主义的钱理群，其实更为强调利他精神，这是“五四”思想核心的部分，即渴望个性，又保持对他人的爱意，这种暖意的思想在鲁迅、胡适那里得到充分的体现。但钱理群发现，现在的教育制造了大量的精致的利己主义者，他们没有理想，少去承担，拒绝牺牲，投外人所好。第二课堂要解决的就是这样的问题，但他不久就看到了其间的难处，不仅少见逆俗的青年的活动，反而大量滑入灰途的人充斥在校园里。污染于利己主义的泥潭，乃至陷入精神的深渊，一旦落入其间，精神的起飞便终结了。

对青少年世界的忧虑在其晚年的文字里越发明显起来，一个没有想象力与爱意的世界，是无法抵达精神的彼岸的。越是绝望的时候，他越带有寻觅的冲动。而不断向一个板结化的学术体制灌输热流的他，表现出罕有的果敢和勇气。他的表达方式在复杂的现象界面前显得有些呆板，甚至显得不合时宜。但那批判眼光里的暖意，分明也感化了无数青年。在他看来，只要世间还存在着有梦想的青年，一切努力就都是值得的。

不过，钱理群思想过于限于自己的专业里，有时候不免沾染了第一课堂的某些传道式的惯性。他还不能如鲁迅那样幽默、创造性地表达，似乎过于依附在鲁迅的文本里。与古希腊思想者的争辩思维和先秦思想家的野性的表达比，难以见到生猛的气韵，书斋式的独语未能覆盖外面的野生之地。柏拉图在《柏拉图对话集》里描述的那种机智的对白，思想的交锋中的智性的训练，似乎并未能被引入自己的实践里。从反本质主义出发，却未能逃出本质主义的藩篱，这是他们这一代人留给后人的难题。

钱氏晚年的精神实验之所以受挫，自然可以找到许多原因。大致说来，可能有以下几点：第一是单兵作战，没有结成一个团队，自然不能造成一个大的局面；第二是授课资源限于鲁迅等少数人的传统，显得有些狭窄，孙犁曾认为，学习鲁迅需像鲁迅一样广采众长，有一个丰富的知识体系，钱氏似乎还无力做到此点；第三，没有固定的园地，不像鲁迅那样靠编刊、发动青年版画家从事一场艺术的运动，环境没有给予他这样的条件。这正像私学在今天能抗衡公学一样，生态的单一限制了多样的摸索。我们在钱理群这里可以感受到一种焦虑，他在《我的精神自传》一书里对自己的失败感的描述，也暗示了其间的深度因由。

但开辟了第二课堂的钱理群，所做的一切都是鲁迅所云的“泥土精神”，他将此定位于“想大问题，做小事情”。恰如赵汀阳所云：“人不能决定‘造化’，只能‘造事’，人只有通过造事行为才能够建立主体性。”[①]既然不能济世于时代，那么力所能及地耕耘于边缘之所，倘能获得绿色，也不负早先内心的预约。他在一篇演讲中写道：

> 鲁迅说，做泥土，就是“要不怕做小事情”。这是鲁迅一贯的思想和追求。他多次说到，中国需要做苦工的人，而这样的人太少，大家都想做工头，而我是愿意做苦工的。他说，数十年来我不肯让自己的手、脚、眼睛闲空是真的，已成了习惯。人们总觉得鲁迅只会批判、破坏，其实鲁迅是更注重做点点滴滴的建设性的工作的。我稍微做了一点考察，在1936年去世之前最后的十个月内，他编了自己的杂文集《花边文学》，翻译了《死魂灵》的第二部，编辑了瞿秋白的《海上述林》，柯勒惠支等人的画册，还做了两个杂志《海燕》和《译文》的编辑。鲁迅在他生命的最后一刻，抱着重病之躯，就是做这些校对、校勘、编辑工作，一个字一个字地写、校、编，耗尽了最后的心血。这是非常感人，并且能够给我们许多启示的。[②]

我们看钱理群自己，也是这样默默地做着培土的工作。虽然并

① 赵汀阳：《历史·山水·渔樵》，三联书店2019年版，第14页。
② 钱理群：《鲁迅与当代中国》，第191页。

不满意自己的成绩，且无法摆脱表达的窘境，但已经催促出另一种精神的可能。中国的鲁迅研究者，多在书斋里做笔墨功夫，诠释辞章的微言大义成了一种主流。能够运用其思想继续建设新生活的人寥若晨星。七十多年前，许多传播鲁迅思想的人还能够从社会变革里走鲁迅的路。胡风在批评界的主观战斗精神，乃个性的伸张；冯雪峰写作中的苦苦思索，坚守了知识界的良知；此后，聂绀弩的狂放之思，萧军的洒脱之举，思想之树都植根于日常生活里。那时候鲁迅传播是一种文化风景，进入21世纪后，这类的知识人已经消失多半，叙述鲁迅仅仅成为一种学术现象。这自然是社会发展的一种必然，但在一个遗忘“五四”的年代里，恪守《新青年》的传统，驻足于鲁迅的世界，并不断介入当下的社会生活，不能不说是有梦者的苦行。鲁迅传统的魅力不都在学理之中，还在改造社会的实践里。后者的价值，今天的学者知之而不能行之，无疑是一种退步。而钱理群以衰老之躯独对苍生，拓野径于荒岭，唱心曲于山林，那孤寂里的热流，暖着未曾泛绿的园地，说他是“精神界战士”，也宜乎前人之谓，不是夸大之词。

2019年岁末于北京新龙城

初刊《南方文坛》2020年第3期

老钱及其《安顺城记》

陈平原

一

我的师兄钱理群教授又出新书了。不过，这回的新书不是独自撰写，而是联合主编。即便如此，《安顺城记》（贵州人民出版社，2020）在老钱心目中也是分量很重、很重，以至多次提及，都说这是他晚年最大的项目，也是心愿所在。

出书就出书，为何强调“又”呢？那是因为，最近二十年，老钱的学术写作及出版呈井喷状态。每次朋友聚会，他都会掏出几本新书相赠，且笑嘻嘻地说：送不送在我，看不看随你。确实，常有朋友半开玩笑说：大家都很忙，老钱写书，我们读书，最后读书的赶不上写书的进度。

北大前校长曾不耻下问，征询我的意见：你们文科教授真的六十岁以后还能出成果？我回答三个字：“正当时。”因为，此前或知识积累不够，或日常工作太忙，还有家累什么的，没能彻底放开。六十岁前后，各种状态调整到位，真正有才华且愿意献身学术的文科教授，终于开始发力了，而后便“一发不可收拾”。最典型的，莫过于我的师兄钱理群教授。

2002年，满六十三周岁的钱理群教授，“循例”退出北大课堂。当初他的表态是：这是一段生命的结束，又是新的生命的开始。大家也就听听而已，知道他还会继续写作，但谁也没想到，失去北大舞台的老钱走入更为广阔的世界，左冲右突，越战越勇，将自家智慧与才华发挥到了极致。

此前虽也强调独立的姿态与批判的声音，追求“学者兼精神界战士”的人生道路，但多少受制于学院的舞台及视野。退休以后，老钱百无禁忌，自由挥洒，“逐渐走出现代文学研究专业，开始了现当代中国政治、思想史和知识分子精神史的研究，以及地方文化研究，并更深入、自觉地参与民间思想运动”（参见钱理群《八十自述》，《名作欣赏》2020年第3期别册《脚踏大地，仰望星空——钱理群画传》）。就说出书吧，老钱至今撰写了大小书籍九十余种（含若干未刊之作），其中完成于退休前的仅二十六种（那也是“大珠小珠落玉盘”）。换句话说，到目前为止，老钱退休二十年，其工作业绩已远远超越在岗时。

老钱有点特殊，不是每个退休的文科教授都能像他那样超水平发挥。除了社会责任与个人才华，还必须提及，老钱始终有一种紧迫感。第一次听他这么感叹，是1991年，那年他因病动手术，一开始怀疑是癌症，老钱很紧张，“病后就有了先前没有过的‘要赶紧做’的念头”，于是赶写出《大小舞台之间——曹禺戏剧新论》（浙江文艺出版社，1994）和《丰富的痛苦——堂吉诃德与哈姆雷特的东移》（时代文艺出版社，1993）。老钱自称此次病痛促使其奋发，加快步伐，于是“迎来了自我学术、思想、生命创造的一个新的高潮”（钱理群《八十自述》）。

这“要赶紧做”的理念，涉及老钱治学的一大特点，即先立其大，确定目标后，再根据自身情况调整策略。我曾戏称其为：“有条件要上，没有条件创造条件也要上。”这当然是引用铁人王进喜的名言，可历史上很多奇迹，都是这么创造出来的。老钱要做“堂吉诃德与哈姆雷特的东移”，依常规看，不太可行，因他不懂外语，涉及这两个形象 / 主题 / 理念“自西徂东”的过程描述，只能借用其他研究者的成果。可老钱的学术感觉很好，且擅长趋避，“过程”一带而过，重点落在中国知识分子精神史的探究，故此书提出了若干思想命题，“是我的学术中思想含量最大的一部著作”

（钱理群《八十自述》）。与此相类似的，是他的毛泽东思想研究。当初我以为条件不成熟，因很多重要档案看不到，只读公开出版的书籍，犹如雾里看花。但老钱笔锋一转，论述主题变成了“我和毛泽东”，最终写成了自我清理与历史建构并重的《毛泽东时代和后毛泽东时代：另一种历史书写》（台北：联经出版，2012；此书有日文译本及韩文译本）。这种大处着眼，不过分拘泥于史料及规范的研究与写作，是受过良好学术训练的学院派所不敢想象，也难以企及的。借用老钱的话，这是一种“有缺憾的价值”。不是“每下一义，泰山不移”，而是灵光一闪，发人深思——老钱在学术史上的贡献，主要不是“完成”，而是“提出”。后来的研究者，可以通过追寻其思路，辨认其缝隙，克服其缺憾，而使论题获得大力推进与展开。

想大问题，出大思路，写大文章，这是老钱的特长，也是老钱对读者的期待与召唤。读老钱的书，不要过分计较局部的得失。涉及某些专业问题，即便像我这样才疏学浅的，也都能看出师兄的毛病；落到专门家手中，更是很容易横挑鼻子竖挑眼。单就具体论述而言，老钱每本书都不是特别完美，或者说并非“无懈可击”；可每本书都有新意，看得出作者一直在努力搏击进取。这与老钱的文化立场有关：拒绝成为纯粹的学院派，追求“学者与精神界战士”的结合。这使得他的很多论述，更像思想文化评论，而不是专深的学术著作，你只有读出老钱所有著述背后蕴涵着的“当代中国思想进路及社会问题”，方能理解其真正的好处。这位学者的大部分著述，都不局限于书斋，而是连接窗外的风声雨声。也正因为有社会实践垫底，有思想道德引领，老钱的批判立场以及不断进击的姿态，才能博得众多掌声。说到底，这是孕育于大转型时代、记录着风云变幻、投射了个人情感、有可能指向未来的思考与写作。

二

老钱思维特别活跃，每天都有新见解，好主意更是层出不穷，只是不见得都能落实。这种性格特别适合当导师。老钱刊行第一本随笔集，是我帮助命名的，就叫《人之患》（浙江人民出版社，1993），背后略有自嘲的意味。不过老钱把它说开去，变成了重要的人生感悟。要成为导师，必须有个人魅力，才能吸引众多追随者——不一定是及门弟子，也不必执弟子礼，反正都愿意跟着老钱干活。老钱的名言：坏人已经联合起来了，好人本就不多，更要联合起来做事。老钱属于“春江水暖鸭先知”，擅长表达自己的超前思考，也喜欢挥手指方向，好多精彩的论述犹如行动口号，这与他早年热衷阅读毛泽东著作以及在贵州的民间思想群落中的领袖地位有关。至于做得到做不到，那是另一回事，起码体现了某种理想情怀与实践方向。

每当老钱慷慨激昂、十分高调地谈论自己如何“做小事情”时，我就暗自发笑。不过，这个笑，没有任何恶意。我承认，倘若过于洁癖，那是做不成任何事的。老钱之所以能做成很多事，比如主编《新语文读本》、策划若干丛书、长期和众多青年交朋友、参与乡村建设运动等，都与他善于提倡、指导与协调有关——若什么事情都亲力亲为，能做到的就必定很有限。老钱没有任何官位，单靠个人魅力做成了很多事（包括这回参与主编《安顺城记》），这种民间思想及论述的魅力，近乎奇迹，以后很难再有了。十年前，我写过一篇《人文学之“三十年河东”》（《读书》2012年第2期），其中有这么一段：“以最近三十年的中国学界为例，八十年代民间学术唱主角，政府不太介入；九十年代各做各的，车走车路，马走马道；进入新世纪，政府加大了对学界的管控及支持力度，民间学术全线溃散。随着教育行政化、学术数字化，整个评价体系基本上被政府垄断。我的判断是，下一个三十年，还会有博学深思、特立独行的人文学者，但其生存处境将相当艰难。你可以‘只讲耕耘不问收获’——即不追随潮流、不寻求获奖、不申报课题、不谋求晋升，全凭个人兴趣读书写作，但这只能算是‘自我放逐’，其结果必定是迅速淡出公众视野。”

老钱以鲁迅研究起家，日常生活中也颇有追摹鲁迅的意味。关注当代中国，介入社会现实，强化批评力度，追求精神境界，这些都是。但老钱有个特点，特别喜欢“三”这个数字，读钱理群《学术纪事（1981—2019）》：2005年完成了“我退休后的三大学术著作”，2007年“我写了三大本教育论著”，2008年“我做了三大演讲”（参见《脚踏大地，仰望星空——钱理群画传》第12页）。《八十自述》结尾处，总结了“三大人生经验”，连带检讨自家的三个缺憾。到了出版书籍，更是众多三部曲——在广为人知的“鲁迅研究三部曲”（《心灵的探寻》《与鲁迅相遇》《鲁迅远行以后》）、“周作人研究三部曲”（《周作人传》《周作人论》《读周作人》）、“当代知识分子精神史三部曲”（《1948：天地玄黄》《1949—1976：岁月沧桑》《1977—2005：绝地守望》）外，还有“当代民间思想史研究三部曲”“当代政治思想史研究三部曲”等。老钱的自我定位，首先是“文学史家”，这就要求其在中国现代文学史写作上形成独立的文学史观、方法论与叙述方式，于是，在大获全胜的《中国现代文学三十年》和《中国现代文学编年史——以文学广告为中心》之外，老钱正全力以赴独立撰写《钱理群新编现代文学史》，以便形成“文学史三部曲”。

老钱的文章及著述，不是每个人都喜欢，这里有立场问题，也有文风问题。老钱写作很快，每天三五千字，那是很稀松平常的。只要想好了大思路与写作框架，提笔就来，长江黄河，浩浩荡荡，以大视野及风神气象取胜，不计较细枝末节。不是说材料或细节不重要，而是正在兴头上，顾不及那么多，先写下来再说，日后自有专家帮助打扫战场。

作为一个典型的理想主义者，老钱平时说话或写文章，喜欢用大词，且论述时不怎么自我克制，擅长总结与提升，有时不免疏于论证。其论述风格，较多地保留了80年代特色，年青一代不见得愿意接受并欣赏。但老钱不管这些，依旧沉浸在自家的思考与写作激情中，每天笔耕不辍。我等常人，写作时容易犯困；老钱则反过来，不写就困，很容易睡着。年方八二的老钱，平日思如泉涌，每天兴致勃勃，没有变法不变法的问题，一直往前走，直到有一天写不动，那就真的“完了”。

读钱理群《学术纪事（1981—2019）》，2013年已宣称：“本年，在写作上是我的‘收官之年’，即将原先铺得过宽的写作范围做最后的扫尾工作。”那是因为，由于身体等原因，老钱必须转移阵地。2015年7月10日搬进泰康之家（燕园）养老院，此消息一经友人公布，还曾引起轰动，许多人不解，以为老钱“穷途末路”了，殊不知他是为了集中精力写作。自称晚年生活要好好调整，多多休息，“在生命的不息燃烧与超脱之间寻求某种平衡”，可你听听他的自述：“在养老院的四年多的时间里，就完成了三部重要著作。”（《脚踏大地，仰望星空——钱理群画传》，第15页）先不说这三部大书的厚重与广博，单是“约二百五十万字”就足以把人吓倒——每年撰写五十多万字的学术作品，这哪里是养老院，分明是写作营！

老钱说《安顺城记》是他晚年最想做的大事，好像是收尾工程的意思。其实，老钱的话不能太当真，每回听他兴致勃勃地谈论新的想法，鼓励他写出来，只见他神秘地眨眨眼，说已经快写完了。至于能不能出版以及何时出版，不在老钱考虑范围内，写作的目的，是让后人了解这个时代一个读书人思考的高度与广度。

三

既然老钱那么喜欢三部曲，这回《安顺城记》也不会是孤军奋战，我替他总结：加上此前合作主编《贵州读本》（贵州教育出版社，2003），以及独立撰写《漂泊的家园》（三联书店，2016），乃老钱的“地方文化研究三部曲”。

“地方文化研究”并非老钱的主攻方向，但贵州是他除北大之外的另一个精神家园。老钱多次说过，不了解他与贵州／安顺的关系，就无法真正理解他的学术与人生。谈论贵州、研究安顺，是内在于他的人生和学问之中的。这事肯定要做，至于什么时候做，以及做成什么样子，那是机缘凑合的问题。看得见的是十八年的生命记忆，以及众多新老朋友的精诚合作；压在纸背的，则是多年从事现代文学、当代中国政治、知识分子精神史以及民间思想运动研究的思考。

比起很多更有文化、更多人才、更为富裕的省份来，贵州有老钱这样的“志愿者”，实在是十分幸运的。这位退休教授，自带干粮，千里奔袭，集合很多同道，做成了《安顺城记》，其经验其实很难复制。我不想过分夸大老钱在地方文化研究方面的能力及贡献，我只是说他起到了“发动机”那样的主导作用。我们相约关注地方文化（这里有更为广阔的学术思考，不仅仅是“因为我对这土地爱得深沉”），他编《贵州读本》，我编《潮汕文化读本》（与林伦伦、黄挺合作主编，广东教育出版社，2017），应该说效果都不错。可他主导《安顺城记》一路顺风，我的《潮州城记》则偃旗息鼓。除了传统意义上的“潮州”已不存在，分割成了汕头、潮州、揭阳三个地级市，竞争多而合作难，还有一点，我没有老钱多年深耕贵州所形成的深厚的经验与人脉。

老钱特别擅长自我总结，这既是史家立场的体现，也与其诸多开风气之先的努力在国内学界没有得到充分肯定有关（老钱至今未在国内获得过任何重要的学术奖项）。因此，老钱著作（尤其是主编的书）的序言特别值得玩味。《贵州读本》的前言题为《认识我们脚下的土地》，文末是：“这件事需要持之以恒地长期坚持下去，需要有更多的人一起来做。现在只是一个开始。”《安顺城记》的序言则是《集众人之手，书一家之言》，将此书的特点及突破，包括“贵州本地人用自己的语言，真实而真诚地描写我们自己”的历史使命，“仿《史记》体例写一部《安顺城记》的创意和设想”，以及“构建地方文化知识谱系”的努力，还有全书编写的十个方面的理念与要求，交代得清清楚楚。而我最感兴趣的是，主编及总纂是如何汇聚六十八位30后到80后的撰稿人，让“六个年龄段的作者通力合作，并且各得其所”，最终达成“立一家之言”的目标。老实说，这个操作难度之大，一点不亚于艰深的个人著述。

若想了解为什么选择这么一种操作策略，建议阅读收入三联版《漂泊的家园》中的《好人联合起来做一件好事》（第323—332页），那是老钱2012年12月在《安顺城记》预备会议上的讲话，谈论“编写《安顺城记》的理念、方法和史观”，还有好多具体措施，涉及“民间修史”的方方面面。将此文与日后正式刊行的七卷大书相对读，不难明白老钱这位“规划师”所起的巨大作用。

最后，请允许我引一段老钱的自述：“《安顺城记》的确贯穿着我们的历史观。其一，这是一部以安顺这块土地，土地上的文化，土地上的人为中心的小城历史；其二，突出安顺多民族聚居的特点，突出‘多民族共创历史’的史观；其三，强调‘乡贤与乡民共创历史’，既突出乡贤世家的历史贡献，也为平民世家立传。其四，融文学、社会学、民俗学、文化人类学、历史、哲学为一炉的‘大散文’笔调书写历史，这是对历史叙述的基本要求。”（《从土地里长出来的历史中寻求永恒》，《北京青年报》2021年4月9日）如此精彩的自我概括，我已经不能赞一辞。

2021 年 4 月 21 日于京西圆明园花园

初刊《上海书评》2021 年 4 月 24 日

“脚踏泥土，仰望星空”

王德威

《安顺城记》是当代中国的一部奇书。这部著作仿照司马迁《史记》体例，为贵州山城安顺一地作史。全书七卷两百万字，始自新石器时代，迄于20世纪中期，融文学、方志学、社会学、民俗学、人类学、历史学、哲学为一炉。撰写者以散文笔调书写地方沧海桑田、风土人物，各卷标题从年表、史前纪、传说纪、城前纪、城建纪、民族纪、移民纪等，已经可以一窥编纂者的视野和愿景。

《安顺城记》由钱理群教授发起，集合贵州文史工作者戴明贤、袁本良、顾久先生等合力主编，并由杜应国先生担任总撰稿人，从发想到完成耗时十七年之久。贵州僻处传统中国版图一隅，历来不以人杰地灵著称，反而每每招致夜郎自大、黔驴技穷等贬义描述。然而参与《安顺城记》的诸君子却不作此想。他们恰恰理解安顺地方虽小，但在千百年时间流变中一样能从平凡中见不凡。更何况中国西南历经近现代洗礼，从调北征南调到抗战军兴，从屯堡文化到多元族群，安顺的特殊意义早已浮出地表。

在此之前，类似以国史格局为地方修史的尝试仅见于连横（连雅堂，1878—1936）于1920年出版的《台湾通史》。其时台湾已经沦为日本殖民地多年，雅堂先生唯恐子弟忘其华夏根本，于是穷十年之力（1908—1918）著成《台湾通史》，起自隋炀帝大业元年（605），终于清光绪二十一年（1895）台湾割让予日本。全书仿《史记》规模分为表、纪、志、列传，共三十六卷约六十万字。连横序中写道：“夫史者，民族之精神，而人群之龟鉴也。代之兴衰，俗之文野，政之得失，物之盈虚，均于是乎在。故凡文化之国，未有不重其史者也。”《台湾通史》以地方历史投射家国块垒，可谓与《安顺城记》相互呼应。

目前所见对《安顺城记》的描述，无不强调编者对地方的关怀、对土地的眷顾、对民间世界的珍惜。这当然是此书最令人重视之处。但在此之上，我们可以探问，中国可以大书特书的地方所在多有，何以安顺值得一记？当代以土地民间为念的地方书写不乏先例，何以《安顺城记》仍然独树一帜？《史记》与《安顺城记》的关联岂仅止于形式体例的相似？我以为这不仅关乎《安顺城记》所承载的地区意识和历史视野，更关乎书写者、编者所自觉或不自觉透露的精神面貌和思维轨迹。换句话说，《安顺城记》记叙安顺风土人物固然洋洋洒洒，但字里行间另有动人之处，而这动人之处来自情感，更来自思想。

这促使我们对构思、编纂《安顺城记》的两位灵魂人物，钱理群、杜应国先生多作了解。钱理群先生名满中国及华语世界，他生于南京，于北京完成大学教育，但青壮岁月（1960—1978）都在贵州度过；安顺不啻是他的第二故乡。杜应国先生则是地道的安顺子弟。就其自家考证，祖先为来自中原的汉人，可能随明代调北征南制度迁居至此，世世代代后，异乡成为故乡。杜先生成长于“文革”时期，很早辍学成为工人，但与锅炉车床为伍的日子没有影响他好学深思的决心。1971年钱、杜两人偶然相识，从而有了以后五十年亦师亦友的关系。

《安顺城记》目前版本的终结点是1947年。我们不妨拟想，多少年后，如果《安顺城记》有了续编，列传部分是否会为钱、杜两位先生记上一笔？不仅描述21世纪初他们与其他编纂者共同完成的《城记》壮举，也必须回溯他们相知而相交的70年代；不仅着重他们对贵州山水的深情，也更着墨他们还有心意相投的师友所歌哭、思辨、奔走于斯的岁月——这是属于他们时代的“史记”。

钱理群先生北大毕业后虽然成绩优秀，但因出身问题失去深造机会。他被派至底层工作，来到贵州安顺的一个卫生学校担任语文教师。对一个二十一岁的青年而言，这是艰难的考验，而钱先生选择坦然以对。他亲近学生，成为最受欢迎的老师，从中获得巨大回馈。与此同时，他也亲近自然，以赤子之心审视贵州人情、风土之美。这样的美感带来诗意：他“写了无数的诗，红色的本子写红色的诗，绿色的本子写绿色的诗”；他“发现贵州大自然的美，一大早我就跑到学校对面的山上去，去迎接黎明的曙光，一边吟诗，一边画画”。

> “人在大自然中”这本身就是一个最基本、最重要、也是最理想的生存和教育状态。“脚踏泥土，仰望星空”这样的生命存在方式，对人的精神发展的意义是至关重要的……我要说是贵州的真山真水，养育了我的赤子之心。（《我的贵州经验》）

钱理群先生曾在不同场合总结他的贵州经验为“脚踏泥土，仰望星空”。“脚踏泥土”指的当是贵州土地，但站在土地上“仰望星空”同样意味深长，不禁令人联想到康德的名言：“世界上有两件东西能震撼人们的心灵，一件是我们心中崇高的道德标准，另一件是我们头顶上灿烂的星空。”星空之所以灿烂，因为超越一时一地的羁绊，体现无垠的真理，我们虽不能至，心向往之。

但钱先生又或不必仅受到康德启发。反观中国人文传统，太史公应更为可亲可感。《报任少卿书》中，司马迁自述平生著史目的无他，就是“究天人之际，通古今之变，成一家之言”，这是另一种“仰望星空”的抱负，但又是何其沉重的悲愿。《史记》成书的艰辛众所皆知，司马迁是在无尽的屈辱、创伤和困厄中俯仰天人，纵观今古。他勉力跳脱现实痛苦，将眼光投向广袤天际、时空的纵深，在那里，理想迸然勃发，星斗成为文章。然而他又理解生命的局限，不敢奢望一己所思所学见知于当世。所谓“藏诸名山，传之其人”，这里所蕴含对际遇的无奈，对机遇的期待，千百年后仍然让读者心有戚戚焉。

如果钱、杜先生以《史记》作为《安顺城记》的蓝本，他们也是在后之来者的地位上，不断摩挲太史公这一悲愿吧。但他们所处的位置毕竟有所不同。《史记》出自一人之手，《安顺城记》则如钱先生所说，“集众人之手，成一家之言”。参与写作者多达六十八人，横贯老、中、青三代，不仅突出“乡贤世家的历史贡献，也为平民世家立传”这样有志一同的壮举，毕竟见证了时代的变化。尽管如此，钱、杜先生回顾来时之路，可还有不足为外人道的感触？所谓“人皆意有所郁结，不得通其道，故述往事，思来者”，发愤著书，所为何来？为的是“思垂空文以自见”！

杜应国先生在 “文革”中辍学。那年他还只是个初中二年级的少年，运动初期也曾被造反运动所席卷，参加过红卫兵组织，后来上山下乡当知青，几年后被抽调到安顺电机厂担任工人。那已是1970年代初，上山的上山，下乡的下乡，未来依然不可知。青年杜应国着手创作，阅读马列，但心中尚觉不足。就在此时，他认识一群同龄朋友，或已就业，或甫退伍，或就学中。彭显武、杨德光、杨印江、孙长福……这些人因缘际会走到一块儿，共享求知渴望。其中彭显武正好单身居于一座小院：

> 那小院是最后一进，很幽深也很背静，还有一个很仄促的天井，可以见到阳光、白云，仰望满天星斗，而不似我那低矮的小楼难见天日，且光线暗淡。（《奔突的地火》）

就这样，几个青年开始聚会聊天，“谈梦想，谈未来，谈各自喜欢的书，当然也谈政治，谈现实”。他们对文学都有兴趣，正好杜应国手边有一套游国恩编的《中国文学史》，于是商定一起研读，而且请到卫校的钱理群老师引领。1971年，钱理群初见这群青年，此后他们的关系越走越密，“久而久之，便逐渐形成了一个往来密切，联系日紧，且相对稳定的青年读书圈，其核心人物就是钱先生——那时，我们都叫他‘钱老师’。”

青年的聚会有如浮游群落，不久大家各奔东西，而“钱老师”却号召一批又一批青年追随者。他们高谈阔论，在极有限的知识资源中深耕细掘，期望为自己也为国家找到出路。“少年说剑气横斗，长夜读书声满天。”多少年后，杜应国回顾那充满悸动的日子，俨然是此生最为难忘的启蒙时代。对钱理群而言，“在这最困难的时期，饥饿的年代，荒唐的年代，我活得诗意而神圣。……慢慢地……我的周围团结了一大批年轻人，一直到今天，我还和他们保持联系，那里成了我的一个精神基地。”（《如果不幸身处黑暗，请永远活出诗意和尊严》）

1978年钱理群通过高考，回到北大，但他的离开只是新格局的开始。一股“奔突的地火”已经点燃，随着改革开放的热情蔓延全中国。钱理群曾呼应朱学勤先生的看法，以“民间思想村落”一词说明一个青年世代的呐喊与彷徨。他指出在20世纪初的中国，毛泽东等组织的“新民学会”，周恩来等领导的“觉悟社”，恽代英等创办的“互助社”等，在一定意义上都可以视为“民间思想村落”。他们处身时代大转变、思想大解放时期，先是在民间进行自由的阅读与思考，后投入五四新文化运动，以及随后的社会革命中，把他们的思考转化为思想文化，以至政经变革实践，最终改变了中国的面貌。钱理群反思：是否在另一个历史转变的时代，同样的由下而上的思想村落也能激起另一波浪潮？“要真正认识与理解一九七九年以后中国社会的巨大变化，其实是应该溯源到这一时期的民间思考的。当新的历史转机出现时，这些‘民间思想村落’也就完成了自己的历史使命。”（《民间思想的坚守》）

恰恰是在这一意义上，我们检视杜应国这一批人日后的作为。他们出身贵州山乡，缺乏像“钱老师”们那样丰厚的知识训练，以及走入学术体制的能量，但他们同样关心社会、热爱家国，同样企求借思想的锻炼理解现状，寻求突破。他们上下求索，奔走各地，寻找知音却事倍功半，有的半途而废，不知所终；有的鞠躬尽瘁，付出生命代价；有的回到乡里，以有限的资源维持“地火”于不熄。

与此同时，钱理群依然汲取贵州经验所曾赋予他的养分，拒绝被体制和现状所框架。杜应国1979年的日记中这么写着收到钱老师北京来信的感想：

> （钱师）拿我们做精神支柱，而他又不是我们的精神支柱吗？……有趣的是，我们处在不同的地位，不同的环境中，却有着共同的痛苦、苦闷。这说明了什么呢？还不正说明，在他的血液中，流动着的，正是一个战士的鲜血吗？……这种苦闷不是一种消极因素，而是一种积极因素，是一种前进的动力。（《奔突的地火》）

基于这一动力，杜应国在几番冲刺无果后，选择跻身教职，追求薪火相传。新世纪初他写下自传《奔突的地火》（2012），典出鲁迅《野草》：“地火在地下运行，奔突；熔岩一旦喷出，将烧尽一切野草，以及乔木，于是并且无可腐朽。”其中部分篇章记录一个山城青年的自我教育过程，读来竟有70年代版《从文自传》的况味。那一代“民间思想村落”参与者的所思所行，对真理的批判和思考，还有面对种种考验——包括流亡和失踪——的直下承担，令人肃然起敬。

只有明白了钱、杜先生过去这些年所走过的路，才能体会《安顺城记》的微言大义。这是一部城史，也是一部心史。因为它蕴藏了安顺作为一个“民间思想村落”的前世与今生。钱先生自谓是学界的“漂泊者”，但他更重视地方“困守者”不屈不挠的精神：他们“以集体的方式，别无选择，无可违拗地进入命运预定的角色”，但他们却在痛苦与失望、庸俗和琐碎的生命中，锻炼沉着与平静。

《安顺城记》彰显的不再只是一座古城的山川人物，也是一群在地者无中生有、继往开来的传统。他们脚踏土地，默默无闻，却从来没有失去“仰望星空”的能量与想象力。彭显武、杨德光、杨印江、孙长福、田制平……而今安在哉？但因为他们，安顺展露了“无言的伟大，卑俗的崇高”。

初刊《读书》2021 年第 8 期

辑三：学术访谈

“二十世纪中国文学”和80年代的现代文学研究

钱理群、杨庆祥

时间：2008年8月29日

地点：北京枫丹丽舍小区

一、 关于“二十世纪中国文学”的提出

杨庆祥（以下简称杨）：我们还是从80年代谈起吧，一般来说，每个时代都有它主导的问题意识，您觉得80年代的问题意识是什么？

钱理群（以下简称钱）：目前大家对于80年代的认识有一个很大的误区，就是把80年代过于理想化了，好像80年代是一个启蒙的、完全自由的时代。这种看法当然也不是完全没有道理，但却脱离了具体的历史语境。80年代相对于“文革”来说是一种解放，但实际上一直有不断的“敲打”，比如清污、反自由化等等，对思想的控制始终是有的。当时最大的潮流就是“思想解放”，但“思想解放”并不仅仅是对“文革”而言的，而且是对当时的现实禁锢而言的，所以80年代一直有一个“解放”的冲动，这就是很主要的问题。

杨：所以当时你们提出的“二十世纪中国文学”实际上就涉及这些社会环境和学科环境。

钱：对，实际上是涉及几个背景的，首先是1983年有一场论争。当时南京大学教授许志英在《中国现代文学研究丛刊》1983年

第1期上发表了一篇名为《五四文学革命指导思想的再探讨》的文章，提出了一个问题，五四文学革命的指导思想到底是什么？在当时这是一个很尖锐的问题，因为毛泽东在《新民主主义论》里面说得很明确，五四文学革命是无产阶级领导的，但许志英在文章中认为是“资产阶级（民族资产阶级或者小资产阶级）领导”的，这就动摇了毛泽东的这个结论。其实当时有相当一批人在思考这个问题，许志英是他们中的一个代表，而且他写出文章来了。记得1978年我研究生入学考试的时候，就有一个题目，“谈谈毛泽东《新民主主义论》发表后对现代文学研究的影响”。

杨：那这个题目是谁出的？王瑶先生吗？

钱：我估计是严家炎老师出的。这是一个一直有争论的问题，李何林在30年代的一场论争中就明确表示五四文学革命是资产阶级领导的。

杨：但是李何林后来改变了他的观点。

钱：30年代瞿秋白也持相同的观点，认为是资产阶级领导的，所以他说“左翼文学”是对“五四文学”的反动，因为“左翼文学”是无产阶级领导的。这个观点在30、40年代的学界，在毛泽东的理论出现之前几乎是公认的，只不过立场不一样，有人认为资产阶级领导是好的，有人认为是不好的。是毛泽东第一个提出来是无产阶级领导的。后来李何林到了解放区之后就面临这个问题，当时他就非常困惑，究竟是谁领导的呢？他经过思考后接受了毛泽东的观点。所以“五四文学”领导权问题本来是一个学术问题。

1978年我们入学的那道试题我估计是严家炎老师想看看我们学生的看法，实质上大家一直在思考这个问题。因为毛泽东特殊的权威性，在80年代以前大家是不可能质疑他的观点的，“文革”结束后，才有可能提出这个问题。许志英的文章代表了当时比较敏感的学者的看法，文章发表以后，实际上得到了学术界很多人的赞同，但是后来在“清污”中好像是胡乔木对这篇文章表示了不满，于是遭到批评，就弄得学术界很紧张，于是组织严家炎、樊骏等人发表文章，对许志英的文章进行批评。上面要求是批判，但是这两个人的文章都写得很严谨，很缓和，尽可能采取学术争鸣的态度，而不是政治批判的态度。这件事情当时我们都知道，私下里都在讨论，我们是赞同许志英的观点的，但都觉得许老师太老实，不应该这么直接去碰，所以我们的“二十世纪中国文学”就直接把时间从“五四”提前了，这样就把这个问题消解了。

杨：也就是通过时间的提前把领导权问题消解掉了。

钱：对，提出“二十世纪中国文学”的一个动因就是一方面要回避这个问题，另一方面又要提出不同的看法。当时许志英的文章及其争论提醒了我们，也就是说，我们现代文学这门学科还是在“党史”的笼罩之下。所以我们现在要突破它，就是要摆脱现代文学史作为党史的一部分的属性，摆脱政治对它的控制，但是直接提到“五四”又不为当时的官方意识形态允许，所以干脆把时间往前提，使这个学科能够从革命史的附属中解脱出来。

还有一个是学科研究的背景，当时很多的年轻学者都有两个想法，一个是走向世界，另一个就是打通“近、现、当”代。那么具体到我们三人，恰好具备这个条件，陈平原当时偏向于研究近代，黄子平研究当代，我主要研究现代。当时我们是很自觉地这么想，这么去努力的。这些想法在《中国现代文学研究丛刊》里面都有所反映，比如1985年第1期王富仁的文章《在广泛的世界性联系中开辟民族文学发展的新道路》，它代表了走向世界的方向，当时还有一个很重要的举动，现在大家可能都不记得了，就是出了一本书——《走向世界文学——中国现代作家与外国作家》，这本书的特点就是旗帜鲜明地强调走向世界。

杨：你们都参与这本书了吗？

钱：都参与了，都有文章，这本书是我们这批研究者的集体亮相。

杨：后来你们的“二十世纪中国文学”里面有走向世界的提法，就是受到这个的影响吧？

钱：对，《中国现代文学研究丛刊》1985年第3期也很有趣。当时《丛刊》的编辑和现在一样，也有执行编委，那个时候的执行编委都是我们的老师，这一期正好是乐黛云老师负责，当时她是我们的副导师，她选我做她的助手，她比较放心我，实际上就是让我来编，我就抓住这个机会，利用这个权力，集体策划了这一期。我们可以看看这一期的目录，首先是论坛“现代文学史研究要破关而出”，另外特意办了两个专栏，一是“现代文学与近、当代文学汇通”，发表的是张中的《近、现、当代文学史的合理分工和一体化研究》。另外一个专栏就是“在世界文学的广阔背景下研究现代文学”，选的是陈平原等人的文章，如《林语堂与东西方文化》，还有“现代文学研究在国外”专栏，选的是温儒敏翻译的文章。其实这一期才是我们三人的最早合作。

杨：这一期应该是1985年7月出来的，和你们提出“二十世纪中国文学”的时间比较接近。

钱：差不多是在那前后。这一期上黄子平的文章《同是天涯沦落人——一个“叙事模式”的抽样分析》，把古代、现代、当代联系在一起，当时影响非常之大。你看还有陈平原和夏晓虹的文章，当时他们还在谈恋爱，我还开玩笑，说这一期正好当作送给你们的爱情礼品。

杨：我记得在你们提出“二十世纪中国文学”之前，在1982年、1983年左右，就有人提出“百年文学史”的说法，比如陈学超的《关于建立中国近代百年文学史研究格局的设想》，我记得是发表在《丛刊》1983年第3期。那“百年文学史”的提法和你们的“二十世纪中国文学”的提法有何不同？当时为什么没有使用“百年文学”这样一个概念，而是用“二十世纪中国文学”这个概念，是不是要强调一种当代意识？

钱：当时我们考虑到，陈学超的那个提法是从鸦片战争说来的，我们觉得他还是从政治的角度来说的。

杨：是从近代史的角度来谈的。

钱：对，我们主要强调要从文学的角度来说，这样的话鸦片战争显然构成不了一个转折，比如龚自珍，我们觉得他是古代文学最后的一个大家，但他不是开创者，而是最后的终结者，而“百年文学史”就要把龚自珍放在里面。但是在我们看来龚自珍并不能代表一个时代的开始，所以从文学的角度来说，我们偏重从19世纪晚期开始，陈平原对这个更有发言权，当时他正在研究那一段。

杨：对，当时他正在研究苏曼殊等人。

钱：我们认为最多只能从晚清开始，晚清开始那就比较接近20世纪文学了。这样就摆脱了政治社会史的划分标准，更强调文学本身发展的规律。

杨：后来你们在万寿寺现代文学创新座谈会上提出了“二十世纪中国文学”，发言的是陈平原，但据说幕后的策划人是你？

钱：哈哈，80年代对于我们来说面临一个很具体的问题，当时我们还是青年学人（虽然从年龄上来说我已经不是青年了），我们需要争取自己的发言机会，争取自己的言论空间。就我个人来说，考入北大读研究生的时候已经三十八岁了，当时王瑶先生跟我说，我知道你急于在学术界表现出来，但是我劝你要沉住气，要厚积薄发，后发制人。我沉默了七年，在1985年才发出自己的声音，这个时候我对20世纪中国文学已经有了一些成熟的看法。所以当时我们非常感激那些首先发表我们文章的人，《论“二十世纪中国文学”》首先发表在《文学评论》，跟当时的编辑王信关系很大，紧接着《读书》连着六期发表了我们的“三人谈”。

我们三人中比较早得到关注的是黄子平，他先在《文学评论》上发表了一篇研究林斤澜的文章——《沉思的老树的精灵》，一举成名，所以他和陈平原与《读书》的编辑有一些来往，因为当时这些杂志都比较注意新人。后来上海文艺出版社有一个编辑叫高国平，他找到了黄子平，问黄子平身边有没有值得注意的同学，黄子平推荐了两个，一个是赵园，一个是我。赵园就写了《艰难的选择》，我写的是《心灵的探寻》，当场拍板出版，收入“探索书系”。还有一个就是浙江文艺出版社，主要是李庆西，他既是批评家，又是编辑，出了一套书，黄子平、陈平原的都有，但没有我的，只有一个原因，就是我年纪大了，这一套书影响极大。

还有就是几个刊物，一个是《文学评论》，王富仁、赵园、刘纳、汪晖、陈平原、黄子平都是通过它出名的。另外一个就是《丛刊》，我先是助手，后来是编委，再到副主编，《丛刊》就成为我的一个阵地了。还有就是《上海文学》《上海文论》，福建的《当代文艺探索》。

杨：《上海文论》创刊比较晚，产生影响要晚一些。

钱：好老师、好编辑、好杂志和出版社，还有我们自身的努力，80年代的学术研究的小环境实际上是很好的。

杨：您提到的这些实际上是一个文学场的问题，当时的文学场对你们是很有利的。那王瑶先生当时知道你们要提出“二十世纪中国文学”吗?

钱：其实当时这些想法都是一种共识，我们的很多举动如果没有老师的支持是不可能做成的。比如1985年第3期的《丛刊》，如果没有乐老师的支持，就不可能让我来编辑。实际上“走向世界文学”也是乐老师的思想，当时她还搞比较文学。我们当时上面有两代人，一个是王瑶那一代，一个是樊骏、严家炎那一代，所以当时有句话叫作“老中青结合”。其实我们的这些想法，也不完全是我们自己的，我们的前一辈就已经在考虑了，他们更早，他们是创造者。

杨：对，比如王瑶老师和严家炎老师提出了“现代化”的观点。但是我觉得他们讨论得不是很深。

钱：是的，所以你不能说这是我们的独创，实际上是整个学科发展的一个结果。在这之前，有一个更大背景的讨论，就是“如何开创现代文学研究和教学的新局面”。

杨：我觉得你们当时提出“二十世纪中国文学”的说法实际上是对严家炎老师他们的框架不太满意的，他们当时主要是“回到乾嘉”，搞实证和史料，重新发现和发掘以前没有提到的作家、作品等，比如鸳鸯蝴蝶派、“新感觉派”等等，但是好像他们对整个文学史的框架还是没有什么大的突破。

钱：我觉得80年代的现代文学史研究实际上经历了两个阶段，第一是拨乱反正的阶段，这个就包括发掘以前没有注意到的作家，还有一些作家被遮蔽的另一面。那个阶段是有很强的政治性的，它和政治上的拨乱反正实际上是联系在一起的。然后到了1985年左右，尤其是创新座谈会后，现代文学研究进入学科建设自身的阶段，我们发现这个学科单独研究不行了，应该有一个整体的突破，开始进入宏观的研究，当时陈思和也提到了这个问题，就是所谓的“整体观”。所以说“二十世纪中国文学”的提出是很自然的，是学科发展到一定阶段的必然结果。

杨：“二十世纪中国文学”提出后，具体的研究是没有进行下去的，后来1987年版的《中国现代文学三十年》应该和它有一定的关系吧？黄子平和陈平原为什么没有参与它的写作？

钱：那本书是怎么产生的呢？最早是山西一个杂志叫《山西教育》，它约王瑶先生写一个文学史的系列讲座来连载，通俗性的。王先生自己不写，把这个任务交给我，当时我刚刚研究生毕业，也想发表文章，所以我找了温儒敏、吴福辉，当时王先生希望我们带一带他女儿王超冰，所以加上她。从某种程度上来讲是为了完成老师布置的任务。

我对这个写作很积极，因为当时我正在教现代文学史这门课，实际上我写的部分都是我的讲稿，我们开始也不是很重视，主要是为了完成任务，后来才想到要出版，出版的统稿是我做的，然后写了个序，写那个序的时候正好我们在搞“二十世纪中国文学”。

杨：那个序基本上是一个启蒙主义的东西。

钱：对，那个序言基本上是我对“二十世纪中国文学”的理解。但是其他三个作者并没有参与“二十世纪中国文学”的讨论，我们的写作又是单独进行的，没有商量，所以问题就出来了，序和后面的正文内容有些脱节。所以后来1998年的修订本就把序拿掉了。其实当时没有更多的想法，就是出书，当时出一本书是很难的。书出来后社会反响也不大，主要是我们当时没有名气，后来之所以影响大了，和我们的学术地位的提高有关系。

杨：这种情况我倒不是很清楚，我就是把这两个版本拿来做了一下比较，修订版把序言去掉了，于是我就以为是你改变了对启蒙主义的态度，或者说不再坚持启蒙主义的文学史观了。另外就是你在修订版里面提出了一个“审美”的东西，又提到“现代化”，我就以为你可能是把启蒙的边界放宽了。

钱：修订本有两个指导思想，第一个指导思想是它是教科书，不是私人著作，不能把太多的个人见解放进去。那个序言基本是我的观点，既不能代表温儒敏，也不能代表吴福辉，把它去掉是很正常的。还有把标题全部改了，以前的标题有鲜明的倾向性，那些标题都是我取的，去掉后是为了强调教科书的客观性，减少主观性和容易引起争议的东西。第二个指导思想是要把当时该学科最新的研究成果体现出来，比如增加了通俗文学，单章作家增加了沈从文和赵树理。因为沈从文当时很火，就单列了一章。赵树理单列一章是我坚持的，什么原因呢？就是为了取得平衡，就是不要搞得太“右”，当然就我个人来说，我比较喜欢赵树理，我对他的语言很欣赏。我们的想法是既要吸收最新的成果，又要和潮流保持适当的距离。

杨：这让我想到一个问题，《中国现代文学三十年》修订版是1998年出来的，而在1988年陈思和等人的《重写文学史》专栏中，第一期的文章就是批判赵树理的，如果按照他们的思路，赵树理肯定是不能列单章的。

钱：对，我们当时就是不想跟潮流太紧，保持适当的距离，这样能够留下来长久一点。事实证明也是这样。

杨：1988年上海的学者就开始提出“重写文学史”，从某种程度上说他们比你们要更激进一些。

钱：在我们提“二十世纪中国文学”的时候，同一个会上，陈思和就提出了“新文学的整体观”。他们后来提出“重写文学史”，我们确实事先不知道什么消息，但他们提出来后，我们是很赞成的。后来在镜泊湖会议上，我们提出南北合作，他们在上海搞，我们在北京呼应。那个时候我已经是《丛刊》的编委了。（杨：你就用《丛刊》来配合他们。）1988年底他们在上海开了一次大型的座谈会，我们《丛刊》1989年第1期就开了一个专栏，发表了汪晖写的《关于〈子夜〉的几个问题》，那就是我组织的。（杨：上海那边发了一个蓝棣之的对《子夜》的重评的文章。）那是我们在镜泊湖会议上商量好的，有组织的。那一期还有一个大动作，就是搞了个“论文摘编”，把与“重写文学史”相关的论文都摘了，包括黄子平和李劼的那个对话。那一期是明显的配合，编得煞费苦心，费了很大劲，这些在该期的“编后记”里面都提到了。

杨：那为什么当时你们没有想到“重写文学史”的提法？

钱：怎么说呢？“二十世纪中国文学”这个概念本身就包括了“重写”的意思，另外与北京、上海两地的学风有关系。北京的学者很少合作提出问题（“三人谈”是很少见的例外），上海的学者则喜欢不断提出新的问题，制造新的概念，北京的学者都是配合他们。

北大的传统是强调个人，很少开会，很少提口号，但是我们都参加别人提出的问题或者活动，这主要是出于学术传统的原因。至于我和陈、黄的合作是有缘由的，主要是当时我们三人都是单身，每天没什么事情就待在一起。但我们后来很少合作了，主要的合作只有三次，一次是“三人谈”，一次是编“漫谈文化”系列丛书，一次是准备编一本绘图文学史。

杨：“重写文学史”比“二十世纪中国文学”要具体，是个案的研究，而且首先就是拿当代开刀的，我感觉就是当代实际上被取消了，也就是说社会主义性质的文学被取消、否定了。

钱：陈思和、王晓明都是脚踩现、当代两只船上的，和我们不太一样，我和陈平原都不谈当代，黄子平虽然是研究当代的，但他的兴趣越来越转向于史的研究，这与上海的那批学者是不太一样的。

杨：对，我也觉得你们对史的研究多一些，但是上海的学者因为身兼二任，可能受到批评的影响多一些。

钱：我对当代文学的关注到1985年就停止了。

杨：你看，这是明显的区别，陈思和就说他为什么重新对当代文学感兴趣，就是在于“寻根文学”的兴起，让他很激动，于是想要重新研究当代文学了。

二、80年代的知识气候和学术传统

杨： 那您谈谈您的知识背景吧，我觉得这个很有意思。1960到1978年，您在贵州待了整整十八年，这十八年您都在读什么书？

钱： 我在《我的精神自传》里面谈到了相关内容。我在大学时候主要读的是19世纪文艺复兴以来的俄国文学。在贵州主要是读鲁迅，当时我有一个很大的雄心，就是要把鲁迅读过的书都读一遍，我根据他的全集开了书单，但当时在贵州找不到那些书。当时主要就读两个方面，因为鲁迅强调受压迫的民族的文学，我当时缺这一块，很奇怪，贵州安顺的图书馆虽然小，但是有很多北欧啊，南欧啊一些小国家的文学。另外就是读庄子，因为鲁迅受庄子的思想影响很深。然后就开始读马克思，我的理论基础是马克思主义。我在一篇文章中讲过这个问题，其实读这些的动机都是奔着鲁迅来的，我的硕士毕业论文写的就是鲁迅和周作人的比较研究。

杨： 难道80年代初您没有读一些新的西方理论方法之类的书吗？80年代夏志清、司马长风的文学史很流行，当时您读了吗？对您有何影响？

钱： 西方的理论读得不多，但是夏志清和司马长风的书都是看过了的。夏志清对我的启发主要是他对几个作家的发现，一个是张爱玲，一个是师陀，还有端木蕻良。因为我认为一个文学史家的功力主要在于发现作家，所以印象很深。但是当时我总的看法是他的反共意识太强，而且我不认为他的整个框架和思路有什么新的东西。司马长风的艺术感觉非常好，这对我有影响，我对周作人的研究就受到了他的影响。当时我们接触到的海外学者主要就是他们两个，他们的著作都是个人著述，而当时我们读的是教科书，好像是吹来了一股新鲜之风，这也是一种影响。

杨：对，我也觉得夏志清的整个框架和思路并没有什么创新，他主要就是用新批评的方法来解读了一些作家，记得当时很多人都批评了夏志清的著作，包括严家炎等人。对了，您为什么选择周作人研究？

钱：其实我研究周作人最开始的想法是为了摆脱旧有的鲁迅研究模式。我的学术训练比陈平原、黄子平要早，最大的一个缺点就是受到50、60年代的学术思潮的影响比较大，比如对鲁迅的认识就受到50、60年代毛泽东的鲁迅观的影响，当时就想从这个里面摆脱出来。如果我继续研究鲁迅就跳不出来，所以我想换一个角度，最佳人选就是周作人了，因为周作人和鲁迅关系不一般，但是后来读了周作人以后想法就有了改变。

我在文章中说过，我受到两个传统的影响，一个是西方文艺复兴以来的启蒙思潮的影响，另外一个就是社会主义革命思想的影响。当时我的主要任务是要摆脱革命思想对我的影响，那么周作人对我来说是一个中介，帮我打开了另外一个视野。

我当初的毕业论文准备了两个题目：一个写鲁迅的思维方式、心理结构、艺术世界，类似于我后来写《心灵的探寻》那种写法，试图用全新的角度来研究鲁迅。另一个就是鲁迅和周作人的发展道路的比较。王瑶先生听了我的汇报以后说，你的第一个题目很有新意，但你自己还没有想清楚，短时间内也不容易想清楚，在不成熟、没有把握的情况下急于写成论文，会有很多漏洞，答辩时很可能通不过，反而糟蹋了这个题目，不如存放起来，多酝酿几年以后再做。于是就定了做“鲁迅和周作人发展道路的比较”这个题目，然后他就告诉我做这个题目可能会遇到的困难。他当时说了这么几点：第一是学术论证上的困难。王瑶打了一个比方，他说做这个题目你得有两个包裹，一个包裹是鲁迅，一个包裹是周作人，两个人你都得搞清楚，但光分别搞清楚还不行，你得把他们两人连起来，因为你是比较研究，难点就在这里。第二，你得注意，讲周作人是有很大风险的。在周作人是汉奸这个问题上，你必须态度鲜明，要有民族立场，不能回避民族感情问题，在大是大非问题上含糊其词，整个论文就站不住了。一定会有很多人提出种种责难，你要做好准备，在答辩时舌战群儒。因此，你所讲的有关周作人的每一句话都必须有根据，有大量材料来支撑你的每一个论断。后来我那篇论文注释的篇幅几乎与正文相等，差不多每一句话背后都有一条注释，越是敏感的问题就越要讲究有理有据。

王先生还打了一个形象的比喻，说文章有两种写法，一种是“编织毛衣”式的，只是平列铺排：一点，两点，三点；一方面，又一方面，再一方面。很有条理，很全面，但看不出观点之间的内在联系，整篇文章是散的。另一种是“留声机”式的，有一根针，一个核心，一个“纲”，所有的观点都围绕它转，这就是所谓的“纲举目张”，所谓的“提纲挈领”。写论文最难也是最要下功夫的，就是一定要找到能够把整篇文章拎起来的东西。用什么东西能把鲁迅和周作人拎在一起呢？后来我想起列宁关于“亚洲的觉醒”这一命题，他认为20世纪将是一个亚洲觉醒的时代，我觉得这个命题可以来解释鲁迅和周作人的“启蒙主义”、改造“国民性”的思想，而且这个“启蒙主义”又不同于西方文艺复兴时候的启蒙主义。“亚洲的觉醒”使我感觉到中国20世纪的文学，包括五四文学革命，不是一般的文艺复兴运动，而是一种独特的启蒙主义，鲁迅是这个觉醒的主要代表人物，所以后来的“二十世纪中国文学”里面提到“改造民族灵魂的文学”，就是从这里来的。它不仅是反帝反封建的文学，同时还是关注下层人民的文学，有所谓的三大发现：“妇女的发现，儿童的发现，农民的发现”——总之是人的发现。后来鲁迅走向左翼，更关心工农，是这样一个“觉醒”的自然发展。在我看来，周作人后来成为汉奸是背叛了“启蒙主义”，背叛了这种“觉醒”，他把“五四”局限在少数几个人之中，有贵族化的倾向。

杨：这个概念非常好，今天看来仍然有意义，日本的学者竹内好就曾经讨论“作为方法的亚洲”，和“亚洲的觉醒”这个命题可以互补。您这个论文后来出版了吗?

钱：收在了《周作人论》里面。后来提出的“二十世纪中国文学”和这个“亚洲的觉醒”有一定关系。

杨：当时黄子平、陈平原两位同意您的看法吗?就是把“二十世纪中国文学”理解为启蒙主义或者是“亚洲的觉醒”?

钱：虽然每个人的知识背景不一样，但是就打通近现当代的分割，从文学本身出发这两个大的方面来说，大家是一致的。每个人的理解肯定不一样，他们未必就会理解我的这些想法。当然话又说回来，这其中也有很多问题，比如所谓“走向世界”的问题，就是你刚才说的，当时有一个西方思潮。（杨：1985年左右的“文化热”。）陈、黄跟这个跟得比较紧，比较熟悉，而我当时年龄比较大，学外语很吃力，我当时想与其花这么多时间精力学外语，半懂不懂的，不如干脆放弃，而且我对西方理论本身也不大感兴趣，因为我是更重视经验、体验，除了对马克思理论有一点了解以外，其他的理论都不太了解。我当时的想法是把现代文学搞透，死守这一块。所以你看“二十世纪中国文学三人谈”里面谈到现代文学时我话最多，我也最感兴趣。（杨：黄子平就喜欢谈当代，比如“寻根文学”。）这对我来说其实是一个很大的局限，既不熟悉古代，又不熟悉外国，所以当时对“走向世界”是一个很朦胧的感觉，对“世界”的认识很模糊。

杨：就是说只是受到了一个思潮的影响，觉得应该走向世界，但对世界是什么、世界文学的代表是什么都不清楚。

钱：对，我没有想太多，他们两个可能思考得更多些，有一个互补。

杨：但我感觉他们两个也没有往下挖。

钱：所以当时报告要我来做，我坚持不肯，因为我怕我一讲就要露馅。因为很多东西都没有读过。

杨：当代文学您也不读吗？“寻根文学”您读了吗？

钱：我只读到1985年为止，再往下我就不读了。所以按理说应该由我发言，因为我年龄最大，但是因为考虑到这些我就推辞了。当时我对自己也有一个定位，就是作为一个“中间物”，他们年轻，所以最后让陈平原做报告。但文章不是陈平原写的，而是黄子平写的，什么原因呢？

我们意识到了文章发表后肯定是要闯祸的，所以文章必须写得比较“圆”，比较“巧”。首先我就不行，我的文字太直，我们中间最会写文章的人是黄子平，他的文字比较活，能把一个问题说得云里雾里的，所以就让他写了。

杨：对了，我还想知道当时文章发表后，王瑶、严家炎等人的反应是什么？

钱：其实我自己当时也是有一点犹豫的，有点胆怯。当时觉得这么做有点玄。因为这只是一种感觉，并没有做深入的研究，我当时想三个人讨论讨论可以，发文章出来就有点玄，但他们两个年轻气盛，如果没有他们两个，这文章是不会发表出来的。严家炎老师后来婉转地批评了我们，他觉得我们还没有做更深入的研究就提出这么宏大的概念，不妥。因为严老师是很严谨的。

当然这和我对文学研究的方法的思考有关，是不是每一句话每个字都要有来历，否则就不能说？我对此是持怀疑态度的。因为史料是不可能穷尽的，必须依靠一定的推理和想象，人文科学能不能有假设呢？我觉得要分情况，第一步，掌握相当的材料后做出一个判断，这个判断最初只能是一个假设。第二步再去看材料，假设和材料会形成三种关系，一是材料推翻你的假设，那就放弃假设，二是证实你的假设，那就好了，但这两种情况都比较少，更多的是这种情况：一部分材料证实你的假设，一部分推翻你的假设，所以你需要的是调整你的假设，那么这种研究就是比较合理的，我把这种研究称之为“浪漫主义的研究”。另外一种就是材料的爬行，我称之为“爬行现实主义”研究。这后一种说法就得罪了很多人。我的这种研究方法受到了两个人的影响，一个是林庚，他提出过“盛唐气象”，他的这种概括实际上排斥了很多现象，可能是不科学的，但是随着时间的推移，现在大部分人都能接受这个概念了。还有一个就是李泽厚的《美的历程》，他也是一种“概括式”的，我们当时非常喜欢。我觉得“概括”不可能包括所有的问题、现象，但只要把主要的东西概括进去了，这就是可以成立的。

我们的这种方式，实际上和严家炎他们是有矛盾的，他是严格的“乾嘉学派”。我们的这种概括漏洞很多，尽管如此，我们还是做概括，在某种程度上，我们的概括就是一种假设。这种假设有可能被后来的研究推翻，也有可能会留下来。比如我们认为“二十世纪中国文学”的美感特征是“悲凉”。我们觉得鲁迅可以用“悲凉”来概括，而鲁迅是现代文学的主导性的代表形象。这在当时是引起最大争议的，如果说20世纪文学都是“悲凉”的，肯定有问题，但是如果说是一个主导的、主要的特征、范畴，应该是成立的。做宏观研究，整体概括的时候是避免不了这种矛盾的。当然，话说回来，后来宏观研究成了一个潮流，一种浮泛之风，也不好，潮流的倡导者总是落入“播下龙种，收获跳蚤”的命运。所以到了90年代以后我又不主张做“宏观概括”了，我也不提“二十世纪中国文学”了，当时是有积极意义的，后来可能跟风的比较多，就没有多少意义了。

王瑶先生的批评大家都很熟悉了，就是“为什么不提左翼文学，第三世界文学，社会主义的文学”。

杨：对，王瑶先生的这个批评都成了一个掌故了。

钱：另外王瑶先生还认为不应该把现代文学提前，他认为还是应该从“五四”开始，而我们提前到了晚清。因为王瑶先生认为晚清文学是走向失败的，走向了“黑幕小说” ，是一个衰败期。这个看法不是完全没有道理的，现在我也觉得把晚清说得有点过头了。当时对他的批评我是比较容易接受的。（杨：因为你有社会主义经验，你有革命经历。）对，后来我也有反省，为什么当时我们忽略了革命文学、社会主义文学呢？因为80年代的思潮是现代化，现代化的主要象征就是英美等资本主义国家，当时对这个是没有怀疑的，我在前面说过，80年代对于我来说，主要是要摆脱革命意识形态的影响。还有现实原因就是，当时“自由化” 。在现实中是受到压抑的，这样反而让我们更愿意接受“自由化”，对我们来说，革命意识形态不仅是历史包袱，更是一种现实的存在，所以我们要努力从中摆脱出来。

杨：陈平原在一次访谈中曾经提到过，说你们这一代人的学术传承很奇怪，直接继承了王瑶他们那一代人，也就是直接从80年代接上了30、40年代的学术传统，但是实际上中间还有一个50年代的传统，比如严家炎老师，那么就您来说，您倾向于哪一个传统？

钱：这个实际上是一个共存的东西。王瑶先生带学生有一个特点，就是基本上不管学生，当时我们的副导师是严家炎，乐黛云老师虽然不是副导师，但是和我们打交道比较多。所以形成了一种结构，老一代的是王瑶、唐弢、李何林、钱谷融、贾植芳、陈瘦竹、田仲济等，中间一批是樊骏、严家炎、乐黛云，然后就是我们年轻的一拨，陈平原的那个说法是对的，但是他可能忽视了中间的一批人，樊骏、严家炎、乐黛云三个人非常敏感、严谨，学术根基非常扎实，实际上他们对我们的影响更直接。

三、90年代以来的学术转向

杨：谈谈您现在的工作吧，好像您现在很少搞现代文学研究了，您目前主要在从事哪方面的研究？

钱：主要是民间思想史。

杨：上次您去北大做过一次相关讲座，我去听了，其中您谈到了民间思想史的研究。这其中有一个很大的变化吧，为什么从文学史的研究转向思想史的研究？

钱：这个说起来也很自然，和我们这一代人有关系。我们这一代人对文学的关注和对思想的关注是联系在一起的。而且从现代文学的发展来说，我一直有一个判断，现代文学这个学科和现实的联系是比较密切的，从整体上看，它的认识价值要高于审美价值，当然它最优秀的作家，比如鲁迅，这两者是紧密结合在一起的。如果非要从纯文学纯审美的角度来研究现代文学，它的范围很狭窄，可以研究的东西实际上不多。前一段时间的研究大家比较关注审美价值，所以总是集中在少数的几个作家身上，如沈从文啊，张爱玲啊，为数不多的那么几个人。

现代文学实际上是“为人生”的文学，我们这一代人更关注现代文学历史、思想的价值。从这个角度上说，“现代文学三十年”是一个束缚，很多情况在三十年的范围内是说不清楚的，所以很多的研究者实际上走出了三十年的框架，根据每个人不同的知识结构、研究兴趣进行了调整，这是一个趋势。但是即使这样，也并不意味着他和这一段文学就没有关系了，他的眼光可能还是“现代”的眼光。比如赵园，她后来研究晚明去了，但是她对明代的研究很明显带有现代的眼光。

杨：是站在“现代”看“明代”。

钱：对，和那些本来就搞古代文学研究的，从先秦往后看明代的研究者就会有些差别。当然这个差异是各有各的价值。从这个意义上说，现代文学专业有很大的优势，发展的空间很大。所以我搞思想史的研究实际上也是和现代文学研究紧密相关的。我就对我的学生说过，你搞现代文学研究，不要死守着一小块地方，要发现线索，深深地挖下去。

杨：那您现在研究的视角、重心与您在80年代的研究（比如周作人研究、鲁迅研究等）有什么变化或者说差异？在我看来，80年代是一个强调普遍性的年代，而90年代则更强调特殊性。你觉得这是不是与我们三十年的改革开放的历史有关，比如在80年代“现代化”是不需要怀疑的，但是到了90年代“现代化”成了一个被怀疑的对象。后来洪子诚写了《中国当代文学史》，对“十七年文学”和“文革文学”进行了完全不同于80年代的定位，您怎么看这些问题？

钱：不同时代实际上会提出不同的问题，研究也会随着现实的变化而发生改变。问题意识是不一样的，80年代有80年代的问题，90年代有90年代的问题。

其实现在学界回避了一个问题，就是对我们这一代人来说，有两个重要的事件影响到我们的学术道路和学术方向，一个是“文革”，“文革”的历史和记忆导致了80年代的学术面向，另外一个是80年代末，它直接影响了90年代的学术面貌。就我个人来说，就是从文学史研究转向精神史、思想史的研究，比如《堂吉诃德与哈姆雷特的东移》。其实后来的“回到学院”“回到书斋”，都是这个影响的结果，是不同的知识分子的不同选择。

90年代以后社会的两极分化问题引起我们的关注，使我们重新认识改革开放的结果，现代化并没有带来我们期望的结果。于是，我们的革命记忆重新被激发了，所以“十七年文学”重新受到关注，洪子诚《中国当代文学史》的出现不是偶然的，他为什么会产生那么大的影响，跟社会现实的变化有关系。80年代为了从“文革”中挣脱出来，对此前的历史采取的是全盘否定、割断的态度，我当时就不完全同意，但是我没有说，我后来反思，主要是因为人的记忆受到时代集体记忆模式的影响太大，摆脱不了，所以当时我们的记忆都是偏向于“文革”的阴暗面。这些到了90年代以后都有了重新思考的空间，面对“文革”（文学）、“十七年”（文学），我们的态度更复杂了，所以我称洪子诚的文学史为“犹豫不决”的文学史。

杨：那您现在对整个现代文学研究有没有新的想法？吴福辉最近在一篇文章中说：“新一轮的书写文学史开始了。”很多学者也开始参与相关讨论，您的看法呢？

钱：总的来说，我觉得现在重写文学史时机不成熟，我不认为我们已经到了可以书写新的文学史的时候了。什么原因呢？我觉得我们还有很多重要的问题没有解决，我们还在犹豫不决。重写必须提出新的叙述框架和方法，现在还没有找到。坦白说，我对这些讨论不是太感兴趣，现在这样的讨论太多，没有具体实践，我觉得应该把精力放在更多的具体的个案的研究上。另外，修修补补是没有用的，必须有全新的思路。

杨：那现行的体制是不是也限制了我们的文学史书写？

钱：我认为体制是一个问题，肯定有影响，但是也不能夸大它的作用，比如历史上很多很伟大的著作都是在很坏的体制下写出来的，比如司马迁的《史记》。所以不能完全归结于外在的原因。最多你写出来不发表，藏之名山，现在社会已经进步到一定程度了，还是很有利于研究的。主要是我们自己的原因，太浮躁。我觉得还是要做具体的细致的研究。

就我个人而言，本来是想把“二十世纪中国文学”继续研究下去的，但是到了90年代后反思80年代，觉得过于空疏，所以就放弃了。但是兴趣还一直在现代，尤其是40年代，因为我觉得40年代是一个很重要很复杂的时期，当然在研究方法上，又开始强调史料的重要性了，后来的成果就是《1948：天地玄黄》那本书。

另外一个问题是，我觉得现代文学要被经典化，最终会成为中国文学的一部分。我写过一本插图本文学史，是从古代一直到80年代末，才二十万字，这是另外一种文学史。现代文学要回到中国文学中去。

杨：这将会是一种遗憾，很多的历史都被删减了。

钱：但这是一种必然，三十年时间太短，不会占有太多篇幅。

杨：是的，以前王晓明也讲过这个问题，我觉得现代历史将会在中国的历史书写中变得越来越暧昧和尴尬，比如这次奥运会的开幕式。可能这也是现代文学和现代历史的命运吧。

2008年9月28日 整理

初刊《上海文化》2009年第1期

对话钱理群：当知识分子遇到政治

钱理群、唐小兵

按：这个老头现年七十七岁，他有一双纯真的眼睛，这双眼睛透露出的坦率与纯粹，令人想起李贽的“童心说”。他是钱理群，20世纪80年代以来中国最具影响力、最受关注的人文学者之一。

他尤其关注教育，特别是中学语文教育改革问题，他曾在《读书》杂志上发表《救救孩子》一文，那种感情的浓烈度，在而今这个世俗国度里几乎难以想象。他对中国高等教育的思考，诸如批判“北大正在培育精致的利己主义者”等言论，至今还时常被人提起。

钱理群自北大出身，后来回到北大讲坛，以自体生命与学术一体化的追求，回应了大时代对中国知识界的呼唤。在北大学生评出的“最受学生欢迎的十佳教师”中，名列首位。

在出版界，他与钱钟书并列为最具有市场生命力的当代中国学者。他的学术专著《心灵的探寻》《周作人传》重版十次以上；《与鲁迅相遇》《话说周氏兄弟》都是名噪一时的畅销书；他和吴福辉等主编的《中国现代文学三十年》是发行量最大的学科教材，已达数十万册；他主编的《新语文读本》总销量超过三百万册，是近年基础教育界最受欢迎的语文读物。

然而，作为一个知识分子，他所有的研究动力都来自一个问题：“作为一个知识分子，我该如何自救？如何做堂堂正正的‘人’，做一个真正的知识分子，活得像个样子？我到哪里去寻找精神资源？”他说，这不仅是他个人的问题，而且是整个20世纪中国知识分子的问题。

读钱理群的书，唐小兵想起了马克·里拉的《当知识分子遇到政治》。书中讨论了如海德格尔、施密特等知识分子为希特勒极权政治背书的例子。现代社会知识专业化和工作职业化以后，知识分子与实际政治越来越疏离。但他们与政治的牵扯则越发复杂，直指人性与现代知识分子本身的弱点。

在中国，脱胎于五四新文化运动的现代知识分子仍深受士大夫传统影响。经晚清和民国巨变后，他们改造家国的努力在20世纪50年代的知识分子改造运动中，碎成了每个个体的悲剧性命运中的颠倒梦想。“达则兼济天下，穷则独善其身”，前者成了奢望，后者成了底线。

这条底线延续至今，它的可贵之处在于让后人看到过往挣扎，也看到在底线之上重立独立人格与思考甚至是语言的可能性。

知识分子的自觉：寻找与新时代的契合点

唐小兵：你在书中反复重申一个经典性的主题：20世纪50年代以后，像沈从文、梁漱溟、王瑶、赵树理、废名、胡风等知识人，无论是偏自由主义还是倾向左翼的，或是儒家知识分子，都在寻找跟新中国的契合点。你认为对当时的中国知识分子来说，这是一个自觉的追求。但回头看，即使他们这样地努力，最后还是难以避免悲剧性的历史命运。

钱理群：这些中国知识分子之所以如此选择，有一个很简单的原因——他们都是爱国主义者，追求国家的独立、自由和富强，这是当时所有知识分子的共识。还有一个前提，那个时候，无论哪一派，他们确实都对国民党政权完全失望了。沈从文就是一个很有代表性的个案。他对新时代的特征很有预见性：“思考的时代已经结束了，信从与信仰的时代已经开始。”这一代中国知识分子是非常可贵的，他们对国家的责任感发自肺腑，像沈从文就说：“这样一个新中国，怎么能没有我！”在历史的转折点，一个时代结束了，大多数知识分子承认新的时代开始了。但新的时代究竟应该怎么走，很多知识分子都有自己的想法，每个人又对新中国有不同的预期与想象。

唐小兵： *以前读废名的那些散文，感觉他是很超然世外的知识人，从没有想到原来他有强烈的政治意识乃至政治蓝图。*

钱理群： 这正是这一代中国知识分子的特点，这些知识人对国家怎么走有一些很强烈的主张，而以前的历史对这个群体的描述是不符合实际的。比如我们对沈从文有很深的误解，认定他是一个田园诗人，但其实他有一整套政治看法；老舍也有一套治国的方略。这是知识分子士大夫传统的表现。不管是什么类型的知识分子，真正超然、想避世的是极少的。知识分子实际上通过不同方式来参与政治。知识分子都有各自不同的政治想象，不同类型的知识分子都肯定中国革命，也肯定共产党领导新中国的成绩，认同民族国家统一的实现。这就是为什么抗美援朝能在知识分子群体中引起强烈共鸣。

所以新中国成立初期那一段历史，包括这一代知识分子的精神史、心灵史，是非常有意思的。我在《岁月沧桑》中贯穿两个核心主题，知识分子的改造和坚守。20世纪50年代后对中国知识分子的改造，若以全世界的视野来看，也是真正的中国特色，独一无二。这其中有很多问题值得讨论，比如知识分子的改造其实是自觉或者半自觉的，还有一个问题是知识分子的内疚感。

唐小兵： *回头看20世纪50年代的知识分子，无论是左翼也好，自由主义也好，乡村建设派也好，都有一种愧疚感甚至负罪感。这样一种集体氛围让每个人都觉得自己有原罪。一方面，地主家庭或者小资产阶级家庭出身决定了这种原罪；另一方面，没有拿过枪、上过战场、流过血，甚至对革命有过怀疑或抵触，却分享了革命的*

果实，这也是有原罪的。但知识分子生活在新中国，基本上都有自己的工作单位，从政府那里拿工资。无功不受禄的传统心理进一步强化了知识分子的负罪感，在心理上每个人都好像被降格了，也就是被降服了。这个心态史的分析特别到位，覆巢之下，安有完卵？风骨也好，气节也好，都荡然无存。中国站起来了，知识分子却站不起来，在人格上立不住了。

知识分子与群众：在改造中坚守住的是极少数

唐小兵：50年代以后，中国知识分子需要处理的另一个具体问题，是你在《岁月沧桑》中反复谈到的知识分子与群众的关系。像沈从文的“新人民观”，认为“共产党领导的中国革命是一个‘让老百姓翻身’的历史变革；共产党及其领袖‘代表的是万万劳苦人民共同的愿望、共同的心声’”。像赵树理的小说，总要写关于真正的农民的生活，要真正代表农民的利益来说话。在这种主流价值叙述中，“民众”“人民”“农民”这些大词被无限崇高化、神圣化。这就像对所有的知识分子施了一个魔咒，每个人都屈服在这个大词前面。

钱理群：这涉及中国的一个传统。总体来说，传统知识分子也就是士大夫被两个东西给罩住了，一个就是所谓的“道”或者说“道统”，一个是对帝王的依附性。个体性的、独立的知识分子传统比较微弱，知识分子安身立命总要从更抽象的“天命”“天理”或者人格化的“皇帝”那里寻找。当然，这也是中国知识分子很大的一个优势，体现为强烈的社会责任感和家国意识。这是一把双刃剑，很容易让人放弃个人的独立，把更高的价值给丢掉了，包括知识分子本该具有的个人的独立、对真理的追求。

当然，那一代知识分子所面对的是一套制度化、精密化和技术化的改造知识分子的系统。它高度自觉地利用了人性和知识分子的弱点。邵燕祥的个案显示知识分子随时都有可能被利用。邵燕祥身上明显表现出理想主义和浪漫主义的精神气质。他被打成右派以后怎么称呼自己，就是革命理想主义最后被感化成一个接受改造的逻辑。我的书稿中抽掉了对束星北档案的分析。当时思想改造的制度化非常厉害，不接受改造不给饭吃，导致知识分子为了生存必须接受改造。束星北是个性很强的人，最后不仅个人饥寒交迫，而且家人也连带受罪。另外，思想改造中无所不在的监督，制造了一种恐惧的技艺，并形成定制。

唐小兵：你在《我的精神自传》里面也谈到了知识分子与民众的关系，它也是现代中国的启蒙问题。在新的革命政治里面，知识分子自“五四”以来启蒙者的社会角色完全被颠倒过来了，变成了被启蒙者和被教育者。教育知识分子的除了党，还有此前在文化和社会经济地位上都处于底层的工农大众。在自上而下的改造和角色颠倒之中，那些坚守基本价值理念和人文立场的知识人，究竟是依靠什么思想资源在支撑？

钱理群：在那样一个天地玄黄的大时代，真正能坚守下来的知识分子是极少的。沈从文的《中国古代服饰研究》并非横空出世，而是有很深的文化与心理渊源。他对中国传统文化有深的认同，守住了既有韧性又有智慧的人格。他还坚持自己的语言和话语方式，但这是有代价的。沈从文后来退出文坛的一个原因，就是因为在台上就必须要使用一种新的语言。沈从文选择了退出来，以写家书这种不公开的方式表达其思考，避免面向公共的写作，如此来保留自己一个独立的天地。这其实也是知识分子的一种智慧。

还有一个就是赵树理。我认为新中国成立以后，对农民问题进行独立思考的就他一个人。作为一个共产党人，他对社会主义农村怎么搞，包括怎么建设社会主义农村，怎么建设社会主义新秩序，有自己一整套完整的理解，也坚持和努力保持农村、农民的统一立场。他说“我是农民的圣人，知识分子的傻瓜”，这句话太妙了。首先他本身是现代知识分子，受五四新文化运动尤其是鲁迅的影响，但他跟其他知识分子不一样，他没有屈服过。另外，他不是简单的农民代表，他有社会主义理想。他有几个标准，如生产要发展、农民要获得实际利益、法律的伦理化，在今天看来都非常珍贵。

他还提出一个隐忧：在中国追求现代化的过程之中，体力劳动和体力劳动者要消失，而年轻人接受现代教育后都离开农村，一去不复返。所以他到晚年就大写体力劳动者的颂歌，强调既要保证你的脑力劳动，也要从事体力劳动。这在今天看来非常深刻。可见赵树理不仅在坚守自己的独立思考，而且他还留下了一些思想资源。实际上，坚守住的就是这么几个人。

知识分子与政治：胡适、鲁迅和康德的“政治参与”

唐小兵：这引出了另一个普遍性的问题：知识分子与政治的关系。你反复用精神迷误来分析中国知识分子在政治中的处境与心灵，一方面中国文化有一种强劲的以天下为己任的传统，强调责任感，要参与社会和国家建设，要勇敢地发声；但另外一方面，知识分子可能并不具备相应的专业知识和实践经验，甚至像马克斯·韦伯所讲的，缺乏一种责任伦理或者对政治的实际进程充分了解的政治能力和心智成熟。这就陷入两难困境的悖论之中。知识分子与政治的关系究竟应该保持一种怎样的状态才是比较合理和正常的？

钱理群：可以肯定地说，实际生活脱离不了政治。知识分子参与政治有不同方式，一种方式就是直接参与，或是政治运动，或是参与国家的具体政治实践；一种是社会运动，包括抗议运动、维权运动等。一个是体制内的政治，一个是体制外的政治。

我一直认为胡适和鲁迅是我们知识分子的两个典范。胡适终其一生对政治都有兴趣，甚至有直接参与，但每次到最后要求入阁了或竞选副总统的最后关节，胡适就止步。胡适提供了一个参政还保持独立、在进退之间把握了分寸的典范。但有一个条件，蒋介石能接纳他和包容他。鲁迅也是一个典型，就是“精神界的战士”：不直接参与实际政治运动，但在思想、文化领域做批判知识分子，面向公众和知识界发言，发表独立性的、批判性的言论。

还有一种类型是我自己最推崇的，就是间接的政治参与，比如说在教育和文化领域倡导改革、发表意见。你不一定对当下政治直接发表意见，却可用文化实践产生影响，因为目前能做的反而是这些领域。当下在这些领域发出独立的声音来，其实也是一种政治参与。

知识分子还有一种道路是思想启蒙家，比如康德式的启蒙。理论和实践看起来是保持距离的，实际上是对一个时代提出一些新的理论和新的价值观念。建立一个有解释力和批判力的理论，这应该是知识分子的本质。我认为这是要比前面几种类型的知识分子更重要的。

前线与底线：在艰难环境中守住底线

唐小兵：澄清这个时代的意识形态迷雾，包括语言上的、思维上乃至心灵深处的，是一件急迫而需要长久努力的工作，但很少有人耐得住寂寞、守得住底线去从事这种思想启蒙工作。这或许也是很多知识分子推崇王小波式写作重要性的缘由，因为王小波让我们从一种僵化、空洞却铿锵的语言中解放出来了，这样一种新的话语体系和思维方式的确立是很重要的。

钱理群：实际上中国现在最缺乏新价值观念的确立。它不完全是纯理论的，而是必须跟学术研究联系起来。学术研究其实有两种类型，一种完全基于个人兴趣，但它背后有极大的人文关怀，这种研究的前提是要与政治保持距离。第二种更困难，走政府导向的类似智库研究的“伪学术”道路。原则上我不反对这种研究类型，问题是你进去会不会保持独立，而保持独立非常难。前者比如像一些教授，他也没有太大的社会关怀，但老老实实做学问，这种学问有相当大的普世价值，就值得尊敬。事实上，大部分人走的是这样的道路。我一直跟我的学生说“凭兴趣做学问，凭良知做人”，做人的底线很重要。

唐小兵：前段时间争议很大的钱钟书、杨绛夫妇在50年代后的处境与选择，也涉及“守住底线”或者说“消极自由”的问题。

钱理群：我认为钱钟书其实是看得最透的人。他能保持自己的独立性，所谓洁身自好，但又不掺和到酱缸里面去，对现实政治甚至社会相对来说比较疏远，甚至自觉地疏远。我一直在想一个问题，按理说，改革开放以后按他的智商和学习准备基础，应该有许多新的理论创造甚至总结性著作出来，但事实上没有。钱钟书只是守住原来的知识体系，整理原来的知识积累。我的导师王瑶先生也是如此。究竟是什么原因？他们都是太聪明的人。看透了，心凉了，不愿再写，并进行自我保护。

唐小兵：有些知识分子认为，他们是聪明地保持沉默的“犬儒知识分子”，面对不义之恶，缺乏挺身而出的道德勇气。

钱理群：我对这种隔岸观火、居高临下的所谓的知识分子极其反感。他们不知道当时中国知识分子的处境多恶劣。最好是能够完全坚守住良知与底线，有时候守不住了，甚至出现了精神迷误做错了事情，在这种情况下，分清是非之后应该宽容。但不能因为宽容，就没有是非观念，要有一个对人性弱点、对知识分子弱点的理解。那些居高临下的要求，带有很强的道德专制的意味，不仅做不到，而且不合情理。

左翼传统的本质：真正的平等在彼岸存在

唐小兵：你在书中还谈到了一个核心问题：左翼知识分子。这些人一方面受到五四运动启蒙观念的影响，这种启蒙思想和价值观念又是伴随着帝国主义的坚船利炮一起闯入，从一个遥远的异邦移植过来；另一方面，左翼知识分子又有追求民族现代化，甚至追求民主自身独特性的自觉追求。所以，这中间有纠结、有矛盾。

据你的研究，民国的左翼知识分子既是反权力的，又是反资本的，但好像这个左翼的传统后来就很微弱了。就中国知识分子主义的左翼传统而言，你觉得哪些成分还可以继承，哪些地方应该更深刻地反思?

钱理群：这和我自己的思想经历有关，我们这一代人基本上都是左翼传统培养出来的，当五四运动发生分化时，我们属于左翼传统。我现在身上左翼的传统都淡化了，某些具体的观点、言论、做法都淡化了，只留下一些带有本质性的东西。

首先是为真理而斗争，有追求真理的自觉——具体是什么真理跳过去，真理绝对化后就变成一个问题，但是他追求真理本身并没有错；其次是对现实强烈的批判意识，马克思主义的核心就是批判性；再次是对社会平等的追求，对弱者和社会底层的关心，并对此有韧性的坚持，不轻易地放弃。左翼传统明显表现出的批判性、对社会平等的要求、对底层的关怀，跟自由主义式的精英意识是大不一样的。其实，我们中国真正严格的自由主义知识分子很少，他们也会有左翼的一些特点。

唐小兵：你在《岁月沧桑》做了两个左翼的划分：政党领导下的左翼与以鲁迅为核心的左翼，前一个强调命令和服从的关系，内含着等级制。

钱理群：后一个是独立于政党的，我很明确说过自己是鲁迅派的，总体上其实是偏左翼的。真正的批判性除了反思和批评之外，还取决于自我批判。是否真正的左翼，有一个标准就是是否批评自己。自以为有一个左翼的立场掌握了真理，就要把异端全部打倒，从不自我反思，或革命政党所要求的“自我诋毁、自我污名化”，都不是真正的左翼，也不叫自我批判。

知道真理并不等于你代表真理，我追求真理也并不等于我代表真理。真正的完全平等在彼岸存在。我的信仰就是左翼信仰，核心就是反对一切人压迫人的制度和现象。

唐小兵： 这种社会理想和价值观念，是超越民族和超越国家的。

钱理群： 革命政治和革命理论认为在此岸可以完全实现乌托邦，我认为自由、平等等最基本的价值只能在彼岸才可以完全实现。而且我认为，人压迫人是一个很宽泛的概念，一切社会形态里都可能产生奴役和压迫。社会的任何进步同时也可能产生新的奴役，比如说科技日益进步，网络是最明显的，会产生新的奴役。我不但反对老师对学生的霸权，而且反对学生对老师的霸权，那也是一种奴役，不能因为年轻就觉得具有天然的话语权。我对一切奴役现象极度敏感，这也是左翼传统的一种表现。

初刊《新京报·书评周刊》2016年9月24日

辑四：资料编目

钱理群自述文章目录

一、学术专著的设计与构想

1.《我的鲁迅研究的目标与方法——〈心灵的探寻〉引言》(1986年3月)，收《心灵的探寻》，上海文艺出版社，1988年出版。

《我与鲁迅——〈心灵的探寻〉后记》(1986年4月)，收《心灵的探寻》，上海文艺出版社，1988年出版。

《写在前面》(1997年9月)，收《心灵的探寻》，北京大学出版社，1999年再版。

《再版后记》(1997年9月)，收《心灵的探寻》，北京大学出版社，1999年再版。

2.《走进当代的鲁迅》后记(1997年9月)，收《走进当代的鲁迅》，北京大学出版社，1999年出版。

3.《与鲁迅相遇》后记(2002年11月)，收《与鲁迅相遇——北大演讲录之二》，三联书店，2003年出版。

4.《远行以后——鲁迅接受史的一种描述》后记(2001年8月)，收《远行以后——鲁迅接受史的一种描述(1936—2001)》，贵州教育出版社，2004年出版。

5.《有缺憾的价值——关于我的周作人研究》(1989年3月)，此为《传》序，因故未刊出，收《压在心上的坟》，四川人民出版社，1997年出版。

6.《周作人论》后记(1988年)，收《周作人论》，上海人民出版社，1991年出版。

《周作人研究二十一讲》后记，收《周作人研究二十一讲》（此为《周作人论》压缩本），中华书局，2004 年出版。

（附录：《〈心灵的探寻〉〈周作人传〉〈周作人论〉的延伸》，收《六十劫语》，福建教育出版社，1999 年出版）

7. 《读周作人》小引，收《读周作人》，天津古籍出版社，2001 年出版。

《读周作人》后记，收《读周作人》。

8.《话说周氏兄弟》后记（1998 年 2 月），收《话说周氏兄弟》，山东画报出版社，1999 年出版。

9. 《丰富的痛苦——堂吉诃德与哈姆雷特的东移》后记，收《丰富的痛苦——堂吉诃德与哈姆雷特的东移》，时代文艺出版社，1993 年出版。

（附录：《〈丰富的痛苦——堂吉诃德与哈姆雷特的东移〉的回应》，收《六十劫语》，福建教育出版社，1999 年出版）

10.《我怎样想和写这本书——〈1948: 天地玄黄〉代后记》（1996 年 9 月），收《1948：天地玄黄》，山东教育出版社，1998 年出版。

《1948：天地玄黄》再版后记（2008 年 1 月），收《1948：天地玄黄》，北京大学出版社，2008 年再版。

11.《大小舞台之间——曹禺戏剧新论》后记（1991 年初），收《大小舞台之间——曹禺戏剧新论》，浙江文艺出版社，1994 年出版。

（附录:《〈大小舞台之间——曹禺戏剧新论〉的回应》，收《六十劫语》，福建教育出版社，1999 年出版）

12.《中国现代文学三十年》（初版本）后记（1987 年），收《中国现代文学三十年》（初版本），上海文艺出版社，1987 年出版。

13. 《“分离”与“回归”——彩色绘图本〈中国文学史〉（20 世纪部分）的写作构想》（1996 年 8 月），收《返观与重构——文学史的研究与写作》，上海教育出版社，2000 年出版。

14. 《尝试编写探索性文学史的学术背景与总体设计——〈中国现代文学编年史——以文学广告为中心〉总序》（2012 年 9 月），

收《中国现代文学编年史——以文学广告为中心》（三卷本），北京大学出版社，2013年出版。

《呼唤新的学术想象力和创造力——在〈中国现代文学编年史——以文学广告为中心〉出版座谈会上的讲话》（2013年9月8日），未入集，电脑留存。

15.《拒绝遗忘——"1957年学"研究笔记》写在前面（2003年5月），收《拒绝遗忘——"1957年学"研究笔记》，牛津大学出版社，2007年出版。

《代跋：我的"1957年学"研究》（2003年10月），收《拒绝遗忘——"1957年学"研究笔记》。

后记（2007年6月），收《拒绝遗忘——"1957年学"研究笔记》。

16.《知我者谓我心忧：十年观察与思考（1999—2008）》后记（2009年2月），收《知我者谓我心忧：十年观察与思考（1999—2008）》，香港星尔克出版有限公司，2009年出版。

17.《我和毛泽东、毛泽东时代的关系——〈毛泽东时代和后毛泽东时代（1949—2009）：另一种历史书写〉》导言（2009年9月），收《毛泽东时代和后毛泽东时代（1949—2009）：另一种历史书写》（上），台湾联经出版事业股份有限公司，2012年出版。

《我的毛泽东时代研究——〈毛泽东时代和后毛泽东时代（1949—2009）：另一种历史书写〉》后记（2010年12月），收《毛泽东时代和后毛泽东时代（1949—2009）：另一种历史书写》（下），台湾联经出版事业股份有限公司，2012年出版。

《毛泽东时代和后毛泽东时代（1949—2009）：另一种历史书写》日文本序（2012年6月），未收入集。

《毛泽东时代和后毛泽东时代（1949—2009）：另一种历史的书写》韩文本序（2012年6月），未收入集。

《历史告诉未来——在〈毛泽东时代和后毛泽东时代（1949—2009）：另一种历史书写〉获"坡州图书奖亚洲著作奖"颁奖大会

上的讲话》（2012 年 9 月），未收入集。

18.《改造与坚守：我的知识分子精神史研究——〈岁月沧桑〉》后记（2015 年年底），收《岁月沧桑》，东方出版中心，2016 年 7 月出版，为删节版。全版本由香港城市大学出版社，2017 年出版，改题为《1949—1976：岁月沧桑》。

19. 《绝地守望》后记（2007 年 10 月），收《1977—2005：绝地守望》，香港城市大学出版社，2017 年出版。本书为广西师范大学出版社出版的《我的精神自传》的完整版，改题为《1977—2005：绝地守望》。

20. 《我的民间思想史研究的追求与方法——〈爝火不息：文革民间思想研究笔记〉》后记（2016 年 11 月），收《爝火不息：文革民间思想研究笔记》（两卷），牛津大学出版社，2017 年出版。

二、人生道路和学术道路的回顾与总结

1.《悼“第一个倒下者”》（1983 年 8 月），收《世纪末的沉思》，河北人民出版社，1997 年出版。

2. 《我的那间小屋》（1988 年 1 月），收《压在心上的坟》，四川人民出版社，1997 年出版。

3. 《做沟通鲁迅与当代青年的桥梁》（1988 年 5 月），收《世纪末的沉思》，河北人民出版社，1997 年出版。

4.《一切都从那时开始》（1989 年 7 月），收《语文教育门外谈》，广西师范大学出版社，2003 年出版。

5. 《在寂寞中耕耘——1989 年学术总结》（1989 年 12 月），收《删余集》，未刊稿。

6. 《童年的梦——我的第一篇公开发表的作文》，收《语文教育门外谈》，广西师范大学出版社，2003 年出版。

7. 《离题的追念》，收《语文教育门外谈》。

8. 《曾有过自由做梦的年代》，收《语文教育门外谈》。

9. 《我还感觉得到他的手温》，收《语文教育门外谈》。

10. 《愿老师与母校青春常在》，收《语文教育门外谈》。

11. 《从麻木中挤出的回忆——王瑶师逝世一周年祭》（1990年10月），收《世纪末的沉思》。

12. 《我这十年研究》代序（1993年1月），收《精神的炼狱》，广西教育出版社，1996年出版。

13. 《另一种民间纪念——关于北大百周年校庆中〈蔡元培〉话剧编写与演出》（1993年3月），收《论北大》，广西师范大学出版社，2008年出版。

14. 《我的〈人之患〉的多灾多难——〈删余集〉前言》（1993年5月），收《删余集》，未刊稿。

15. 《永远压在心上的坟——我的"贵州情缘"》（1993年11月），收《压在心上的坟》，四川人民出版社，1997年出版。

16. 《苦难怎样才能转化为精神资源——〈压在心上的坟〉代序》，收《压在心上的坟》。

17. 《无以表达的悔恨》，收《压在心上的坟》。

18. 《哦，你是我的父亲》，收《压在心上的坟》。

19. 《这也是一种坚忍与伟大》，收《压在心上的坟》。

20. 《保留一块"精神流浪汉"的"圣地"》（1994年春节），收《世纪末的沉思》。

21. 《亲情永恒——〈钱临三纪念集〉前言》（1994年9月），收《我的家庭回忆录》，漓江出版社，2014年出版。

22. 《自说自话：我的选择》（1994年11月），收《世纪末的沉思》，河北人民出版社，1997年出版。

23. 《致友人书——关于"台湾之旅"》（1995年10月），收《六十劫语》。

24. 《〈名作重读〉与我（代序）》（1995年5月），收《名作重读》，上海教育出版社，2006年出版。

25. 《我的中国现代文学研究大纲》（1996年8月），收《返观与重构》。

26. 《中国知识分子“世纪心路”系列研究设想》，未入集。

27. 《太晚的纪念——〈钱天鹤文集〉编后记》（1996年1月），收《我的家庭回忆录》。

28. 《请作一次精神对话与学术漫游》（1996年3月），收《对话与漫游：四十年代小说研读》，上海文艺出版社，1999年出版。

29. 《知音在民间——我的贵州经验》（1996年10月），收《漂泊的家园》，贵州教育出版社，2008年出版。

30. 《我也想骂人》（1997年4月），收《幸存者言》，复旦大学出版社，2011年出版。

31. 《中国知识分子“世纪心路”系列研究设想》（1997年5月），未入集。

32. 《“现代文学与现代政治文化”研究丛书初步构想》（1997年），未入集。

33. 《鲁迅之缘》（1997年9月），收《六十劫语》，福建教育出版社，1999年出版。

34. 《读周作人》（1997年9月），收《六十劫语》。

35. 《民间思想的坚守》（1997年12月），收《拒绝遗忘》汕头大学出版社，1999年出版。

36. 《六十年生命总结——〈六十劫语〉代序》（1998年2月），收《六十劫语》，福建教育出版社，1999年出版。

37. 自我简介，收《六十劫语》。

38. 个人学术小传，收《六十劫语》。

39. 《“遗忘”背后的历史观与伦理观》——《钱天鹤文集》编后（1998年3月），收《六十劫语》。

40. 《我与北大》（1998年4月），收《论北大》。

41. 《略谈“典型现象”的理论与运用——中国现代文学研究方法的一个尝试》（1998年4月），收《中国现代文学史论》。

42. 《矛盾与困惑中的写作——〈中国现代文学三十年〉笔谈》

（1998年10月），收《中国现代文学史论》，广西师范大学出版社，2011年出版。

43.《生命的两次相遇——我与鲁迅的〈腊叶〉》（1998年11月），未入集。

44.《学术自述》（1998年），收《学魂重铸》，文汇出版社，1999年出版。

45.《本应归全家所有》（1999年1月），收《生命的沉湖》，三联书店，2006年出版。

46.《能写的与不能写的》（1999年2月），收《生命的沉湖》。

47.《"精神界战士"谱系的寻踪、续接与困惑——〈拒绝遗忘：钱理群文选〉自序》（1999年2月），收《拒绝遗忘：钱理群文选》，汕头大学出版社，1999年5月出版。

48.《也算"立此存照"——1999年4月10日在北京大学中文系演讲的开场白》（1999年4月），收《生命的沉湖》。

49.《"找回失落的文学世界"——答〈南方文坛〉记者问》（1999年6月），收《中国现代文学史论》。

50.《致北大校长的一封信》（1999年7月），收《论北大》。

51.《我与20世纪中国文化研究》（1999年7月），收《生命的沉湖》。

52.《1999年总结》（1999年12月30日），收《生命的沉湖》。

53.《2000年伊始》（2000年1月），收《生命的沉湖》。

54.《我的书的出版厄运——〈生命的沉湖〉》后记、再记、三记、不说了（2000年1月，2001年1月，2002年7月，2006年3月），收《生命的沉湖》。

55.《四十年前的历史叙述——关于我的大学时代》（2000年3月），收《一路走来——钱理群自述》，河南文艺出版社，2016年7月出版。

56.《我的人生之路与治学之路——与南师附中同学谈心》（2000年10月），收《语文教育门外谈》。

57. 《存在着，努力着，彼此搀扶着（代跋）——在长江读书奖颁奖会上的讲话》（2000 年 10 月），收《我存在着，我努力着》，黑龙江人民出版社，2004 年出版。

58.《这是我的座右铭:〈我存在着，我努力着〉后记》，收《我存在着，我努力着》。

59.《我在做这些事——2000 年总结》（2001 年 1 月），收《生命的沉湖》。

60.《一封寄不出的信——我的忏悔》（2001 年 2 月），收《一路走来》。

61. 《2001 年回顾》（2002 年 1 月），收《生命的沉湖》。

62. 《永存赤子之心——我的中学经验和贵州经验》（2002 年 1 月） 收《漂泊的家园》。

63.《我与清华大学的“网络评价”试验》（约 2002 年），收《语文教育门外谈》。

64.《“以不切题为宗旨”——〈我的回顾与反思〉引言》（2002 年 3 月），收《我的精神自传》，广西师范大学出版社，2007 年出版。

65.《我的人生之路与治学之路》（上）（中）（下）（2002 年 3 月），收《我的精神自传》，广西师范大学出版社，2007 年出版。

66. 《我的隐痛》（2002 年 3 月），收《一路走来》。

67. 《我的告别词——在北大最后一次演讲》（2002 年 6 月 27 日）， 收《论北大》。

68.《关于“文革”记忆与研究的通信》（2002 年 8 月），收《追寻生存之根——我的退思录》，广西师范大学出版社，2005 年版。

69.《一封致友人的信》（2003 年 1 月） 收《追寻生存之根——我的退思录》。

70.《面对 21 世纪: 焦虑、困惑与挣扎——答〈文艺争鸣〉记者问》（2003 年 4 月），收《追寻生存之根——我的退思录》，广西师范大学出版社，2005 年出版。

71. 《关于 20 世纪 40 年代至 70 年代文学研究的断想》［附:

40年代文学史（多卷本）总体设计］（2003年8月），收《追寻生存之根——我的退思录》。

72. 《〈新语文读本〉〈新语文写作〉与我的梦想》（2003年9月），未入集。

73. 《认识我们脚下的土地——〈贵州读本〉编后》（2003年11月），收《幸存者言》。

《附录：归来的学魂——钱理群2003年贵州之旅》（篮子），收《追寻生存之根——我的退思录》

74. 《史料的"独立准备"及其他》（2003年12月），收《追寻生存之根——我的退思录》。

75. 《为中国的读者写作》（2004年1月），收《追寻生存之根——我的退思录》。

76. 《我退休后的"大问题"与"小事情"——〈我的退思录〉后记》（2004年2月），收《追寻生存之根——我的退思录》。

77. 《聊聊这门课——中学生鲁迅作品选读课开场白》（2004年3月），收《钱理群中学讲鲁迅》，三联书店，2011年出版。

78. 《我的教师梦》（2004年4月），收《我的教师梦》，华东师范大学出版社，2008年出版。

79. 《全球现代汉语文学：我的文学想象与文学史想象》（2004年4月），收《活着的理由》，广西师范大学出版社，2010年出版。

80. 《把鲁迅精神扎根在孩子心上——我怎样在中学讲鲁迅》（2004年5月），收《那里有一方心灵的净土》，中国文联出版社，2008年出版。

81. 《旅加日记》（2004年7月6日——8月12日），收《那里有一方心灵的净土》。

82. 《我不敢写传记的理由——兼谈我的〈周作人传〉的写作》（2004年11月），收《那里有一方心灵的净土》。

83. 《我们这一代人的世界想象》（2004年12月），收《那里有一方心灵的净土》。

84.《那里有一方心灵的净土——林庚先生对我的影响》（2004年12月），收《论北大》。

85.《和当代大学生谈王瑶先生，以及我们那个时代所受的教育》（2005年9月），收《论北大》。

86.《教师在学生心中留下的永恒记忆——回忆我的中学老师》（2006年2月），收许祖云编《青春是美丽的》（第4集），花城出版社，2007年出版。

87.《退休后我的生命存在状态——〈那里有一方心灵的净土〉后记》（2006年5月），收《那里有一方心灵的净土》。

88.《〈新语文读本〉：一段历史，一个故事，一个未完成的过程》（2006年10月），收《〈新语文读本〉：一段历史，一个故事》，广西教育出版社，2007年出版。

89.《我为什么"屡战屡挫，屡挫屡战"》（2007年5月），收《我的教师梦》。

90.《一个中国边远地区底层的知识分子的"文化大革命"记忆》（2007年10月），收《漂泊的家园》。

91.《示众——反右运动中我在两次批斗会上的发言》（2008年1月） 收《示众》，重庆出版社，2013年出版。

92.《书背后我自己的历史——〈1948：天地玄黄〉再版后记》（2008年1月），收《重建家园——我的退思录》，广西师范大学出版社，2012年出版。

93.《一个人文学者眼里的教育——〈我的教师梦〉后记》（2008年3月），收《我的教师梦》。

94.《学术研究的承担问题——和北大研究生的一次谈话》（2008年4月），收《中国现代文学史论》。

95.《就北大一百一十周年校庆答采访者问》（2008年4月），未入集。

96.《寻找失去了的"大学精神"：我们正在培养"精致的利己主义"——北大110周年民间纪念会上的讲话》（2008年4月），

收《重建家园——我的退思录》。

97. 《〈与周氏兄弟相遇〉小序》（2008年6月），收《与周氏兄弟相遇》，复旦大学出版社，2010年出版。

98. 《拒绝遗忘——接受香港学者陈宜中的访谈》（2008年6月），未收集。

99. 《“二十世纪中国文学”和80年代的现代文学研究——答来访者问》（2008年8月），收《中国现代文学史论》。

100. 《生命意识烛照下的文学史书写——和来访者谈我的现代文学研究追求》，收《中国现代文学史论》。

101.《我和三联的学术因缘》(2008年8月),收《重建家园——我的退思录》。

102.《〈论北大〉获奖感言》（2008年12月），未收集。

103.《这一年我对公共话题的关注与发言——〈重建家园〉后记》（2009年4月），收《重建家园——我的退思录》。

104. 《〈钱理群中学讲鲁迅〉后记》（2009年8月），收《钱理群中学讲鲁迅》。

105. 《“我和共和国、毛泽东六十年”：台湾讲课设想》（2009年8月），未收集。

106. 《课后感言——2009年11月26日在台湾交通大学的最后一堂课》（2009年11月），收《幸存者言》，复旦大学出版社，2011年出版。

107. 《〈幸存者言〉自序》（2010年10月），收《幸存者言》。

108. 《给自己的七个命名》（2010年11月），收《幸存者言》。

109. 《三十年走过的路》（2010年11月），收《幸存者言》。

110. 《面对“中国崛起”，我的警惕与焦虑》（2010年11月），收《静悄悄的存在变革:〈退思录〉之六》，华文出版社，2014年出版。

111. 《大陆批判知识分子的困惑》（2010年12月），收《静悄悄的存在变革：〈退思录〉之六》。

112. 《人生如梦——总结我走过的路》（2010年12月），收

《梦话录》，漓江出版社，2012 年出版。

113. 《钱理群谈〈星火〉》（2010 年），收《爝火不息：文革民间思想研究笔记》，牛津大学出版社，2017 年出版。

114. 《〈删余集〉三编后记》（2011 年 1 月），未入集。

115. 《一生裁为四截：自我介绍》（2011 年 3 月），未入集。

116. 《〈名家文学读本〉丛书在京首发式上的讲话》（2011 年 9 月），未入集。

117. 《当代中国需要讲什么，我能讲什么——〈梦话录〉后记》（2011 年 11 月），收《梦话录》。

118. 《中国教育的血肉人生》后记（2012 年 2 月），收《中国教育的血肉人生》，漓江出版社，2012 年出版。

119. 《活着的鲁迅・自序》（2012 年 8 月），收《一路走来》。

120. 《答韩国记者问》（2012 年 9 月），未入集。

121. 《在 2012 年我提出的两个教育命题——〈静悄悄的存在变革〉后记》（2012 年 12 月），收《静悄悄的存在变革：我的退思录之六》，华文出版社，2014 年出版。

122. 《做有限的可以做的事情》（2012 年 9 月），收《静悄悄的存在变革：〈退思录〉之六》。

123. 《好人联合起来做一件好事——在〈安顺城记〉预备会上的讲话》（2012 年 12 月），收《静悄悄的存在变革：〈退思录〉之六》。

124. 《精神流浪汉的传统和它的命运》（2012 年 12 月），收《静悄悄的存在变革：〈退思录〉之六》。

125. 《大时代里的个体生命史——〈钱理群作品精编〉总序》（2013 年 3 月），《钱理群作品精编》系列，三联书店，2016 年出版。

126. 《亲情永存——〈我的家庭回忆录〉后记》（2013 年 3 月），收《我的家庭回忆录》，漓江出版社，2014 年出版。

127. 《韩国延世大学国学研究员赵京美采访录》（2013 年 9 月），未在国内发表，未入集。

128. 《仰俯天地——〈退思录〉之八·后记》（2013 年 9 月），此书未能出版。

129. 《与鲁迅面对面·后记》（2014 年 1 月），收《与鲁迅面对面：〈退思录〉之七》，广州人民出版社，2015 年出版。

130.《也是沉潜十年——我与青年志愿者运动》（2014 年 2 月），收《论志愿者文化》，三联书店，2018 年出版。

131. 《为我们自己，为未来的读者写作——在〈安顺城记〉第三次工作会议的讲话》（2014 年 5 月），未入集。

132. 《“要赶紧做”——最后完成、完善自己的八（七）本书》（2014 年 6 月），未入集。

133. 《无论怎样也要坚持写作——在〈现代中国〉终刊座谈会上的讲话》（2014 年 7 月），未入集。

134. 《我关于文学史写作的思考与试验——答〈深圳商报〉记者问》（2014 年 9 月），未入集。

135. 《我们一起来读书——〈退思录〉之八》（2014 年 10 月），此书未出版。

136. 《“拉丁区”精神流浪汉·后记》（2014 年 10 月），此书后未出版。

137. 《和青年朋友一起来读鲁迅·后记》（2014 年 10 月），收《和钱理群一起阅读鲁迅》，中华书局，2015 年出版。

138. 《跨年代对话——拜访钱理群先生》（2014 年 11 月），未入集。

139. 《生命意识烛照下的写作——我的知识分子精神史研究》（2014 年 11 月），收《一路走来》。

（附录：我的知识分子精神史研究的相关著作和文章目录）

140.《幸存者的历史责任——我的当代民间思想史研究》（2014 年 11 月），收《一路走来》。

（附录：相关著作和文章目录）

141. 《精神梦乡的爱与恨——我与北大》（2014 年 11 月），

收《一路走来》。

（附录：相关著作和文字目录）

142. 《“报春晖”的意义——我与贵州》（2014 年 12 月），收《一路走来》。

（附录：相关著作和文章目录）

143. 《屡战屡挫，屡挫屡战——我和中小学语文教育》（2014 年 12 月），收《一路走来》。

（附录：相关著作和文章目录）

144. 《我与青年》（2014 年 12 月），收《一路走来》。

145. 《权当“告别词”》（代跋一）（2014 年 12 月 12 日），收《一路走来》。

146. 《知我者谓我心忧——我的“年度观察史”写作》（2015 年 1 月） 收《一路走来》。

147.《沟通“鲁迅”与“当代中国”的桥梁——〈鲁迅与当代中国〉后记》（2015 年 3 月），收《鲁迅与当代中国》，北京大学出版社，2017 年 6 月出版。

148.《答贵州“小朋友”问》（2015 年 3 月），收《一路走来》。

149. 《知识分子精神史三部曲・总序》（2015 年 4 月 20 日），收《20 世纪知识分子精神史三部曲》（《1948：天地玄黄》《岁月沧桑》《绝地守望》），香港城市大学出版社，2017 年出版。

150. 《当代青年正在用自己的方式创造新的生命——〈二十六篇：和青年朋友谈心〉后记》（2015 年 6 月），收《二十六篇：和青年朋友谈心》，东方出版公司，2016 年出版。

151. 《最后的祝福：〈致中小学教师〉后记》（2015 年 6 月），收《教育边缘位置上的思考——致中小学教师》，即将由东方出版公司出版。

152.《我的露拙之作——〈钱理群散文选〉后记》（2015 年 10 月），此书因故未能出版。

153. 《初心不变——〈退思录〉之九・后记》（2015 年 11 月），

此书因故未能出版。

154. 《屡战屡挫，初心不变——答〈新京报〉记者问》（2015年11月），收《燕园草》。

155. 《我心向往之的是创造对当代中国有解释力和批判力的理论——钱理群访谈录》（2015年12月），收《一路走来》。

156. 《20世纪中国知识分子的历史与命运——唐小兵对话钱理群》（2015年12月），收《燕园草》。

157. 《中国现代文学研究的道路、方法与精神——访钱理群教授、温儒敏教授、吴福辉研究员》（2016年7月），收《燕园草》，待出版。

158. 《答共识网网友问》（2016年7月），收《燕园草》。

159. 《我的安顺乡愁》（2016年8月），收《燕园草》。

160. 《在〈爝火不息〉研讨会上的讲话》（2016年9月），收《燕园草》。

161. 《我追求的是有缺憾的价值——在〈岁月沧桑〉研讨会上的讲话》（2016年11月）。

162. 《痛失李宇锋，我能说什么》（2017年1月），收《燕园草》。

163. 《我读〈正当七点半〉》（2017年3月），收《燕园草》。

164. 《“知我者”走了，我还活着——悼念王富仁》（2017年5月），收《燕园草》。

165. 《我为何、如何研究鲁迅》（2017年5月），收《燕园草》。

［附记：关于“钱理群鲁迅”（2017年5月），收《燕园草》。］

166. 《从未停息过的钱理群，如今有了“廉颇老矣”之感——接受记者专访》（2017年7月），收《燕园草》。

167. 《我选择边缘化，是为了站在边缘位置讨论中心问题——接受记者专访》（2017年7月）。

168. 《我和老农一样耕耘不止——〈燕园草〉前言》（2017年8月），收《燕园草》。

169. 《钱理群与洪子诚对话》（2017年11月），收《燕园草》。

170. 《我这样迎接人生第八十个岁月》（2017 年 12 月），收《八十自述》，待出版。

171. 《在〈曹禺全集〉编委会上的讲话》（2017 年 12 月），收《燕园草》。

172. 《八十自述》（2018 年 2 月），收《八十自述》。

173. 《我的“中国人和中国社会改造”的思想与实践》（2018 年 10 月），收《八十自述》。

174. 《一切都如过眼云烟，唯有文化永存——在〈漫说文化〉丛书出版 20 年纪念“三人谈”上的讲话》（2018 年 10 月），收《燕园草》。

175. 《我与鲁迅〈颓败线的颤动〉迟迟结缘》（2018 年 10 月），收《八十自述》。

176. 《我的教育思想与教育实践》（上）（下）（2018 年 12 月—2019 年 1 月），收《八十自述》。

177. 《“我的深情为你守候”——〈崔可忻纪念集〉代序》（2019 年 3 月），收《燕园草》。

178. 《我的当代政治思想史研究——〈不知我者谓我何求——又一个十年观察与思考（2009—2018）〉后记》（2019 年 9 月），收《八十自述》。

179. 《和来自重庆的朋友谈“安顺这帮人”》（2019 年 10 月），收《八十自述》。

180. 《关于“同代人”的记忆》（2019 年 10 月），收《八十自述》。

181. 《〈八十自述〉后记》（2019 年 11 月），收《八十自述》。

182. 《我和贵州、安顺的地方文化研究》（2019 年 11 月），收《八十自述》。

183. 《我和大自然的关系——就〈钱理群的另一面〉答记者问》（2019 年 12 月）。

184. 《我的文学史家的追求和努力——〈中国现代文学研究

学人研究论集〉后记》（2019 年 12 月），收《八十自述》。

185. 《期待后来者的超越——〈中国现代文学学科建设论集〉后记》（2020 年 2 月），收《八十自述》。

186. 《“因为我对这土地爱得深沉”——我的 20 世纪 40 年代文学研究的历史回忆》（2020 年 2 月），收《八十自述》。

187. 《绝望中的坚守——〈中国当代思想史、精神史研究论集〉后记》（2020 年 2 月），收《八十自述》。

188. 《〈新语文读本〉——〈名家文学读本〉——〈跟着名家学语文〉的历史传承——〈跟着名家学语文〉丛书总序》（2020 年 5 月），收《燕园草》。

三、自述专著

1. 《我的精神自传》，广西师范大学出版社，2007 年出版（删节版），后由台湾行人出版社和社会科学研究杂志社于 2008 年将此书上、下部分分别出版完整版，题为《我的回顾与反思——在北大的最后一门课》《我的精神自传——以北京大学为中心》。最后由香港城市大学出版社于 2017 年出版全书完整本，改题为《1977—2005：绝地守望》。

2. 《我的家庭回忆录》，漓江出版社，2014 年出版。

3. 《一路走来——钱理群自述》，河南文艺出版社，2016 年出版。

4. 《八十自述》，东方出版中心即将出版。

钱理群发表文章目录（1980—2021）

1980 年

1.《鲁迅与进化论》，《中国现代文学研究丛刊》1980 年第 2 期。

1981 年

1.《探索者的得和失——路翎小说创作漫谈》，《中国现代文学研究丛刊》1981 年第 3 期。

2.《试论鲁迅与周作人的思想发展道路》，《中国现代文学研究丛刊》1981 年第 4 期。

1982 年

1.《“改造民族灵魂”的文学 ——纪念鲁迅诞辰一百周年与肖红诞辰七十周年》，《十月》1982 年第 1 期。

2.《“笑”是怎样产生的——张天翼〈华威先生〉赏析》，《安顺文艺》1982 年第 2 期。

1983 年

1.《何士光创作论》，《山花》1983 年第 4 期。

2.《展示知识分子心灵历程的史诗——路翎〈财主底儿女们〉简论》，《抗战文艺研究》1983 年第 4 期。

3.《鲁迅的〈呐喊〉和〈彷徨〉——“中国现代文学”讲座第 2 讲》，《陕西教育》1983 年第 11 期。

4.《老舍笔下的个性解放问题——简论〈月牙儿〉的思想独创性》

《安顺师专学报》1983 年第 1 期。

5.《〈北京人〉简析》，杨占升等编《中国现代文学专题选讲》，中央广播电视大学出版社，1983 年 12 月版。

1984 年

1.《“五四”时期新诗的发展——“中国现代文学”讲座第 6 讲》，《陕西教育》1984 年第 2 期。

2.《鲁迅、周作人文学观发展道路比较研究》，《中国社会科学》1984 年第 2 期。

3.《郭沫若的〈女神〉及其他创作——“中国现代文学”讲座第 7 讲》，《陕西教育》1984 年第 3 期。

4.《读〈野草〉〈朝花夕拾〉随笔》，《现代文艺论丛（3）》，陕西人民出版社，1984 年 4 月。

5.《三十年代诗歌的发展——“中国现代文学”讲座第 13 讲》，《陕西教育》1984 年第 8 期。

6.《创造条件，开展多学科的综合研究》，《中国现代文学研究丛刊》1984 年第 3 期。

7.《鲁迅的杂文创作与〈故事新编〉》——“中国现代文学”讲座第 14 讲，《陕西教育》1984 年第 8 期。

8.《石果创作论》，《山花》1984 年第 9 期。

1985 年

1.《四十年代国统区戏剧运动与创作——“中国现代文学”讲座第 24 期》，《陕西教育》1985 年第 3 期。

2.《新文学第三个十年国统区诗歌创作——“中国现代文学”讲座第 25 讲》，《陕西教育》1985 年第 3 期。

3.《中国现代小说的发展》（上），北京人文函授大学函授教材。

4.《中国现代小说的发展》（中），北京人文函授大学函授教材。

5.《中国现代小说的发展》（下），北京人文函授大学函授教材。

6.《中国现代散文的发展》（上），同上。

7.《中国现代散文的发展》（下），同上。

8.《周作人：东西方文化汇流中的历史抉择》，《走向世界文学——中国现代作家与外国文学》，湖南人民出版社，1985 年。

9.《论二十世纪中国文学》（与黄子平、陈平原合作），《文学评论》1985 年第 5 期。

10.《“二十世纪中国文学”三人谈·缘起》（与黄子平、陈平原合作），《读书》1985 年第 10 期。

11.《“二十世纪中国文学”三人谈·世界眼光》（与黄子平、陈平原合作），《读书》1985 年第 11 期。

12.《“二十世纪中国文学”三人谈·民族意识》（与黄子平、陈平原合作），《读书》1985 年第 12 期。

1986 年

1.《“二十世纪中国文学”三人谈·文化角度》（与黄子平、陈平原合作），《读书》1986 年第 1 期。

2.《“二十世纪中国文学”三人谈·艺术思维》（与黄子平、陈平原合作），《读书》1986 年第 2 期。

3.《“二十世纪中国文学”三人谈·方法》（与黄子平、陈平原合作），《读书》1986 年第 3 期。

4.“路翎”，《大百科全书·中国文学卷》，大百科全书出版社，1986 年。

5.“周作人”，同上。

6.“肖军”，同上。

7.“《学灯》”，同上。

8.“《觉悟》”，同上。

1987 年

1.《鲁迅心态研究》，《文艺研究》1987 年第 1 期。

2.《关于鲁迅研究的一些思考》，《中国现代文学研究丛刊》1987年第1期。

3.《鲁迅思维方式与中外文化关系的随想》，《安顺师专学报》1987年第2期。

4.《中国现代文学的历史特点》（与王瑶合作），《社会科学战线》1987年第2期。

5.《试评〈乌篷船〉》，《中国现代文学作品选讲》（下），高等教育出版社，1987年10月。

6.《读〈春〉》，林从龙等编《作家谈初中语文课文续编》，四川教育出版社，1987年11月。

7.《走向深渊之路——周作人后期思想研究》，《鲁迅研究动态》1987年第1期。

8.《现代读书人的胸襟与眼界——兼论周作人这一代人的知识结构》，《读书》1987年第2期。

9.《人与兽——鲁迅的艺术世界之一》，《甘肃社会科学》1987年第4期。

10.《同代人的观察与理解——读杨义〈中国现代小说史〉（第一卷）》，《中国现代文学研究丛刊》1987年第4期。

11.《哭好哥》，《纪念钱宁同志》，清华大学出版社，1987年。

12.《鲁迅：先驱者心灵的探寻》，《文化：中国与世界》（第3辑），三联书店，1987年12月。

1988 年

1.《历史的毁誉之间——简论周作人文艺批评理论与实践》，《中国现代文学研究丛刊》1988年第1期。

2.《在人生道路的十字路口——周氏兄弟比较研究之三》，《鲁迅研究动态》1988年第1期。

3.《“于一切眼中看见无所有”》，《鲁迅研究动态》1988年第3期。

4.《但愿这不是奢望》，《北大学生报》1988 年 4 月 5 日。

5.《关于周作人散文艺术的断想——读书札记》，《江海学报》1988 年第 3 期。

6.《要好处说好，坏处说坏——在“鲁迅与中国现代文化名人学术座谈会”上的发言》，《鲁迅研究动态》1988 年第 7 期。

7.《做沟通“鲁迅”与“当代青年”的“桥梁”》，《鲁迅研究动态》1988 年第 8 期。

8.《部分当代青年眼里的鲁迅》,《鲁迅研究动态》1988 年第 8 期。

9.《周作人与钱玄同、刘半农——“复古”、“欧化”及其它》，《辽宁教育学院学报》1988 年第 4 期。

10.《胡风与五四文学传统》，《文学评论》1988 年第 5 期。

11.《周作人的民俗学研究与国民性考察》，《北京大学学报》1988 年第 5 期。

12.《周作人与“五四”文学语言的变革》，《中国现代文学研究丛刊》1988 年第 4 期。

13.《寄回故乡的千字文》，《安顺晚报》1988 年 8 月 9 日。

14.《周作人儿童学、童话学、神话学研究与传统文化的反思》，《吉林师范学院学报》1988 年第 4 期。

15.《我的那间小屋》，收《精神的魅力》，北京大学出版社，1988 年。

16.《开新纪元的工作——周作人的翻译理论与实践》，《思想家》创刊号。

1989 年

1.《当代知识分子的角色转换》,《人民日报》1989 年 4 月 24 日。

2.《反思三题》，《文艺报》1989 年 5 月 20 日。

3.《“五四”以后的周作人》(上),《东方记事》1989 年第 2 期。

4.《“五四”以后的周作人》(下),《东方记事》1989 年第 3 期。

5.《试论五四时期“人的觉醒”》，《文学评论》1989 年第 3 期。

6.《略论“五四”文学的觉醒及“五四”后的不同选择》，《文论报》1989年第14、16期。

7.《由“历史”引出的“隐忧”》，《上海文论》1989年第3期。

8.《当代文学四十年百人答问录》（三），《上海文论》1989年第4期。

9.《对于“五四”的否定与背离》，《华人世界》1989年第4、5期合刊。

10.《关于王实味的笔谈》，《文学报》1989年4月27日。

11.《一切都是从那时开始的》，《大学生》1989年第11期。

12.《“任心闲话”之作》，《新文学鉴赏文库·散文卷》第1卷，陕西人民出版社，1989年。

1990年

1.《谈论王瑶先生的鲁迅研究》,《鲁迅研究月刊》1990年第1期。

2.《试论芦焚的“果园城”世界》，《信阳师范学院学报》1990年第1期。

3.《〈北极风情画〉〈塔里的女人〉研究》，《中国现代文学研究丛刊》1990年第1期。

4.《给〈贵州当代文学概观〉作者的一封信》，《文学窗》1990年第2期。

5.《从高长虹与二周论争中看到的……》，《鲁迅研究月刊》1990年第5期。

6.《我的老师卢冠六先生》，《教师报》1990年6月17日。

7.《观〈故乡人〉有感》，《安顺报》1990年8月11日。

8.《治学精神与人格力量——悼王瑶师》,《群言》1990年第3期。

9.《乡风市声录·序》，《文学角》1990年第3期。

10.《小说史研究的新视域》，《读书》1990年第7期。

11.《王瑶先生文学史理论、方法描述》，收《王瑶先生纪念集》，天津人民出版社，1990年8月出版。

12.《王瑶先生现代文学史研究概述》，同上。

13.《读〈初恋〉》，《钱理群读周作人》，新华出版社，2011年。

14.《心灵的探寻》（第13章“人·神·鬼”），［日］木原叶子译，［日］《中国图书》1990年第2卷3、4、5号。

15.《从痛定中挤出的回忆和理解——王瑶师逝世一周年祭》，《中国现代文学研究丛刊》1990年第4期。

16.《父父子子·序》，《父父子子》，人民文学出版社，1990年。

17.《世故人情·序》，《世故人情》，人民文学出版社，1990年。

1991年

1.《周作人，何许人》，《语文学习》1991年第1期。

2.《中国现代堂·吉诃德的“归来”——〈莫须有先生传〉、〈莫须有先生坐飞机以后〉简论》，《云梦学刊》1991年第1期。

3.《给亡友》，《安顺晚报》1991年4月23日。

4.《周作人传·后记》，牧阳一译，［日］《中国图书》1991年第3卷6、7月号。

5.《鲁迅散文全编·序》（与王得后合作），《鲁迅研究月刊》1991年第6期。

6.《鲁迅小说全编·序》（与王得后合作），《中国现代文学研究丛刊》1991年第3期。

7.《随感录·三十五》（鲁迅）赏析，《鲁迅名作鉴赏辞典》，中国和平出版社，1991年9月。

8.《随感录·四十八》（鲁迅）赏析，同上。

9.《再论雷峰塔的倒掉》（鲁迅）赏析，同上。

10.《论辩的魂灵》（鲁迅）赏析，同上。

11.《论睁了眼看》（鲁迅）赏析，同上。

1992年

1.《山里山外·序》，韩乐群《山里山外》，广西民族出版社，

1992 年 4 月。

2.《说东道西·序》，《说东道西》，人民文学出版社，1992 年 5 月。

3.《“哈姆雷特”与“唐吉诃德”的东移》，《学人》第 2 辑，江苏文艺出版社，1992 年 7 月。

4.《书信卷》，《鲁迅作品赏析大辞典》，四川辞书出版社，1992 年 8 月。

5.《中国现代文学三十年·绪论》，林春城译，韩国《中国现代文学学会会刊》1992 年第 2 期。

6.《附中让我自由地做梦》，《青春是美丽的》，贵州人民出版社，1992 年 9 月。

7.《屠格涅夫对俄国堂吉诃德和哈姆雷特的艺术发现》（上），《荆州师专学报》1992 年第 6 期。

8.《一个并不遥远的“神话”故事》，收录于庄守经、赵学文编《文明的沃土》，北京大学出版社，1992 年 12 月。

1993 年

1.《〈雷雨〉是“社会问题剧”吗》，《语文学习》1993 年第 1 期。

2.《“五四”新村运动和知识分子的堂吉诃德气》，《天津社会科学》1993 年第 1 期。

3.《堂吉诃德和哈姆雷特的“东移”——二十世纪中国作家的一个精神现象》，《文学世界》1993 年第 3 期。

4.《沈从文作品研读二题》，《南通师专学报》（社会科学版）1993 年第 1 期。

5.《屠格涅夫对俄国堂吉诃德和哈姆雷特的艺术发现》（下），《荆州师专学报》1993 年第 1 期。

6.《瞿秋白：从“多余人”到“多余的话”》，《海南师院学报》1993 年第 1 期。

7.《中国现代的堂吉诃德和哈姆雷特——论七月诗派和九叶派

诗人》，《文艺争鸣》1993年第1期。

8.《〈记念刘和珍君〉的一种“读法”》，《语文学习》1993年第3期。

9.《曹禺戏剧生命的创造与流程》,《文学史》,北京大学出版社,1993年4月。

10.《鲁迅杂文名篇的一种读法》，《语文学习》1993年第4期。

11.《对〈阿Q正传〉的重新审视》,《语文学习》1993年第5期。

12.《哦，你是我的父亲》，《人民政协报》1993年5月1日。

13.《〈故乡〉：心灵的诗》，《语文学习》1993年第6期。

14.《有缺憾的价值——关于我的周作人研究》，《读书》1993年第4期。

15.《作为思想家的鲁迅》（与王乾坤合作），《鲁迅研究月刊》1993年第6期（由丸尾常喜、任明信译为日文，载东京大学东洋文化研究所编《东洋文化》第74期，1994年出版）。

16.《童年的梦》，《今晚报》1993年6月30日。

17.《〈祝福〉：“我”的故事和祥林嫂的故事》，《语文学习》1993年第7期。

18.《丁西林喜剧〈酒后〉批注》，《名作欣赏》1993年第2期。

19.《我这十年研究——〈精神的炼狱〉序》,《现代文学研究丛刊》1993年第3期。

20.《解读鲁迅小说的一把钥匙》，《语文学习》1993年第9期。

21.《试谈〈大堰河——我的保姆〉的意象组合》《语文学习》1993年第11期。

22.《真的人和真的杂文——读〈田仲济杂文集〉所引起的思考》,《读书》1993年第8期。

23.《关于朱自清的“不平静”》，《语文学习》1993年第12期。

1994年

1.《〈项链〉告诉读者什么》，《语文学习》1994年第1期。

2.《无边心事见真情——〈十年心路渺茫〉序》，《济南日报》周末版 1994 年 1 月 22 日。

3.《丁西林〈压迫〉批注》，《名作欣赏》1994 年第 1 期。

4.《〈孔乙己〉“叙述者”的选择》，《语文学习》1994 年第 2 期。

5.《好像什么都没有发生》，《北京晚报》1994 年 4 月 26 日。

6.《在寂寞中发展（世纪之交的现代文学研究笔谈）》，《天津社会科学》1994 年第 1 期。

7.《三十年代话剧运动的若干理论起点》，《杭州师范学院学报》1994 年第 2 期。

8.《〈快乐的王子〉“快乐”吗》，《语文学习》1994 年第 4 期。

9.《鲁迅与九十年代北大学生》，《东方》1994 年第 2 期。

10.《保留一块“精神流浪汉”的“圣地”》，《上海文化》1994 年第 2 期。

11.《世纪末的沉思・序》，《语文报》“七彩周末”16 期，1994 年 4 月 27 日。

12.《被误解的〈威尼斯商人〉》，《语文学习》1994 年第 5 期。

13.《昨天的小说与小说观念——四十年代小说理论概说》，《上海文学》1994 年第 6 期，又载科罗那多大学东亚语言文学系《中国现代文学》1995 年 9 卷 1 期。

14.《意味深长的〈皇帝的新衣〉》，《语文学习》1994 年第 6 期。

15.《永远压在心上的坟——“贵州情缘”之一》，《花溪》1994 年第 6 期。

16.《这也是一种坚忍与伟大——先母逝世二十周年纪念》，《青年文学》1994 年第 5 期。

17.《“以不切题为宗旨”——现代作家写作经验谈之一》，《现代写作报》1994 年 5 月 20 日。

18.《品一品“故都”的“秋味”》，《语文学习》1994 年第 7 期。

19.《鲁迅“多疑”的思维方式——兼谈对〈一件小事〉的一点看法》，《语文学习》1994 年第 8 期。

20.《读一读〈社戏〉全文》，《语文学习》1994 年第 9 期。

21.《〈套中人〉结构上的套子》，《语文学习》1994 年第 10 期。

22.《奇巧的构思背后的人文精神——读〈最后的常春藤叶〉》，《语文学习》1994 年第 12 期。

23.《毛泽东〈沁园春·雪〉新解》，《语文学习》1995 年第 1 期。

24.《〈孤独者〉细读》（与薛毅合作），《鲁迅研究月刊》1994 年第 7 期。

25.《点心的味道与意思——读周作人〈北京的茶食〉》，《大地》1994 年第 12 期。

26.《周作人"文抄公体"散文及其他（6 篇）》，《安顺师专学报》1994 年第 3 期。

27.《也说"语文与人生"》，《语文报》1994 年 10 月 3 日。

28.《中国知识者"想"、"说"、"写"的困惑——读鲁迅作品札记》，《国际汉学论坛》，西北大学出版社，1994 年 9 月出版。

29.《〈狂人日记〉细读》（与薛毅合作），《鲁迅研究月刊》1994 年第 11 期。

30.《文学的转型与新文化运动——〈二十世纪中国文学史略〉选载之一》（与吴晓东合作），《海南师院学报》1994 年第 4 期。

31.《中国现代文学论集·介绍》（王瑶著），《中国二十世纪文学研究论著提要》，北京大学出版社，1994 年。

32.《中国新文学史稿·介绍》（王瑶著），收前书。

1995 年

1.《"名作重读"与"我"》，《语文学习》1994 年第 12 期。

2.《战争年代——〈二十世纪中国现代文学史略〉之二》（与吴晓东合作），《海南师院学报》1995 年第 1 期。

3.《关于文学史研究与写作的片断思考——从夏晓虹〈晚清文学改良运动〉谈起》，《回顾与前瞻：19—20 世纪中国文学思潮讨论集》，河南人民出版社，1994 年。

4.《尚待实现的希望——著名学者钱理群致本刊记者的一封信》，《安顺日报》（周末版）1995 年 3 月 11 日。

5.《周作人散文四读》，《南通师专学报》（社科版）1995 年第 1 期。

6.《重读周作人的〈闭门读书论〉》，《书与人》。

7.《文章是“做”出来的——现代作家写作经验之二》，《现代写作报》1995 年。

8.《从心底涌出来》，《光明日报》“文化周刊”1995 年 3 月 8 日。

9.《“分离”与“回归”——绘图本〈中国文学史〉（20 世纪）的写作构想》（与吴晓东合作），《文艺理论研究》1995 年第 1 期。

10.《读两篇奇文的联想》，《鲁迅研究月刊》1995 年第 10 期。

11.《关于中国新民族主义的对话》,《华声月报》1995 年 11 月号。

12.《冰心自传·后记》（与谢茂松合作），《冰心自传》，江苏文艺出版社，1995 年。

13.《王瑶先生的研究个性、学术贡献与地位》，《徐州师院学报》（哲学社会科学版）1995 年第 3 期。

1996 年

1.《普通人日常生活的重新发现——40 年代沦陷区散文概论》（与谢茂松、叶彤合作），《北京大学学报》1996 年第 1 期。

2.《试论鲁迅小说的“复仇”主题——从〈孤独者〉到〈铸剑〉》，《鲁迅研究月刊》1995 年第 8 期，又载《安顺师专学报》1996 年第 1 期。

3.《〈故事新编〉解说》，韩文版《吹哨子的庄子》，我们的教育出版社，1995 年。

4.《“言”与“不言”之间——〈中国沦陷区文学大系〉总序》，《中国现代文学研究丛刊》1996 年第 1 期。

5.“编后记”，同上。

6.《笔谈》,《清华汉学研究》第 1 辑，清华大学出版社，1994 年。

7.《重写文学史——访北京大学教授钱理群》，《北京青年报》1996年5月28日。

8.《精神界战士的大悲剧——说〈路翎：未完成的天才〉》，《读书》1996年第6期。

9.《以平常心作平实之研究——读张铁荣〈周作人平议〉》，《鲁迅研究月刊》1996年第7期。

10.《一九四八：诗人的分化》，《文艺理论研究》1996年第4期。

11.《建立规范——〈二十世纪中国文学史略〉之三》（与吴晓东合作），《海南师院学报》1996年第3期。

12.《鲁迅对“现代化”诸问题的历史回应》，《文艺研究》1996年第6期。

1997年

1.《长长的背影》，《读书》1997年第1期。

2.《批判萧军——1948年8月》，《文艺争鸣》1997年第1期。

3.《文学的归来——〈二十世纪中国文学史略〉之五》（与吴晓东合作），《海南师院学报》1997年第1期。

4.《我的中国现代文学研究大纲》，《中国现代文学研究丛刊》1997年第1期。

5.《“新的小说的诞生”》，《文艺理论研究》1997年第1期。

6.《战地歌声——1948年10月》，《文艺争鸣》1997年第3期。

7.《文体与风格的多种实验——四十年代小说研读札记》，《文学评论》1997年第3期。

8.《沈从文〈看虹录〉研读》（与贺桂梅合作），《中国现代文学研究丛刊》1997年第2期。

9.《鲁迅的力量在民间——鲁迅精神与当代青年》，《南方文坛》1997年第3期。

10.《胡风的回答——1948年9月》，《文艺争鸣》1997年第5期。

11.《校园风暴——1948年4—5—6月》，《文艺争鸣》1997

年第 6 期。

12.《一部地方区域的“文学大系”》，《当代作家评论》1997 年第 6 期。

1998 年

1.《绝对不能让步》，《鲁迅研究月刊》1998 年第 1 期。

2.《一个有待开拓的研究领域——〈二十世纪诗词选〉序》，《安顺师专学报》1998 年第 1 期。

3.《萧红〈后花园〉文本细读》，《杭州师范学院学报》1998 年第 1 期。

4.《冯至博士〈伍子胥〉新论》（与谢茂松合作），《徐州师范大学学报》1998 年第 1 期。

5.《有意味的参照——读孙郁：〈鲁迅与周作人〉》，《鲁迅研究月刊》1998 年第 3 期。

6.《想起了七十六年前的纪念》，《读书》1998 年第 5 期。

7.《“突围心态”的独特视角与自我发现——关于〈鲲鹏之路〉》，《南方文坛》1998 年第 3 期。

8.《鲁迅是谁：世纪末的回答——读〈鲁迅新画像〉》，《当代作家评论》1998 年第 4 期。

9.《“遗忘”背后的历史观与伦理观》，《读书》1998 年第 8 期。

10.《人间鲁迅》（与林贤治、王富仁、朱正、王得后、邵燕祥、张梦阳、谢泳合作），《读书》1998 年第 9 期。

11.《民间思想的坚守》，《读书》1998 年第 9 期。

12.《略谈“典型现象”的理论与运用——中国现代文学研究方法的一个尝试》，《文艺理论研究》1998 年第 5 期 。

13.《“跨越了精神死亡的峡谷”的自由歌唱——在〈诗探索金库·食指卷〉发行座谈会上的发言》，《诗探索》1998 年第 4 期。

14.《我怎样想与写这本书？》，《文艺争鸣》1998 年第 6 期。

1999 年

1.《周作人的传统文化观——北大演讲录之六》,《浙江社会科学》1999 年第 1 期。

2.《走出怪圈：世纪总结与期待》，《文艺争鸣》1999 年第 1 期。

3.《现代文学的观念与叙述——〈中国现代文学三十年〉笔谈》（与洪子诚、旷新年、吴晓东合作），《文学评论》1999 年第 1 期。

4.《“现代中国知识分子精神史”中的一页——卞之琳〈海与泡沫〉细读》，《齐鲁学刊》1999 年第 1 期。

5.《传统与现代：中国新文学研究的回顾与反思》（笔谈）（与陆耀东、刘纳、蓝棣之、温儒敏、郑敏、龙泉明合作），《文艺研究》1999 年第 1 期。

6.《生命的两次相遇——我与鲁迅的〈腊叶〉》，《群言》1999 年第 2 期。

7.《现当代文学与大学教育关系的历史考察——“二十世纪中国文学与大学文化”丛书序》,《中国现代文学研究丛刊》1999 年第 1 期。

8.《致教材编写组的信》，《语文学习》1999 年第 3 期。

9.《鲁迅的西方文化观——北大演讲录之三》，《中州学刊》1999 年第 2 期。

10.《翠鸟远飞了》，《群言》1999 年第 5 期。

11.《论现代新诗与现代旧体诗的关系》,《诗探索》1999 年第 2 期。

12.《新的可能性——读近年出版的几本现代文学史的笔记》，《中国现代文学研究丛刊》1999 年第 2 期。

13.《生命的两次相遇——我与鲁迅的〈腊叶〉》，《文艺争鸣》1999 年第 3 期。

14.《“精神界战士”谱系的自觉承续——摩罗思想随笔序》，《当代作家评论》1999 年第 3 期。

15.《矛盾与困惑中的写作》，《文艺理论研究》1999 年第 3 期。

16.《鲁迅小说的形式意义 · 序》，《鲁迅研究月刊》1999 年第 7 期。

17.《“燕山偶语遭奇祸”——〈燕山夜话〉的命运及其影响》，《出版广角》1999 年第 8 期。

18.《精神火种的传递——读王吉鹏和他的学生的鲁迅研究论著》，《鲁迅研究月刊》1999 年第 9 期。

19.《两种散文体式——〈散文卷〉导言》（摘录）（与谢茂松、叶彤合作），《南方文坛》1999 年第 5 期。

20.《找回失落的文学世界——答〈南方文坛〉记者问》，《南方文坛》1999 年第 5 期。

21.《现代文学史研究的历史回顾》，《杭州教育学院学报》1999 年第 5 期。

22.《不容抹煞的思想遗产》，《炎黄春秋》1999 年第 11 期。

23.《中国有没有思想家？——“草原部落之夏笔会”座谈录》，《粤海风》1999 年第 6 期。

24.《漫谈鲁迅对传统文化的批判》,《文史知识》, 1999 年第 4 期。

2000 年

1.《请重视中学生课外读物的建设　读〈中国文化史知识丛书〉有感》，《出版广角》2000 年第 1 期。

2.《析“主与奴”——周氏兄弟“改造国民性”思想之四》,《文艺争鸣》2000 年第 1 期。

3.《中国当代文学史写作笔谈——读洪子诚〈当代文学史〉后》，《文学评论》2000 年第 1 期。

4.《钱理群教授就〈鲁迅《狂人日记》解读〉给黄泽铣先生的信》，《成都教育学院学报》2000 年第 2 期。

5.《走近真实的郭小川——〈郭小川全集〉出版座谈会纪实》，《社会科学论坛》2000 年第 3 期。

6.《提倡主体性的自由阅读与写作》，《群言》2000 年第 5 期。

7.《喜读〈新青年文丛〉》，《书屋》2000 年第 6 期。

8.《寻找走向“鲁迅世界”的通道——陈方竞〈鲁迅与浙东文化〉

序》，《鲁迅研究月刊》2000 年第 6 期 。

9.《摩罗文字的魅力》，《锦州师范学院学报》2000 年第 3 期。

10.《四十年前的“历史叙述”——关于“我的大学时代”》，《读书》2000 年第 11 期。

2001 年

1.《解读周作人》（上），《荆州师范学院学报》2001 年第 4 期。

2.《文学本体与本性的召唤》,《涪陵师范学院学报》2001 年第 4 期。

3.《用现代中国人自己的话真实地描写自己》，《温州师范学院学报》2001 年第 4 期。

4.《〈野草〉精读二题》，《曲靖师范学院学报》2001 年第 5 期。

5.《二十九年前的一封书信》，《读书》2001 年第 12 期。

6.《20 世纪中国文学研究的新收获——读〈20 世纪贵州文学史书系〉》，《南方文坛》2001 年第 6 期 。

7.《解读周作人》（下），《荆州师范学院学报》2001 年第 6 期。

2002 年

1.《鲁迅：远行以后（1949—2001）》（之一），《文艺争鸣》2002 年第 1 期。

2.《鲁迅作品三读》，《娄底师专学报》2002 年第 1 期。

3.《鲁迅：远行以后（1949—2001）》（之二），《文艺争鸣》2002 年第 2 期。

4.《扩大研究视野与确立研究重心》，《浙江师范大学学报》2002 年第 2 期。

5.《鲁迅：远行以后（1949—2001）》（之三），《文艺争鸣》2002 年第 3 期。

6.《在“鲁迅改造国民性思想研讨会”上的发言》（提纲），《鲁迅研究月刊》2002 年第 5 期。

7.《鲁迅：远行以后（1949—2001）》（之四），《文艺争鸣》

2002年第4期。

8.《学术八股：扼杀创造力》，《中国高等教育评估》2002年第3期。

9.《我与清华大学的“网络评价”实验》，《北京观察》2002年第8期。

10.《“於我心有戚戚焉”——读王景山先生〈鲁迅五书心读〉》，《鲁迅研究月刊》2002年第9期。

11.《与鲁迅生命的相遇》，《博览群书》2002年第11期。

12.《鲁迅与现代评论派的论战》，《鲁迅研究月刊》2002年第11期。

13.《“为人生”的文学——关于〈呐喊〉和〈彷徨〉的写作》（一），《海南师范学院学报》2002年第6期。

2003年

1.《北京大学教授的不同选择——以鲁迅与胡适为中心［北大演讲录之一］》，《文艺争鸣》2003年第1期。

2.《认识你脚下的土地——李夫泽著〈湘中现代作家研究〉序》，《娄底师专学报》2003年第1期。

3.《“为人生”的文学——关于〈呐喊〉和〈彷徨〉的写作》（二），《海南师范学院学报》2003年第1期。

4.《对话与发现——中小学写作教育断想》，《教师之友》2003年第2期。

5.《十年沉默的鲁迅》，《浙江社会科学》2003年第1期。

6.《以“立人”为中心——鲁迅思想与文学的逻辑起点》（上），《涪陵师范学院学报》2003年第1期。

7.《从〈兔和猫〉读起》，《语文建设》2003年第3期。

8.《书序三篇》，《南方文坛》2003年第2期。

9.《北京大学教授的不同选择——以鲁迅与胡适为中心［北大演讲录之二］》，《文艺争鸣》2003年第2期。

10.《对宇宙基本元素的个性化想象——读鲁迅〈死火〉〈雪〉〈腊叶〉》，《苏州科技学院学报》2003年第1期。

11.《“为人生”的文学——关于〈呐喊〉和〈彷徨〉的写作》（三），《海南师范学院学报》2003 年第 2 期。

12.《关于“现在中国人的生存和发展”的思考——1918~1925 年间的鲁迅杂文》（上），《贵州师范大学学报》2003 年第 2 期。

13.《孩子发出的警示》，《读书》2003 年第 4 期。

14.《以“立人”为中心——鲁迅思想与文学的逻辑起点》（下），《涪陵师范学院学报》2003 年第 2 期。

15.《中国现代文学研究会第八届年会闭幕词》，《中国现代文学研究丛刊》2003 年第 2 期。

16.《北京大学教授的不同选择——以鲁迅与胡适为中心［北大演讲录之三］》，《文艺争鸣》2003 年第 3 期。

17.《人间至爱者为死亡所捕获——一九三六年的鲁迅》（上），《鲁迅研究月刊》2003 年第 5 期。

18.《建构孩子自己的精神家园——读严凌君〈读书课〉系列教材》，《教师之友》2003 年第 6 期。

19.《关于“现在中国人的生存和发展”的思考——1918~1925 年间的鲁迅杂文》（下），《贵州师范大学学报》2003 年第 3 期。

20.《人间至爱者为死亡所捕获——一九三六年的鲁迅》（下），《鲁迅研究月刊》2003 年第 6 期。

21.《北京大学教授的不同选择——以鲁迅与胡适为中心［北大演讲录之四］》，《文艺争鸣》2003 年第 4 期。

22.《文本阅读：从〈朝花夕拾〉到〈野草〉》，《江苏社会科学》2003 年第 4 期。

23.《五四新文化运动与中小学国文教育改革》，《中国现代文学研究丛刊》2003 年第 3 期。

24.《评奖委员会对获奖论文评语》（与李今、解志熙、李存光、王世家、王信、孙郁、刘慧英、王培元、吴福辉、张中良合作），《中国现代文学研究丛刊》2003 年第 3 期。

25.《“独怜风雪夜归人”》，《读书》2003 年第 9 期。

26.《北京大学教授的不同选择——以胡适与鲁迅为中心［北大演讲录之五］》，《文艺争鸣》2003 年第 5 期。

2004 年

1.《与中学生的网上对话》（与沈上、李翔、胡坚合作），《鲁迅研究月刊》2004 年第 1 期。

2.《关于新一代研究者的观察与思考——在唐弢青年文学研究奖颁奖会上的讲话》，《中国现代文学研究丛刊》2004 年第 1 期。

3.《读什么，怎么读：引导中学生“读点鲁迅”的一个设想——〈中学生鲁迅读本〉编辑手记》，《鲁迅研究月刊》2004 年第 4 期。

4.《20 世纪 40 至 70 年代文学研究：问题与方法》（与赵园、洪子诚、吴晓东、贺桂梅、赵京华、吕晴、秦弓、田禾、范家进、赵稀方、杨联芬、段美乔、牧阳一合作），《中国现代文学研究丛刊》2004 年第 2 期。

5.《阅读教育引导学生构建自己的精神家园》（与陈金明、苏立康、顾之川、严凌君、贺绍俊合作），《中学语文教学》2004 年第 5 期。

6.《读什么，怎么读：引导中学生“读点鲁迅”的一个设想——〈中学生鲁迅读本〉编辑手记》，《涪陵师范学院学报》2004 年第 3 期。

7.《重视史料的“独立准备”》，《中国现代文学研究丛刊》2004 年第 3 期。

8.《我读〈一个人的安顺〉》，《读书》2004 年第 9 期。

9.《纪念李何林先生诞辰 100 周年——我对于李何林先生的学术贡献的两点看法》，《鲁迅研究月刊》 2004 年第 10 期。

10.《我们所走过的道路——〈中国现代文学研究丛刊〉100 期回顾》，《中国现代文学研究丛刊》2004 年第 4 期。

11.《结束“奴隶时代”——读〈论照相之类〉及其他》，《鲁迅研究月刊》2004 年第 11 期。

12.《建构孩子自己的精神家园——读严凌君〈读书课〉系列教

材》，《教师之友》2004 年第 12 期。

13.《对话与发现——中小学写作教育断想》，《教师之友》2004 年第 12 期。

14.《关于〈新语文读本〉小学卷的通信》，《中国儿童文化》2004 年第 00 期。

2005 年

1.《我的吁请与期待》，《福建论坛》2005 年第 1 期。

2.《对现代文学文献问题的几点意见》，《河南大学学报》2005 年第 1 期。

3.《关于 20 世纪 40 年代大文学史研究的断想》，《中国现代文学研究丛刊》2005 年第 1 期。

4.《当代社会还需不需要“童话精神”》，《湖南科技学院学报》2005 年第 3 期。

5.《周氏兄弟失和始末》，《出版参考》2005 年第 8 期。

6.《游戏国里的看客——读〈药〉》，《语文学习》2005 年第 3 期。

7.《把鲁迅精神扎根在孩子心上》，《福建论坛》2005 年第 4 期。

8.《两个“无名的人”对 20 世纪世界图景的预言式解读——在“隔离”中读张天佑〈鲁迅、卡夫卡解读〉》，《现代中国文化与文学》2005 年第 1 期。

9.《为中国的读者写作》，《励耘学刊：文学卷》2005 年第 1 期。

10.《“人类史前时期的风俗画”——读〈贾植芳小说选〉》，《复旦学报》2005 年第 3 期。

11.《〈万象〉杂志中的师陀的长篇小说〈荒野〉》，《中国现代文学研究丛刊》2005 年第 3 期。

12.《〈回望周作人丛书〉短评》，《鲁迅研究月刊》2005 年第 7 期。

13.《“鲁迅”的“现在价值”》（发言提纲）——对韩国学者刘世钟教授《鲁迅和韩龙云革命的现在价值》一文的响应，《鲁迅研究月刊》2005 年第 8 期。

14.《中学语文教育改革对谈》（与孙绍振合作），《书屋》2005年第9期。

15.《构建无产阶级文学的两种想象与实践》，《兰州大学学报》（社会科学版）2005年第6期。

2006年

1.《“鲁迅”的“现在价值”》，《社会科学辑刊》2006年第1期。

2.《二十世纪三十年代有关传统文化的几次思想交锋——以鲁迅为中心》（一），《鲁迅研究月刊》2006年第1期。

3.《乡村记忆与都市体验：走进鲁迅世界的一个入口——〈大师名作坊（鲁迅卷）·在酒楼上、伤逝、阿金〉导读》（上），《海南师范学院学报》2006年第1期。

4.《学术研究的创造活力从哪里来——读王颖泰〈贵州戏剧批评史〉》，《贵州文史丛刊》2006年第1期。

5.《二十世纪三十年代有关传统文化的几次思想交锋——以鲁迅为中心》（二），《鲁迅研究月刊》2006年第2期。

6.《我的教师梦》，《福建论坛》（社科教育版）2006年第3期。

7.《抗战时期贵州文化与五四新文化的历史性相遇——在西南大后方文学活动与文化建设学术讨论会上的发言》，《贵州师范大学学报》2006年第2期。

8.《鲁迅和北京、上海的故事》（上篇），《鲁迅研究月刊》2006年第5期。

9.《鲁迅和北京、上海的故事》（下篇）（2003年10月24日在复旦大学古代文化研究中心讲），《鲁迅研究月刊》2006年第6期。

10.《鲁迅散文漫谈》，《南京师范大学文学院学报》2006年第2期。

11.《鲁迅与中国现代文化》，《中国现代文学论丛》2006年第1期。

12.《把目光更多的投向乡村教育——钱理群、孙绍振、张文质的对话》（与孙绍振、张文质合作），《福建论坛》（社科教育版）2006年第7期。

13.《这本书竟是如此沉重》，《读书》2006 年第 8 期。

14.《〈鲁迅十讲〉后记》，《鲁迅研究月刊》2006 年第 9 期。

15.《学术诤友，坚守与宽容：解志熙对我的提醒和我对解志熙的提醒——〈摩登与现代〉代序》，《中国现代文学研究丛刊》2006 年第 5 期。

16.《我们为什么需要鲁迅》，《同舟共济》2006 年第 10 期。

17.《鲁迅是谁——和中学生谈鲁迅》，《中学语文教学参考》2006 年第 10 期。

18.《我们这一代人的世界想像》，《书城》2006 年第 6 期。

19.《我们为什么要读经典》，《基础教育》2006 年第 12 期。

20.《让鲁迅走进孩子的心灵世界》，《基础教育》2006 年第 12 期。

2007 年

1.《王瑶怎样当北大教授》，《教书育人》2007 年第 1 期。

2.《〈新语文读本〉：一段历史，一个故事，一个未完成的过程》，《社会科学论坛》2007 年第 3 期。

3.《我看“新国学”——读王富仁〈“新国学”论纲〉的片断思考》，《文艺研究》2007 年第 3 期。

4.《建构“能承担实际历史重负的强韧历史观” 2005 年 11 月 27 日在丸山昇先生〈鲁迅·革命·历史〉一书出版座谈会上的讲话》，《鲁迅研究月刊》2007 年第 2 期。

5.《“无为而治”的北大教授王瑶》，《文史博览》2007 年第 5 期。

6.《〈大学文学读本〉“中国现代文学”部分之导论》，《海南师范大学学报》2007 年第 3 期。

7.《何为“语文”——读陈日亮先生新著〈我即语文〉》，《语文学习》2007 年第 6 期。

8.《小城故事里的历史和现实》，《书城》2007 年第 7 期。

9.《学术研究与乡村建设的有机结合——从〈屯堡乡民社会〉谈开去》，《探索与争鸣》2007 年第 8 期。

10.《从我的“屡败屡战”看当今教育》，《同舟共济》2007年第9期。

11.《中国知识分子面临的共同困境》，《商务周刊》2007年第18期。

12.《如何对待从孔子到鲁迅的传统——在李零〈丧家狗——我读《论语》〉出版座谈会上的讲话》，《鲁迅研究月刊》2007年第9期。

13.《我的教师梦》，《基础教育》2007年第10期。

14.《“以作家和作品为主体的文学史”写作的尝试——写在前面》，《海南师范大学学报》（社会科学版）2007年第6期。

15.《承担，独立，自由，创造——从〈民国那些人〉谈起》，《汕头大学学报》2007年第6期。

2008年

1.《张中晓提出的问题——读〈张中晓和胡风的通信〉》，《书城》2008年第1期。

2.《如何对待从孔子到鲁迅的传统——读李零〈丧家狗——我读《论语》〉》，《学理论》2008年第2期。

3.《有承担的一代学人，有承担的学术——在田仲济先生诞辰百周年纪念会上的发言》，《中国现代文学研究丛刊》2008年第1期。

4.《重现民国时代知识分子的身影》，《法制资讯》2008年第1期。

5.《如何“回顾”那段“革命历史”》，《文艺争鸣》2008年第2期。

6.《王瑶怎么教弟子》，《法制资讯》2008年第2期。

7.《中小学教师应该是“思想者”》，《教育科学论坛》2008年第4期。

8.《独立精神：“匹夫不可夺志”》，《全国新书目》2008年第8期。

9.《做一个语文学家——2007年11月10日在“陈日亮语文教育思想研讨会”上的讲话》，《中学语文教学参考》（教师版）2008年第5期。

10.《要有自己的教育思想——在“陈成龙创造性语文教学实践研究会”上的书面发言》，《福建教育学院学报》2008年第5期。

11.《杂谈〈读书杂谈〉》，《文学教育》2008年第11期。

12.《〈我的叔叔于勒〉略说》，《语文建设》2008年第7期。

13.《中小学的“精神家园”价值》，《教育科学论坛》2008年第8期。

14.《怎样读和教〈阿长与《山海经》〉》，《语文学习》2008年第9期。

15.《生命意识烛照下的文学史书写——北京大学教授、博士生导师钱理群先生访谈》，《东岳论丛》2008年第5期。

16.《我梦中的翅膀》，《法制资讯》2008年第9期。

17.《如何读与教〈从百草园到三味书屋〉》，《语文学习》2008年第11期。

18.《解读“于丹现象”》，《银行家》2008年第12期。

19.《越界阅读的可能》，《书城》2008年第12期。

20.《让鲁迅回到儿童中间——刘发建〈亲近鲁迅〉序》，《鲁迅研究月刊》2008年第12期。

21.《作为“心灵鸡汤”的孔夫子》，《领导文萃》2008年第24期。

22.《〈绞刑架下的报告〉读讲提示》，《语文建设》2008年第12期。

2009年

1.《全球化时代的“我们和世界”——奥运后的思考》，《中国教师》2009年第1期。

2.《我们来看看鲁迅的演说词》，《文学教育》（上）2009年第1期。

3.《“二十世纪中国文学”和80年代的现代文学研究》，《上海文化》2009年第1期。

4.《地方文化研究的三个关系》，《贵州社会科学》2009年第1期。

5.《文学研究的承担》，《北京大学学报》（哲学社会科学版）2009年第1期。

6.《“做”与“不做”之间——读朱自清的散文〈绿〉〈背影〉和〈春〉》，《语文学习》2009 年第 2 期。

7.《屯堡文化研究的动力、方法、组织与困惑》,《安顺学院学报》2009 年第 1 期。

8.《做一个语文学家》，《福建基础教育研究》2009 年第 2 期。

9.《和志愿者谈生活重建》，《书屋》2009 年第 3 期。

10.《老实人做老实学问——〈季节燃起的花朵——西南联大文学社团研究〉序》，《中国现代文学研究丛刊》2009 年第 2 期。

11.《说什么“理”，如何“说理”？——读〈走向虫子〉》，《语文建设》2009 年第 4 期。

12.《漫说“鲁迅五四”》，《书城》2009 年第 5 期。

13.《重建文学与乡土的血肉联系——李伯勇长篇小说〈旷野黄花〉序》，《小说评论》2009 年第 3 期。

14.《我理想中的中小学教师》，《福建论坛》（社科教育版）2009 年第 5 期。

15.《王尚文先生的教育思想及其命运——兼谈中国语文教育改革》，《语文学习》2009 年第 10 期。

16.《对比阅读：从〈我的兄弟〉到〈风筝〉》，《语文建设》2009 年第 Z1 期。

17.《兴趣是一个人的生命质量》，《刊授党校》2009 年第 7 期。

18.《面对我们共同的困惑——在木山英雄〈北京苦住庵记〉座谈会上的讲话（二〇〇八年十月十八日）》,《书城》2009 年第 7 期。

19.《用最自由的方式学习》，《领导文萃》2009 年第 13 期。

20.《 论教育》，《内蒙古教育》2009 年第 13 期。

21.《用个性化方式响应时代对这一代学者的要求——支克坚先生学术思想和贡献初议》,《中国现代文学研究丛刊》2009 年第 4 期。

22.《当代中学生和鲁迅——〈鲁迅作品选读〉课的资料汇集》，《鲁迅研究月刊》2009 年第 7 期。

23.《我们理想的“新生活”》，《教师博览》2009 年第 8 期。

24.《藤野先生：鲁迅如何写老师》,《语文建设》2009年第9期。

25.《我的中学教育观》，《内蒙古教育》2009年第17期。

26.《敬畏生命，一切为了每一个个体生命的健全发展》，《福建论坛》（社科教育版）2009年第9期。

27.《我的中国现代文学研究大纲》，《〈中国现代文学研究丛刊〉30年精编：文学史研究：史料研究卷》2009年10月。

28.《试论鲁迅与周作人的思想发展道路》，《〈中国现代文学研究丛刊〉30年精编：作家作品研究卷》（上）2009年10月。

29.《中学教师的苦恼与价值》,《内蒙古教育》2009年第19期。

30.《关于地方院校教育的畅想与漫谈》，《教育文化论坛》2009年第1期。

31.《阅读不仅是一扇门——读〈越读者〉》，《法制资讯》2009年第11期。

32.《谈谈〈牛虻就义〉的艺术处理》,《语文建设》2009年第12期。

33.《人生的盛夏》，《法制资讯》2009年第12期。

2010年

1.《〈忆韦素园君〉：鲁迅喜欢什么样的青年》，《语文建设》2010年第1期。

2.《对比解读鲁迅先生的〈我的兄弟〉和〈风筝〉》,《文学教育》（上）2010年第1期。

3.《“白眼看鸡虫”：鲁迅笔下的“畸人”范爱农》,《语文建设》2010年第2期。

4.《农村教育的理念和理想》,《教育文化论坛》2010年第1期。

5.《陈映真和“鲁迅左翼”传统》,《现代中文学刊》2010年第1期。

6.《教育思想者·丛书总序》，《名作欣赏》2010年第7期。

7.《直面存在困境——读梁卫星教育随笔》，《名作欣赏》2010年第7期。

8.《“莫斯科不相信眼泪”——夏昆〈率性教书〉序》，《名作欣赏》（上旬）2010 第 3 期。

9.《底层教师的声音》，《书城》2010 年第 4 期。

10.《部分台湾青年对鲁迅的接受》，《鲁迅研究月刊》2010 年第 3 期。

11.《兴趣是一个人的生命质量》，《法制资讯》2010 年第 4 期。

12.《革命者、大地赤子的文学》，《书城》2010 年第 5 期。

13.《“假如郭小川还活着……”——在〈一个人和一个时代〉出版暨郭小川九十周年诞辰纪念座谈会上的发言》，《书城》2010 年第 6 期。

14.《和中学生谈鲁迅（一）且说父亲和儿子》（上），《名作欣赏》2010 年第 19 期。

15.《是集大成，又是新的开拓——我读吴福辉〈中国现代文学发展史（插图本）〉》，《文艺争鸣》2010 年第 13 期。

16.《且说父亲和儿子》（下），《名作欣赏》2010 年第 25 期。

17.《儿时故乡的蛊惑》，《名作欣赏》2010 年第 28 期。

18.《用最自由的方式学习》，《小学教学参考》2010 年第 29 期。

19.《读钱谷融先生》，《现代中文学刊》2010 年第 5 期。

20.《向教育改革的民间志愿者致敬》，《福建论坛》（社科教育版）2010 年第 10 期。

21.《鲁迅与动物》，《名作欣赏》2010 年第 31 期。

22.《鲁迅笔下的鬼——读〈无常〉和〈女吊〉》（一），《语文建设》2010 年第 11 期。

23.《鲁迅笔下的鬼和神》，《名作欣赏》2010 年第 34 期。

24.《鲁迅笔下的鬼——读〈无常〉和〈女吊〉》（二），《语文建设》2010 年第 12 期。

25.《兰州大学“右派反革命集团”纪实·序》，《炎黄春秋》2010 年第 12 期。

26.《鲁迅在中国文化史上的地位》，《内蒙古教育》2010 年第 23 期。

2011 年

1.《生命元素的想象》（上），《名作欣赏》2011 年第 1 期。

2.《鲁迅的命题：睁了眼看》，《语文建设》2011 年第 1 期。

3.《〈忆韦素园君〉：鲁迅喜欢什么样的青年》，《文学教育》（上）2011 年第 1 期。

4.《樊骏参与建构的中国现代文学研究传统》，《文学评论》2011 年第 1 期。

5.《教师当如“王栋生”》,《教育研究与评论》(中学教育教学)2011 年第 1 期。

6.《生命元素的想象》（下），《名作欣赏》2011 年第 4 期。

7.《作为艺术家的鲁迅》，《名作欣赏》2011 年第 7 期。

8.《睁了眼看》（上），《名作欣赏》2011 年第 10 期。

9.《睁了眼看》（下），《名作欣赏》2011 年第 13 期。

10.《鲁迅谈民国：二〇一一年一月八日在广西师范大学出版社“民国座谈会”上的讲话》，《书城》2011 年第 5 期。

11.《乡土中国与家园重建——钱理群先生访谈录》，《甘肃社会科学》2011 年第 3 期。

12.《要有会看夜的眼睛》，《名作欣赏》2011 年第 16 期。

13.《钱理群：为何为小学生编就现代经典名著读本？》，《中华读书报》2011 年 6 月 15 日。

14.《贵州、西部发展与长期奋斗、教育支持》，《教育文化论坛》2011 年第 3 期。

15.《参与构建现代文学研究的精神传统》，《社会科学报》2011 年 7 月 7 日。

16.《自己怎样看待自己》,《农村实用科技信息》2011 年第 7 期。

17.《让自己更有意义地活着——“90 后”中学生“读鲁迅”的个案讨论》，《鲁迅研究月刊》2011 年第 7 期。

18.《一项“和灾难赛跑”的教育工程——从马小平的〈人文素养读本〉说开去》，《教育研究与评论》（中学教育教学版）2011 年第 8 期。

19.《“守正出新”——严家炎主编的〈二十世纪中国文学史〉对当下现代文学研究的启示》，《中国现代文学研究丛刊》2011 年第 9 期。

20.《在朗读中感悟鲁迅语言世界里的童年》，《语文建设》2011 年第 10 期。

21.《聪明人和傻子和奴才》(一),《语文建设》2011 年第 11 期。

22.《中国教育的血肉人生——梁卫星〈成人之美兮〉序》，《内蒙古教育》2011 年第 21 期。

23.《聪明人和傻子和奴才》(二),《语文建设》2011 年第 12 期。

2012 年

1.《“我们今天更需要这样沉重的书”——〈神史〉作品研讨会纪要》，《语文建设》2012 年第 1 期。

2.《说说说不尽的鲁迅》，《文学教育》（上）2012 年第 1 期。

3.“卷首语”，《中国教师》2012 年第 2 期。

4.《中学语文中鲁迅作品的教学》，《教育研究与评论》（中学教育教学）2012 年第 1 期。

5.《王瑶怎么教弟子》，《教师博览》2012 年第 2 期。

6.《和中学老师谈鲁迅作品教学》,《鲁迅研究月刊》2012 年第 1 期。

7.《人生如梦——总结我走过的路》，《书城》2012 年第 3 期。

8.《台湾“90 后”青年和鲁迅的相遇——读台湾清华大学“鲁迅选读”课程学生试卷》，《鲁迅研究月刊》2012 年第 2 期。

9.《教育本质上是理想主义者的事业》，《内蒙古教育》2012 年第 7 期。

10.《三堂“绝”课》，《教师博览》2012 年第 6 期。

11.《“时时想到中国，想到未来”——读王景山〈鲁迅五书心读〉》，《中国现代文学研究丛刊》2012 年第 6 期。

12.《校园里没有诗意味着什么》，《教育研究与评论》（中学教育教学）2012 年第 8 期。

13.《“农村发展组”：八十年代的改革互动》，《炎黄春秋》2012 年第 9 期。

14.《我们为什么要怀念马小平》,《民主与科学》2012 年第 5 期。

15.《倾听第一线老师的声音》,《教育文化论坛》2012 年第 6 期。

2013 年

1.《关于教育的三个问题》，《文学教育》（上）2013 年第 1 期。

2.《“静悄悄的存在变革”》，《商周刊》2013 年第 2 期。

3.《胡风、舒芜与周扬们》（上），《书城》2013 年第 2 期。

4.《胡风、舒芜与周扬们》（下），《书城》2013 年第 3 期。

5.《毛泽东与胡风事件》，《炎黄春秋》2013 年第 4 期。

6.《我们今天为什么需要鲁迅》,《社会科学论坛》2013 年第 4 期。

7.《建国前夕对〈论主观〉的批判和胡风的反应》，《中国现代文学研究丛刊》2013 年第 4 期。

8.《寻找共同的底线——〈共同的底线〉学术研讨会与会者发言选登》，《社会科学论坛》2013 年第 5 期。

9.《四哥走了》，《书城》2013 年第 6 期。

10.《〈新青年〉知识分子群体的形成——以杂志广告为线索》，《北京社会科学》2013 年第 3 期。

11.《分享诗性——推荐一篇好文章》,《教育研究与评论》（中学教育教学）2013 年第 7 期。

12.《不可遗忘的历史——我读〈告别未名湖——北大老五届行迹〉》，《民主与科学》2013 年第 4 期。

13.《推荐一篇好文章》，《名作欣赏》2013 年第 25 期。

14.《“文采”是人修养的集中体现：钱理群访谈录》，《文化学刊》2013 年第 5 期。

15.《为生命给出意义——谈“静悄悄的存在变革”》，《名作欣赏》2013 年第 28 期。

16.《三堂“绝”课》，《国学》2013 年第 10 期。

17.《如何读〈中国人失掉自信力了吗〉》，《中学语文教学》2013 年第 10 期。

18.《我的文学史研究情结、理论与方法——〈中国现代文学编年史——以文学广告为中心〉书后》，《中国现代文学研究丛刊》2013 年第 10 期。

19.《〈论主观〉：一个历史误会产生的原罪》，《现代中国文化与文学》2014 年第 1 期。

20.《业已消失的文化、文学图景——谢保杰〈主体，想象力与表达〉序》，《书城》2013 年第 11 期。

21.《怎样读〈拿来主义〉》，《中学语文教学》2013 年第 11 期。

22.《“精神流浪汉”的传统和命运》，《读书》2013 年第 11 期。

23.《有缺憾的价值——在〈中国现代文学编年史〉出版座谈会上的讲话》，《文学评论》2013 年第 6 期。

24.《“时时想到中国，想到将来”——王景山著〈鲁迅五书心读〉序》，《鲁迅研究月刊》2013 年第 11 期。

2014 年

1.《台湾清华大学的鲁迅选读课》，《文学教育》（上）2014 年第 1 期。

2.《〈野草〉的文学启示——汪卫东〈叩询“诗心”：《野草》整体研究〉序》，《书城》2014 年第 1 期。

3.《漫说〈春末闲谈〉》，《中学语文教学》2014 年第 1 期。

4.《谈〈野草〉》，《人民政协报》2014 年 1 月 6 日。

5.《“国家”中的“国民性”》（一），《经济观察报》2014 年 1 月 13 日。

6.《任访秋先生对现代文学研究的历史贡献——兼谈刘增杰和河大文学院学术团队与传统》，《中国现代文学研究丛刊》2014 年第 1 期。

7.《丁毅对现代民族歌剧的历史贡献》，《文艺理论与批评》2014年第1期。

8.《不可遗忘的历史》，《法制资讯》2014年第1期。

9.《网络时代需要经典阅读》,《人民政协报》2014年2月13日。

10.《舒芜的转变：新的沉迷和误会》，《鲁迅研究月刊》2014年第1期。

11.《读王瑶的“检讨书”》，《中国现代文学研究丛刊》2014年第3期。

12.《王瑶怎样当北大教授》(节选),《名作欣赏》2014年第10期。

13.《卢作孚为什么会自杀》，《炎黄春秋》2014年第4期。

14.《“在高中与鲁迅相遇”的意义——王广杰主编〈在高中与鲁迅相遇〉序》，《鲁迅研究月刊》2014年第4期。

15.《也是“沉潜十年”——〈论志愿者文化〉后记》，《书城》2014年第5期。

16.《想起朱光潜先生》，《读书》2014年第7期。

17.《陶行知的命运》，《书城》2014年第9期。

18.《现代教育与现代教师》,《中国教师报》2014年9月10日。

19.《名家六十讲》，《语文建设》2014年第28期。

20.《一九四九：废名上书》，《书城》2014年第10期。

21.《用文学的方式进入历史》，《读书》2014年第10期。

22.《用诚爱之心追寻人性之光》,《健康报》2014年11月7日。

23.《“30后”看“70后”——读〈70后鲁迅研究学人论文集〉》,《鲁迅研究月刊》2014年第11期。

24.《告别的时刻到了》，《商周刊》2014年第26期。

2015年

1.《一个物理学家的“改造”——束星北的苦难与思考》，《炎黄春秋》2015年第2期。

2.《读王瑶在两次运动中的“检讨书”》，《文学教育》(上)

2015 年第 3 期。

3.《为了健康、快乐、有意义地活着》，《新华日报》2015 年 4 月 22 日。

4.《顾准对中国革命和发展道路的根本追问与反思》,《云梦学刊》2015 年第 3 期。

5.《鲁迅杂文》，《南方文坛》2015 年第 4 期。

6.《一项“和灾难赛跑的教育”工程》，《深圳商报》2015 年 8 月 2 日。

7.《医学也是“人学”——漫谈“鲁迅与医学”》，《中国医学人文评论》2015 年。

2016 年

1.《王申酉命运的思考》，《炎黄春秋》2016 年第 1 期。

2.《在挣扎中奔突而出的新学术——读唐小兵〈歧路民国〉〈十字街头的知识人〉》，《书城》2016 年第 1 期。

3.《漫谈“戴氏四书”的启示》，《名作欣赏》2016 年第 7 期。

4.《孙玉石先生的学术与人生境界》,《中国现代文学研究丛刊》2016 年第 3 期。

5.《一个老共产党人在“文革”中的思考》，《炎黄春秋》2016 年第 4 期。

6.《“于我心有戚戚焉”——读李国栋〈我们还需要鲁迅吗？〉》，《书城》2016 年第 4 期。

7.《鲁迅的当代意义与超越性价值——在“30 后”与“70 后”鲁迅研究者对话会上的讲话》，《济南大学学报》（社会科学版）2016 年第 3 期。

8.《在世界文明大检讨视野下重新认识鲁迅的超越性力量》,《探索与争鸣》2016 年第 6 期。

9.《卢作孚乡村建设思想对中国公益组织建设的借鉴意义》,《中国农业大学学报》（社会科学版）2016 年第 4 期。

10.《梁漱溟乡村建设思想及其当代价值》，《中国农业大学学报》（社会科学版）2016年第4期。

11.《岁月沧桑》，《南风窗》2016年第20期。

12.《王瑶怎样当北大教授》,《文学教育》(下)2016年第11期。

2017年

1.《青年对我的意义》，《新华日报》2017年3月16日。

2.《历史书写的化约问题与恢复复杂性、丰富性的可能性——读洪子诚先生〈材料与注释〉》，《文艺争鸣》2017年第3期。

3.《“知我者”走了，我还活着——悼念富仁》，《文艺争鸣》2017年第7期。

4.《我读〈正当七点半〉》，《书城》2017年第8期。

5.《“幸福观”是生活方式的选择》,《北京日报》2017年8月28日。

6.《我为何、如何研究鲁迅——2017年5月29日在北京大学人文社会科学研究院“鲁迅与当代中国”学术论坛上的讲话》，《文艺争鸣》2017年第10期。

7.《读钱谷融先生》，《文艺争鸣》2017年第11期。

2018年

1.《这也是一种坚韧和伟大》,《人才资源开发》2018年第1期。

2.《文学阅读的社会空间与当代精神发展的可能性》,《文艺争鸣》2018年第6期。

3.《论志愿者文化》，《读书》2018年第10期。

2019年

1.《老实人做老实学问——〈西南联大文学社团研究〉序》,《社会主义论坛》2019年第2期。

2.《1980年代“生命学派”的追求——在汕头大学首届新国学高峰论坛上的书面发言》，《现代中文学刊》2019年第1期。

3.《志愿者文化的中国资源》，《读书》2019年第3期。

4.《我与〈颓败线的颤动〉的迟迟结缘》，《名作欣赏》2019年第4期。

5.《读巴金〈随感录〉五卷本》，《文艺争鸣》2019年第8期。

6.《乡村建设与青年人的精神成长》,《文化纵横》2019年第6期。

2020年

1.《同时代人的文学与批评——黄子平〈文本及其不满〉新著主题论坛实录》，《现代中文学刊》2020年第1期。

2.《关于"同时代人"的两点随想——在"同代人的文学与批评"对话会上的发言》(2019年10月27日)，《文艺争鸣》2020年第3期。

3.《"青春是美丽的"——吕鸣亚老师〈巴金的母校情〉读后感》,《南方文坛》2020年第3期。

4.《"文学研究是一种接力的事业"——读宫立〈风骨：中国现代文学学人素描〉》，《现代中文学刊》2020年第3期。

5.《摄影是我的一种言说方式》,《中国摄影家》2020年第2期。

6.《"因为我对这土地爱得深沉"——我的1940年代文学研究的历史回忆》，《中国现代文学研究丛刊》2020年第8期。

7.《创作中的"戏里人生"和生命里的"山野生灵"——罗银贤创作论》，《中国现代文学研究丛刊》2020年第12期。

8.《有承接，更有发展》，《中国教师报》2020年12月30日，第9版。

9.《乡村建设与青年人的精神成长》,《记者观察》2020年第4期。

2021年

1.《从"当代"看"现代"的精神史探索》，《读书》2021年第1期。

2.《我的文学史家的追求与努力——〈有承担的学术：中国现代文学学人论集〉后记》,《中国现代文学研究丛刊》2021年第1期。

3.《王信走了，那样的“纯粹的人”不会再有了》，《现代中文学刊》2021 年第 2 期。

4.《我和贵州安顺朋友关于地方文化研究的思考与实践》，《贵州文史丛刊》2021 年第 2 期。

5.《七个人生坐标，认识脚下的土地》，《新华日报》2021 年 3 月 26 日，第 14 版。

6.《一个老学生的回忆与祝福 ——为乐黛云老师九十大寿而作》，《传记文学》2021 第 3 期。

7.《兴趣，一个人的生命质量》，《中国老年》2021 第 4 期。

8.《长寿时代养老人生的思考(两篇)》,《北京文学(精彩阅读)》2021 年第 4 期。

9.《这一代人中的一位远行了——送别老吴》，《中国现代文学研究丛刊》2021 年第 4 期。

10.《“人在大自然中”是最理想的教育状态：——读肖诗坚〈大山里的未来学校〉》，《农村大众》2021 年 4 月 28 日，第 5 版。

11.《读书，为了健康、快乐、有意义地活着》，《新晨》2021 第 5 期。

12.《学会拥有“黎明的感觉”》,《新华日报》2021 年 5 月 14 日，第 17 版。

13.《漫谈我在北大的教学生涯》（钱理群口述，姚丹整理），《中国大学教学》2021 年第 7 期。

14.《我是如何和鲁迅相遇的？》，《快乐阅读（下半月）》2021 年第 7 期。

15.《我们究竟需要什么样的语文教师？》，《西部教育研究》2021 第 8 期。

16.《“如一箭之入大海”——王得后〈鲁迅研究笔记〉评点》，《鲁迅研究月刊》2021 年第 8 期。

17.《鲁迅是谁》(与刘发建合作),《小学生时代》2021 第 9 期。

18.《抗战时期的历史剧与国民精神——王家康〈演史剧说兴亡

事——抗战时期的历史剧研究〉序》，《文艺争鸣》2021 年第 9 期。

19.《贵州老朋友是我生命最重要的补给》，《贵州日报》2021 年 10 月 15 日，第 8 版。

20.《我读晏阳初》，《西安晚报》2021 年 10 月 30，第 8 版。

21.《鲁迅是最佳交谈者——〈钱理群新编鲁迅当代读本〉引言》，《北京青年报》2021 年 10 月 16 日。

22.《从年轻到年老，足足讲了五十年鲁迅——〈钱理群讲鲁迅〉后记》，《北京青年报》2021 年 10 月 16 日。

23.《学会拥有“黎明的感觉”》，《意林》（原创版）2021 年第 11 期。

24.《我的“三回归”》，《中国老年》2021 第 18 期。

25. 《全球化时代的地方文化研究：关于贵州、安顺文化的思考与实践》，（新加坡）《南洋中华文学与文化学报》创刊号（2021 年 11 月）。

26.《关于“二十世纪中国文学经验”的思考——〈钱理群新编中国现代文学史——以作家、作品为中心〉“结束语”》，《现代中文学刊》2021 年第 6 期。

27.《“古板和梗顽”的鲁迅守望者——王得后〈鲁迅研究笔记〉前言》，《读书》2021 年第 12 期。

钱理群著作目录

1.《中国现代文学三十年》（与吴福辉、温儒敏、王超冰合作），上海：上海文艺出版社，1987 年 8 月出版；北京：北京大学出版社，1998 年 8 月修订版，2016 年 3 月二次修订版。

2.《心灵的探寻》，上海：上海文艺出版社，1988 年 7 月初版；北京：北京大学出版社，1999 年 11 月再版，补充了部分注释，校订了部分引文，标点符号也做了部分调整，并删去了“题记”，增加了“写在前面”与“再版后记”；2015 年作为“钱理群作品精编”由三联书店出版。

3.《二十世纪中国文学三人谈》，与黄子平、陈平原合作，北京：人民文学出版社，1988 年 9 月出版；北京：北京大学出版社，2004 年 8 月将本书与《漫说文化》合为一本重版，2019 年 10 月增订本出版。

4.《中国现代文学函授讲义》，收北京人文函授大学编《函授教材》，1988 年，未正式出版。

5.《周作人传》，北京：北京十月文艺出版社，1990 年 9 月出版，2001 年 2 月第 2 版，校正了初版的一些错误，又删去了初版引述的未公开发表的《周作人日记》里的有关内容；台北：业强出版社，1991 年 10 月出版，删去了前四章，将五、六章合为一章，改题为《周作人传：凡人的悲哀》；北京：中国华侨出版社，1997 年 4 月版，此为台湾版基础上的压缩版，改题为《周作人》；北京：华文出版社，2013 年 1 月出版，对 2001 年版做了少数的修改与补充，订正了若干引文、出处和错字。

6.《周作人论》，上海：上海人民出版社，1991 年 8 月初版；

台北：万象图书股份有限公司，1994年1月出版；北京：中华书局，2004年10月出版，改题为《周作人研究二十一讲》；2014年作为“钱理群作品精编”，由三联书店出版。

7.《心系黄河——著名泥沙专家钱宁》，北京：科学普及出版社，1991年9月出版。

8.《丰富的痛苦——堂吉诃德与哈姆雷特的东移》，长春：时代文艺出版社，1993年5月初版；北京：北京大学出版社，2007年1月再版。2015年作为“钱理群作品精编”由三联书店出版。

9.《人之患》，杭州：浙江人民出版社，1993年9月出版。

10.《删余集》，自印，1993年。

11.《大小舞台之间——曹禺戏剧新论》，杭州：浙江文艺出版社，1994年10月初版。北京：北京大学出版社，2007年1月再版。

12.《彩色插图本中国文学史》，与董乃斌、吴晓东等合作，担任“新世纪的文学”部分编写工作。美国：祥云出版公司，1995年7月，出版海外版。北京中国和平出版社、美国祥云出版公司于1995年12月联合出版国内版。贵阳：贵州人民出版社，2004年6月再版。韩国艺谭出版社2000年，将“新世纪文学”部分译为韩文出版。

13.《名作重读》，上海：上海教育出版社，1996年6月出版；上海：上海教育出版社，2006年第2版，补充了《“游戏国”里的看客（一）——读〈示众〉》等12篇文章。

14.《精神的炼狱——中国现代文学从“五四”到抗战的历程》，南宁：广西教育出版社，1996年12月出版。

15.《压在心上的坟》，成都：四川人民出版社，1997年7月出版。

16.《世纪末的沉思》，石家庄：河北人民出版社，1997年8月出版。

17.《1948：天地玄黄》，济南，山东教育出版社，1998年5月出版；北京：中华书局，2008年12月再版；2015年，作为“钱理群作品精编”由三联书店出版。

18.《学魂重铸》，上海：文汇出版社，1999年1月出版。

19.《拒绝遗忘——钱理群文选》，汕头：汕头大学出版社，1999年5月出版；北京：大百科全书出版社，2009年5月出版，有删节。

20.《对话与漫游：四十年代小说研读》，上海：上海文艺出版社，1999年8月出版。

21.《六十劫语》，福州：福建教育出版社，1999年8月出版。

22.《话说周氏兄弟——北大演讲录》，济南：山东画报出版社，1999年9月出版；北京：九州出版社，2013年7月重版，改题为《北大演讲录——话说周氏兄弟》，删去了《后记》。

23.《走进当代的鲁迅》，北京：北京大学出版社，1999年11月出版。

24.《返观与重构——文学史的研究与写作》，上海：上海教育出版社，2000年3月出版。

25.《读周作人》，天津：天津古籍出版社，2001年10月出版；北京，新华出版社，2011年5月出版，改题为《钱理群读周作人》。

26.《语文教育门外谈》，桂林：广西师范大学出版社，2003年7月出版。

27.《与鲁迅相遇——北大演讲录之二》，北京：三联书店，2003年8月出版。

28.《鲁迅作品十五讲》，北京：北京大学出版社，2003年9月出版；台北：五南图书出版股份有限公司，2001年出版，改题为《鲁迅作品的十五堂课》。

29.《我存在着，我努力着》，哈尔滨：黑龙江人民出版社，2004年1月出版。

30.《远行以后——鲁迅接受史的一种描述（1936—2001）》，贵阳：贵州教育出版社，2004年4月出版。

31.《追寻生存之根：我的退思录》，桂林：广西师范大学出版社，2005年1月出版。

32.《对话语文》，与孙绍振合作，福州：福建人民出版社，2005年6月出版。

33.《钱理群教授学术叙录》，北京大学二十世纪中国文化研究中心编，2005年9月印。

34.《生命的沉湖》，北京：三联书店，2006年8月出版。

35.《鲁迅九讲》，福州：福建教育出版社，2007年1月出版。

36.《钱理群讲学录》，桂林：广西师范大学出版社，2007年5月出版。

37.《拒绝遗忘："1957年学"研究笔记》，香港：牛津大学出版社，2007年10月出版。

38.《我的精神自传》，桂林：广西师范大学出版社，2007年12月出版，为删节版。

39.《删余集续编》，2007年12月自印。

40.《漂泊的家园》，贵阳：贵州教育出版社，2008年3月出版。

41.《致青年朋友：钱理群演讲、书信集》，北京：中国长安出版社，2008年7月出版。

42.《我的教师梦：钱理群教育讲演录》，上海：华东师范大学出版社，2008年8月出版。

43.《我的精神自传——以北京大学为中心》，为广西师范大学出版社《我的精神自传》第二部分完整版，台北：台湾社会研究杂志社，2008年8月出版。

44.《那里有一方心灵的净土：我的退思录之二》，北京：中国文联出版社，2008年9月出版。

45.《我的回顾与反思——在北大的最后一门课》，为广西师范大学出版社《我的精神自传》第一部分的完整版，台北：行人出版社，2008年10月出版。

46.《与周氏兄弟相遇》，香港：三联书店（香港）有限公司，2008年10月出版，为繁体版；上海：复旦大学出版社，2010年8

月出版，为简体版。

47.《论北大》，桂林：广西师范大学出版社，2008 年 10 月出版。

48.《知我者谓我心忧：十年观察与思考（1999—2008）》，香港：星克尔出版有限公司，2009 年 6 月出版。

49.《做教师真难，真好》，上海：华东师范大学出版社，2009 年 8 月出版。

50.《中国知识分子的世纪故事——现代文学研究论集》，台北：人间出版社，2009 年 12 月出版。

51.《钱理群语文教育新论》，上海：华东师范大学出版社，2010 年 1 月出版。

52.《解读语文》，和孙绍振、王富仁合作，福州：福建人民出版社，2010 年 4 月出版。

53.《活着的理由：我的退思录之三》，桂林：广西师范大学出版社，2010 年 10 月出版。

54.《幸存者言》，上海：复旦大学出版社，2011 年 1 月出版。

55.《钱理群中学讲鲁迅》，北京：三联书店，2011 年 1 月出版。

56.《智慧与韧性的坚守：我的退思录之五》，北京：新华出版社，2011 年 9 月出版。

57.《重建家园：我的退思录之四》，桂林：广西师范大学出版社，2012 年 4 月出版。

58.《中国现代文学史论》，桂林：广西师范大学出版社，2011 年 9 月出版。

59.《毛泽东时代和后毛泽东时代：另一种历史书写》（两卷），台北：联经出版事业股份有限公司，2012 年 1 月出版；韩文版由韩国 Hanul 公司于 2012 年 9 月出版，日译本由日本青土社于 2012 年 12 月出版，改题为《毛泽东和中国——一个中国知识分子眼里的中华人民共和国史》。

60.《梦话录》，桂林：漓江出版社，2012 年 2 月出版。

61.《血是热的》，南京：江苏教育出版社，2012 年 4 月出版。

62.《中国教育的血肉人生》，桂林：漓江出版社，2012年6月出版。

63.《经典阅读与语文教学》，桂林：漓江出版社，2012年6月出版。

64.《中国现代文学编年史——以文学广告为中心（1915—1927）》（三卷），与吴福辉、陈子善等合作，北京：北京大学出版社，2013年5月出版。

65.《活着的鲁迅》，北京：北京师范大学出版集团；合肥：安徽大学出版社，2013年4月出版。

66.《示众》，重庆：重庆出版社，2013年11月出版。

67.《静悄悄的存在变革：我的退思录之六》，北京：华文出版社，2014年出版。

68.《我的家庭回忆录》，桂林：漓江出版社，2014年1月出版。

69.《世纪心路——现代作家篇》，北京：三联书店，2014年出版。作为"钱理群作品精编"一种。

70.《精神梦乡——北大与学者篇》，北京：三联书店，2014年出版。作为"钱理群作品精编"一种。

71.《中学语文教材中的鲁迅作品解读》，桂林：漓江出版社，2014年9月出版。

72.《与鲁迅面对面：我的退思录之七》，广州：广东人民出版社，2015年5月出版。

73.《删余集三编》，2015年自印。

74.《钱理群教授学术叙录续编》，2015年自印。

75.《情系教育——教师与青年篇》，北京：三联书店，2015年出版。作为"钱理群作品精编"一种。

76.《和钱理群一起阅读鲁迅》，上海：中华书局，2015年7月出版。

77.《漂泊的家园——家人与乡人篇》，北京：三联书店，2016年出版。作为"钱理群作品精编"一种。

78.《风雨故人来——钱理群谈读书》，北京：商务印书馆，

2016 年 7 月出版。

79.《二十六篇：和青年朋友谈心》，上海：东方出版中心，2016 年 2 月出版。

80.《一路走来——钱理群自述》，郑州：河南文艺出版社，2016 年 7 月出版。

81.《岁月沧桑》，上海：东方出版中心，2016 年 7 月出版。

82.《爝火不息：文革民间思想研究笔记》（两卷），香港：牛津大学出版社，2017 年 4 月出版。

83、84、85 .《20 世纪中国知识分子精神史三部曲》，分《1948: 天地玄黄》《1949—1976: 岁月沧桑》《1977—2005: 绝地守望》三部，其中《天地玄黄》系依据 2008 中华书局版重版，《岁月沧桑》系未删节的全文版，《绝地守望》原名《我的精神自传》，也是未删节的全文版，香港：香港城市大学出版社，2017 年 3 月出版。

86.《鲁迅与当代中国》，北京: 北京大学出版社，2017年6月出版。

87.《鲁迅作品细读》，北京：北京出版社，2017 年 10 月出版。

88.《上下求索集——钱理群文选》，贵阳：贵州人民出版社，2018 年 6 月出版。

89.《论志愿者文化》，北京：三联书店，2018 年 9 月出版。

90.《钱理群的另一面》，北京：作家出版社，2019 年 10 月出版。

91.《写在中小学教育的边缘》，上海：东方出版中心，2020 年 10 月出版。

92.《八十自述》，香港: 香港城市大学出版社，2021 年 8 月出版。

93.《钱理群讲鲁迅》，北京：当代世界出版社，即出。

94.《钱理群新编中国现代文学史》，即出。

钱理群编纂书籍目录

1.《纪念钱宁同志》，北京：清华大学出版社、水利电力出版社，1987年10月出版。

2.《王瑶先生纪念集》，天津：天津人民出版社，1990年8月出版。

3.《鲁迅小说全编》，与王得后合编：《前言》由钱理群执笔，杭州：浙江文艺出版社，1991年11月出版。

4.《鲁迅散文全编》，与王得后合编，《前言》由钱理群执笔，杭州：浙江文艺出版社，1991年11月出版。

5.《说东道西》，此为《漫说文化》丛书之一种，北京：人民文学出版社，1992年5月出版；2005年由上海复旦大学出版社重版，2018年由北京时代华文书局三版。

6.《乡风市声》，此为《漫说文化》丛书之一种，北京：人民文学出版社，1992年5月出版，2005年由上海复旦大学出版社重版，2018年由北京时代华文书局三版。

7.《世故人情》，为《漫说文化》丛书之一种，北京：人民文学出版社，1990年10月出版，2005年由上海复旦大学出版社重版；2018年由北京时代华文书局三版。

8.《父父子子》，为《漫说文化》丛书之一种。北京：人民文学出版社，1990年10月出版，2005年由上海复旦大学出版社重版，2018年由北京时代华文书局三版。

9.《中国文学纵横论》，台北：大安出版社，1993年1月出版。

10.《鲁迅杂文全编》（上下），与王得后合编，杭州：浙江文艺出版社，1993年2月出版。

11.《鲁迅语萃》，与王乾坤合编，《编序》由钱理群执笔，北京：华夏出版社，1993年9月出版。

12.《周作人散文精编》（上下），杭州：浙江文艺出版社，1994年10月出版。

13.《遗爱永恒》，此为二哥钱临三的纪念文集，1994年自印。

14.《冰心自传》，与谢茂松合作，南京：江苏文艺出版社，1995年6月出版。

15.《王瑶文集》七卷本，钱理群负责编选第二、五、七卷，太原：北岳文艺出版社，1995年12月出版；石家庄：河北教育出版社，2001年1月重版，编为八卷，并改题为《王瑶全集》。

16.《钱天鹤文集》，北京：中国农业科技出版社，1996年5月出版。

17.《先驱者的足迹——王瑶学术思想研究论文集》，开封：河南大学出版社，1996年6月出版。

18.《鲁迅学术文化随笔》，与叶彤合编，北京：中国青年出版社，1996年9月出版。

19.《百年中国文学经典》八卷本，与谢冕合编，负责第一至四卷编选，北京：北京大学出版社，1996年12月出版。

20.《二十世纪中国小说理论资料》第四卷（1937—1949），北京：北京大学出版社，1997年2月出版。

21.《时代小说》（吴组缃），上海：上海文艺出版社，1997年8月出版。

22.《二十世纪中国文学名作中学生导读本》，南宁：广西教育出版社，1998年9月出版。

23.《中国沦陷区文学大系》，共七卷八册，钱理群主编，封世辉副主编，南宁：广西教育出版社，1998年12月出版。

24.《二十世纪中国文学与大学文化丛书》，钱理群主编，包括《东南大学与学衡派》（高恒文）、《二三十年代的清华校园文化》（黄延复）、《西南联大历史情境中的文学活动》（姚丹）、《抗战时期的延安鲁艺》（王培元），桂林：广西师范大学出版社，1999年5月，2000年3月、4月、5月先后出版。

25.《走近北大》，成都：四川人民出版社，2000年1月出版。

26.《校园风景中的永恒：我心目中的蔡元培》，成都：四川人民出版社，2000年出版。

27.《新语文读本》中学卷，十二册，钱理群主编，南宁：广西教育出版社，2001年3月出版，2004年5月出版农村版，2007年3月出版修订版。

28.《鲁迅杂感选集》，钱理群撰写长篇导读，贵阳：贵州教育出版社，2001年8月出版。

29.《王瑶和他的世界》，石家庄：河北教育出版社，2000年1月出版。

30.《中国现当代文学名著导读》，钱理群主编，北京：北京大学出版社，2002年1月出版，2004年作为“博雅导读丛书”之一重版。

31.《二十世纪中国小说读本》，钱理群主编，杭州：浙江文艺出版社，2002年2月出版。

32.《新语文写作》，钱理群主编，南宁：广西教育出版社，2003年5月出版。

33.《贵州读本》，钱理群、戴明贤、封孝伦主编，贵阳：贵州教育出版社，2003年8月出版。

34.《诗化小说研究书系》，钱理群主编，包括《镜花水月的世界：废名〈桥〉的诗学解读》（吴晓东）、《〈边城〉：牧歌与中国形象》（刘洪涛）、《鲁迅诗化小说研究》（张箭飞），南宁：广西教育出版社，2003年8月出版。

35.《中国大学的问题与改革》，与高远东合编，天津：天津人民出版社，2003年10月出版。

36.《尽是尘寰警世诗——钟朝岳文钞》，这是为四川一位“右派”编选的书，2003年自印。

37.《中学生鲁迅读本》，南京：江苏教育出版社，2004年3月出版。台北：台湾社会研究杂志社，2009年9月再版，改名为《鲁迅入门读本》。北京：中国长安出版社，2012年8月出版简体本。

38.《那时我们多年轻：北大—人大（1956—1960）》，中国人民大学新闻系五六级十三班集体编写，2004年4月自印。

39.《大学文学》，与李庆西、郜元宝合编，钱理群负责编选第二编《中国现代文学》，上海：上海教育出版社，2005年1月出版。

40.《鲁迅杂文选》，武汉：长江文艺出版社，2005年2月出版。

41.《鲁迅杂文选读》，北京：人民文学出版社，2005年3月出版。

42.《二十世纪诗词注评》，与袁本良合作，桂林：广西师范大学出版社，2005年6月出版。

43.《鲁迅作品选读　教学参考书》，与南师大附中语文教研室合编，南京：江苏教育出版社，2005年6月出版。

44.《在酒楼上·伤逝·阿金》，天津：天津人民出版社，2005年10月出版。

45.《鲁迅散文全编》，在1981年浙江文艺出版社基础上重编，补充了“南腔北调演讲词”，并重写“前言”，西安：陕西师范大学出版社，2006年3月出版。

46.《现代教师读本》，钱理群为主编之一，南宁：广西教育出版社，2006年7月出版。

47.《附中：永远的精神家园》，此为中学同学回忆录，钱理群主编，2006年9月自印。

48.《我的父辈与北京大学》，北京：北京大学出版社，2006年11月出版。

49.《〈新语文读本〉：一段历史，一个故事》，南宁：广西教育出版社，2007年5月出版。

50.《小学生鲁迅读本》，与刘发建合编，桂林：广西师范大学出版社，2009年5月出版。

51.《地域文化读本》，包括《北京读本》《上海读本》《江南读本》《楚湘读本》四本，与王栋生共同担任主编，上海：华东师范大学出版社，2010 年出版。

52.《诗歌读本》，分《学前卷》《小学卷》《初中卷》《高中卷》《大学卷》《老人儿童合卷》六卷，和洪子诚共同担任主编，南宁：广西师范大学出版社，2010 年 10 月出版。

53.《名家文学读本》，分《小学生鲁迅读本》《小学生冰心读本》《小学生老舍读本》《小学生叶圣陶读本》《小学生朱自清读本》《小学生丰子恺读本》《小学生巴金读本》《小学生沈从文读本》《小学生萧红读本》《小学生汪曾祺读本》等十本，杭州：浙江少年儿童出版社，2012 年出版。

54.《阅读王瑶》，与孙玉石合编，北京：北京大学出版社，2014 年 5 月出版。

55.《志愿者文化丛书》，共 5 卷：《鲁迅卷》《梁漱溟卷》《晏阳初卷》《陶行知卷》《卢作孚卷》，北京：三联书店，2018 年 6—12 月出版。

56.《我的深情为你守候——崔可忻纪念集》，自编，北京：北京活字文化出版公司，2019 年 4 月出版。

57. 《未名诗歌分级读本》，分《小学卷 1》《小学卷 2》《小学卷 3》《初中卷》《高中卷》五卷，和洪子诚共同担任主编，南京：江苏凤凰少年儿童出版社，2019 年 5 月出版。

58.《安顺城记》，钱理群、戴明贤、袁本良、顾久主编，杜应国总纂，贵州：贵州人民出版社，2020 年 11 月出版。

59.《钱理群新编鲁迅当代读本》，北京：当代世界出版社，即出。

60.《鲁迅研究笔记》，王得后著，钱理群编选并评点，北京：商务印书馆，即出。

钱理群研究资料目录

1985 年

1. 王瑶:《中国现代文学三十年·序》, 1985 年 5 月 24 日, 收《中国现代文学三十年》, 上海文艺出版社, 1987 年版。

2. 吴福辉:《现代文学研究面对新的格局》,《文艺报》1985 年 11 月 30 日。

1986 年

1. 赵园:《1985: 徘徊、开拓、突进》,《中国现代文学研究丛刊》1986 年第 2 期。

2. 何新:《当代中国文学中的存在主义影响——再论当代文学中的荒谬感与多余者》,《文学自由谈》1986 年第 3 期。

3. 凯之:《我们需要您——钱理群教授特写》,《华大文汇》1986 年第 2 期。

4. 余飘:《周恩来同志和解放区文艺》,《延安文艺研究》1986 年第 4 期。

5. 李俊国、张晓夫:《"二十世纪中国文学"走向世界文学的基点问题》,《江汉论坛》1986 年第 5 期。

6. 周介人:《新尺度——评一年来的〈文学评论〉》,《读书》1986 年第 10 期。

7. 樊骏:《既有理论价值又有实践意义的探讨——关于讨论近百年文学历史分期的几点理解》,《文学研究参考》1986 年第 12 期。

1987 年

1. 肖君和：《论“走向世界的中国大众文学”——兼评“二十世纪中国文学”》，《文论报》1987 年 7 月 11 日、21 日。

2. 舒芜：《鲁迅才是男子汉》，《人民日报》（副刊）1987 年 11 月 21 日。

3.《中青年文艺评论工作者在本报座谈：活跃文艺批评，加强自身建设》，《人民日报》1987 年 12 月 22 日。

1988 年

1. 孔庆东：《老钱的灯》，《北大学生报》1988 年 1 月 21 日。

2. 樊骏：《富有个性的探讨——读〈现代中国文学三十年〉》，《人民日报》1988 年 2 月 9 日。

3. 王培元：《“从历史本身抽象出来”——读〈中国现代文学三十年〉》，《博览群书》1988 年第 1 期。

4. 赵凌河：《一部颇具新意的中国现代文学史——〈读中国现代文学三十年〉》，《社会科学辑刊》1988 年第 2 期。

5. 邵燕君：《是真名士自风流——钱理群副教授肖像》，《北京大学》校刊 1988 年 4 月 11 日。

6. 赵京华：《共同谋求现代文学研究的整体突破——〈中国现代文学三十年〉作者与读者对话会纪实》，《中国现代文学研究》1988 年第 2 期。

7. 思海：《放开思想，选择一条适合自己的路，来突破自己——访北京大学副教授钱理群先生》，《安顺晚报》1988 年 7 月 12 日。

8. 宋茨林:《演讲者和他的演讲》,《安顺晚报》1988 年 7 月 19 日。

9. 张弛：《钱先生讲“周作人性心理研究”》，《安顺晚报》1988 年 7 月 19 日。

10. 贺坚：《二十年前的夙愿——钱先生现代文学讲座印象》，《安顺晚报》1988 年 7 月 19 日。

11. 思海:《选择——大好时代》,《安顺晚报》1988 年 7 月 19 日。

12. 李书磊:《知识分子的鲁迅之爱》,《光明日报》“图书评论”第 19 期,1988 年 10 月 29 日。

13. 潘成鑫:《北大,讲座的海洋》,《北京大学》校刊 1988 年 11 月 4 日。

14. 汪晖:《钱理群与他对鲁迅心灵的探寻》,《读书》1988 年第 12 期。

15.《北京大学中文系部分师生座谈:有关“二十世纪中国文学”种种反响的综述》,1986 年 7 月 2 日,收《二十世纪中国文学三人谈》,人民文学出版社,1988 年版。

16.《日本、美国学者谈“二十世纪中国文学”:有关“二十世纪中国文学”种种反响的综述》,1986 年 10 月 25 日,收《二十世纪中国文学三人谈》,人民文学出版社,1988 年版。

1989 年

1. 解志熙:《两难而两可的选择——也谈〈心灵的探寻〉》,《光明日报》“图书评论”第 23 期,1989 年 1 月 24 日[此是删改版,作者全文收于《风中芦苇在思索:中国现代文学的现代性片论》(解志熙著,河南人民出版社 1994 年版)一书]。

2. 王得后:《钱理群〈心灵的探寻〉读后》,《鲁迅研究动态》1989 年第 3 期。

3. 子因:《流浪的校园》,《北京大学》校刊 1989 年 4 月 7 日。

4. 顾建平、徐怀谦:《当代知识分子的角色转换——访学者钱理群》,《人民日报》1998 年 4 月 24 日。

5. 李书磊:《知识分子的鲁迅之争——再读〈心灵的探寻〉》,《光明日报》“图书评论”第 28 期,1989 年 6 月 13 日。

6. 陈挚:《是继续发扬鲁迅精神,还是丢掉鲁迅精神?——读〈心灵的探寻〉,兼与李书磊商榷》,《光明日报》1989 年 9 月 5 日。

7. 王吉鹏:《“回到鲁迅那里去”——评钱理群〈心灵的探寻〉》,《中国现代文学研究丛刊》1989 年第 3 期。

8. 王得后:《“五四失精神”》,《瞭望周刊》1989 年第 8 期。

1990 年

1. 丁东：《读〈周作人传〉》，《人物》1990 年第 5 期。

2. 樊星：《当代文学的文化评论》，《文艺评论》1990 年第 2 期。

1991 年

1. 孔庆东：《现代学意义上的〈周作人传〉》，《新闻出版报》1991 年 2 月 22 日。

2. 黄源、史莽：《谈〈警惕歪曲、污蔑、贬损鲁迅〉》，浙江省文史研究馆编《古今谈》。

3. 汪晖：《循环的历史——读钱理群著〈周作人传〉》，《读书》1991 年第 5 期。

4. 陈思和：《关于周作人的传记》，《中国现代文学研究丛刊》1991 年第 3 期。

5. 方淳:《钱理群先生小记》,日本《留学生新闻》1991 年 5 月 1 日。

6. 赵文：《颤动的热情——记钱理群》，《国际关系学院》院刊第 13 期。

7. 郑朝晖：《关于"兄弟分途"的思索》，《无锡日报》1991 年 6 月 1 日。

8. 王培萱：《试论鲁迅人格精神的现代内涵——与〈知识分子的鲁迅之爱〉〈知识分子反对鲁迅之争〉二文商榷》，《文艺理论与批评》1991 年第 4 期。

9. 舒芜：《〈周作人传〉·序》，1991 年 10 月 18 日，收舒芜《串味读书》，辽宁教育出版社，1995 年 10 月版。

10. 张铁荣：《钱理群著〈周作人传〉读后》，《鲁迅研究月刊》1991 年第 9 期。

11. 宋益乔：《他为甚么要那样写——读钱理群著〈心灵的探寻〉》，《博览群书》1991 年第 7 期。

12. 江曾培：《拥有自己的"鲁迅观"——读〈心灵的探寻〉》，

收江曾培《一个“助产士”的手记》，上海文艺出版社，1991年5月版。

13. 谷林：《煮豆撒微盐》，《读书》1991年第10期。

14. 吴方：《“困境”故事：读〈周作人传〉》，《中国文化》1991年第2期。

1992年

1. 董炳月：《文化认同与附逆之辨》，《二十一世纪》1992年10月号。

2. 宋益乔：《对鲁迅研究的创造性贡献——钱理群鲁迅研究的研究》（1992年），收宋益乔《十年心路渺茫》，南海出版公司，1993年版。

3. 谷梁：《凡人的悲哀——读钱理群的〈周作人传〉》，《文学自由谈》1992年第3期。

1993年

1. 虞沙：《“一分为二”与“合二为一”》，《南方周末》1993年5月1日。

2. 牧阳一：《任观众摆布了的作家的“悲剧”——评钱理群〈大小舞台之间——曹禺戏剧新论〉》，日本《中国图书评论》1993年第5期。

3. 韩毓海：《关于“堂吉诃德”与“哈姆雷特”——由钱理群〈丰富的痛苦——堂吉诃德与哈姆雷特的东移〉说开去》，《文论报》1993年7月24日。

4. 李庆西：《学术批评和学者风度》，《文汇读书周报》1993年8月21日。

1994年

1. 罗运琪：《精神的魅力》，《贵州日报》1994年2月20日。

2. 篮子：《知识分子的双面像——读〈丰富的痛苦〉》（写于

1994年11月10日），收篮子《山崖上的守望》，福建教育出版社，1999年版。

3. 靳新来：《新尝试 新探索 新冲击——评钱理群“中学鲁迅作品重读”系列文章》，《语文学习》1994年第4期，后收钱理群《名作重读》1996年版。

4. 周年洋：《学术外的余墨——评钱理群〈人之患〉》，《博览群书》1994年第12期。

5. 解志熙：《两难而两可的选择》，《风中芦苇在思索：中国现代文学的现代性片论》，河南人民出版社，1994年版。

1995年

1. 张中：《致“堂理群”》，见钱理群《〈丰富的痛苦——堂吉诃德和哈姆雷特的东移〉的回应》，收《六十劫语》，福建教育出版社，1999年版。

2. 乐黛云、吉令旭：《比较文学与中国现代文学研究综述》，《中国现代文学研究丛刊》1995年第1期。

3. 王乾坤：《中国的堂吉诃德们——读钱理群〈丰富的痛苦〉》，《读书》1995年第1期。

4. 樊骏：《我们的学科：已经不再年轻，正在走向成熟》，《中国现代文学研究丛刊》1995年第2期。

5. 余杰：《心灵的探寻者》，《中华读书报》1995年6月7日。

6. 薛毅：《试谈钱理群独特的学术个性》，《徐州师范学院学报》（哲学社会科学版）1995年 第3期。

7. 刘洪涛：《关于中国新民族主义的对话——北大教授钱理群访谈录》，《华声月报》1995年第11期。

1996年

1. 罗迎贤：《与师同游》，《安顺广播电视报》副刊“小世界”1996年1月16日。

2. 辛殳：《读钱理群的〈大小舞台之间〉》，《文艺理论研究》1996 年第 1 期。

3. 宋剑华：《从历史与艺术的双重视角认识曹禺——评钱理群新著〈大小舞台之间〉》，《海南师院学报》1996 年第 2 期。

4. 红娟、钱理群：《“约会”1948》，《中华读书报》1996 年 4 月 10 日。

5. 钱理群、童庆炳、王尚文、孙绍振：《四位大学教授评 1998 年语文高考试卷》，《中国青年报》1996 年 4 月 26 日。

6. 胡桃：《图文并举，词采斐然——喜看〈彩色中国文学史〉问世》，《北京青年报》1996 年 5 月 5 日。

7. 陆梅：《普及学术理论的新尝试——〈彩色插图中国文学史〉出版引出的话题》，《文学报》1996 年 5 月 23 日。

8. 崔岩：《风雨故人来——钱理群先生与书》，《北京大学》校刊 1996 年 5 月 27 日。

9. 胡桃:《重写文学史——访北京大学中文系教授钱理群》,《北京青年报》1996 年 5 月 28 日。

10. 祝晓风：《大部头文学史一下冒出五部》，《中华读书报》1996 年 6 月 19 日。

11. 葛红兵、赵恒瑾：《我们这个时代的精神位格——钱理群：作为一种文学史研究现象》，《当代作家评论》1996 年第 4 期。

12. 姚丹:《把文学史请下殿堂》,《为您服务报》“京城书评”1996 年 8 月 1 日。

13. 吴晓东：《从“郁热”到“沉静”》，《读书》1996 年第 8 期。

14.《〈彩色插图中国文学史〉图片选辑“编者的话”》，《文汇读书周报》1996 年 10 月 5 日。

15. 徐春萍：《图文并茂的文学史书——〈彩色插图中国文学史〉引起关注》，《文学报》副刊《文学大众》1996 年 9 月 5 日。

16. 戴逸如：《我耸耸肩说声遗憾》，《新民晚报》1996 年 11 月 22 日。

1997 年

1. 刘金:《只有流亡而无战争》,《中华读书报》1997 年 1 月 22 日。

2. 张梦阳:《“钱氏冷汗”的启悟》,《悟性与奴性——鲁迅与中国知识分子“国民性”》引言,河南人民出版社,1997 年 4 月版。

3. 薛毅:《读〈名作重读〉致钱理群先生》,《中华读书报》1997 年 5 月 14 日。

4. 王岳川:《“经典”的尺度》,《中华读书报》1997 年 7 月 30 日。

5. 施战军:《经典与“有意识的忽略”》,《作家报》1997 年 7 月 31 日。

6. 吴义勤:《尴尬的“经典”——读〈百年中国文学经典〉》,《作家报》1997 年 7 月 31 日。

7. 房向东:《先勿戴帽》,《中华读书报》1997 年 11 月 5 日。

8. 郝卫群:《钱理群独品燕园几度春》,《中华儿女》(海外版)1997 年第 12 期。

9.《钱理群谈现代文学与儿童文学》,《儿童文学研究》(季刊)1997 年第 4 期。

1998 年

1. 阎绍文:《“负罪”的学者——京城近访钱理群》,《文化周刊》1998 年 1 月 4 日。

2. 文阳:《思想:思想者的唯一家园——近访钱理群》,《成都商报》1998 年 1 月 9 日。

3. 刘立人:《钱理群与“我的鲁迅观”》,《北京日报》1998 年 1 月 16 日。

4. 笑黑:《读一本沉重的书》,《贵州广播电视报·安顺版》副刊《小世界》1998 年 3 月 2 日。

5. 王乾坤:《在“人”与“文”的天平上——读钱理群〈压在心上的坟〉》,《读书》1998 年第 2 期,后收录于王乾坤《一路“洋葱皮”》，福建教育出版社，1999 年版。

6. 李晓：《悔恨 · 自省 · 反思——读〈压在心上的坟〉》，《贵州广播电视报 · 安顺版》副刊《小世界》1998 年 3 月 16 日。

7. 舒建华、钱理群：《堂吉诃德与我们的时代》，《中华读书报》1998 年 2 月 6 日。

8. 庄学君：《另一种风景——〈当代著名批评家随笔〉责编手记》，香港《大公报》1998 年 8 月 9 日。

9. 王晓晖：《钱理群：接着鲁迅的话往下说……》，中新社专稿 1998 年 8 月 27 日。

10. 李健、邵建等：《对〈想起了 76 年前的纪念〉的读者反响》，《读书》1998 年第 8 期。

11. 唐振常：《“学者从政”议》，《文汇读书周报》1998 年 9 月 5 日。

12. 林贤治、王得后、钱理群、邵燕祥、王富仁等：《人间鲁迅》，《读书》1998 年第 9 期。

13. 余杰：《挣扎的心——读钱理群〈压在心上的坟〉》，收于余杰《铁屋中的呐喊》，中华工商联合出版社，1998 年版。

14. 喜宏：《1998 十大好书：本年度高品味公共读物——席殊好书俱乐部“1998 十大好书”综述》。

15. 北京大学学生教育评估委员会：《北京大学 1997—1998 秋季学期学生课程评估：对“鲁迅周作人思想研究”课程的学生述评》，1998 年 10 月。

16. 王丽：《京沪著名学者讨论语文教育，引起社会较大反响：中国语文教育非改不可》，《中国青年报》1998 年 12 月 4 日。

17. 李健：《也说北大纪念》，《读书》1998 年第 8 期。

18. 王家平：《在历史体验与现实关怀之间》，《读书》1998 年第 12 期。

19. 孔庆东：《天有病，人知否？——读〈1948：天地玄黄〉》，《博览群书》1998 年第 12 期。

20.《有感于钱理群先生的反省》，《读书》1998 年第 8 期。

1999 年

1. 现代文学的观念与叙述——《中国现代文学三十年》笔谈。

洪子诚：《〈中国现代文学三十年〉的“现代文学”》，《文学评论》1999 年第 1 期。

旷新年：《犹豫不决的文学史》，《文学评论》1999 年第 1 期。

吴晓东:《文学史叙事的内在理念》,《文学评论》1999 年第 1 期。

2. 摩罗：《自由的歌谣——跟钱理群先生去看戏》，《百花洲》1999 年第 1 期。

3. “三位大学教授评 1998 年语文高考试卷”编者按，《中国青年报》“冰点 · 专题”第 257 期 1999 年 4 月 26 日。

4.（录音，陈标杰整理）蒋顺利:《与北大教授钱理群对话录》,《北京商学院》校刊 1999 年 5 月 20 日。

5. 顾德希:《语文教学的“病根”》,《中国青年报》“冰点 · 专题”第 264 期 1999 年 6 月 7 日。

6. 黄开发：《近八十年来的周作人研究 1980—1989；1990—1997》，收于黄开发《人在旅途——周作人的思想和文体》，人民文学出版社，1999 年 7 月版。

7. 胡晓凡：《钱理群拒绝遗忘》，《新经济周刊》“人物”版 1999 年 8 月 9 日。

8. 篮子：《剪不断的思恋》，收《山崖上的守望》，福建教育出版社，1999 年 8 月版。

9. 张泉：《二十世纪中国新文学史料建设的圆满终结》，《光明日报》1999 年 5 月 7 日。

10. 吴福辉:《另眼相看四十年代》,《光明日报》1999 年 5 月 7 日。

11. 林非：《阅读〈中国沦陷区文学大系 · 散文卷〉随感》,《光明日报》1999 年 5 月 7 日。

12. 蓝棣之：《沦陷区文学创作的系统发掘》，《光明日报》1999 年 5 月 7 日。

13. 摩罗：《半佛半魔钱理群》，《文艺争鸣》1999 年第 3 期。

14. 吴晓东:《钱理群的文学史观》,《文艺争鸣》1999 年第 3 期。

15. 孔庆东：《我看钱理群》，《文艺争鸣》1999 年第 3 期。

16. 杨振文:《偏爱则失实》,《文艺理论与批评》1999 年第 6 期。

17.《中学语文教学》记者：《庆祝〈中学语文教学〉创刊 20 周年座谈会纪要》，《中学语文教学》1999 年第 8 期。

18. 艾农：《他们究竟要干什么？》，《中流》1999 年第 11 期。

19. [韩]全炯俊：《"二十世纪中国文学论"批判》，《文艺理论研究》1999 年第 3 期。

20. 郭勇:《重铸"教魂"与"学魂"》,《读书》1999 年第 10 期。

21.《重拾被遗忘的"边缘"作品：记钱理群和他的〈对话与漫游：四十年代小说研读〉》，《文学报》1999 年第 28 期。

22. 孔庆东：《侠之大者，钱理群》，《书摘》1999 年第 3 期。

2000 年

1. 止庵：《有是事，说是事——话说〈话说周氏兄弟〉》，《中国现代、当代文学研究》2000 年第 1 期。

2. 评论员：《这是什么话？》，《青年文化通讯》第 8 期，2000 年 1 月。

3. 陈辽:《关于沦陷区文学评价中的几个问题》,《文艺报》"文学周刊"2000 年 1 月 11 日。

4. 蒋泥：《记钱理群先生》，《北京日报》2000 年 1 月 19 日。

5. 王晓明、赵园、朱学勤、陈平原、童庆炳：《1999 年"文艺争鸣奖"对〈说食人〉一文的评语》，《文艺争鸣》2000 年第 2 期。

6. 专家:《"减负"是一个好时机》,《北京晚报》2000 年 2 月 10 日。

7. 江乐山：《坚持教育改革的社会主义方向——评〈审视中学语文教育〉中的谬论》，《中国教育报》2000 年 2 月 23 日，《高教理论战线》2000 年第 2 期转载。

8. 凡夫:《拯救还是戕害——对〈审视中学语文教育〉的审视》,

《文艺报》2000 年 3 月 10 日。

9.《推进以德育为中心的素质教育——摘自任彦申在全校干部会上的讲话》，《北京大学》校刊 2000 年 3 月 15 日。

10. 杨竞：《盗版者看好名家学者的序言——面对〈情幻〉，钱理群愤怒了》，《中国青年报》2000 年 3 月 22 日。

11. 庞旸:《说真话的乌鸦》,《人民政协报》周末版 2000 年 3 月 31 日。

12. 沙蕙：《以孩子的名义——读〈审视中学语文教育〉有感》，《高教理论战线》2000 年第 2 期。

13. 范培松：《散文作家研究的新突破——周作人研究 · 钱理群〈周作人论〉》，《中国散文批评史》第十九章第三节，江苏教育出版社，2000 年 4 月版。

14. 金绍任：《评中学语文教科书事件》，《南宁职业技术学院学报》2000 年第 5 卷第 2 期。

15. 胡北泯：《不法书商黑手伸向名家——费孝通、钱理群等通过有关部门依法追究》，《文汇报》2000 年 4 月 14 日。

16. 张泉：《对“沦陷区文学的评价问题”的回应：史实是评说沦陷区文学的唯一前提》，《文艺报》“文学周刊”2000 年 3 月 28 日。

17. 宏羊父：《为了宪法与教育法的尊严——批判钱理群等人在〈审视中学语文教育〉中的谬论》，《文艺理论与批评》2000 年第 3 期。

18. 裴显生：《谈沦陷区文学研究中的认识误区》，《文艺报》“文学周刊”2000 年 4 月 18 日。

19. 刘国正：《“毫无自私自利之心”赞——与钱理群教授商榷》，《人民教育》2000 年第 4 期。

20. 柳从厚：《中学语文教育起风波——由〈星星〉诗刊与钱理群等人挑起的争鸣》，《作品与争鸣》2000 年第 5 期。

21. 钟易之：《语文教育改革必须坚持正确的方向》，《求是》2000 年第 4 期。

22. 李伦:《评近两年的历史虚无主义批评》,《文艺理论与批评》2000年第4期。

23. 马俊华:《鲁迅专家面面观》,《社科新书目·阅读导刊》2000年7月8日。

24. 止庵:《我看“长江读书奖”》,《社科新书目·阅读导刊》2000年7月16日。

25. 曾鹏宇:《理想现实是如此不同:资深教育专家钱理群谈高考“克隆作文”现象》,《北京青年报》2000年8月3日。

26. 张文:《北大清华的解聘惊魂》,《亚洲周刊》2000年8月14日—8月20日。

27. 冉庄:《一股不可忽视的文学思潮》,《文论报》2000年8月15日。

28. 毕卫国:《用什么思想来占领大学课堂?——评钱理群“北京大学演讲录”》,《高校理论战线》2000年第8期。

29. 龚羽飞、马啸:《西部开发:文化·教育·人才——著名学者钱理群先生的访谈》,《兰州晨报》2000年8月27日。

30. 敖忠:《语文教育的思想性不容否定》,重庆《银河系》第31、32期。

31. 刘晓波:《猪的哲学》,香港《动向》2000年9月号。

32. 杨先武:《一点商榷》,《语文教学与研究》2000年第10期。

33. 汤一介:《“恒称其君之恶者,可谓忠臣矣”》,《群言》2000年第10期。

34. 何山、颐雅:《学者访谈:教育改革要确保公正》,《中国青年报》2000年10月19日。

35. 杜撰:《老钱》,《安顺广播电视报》副刊《小世界》2000年10月23日。

36. 吴炫:《一个非文学性命题——“20世纪中国文学观”局限分析》,《中国社会科学》2000年第5期。

37. 王六一:《接续一个优秀的中国人文传统:大学教授客串中学语文课》,《人民日报》2000年1月28日。

38. 朱健国：《最新丑闻——“长江读书奖”》，《文学自由谈》2000 年第 4 期。

39. 俞兆平：《〈重写文学史〉的困惑与突围》，《南方文坛》2000 年第 4 期。

40. 靳奇:《“长江读书奖”引发争论》,《图书馆》2000 年第 4 期。

41. 杨清莲：《请不要这样引用鲁迅——对钱理群的一些不同看法》，《文艺理论与批评》2000 年第 5 期。

42. 丁国强：《在师生的相互吹捧之间》，《文学自由谈》2000 年第 6 期。

2001 年

1. 丸山昇：《拒绝遗忘：中国知识者恢复历史记忆的挣扎·译者解说》，日本《新世界》2001 年第 1 期。

2. 刘贻清：《改革还是改向·后记》，收《改革还是改向》，大众文艺出版社，2001 年版。

3. 刘贻清：《一个“退役老兵”的不吐不快之言——读〈审视中学语文教育〉有感》，收《改革，还是改向》，大众文艺出版社，2001 年版。

4. 马开叔：《〈审视〉将中学语文教育引向何处》，收《改革，还是改向》，大众文艺出版社，2001 年版。

5. 尹姗姗：《新师说　钱理群教授》，收尹姗姗《自由 18 岁》，海天出版社，2001 年 2 月版。

6. 苏阳：《一群相互抚摸的人（外一章）》，《文学自由谈》2001 年第 2 期。

7. 刘海滨、李思清整理：《独立、自由、批判和创造——钱理群先生访谈摘要》，南京大学一研究生刊物。

8. 牛微：《〈新语文读本〉：在中学“语文革命”中弄潮》，《南国早报》“成长时代专版”2001 年 4 月 29 日。

9.（安替录音整理）张广天：《〈鲁迅先生〉是演给王朔、钱理群他们看的》，《北京晚报》2001 年 5 月 5 日。

10. 杨瑞春：《张广天：我们要狠狠作秀》，《南方周末》2001 年 5 月 10 日。

11. 谢娟：《专家同上“新讲台”，新意别出析名篇：大学教授讲中学语文课》，《文汇报 · 书缘专刊》2001 年 5 月 12 日。

12. 谢娟：《“新语文”带来语文教学新观念》，《文汇报 · 书缘专刊》2001 年 6 月 9 日。

13. 韩军：《〈新语文读本〉编写手记“编者按”》，《教师之友》2001 年第 6 期。

14. 张圣华：《能否把中学生拉入经典？》，《中国教育报》“读书周刊”2001 年 7 月 5 日。

15. 唐宁：《追寻语文原有的魅力——从〈新语文读本〉谈起》，《新民晚报》2001 年 7 月 16 日。

16. 张梦阳：《王富仁、钱理群等新人的出现与向精神文化视角的位移》，张梦阳《中国鲁迅学通史》第十章第八节，广东教育出版社，2001 年 8 月版。

17. 汪文：《〈新语文〉问世记》，《中国青年报》“冰点”第 369 期 2001 年 9 月 5 日。

18. 温瑛：《又见“弥勒”》，《成才导报》2001 年 11 月 7 日—11 月 13 日。

19. 金曦：《听钱理群说鲁迅》，《成才导报》2001 年 11 月 7 日—11 月 13 日。

20. 张洁宇采访整理：《书的命运与人的精神——关于〈20 世纪中国人的精神生活丛书〉的访谈》，《中华读书报》2001 年 11 月 21 日。

21. 王彬彬：《钱理群的模糊》，王彬彬《文坛三户：金庸、王朔、余秋雨——当代三大文学论争辨析》第二章第三节，大象出版社，2001 年 12 月版。

22. 皇甫积庆：《鲁迅研究中的传记学批评方法》，《鲁迅研究月刊》2001 年第 11 期。

23. 叶虎：《20 世纪中国文学性质论争及其局限》，《文艺理论研究》2001 年第 6 期。

24. 苗怀明：《要宽容，还是要霸权？——也说现代旧体文学应入文学史》，《粤海风》2001 年第 5 期。

25. 王璞：《中国现代小说的精神漫游之旅——读钱理群〈对话与漫游〉》，《当代作家评论》2001 年第 5 期。

26. 丁文：《周作人早期散文研究述评》，《南京师范大学文学院学报》2001 年第 3 期。

2002 年

1. 舒明：《“专家导读”——让“旧书”介入新世纪的钥匙》，《文汇报·书缘专刊》2002 年 1 月 18 日。

2. 余杰：《北大校庆：一个斑斓的肥皂泡》，收于余杰《压伤的芦苇》，长江文艺出版社，2002 年 1 月版。

3. 刘士林：《“20 世纪中国文学”与先验批判》，《学海》2002 年第 1 期。

4. 汤拥华：《在历史和文学之间》，《学海》2002 年第 1 期。

5. 范钦林：《历史“进步论”与历史“不同论”》，《学海》2002 年第 1 期。

6. 叶虎：《“五四”文化传统与“20 世纪中国文学”观》，《学海》2002 年第 1 期。

7. 王纪人：《关于 20 世纪中国文学观》，《学海》2002 年第 1 期。

8. 赵明、罗德宏、金梁：《新语文建设，全社会的责任》，《现代教育报》2002 年 2 月 1 日。

9. 李萍：《课外语文读物：由“工具”转向“人文”》，《中华读书报》2002 年 2 月 6 日。

10. 朱正琳：《2001 年：有偏好的回顾》，《光明日报》“书评”版 2002 年 2 月 28 日。

11. 秦朝晖：《警惕苏阳式的聒噪》，《作家》2002 年第 3 期。

12. 万静波:《网络评价:“终结”高考的提前实验》,《南方周末》2002 年 5 月 23 日。

13. 骆一平:《闲来读点周作人》,《读书时报》2002 年 5 月 29 日。

14. 覃艳容:《北大访学随笔》,《中山大学校报》2002 年 6 月 25 日。

15.《“我存在,我努力——走近钱理群”专版前言》,《贵州政协报·黔声周刊》2002 年 6 月 28 日。

16. 杨宛:《他是这样的人——钱理群侧影》,《贵州政协报·黔声周刊》2002 年 6 月 28 日。

17. 杨宛记录整理:《做有思想的人——钱理群答贵州师大学生问》,《贵州政协报·黔声周刊》2002 年 6 月 28 日。

18. 杨宛记录整理,钱理群:《反抗绝望——个体生命的困境》,《贵州政协报·黔声周刊》2002 年 6 月 28 日。

19. 袁靖华:《“心灵的探寻”:论钱理群的文学批评》,《阜阳师范学院学报》(社会科学版)2002 年第 3 期。

20. 商友敬:《读教生涯漫忆钱理群》,《教师报》2002 年 7 月 11 日。

21. 方舟子:《不要用伪科学毒害中学生——评〈新语文读本〉》,《中华读书报》2002 年 7 月 24 日。

22. 吴炫:《辩证否定与依附性思维无助于文学创造》,《学术月刊》2002 年第 4 期。

23. 王吉鹏等:《主体论研究的新纪元——钱理群的〈心灵的探寻〉》,收于王吉鹏等著《穿越伟大灵魂的隧道——鲁迅〈野草〉〈朝花夕拾〉研究史》第四章十一节,吉林人民出版社,2002 年 10 月版。

24. 王吉鹏等:《文本重读的新开创——王富仁、钱理群等的“细读”》,收于王吉鹏等著《驰骋伟大的艺术天地——鲁迅小说研究史》第六章第五节,吉林人民出版社,2002 年 11 月版。

25. 傅国勇:《钱理群:不要遗忘血的世纪》,收《脊梁:中国三代自由知识分子评传》,香港开放杂志出版社,2001 年版。

26. 俞景华:《钱理群专访 我为什么关注中学语文教育》,《教师之友》2002 年第 11 期。

27. 祝勇：《关于鲁迅——与孙郁对话》，《北京观察》2002年第8期。

28. 王嵩：《拓宽视野 更新观念 展示历史全貌——中国现代文学史编写问题试议》，《佳木斯大学社会科学学报》2002年第6期。

2003年

1. 孙郁：《钱理群：在鲁迅的背影里》，《当代作家评论》2003年第1期。

2.《反战与挺战的中国学者之争》，《南方周末》2003年2月27日。

3. 钱理群、庄桂成：《我是一个清醒的理想主义者——钱理群教授访谈录》，《语文教学与研究》2003年第6期。

4. 赵京华：《历史转折期的诗人想象力——钱理群的中国新文学研究》，此为《新世纪的中国文学》日文版序言，日本白帝社，2003年7月15日版。

5. 冯王月：《让写作成为贯穿孩子一生的精神活动》，《中国青年报》2003年9月17日。

6. 杜应国：《没有写进文章里的话——钱理群点评〈神秀黔中〉及安顺文化》，《安顺日报》2003年9月25日。

7. 薛涌：《为什么非要回归“中国文化”——质疑钱理群》，2003年9月27日作，收薛涌《谁的大学》，云南人民出版社，2005年1月版。

8. 王得后：《对于鲁迅的发现与解读——和钱理群学兄讨论》，《鲁迅研究月刊》2003年第9期。

9. 谢娟：《让名师名课走出大学围墙》，上海《文汇报》2003年9月26日。

10. 葛涛:《“周作人研究的历史、现状及出版工作座谈会”纪要》，《鲁迅研究月刊》2003年第11期。

11. 张军：《关于绿营》，《文汇读书周报》2003年11月7日。

12. 商友敬：《立己书话：〈语文教育门外谈〉》，《教师报》

2003 年 11 月 19 日。

13. 杨宛：《知我者谓我心忧——钱理群与〈贵州读本〉》，《贵州政协报》“黔声周刊”2003 年 12 月 4 日。

14. 朱正琳：《“描写自己”的一种尝试》，《中国读书商报》“书评周刊”2003 年 12 月 5 日。

15. 苏力：《中国当代公共知识分子的建构》，收《思想与文化》第三辑，华东师范大学出版社，2003 年 12 月 31 日版。

16. 陈迪文：《思考仍在继续——鲁迅与钱理群》，《理论月刊》2003 年第 12 期。

17. 薛毅：《反思新语文观念》，《书城》2003 年第 11 期。

18. 江登兴：《“精神界战士”谱系的自觉变异——读摩罗〈因幸福而哭泣〉〈不死的火焰〉》，《社会科学论坛》2003 年第 10 期。

19. 苏力:《中国当代公共知识分子的社会建构》,《社会学研究》2003 年第 2 期。

20. 朱健国：《想念八十年代的书桌》，《文学自由谈》2003 年第 1 期。

21. 张炼红：《中国现代文学研究如何焕发“当代性”》，《上海大学学报》（社会科学版）2003 年第 1 期。

2004 年

1. 周之江：《“想大问题，做小事情”：选编〈贵州读本〉：钱理群呼吁“认识我们脚下的土地”》,《新华今日电讯》2004 年 1 月 1 日。

2. 唐小兵：《与钱理群相遇》，《湘声报》2004 年 1 月 12 日。

3. 杜应国：《归来的学魂——钱理群 2003 年贵州之旅》，《安顺文艺》2004 年第 1 期。

4. 文敏：《北大博导将赴南京当中学老师》，《钱江晚报》2004 年 2 月 27 日。

5. 文敏：《钱理群，一个理想主义者的现实姿态——像堂吉诃德一样作战》，《钱江晚报》2004 年 2 月 27 日。

6. 王玲瑛、张蓉：《中学真的缺失人文教育？——杭城师生昨日众说纷纭》，《钱江晚报》2004 年 2 月 27 日。

7. 王玲瑛:《拒绝遗忘理想,从中学语文教育开始》,《钱江晚报》2004 年 2 月 27 日。

8. 张琳：《北大博导南师附中开课》，《扬子晚报》2004 年 4 月 8 日。

9. 郭加奇：《钱理群重回母校，大师级学者到中学开课有无必要》，《中国青年报》2004 年 4 月 14 日。

10. 术术：《著名学者带文学大师下乡：〈新语文读本〉生出农村版 钱理群：我为何要做农村语文读本》，《新京报》2004 年 5 月 28 日。

11. 王洪岳：《钱理群的眼睛》，《南京师范大学学报》“文艺副刊”2004 年 5 月 30 日。

12. 雷池月:《不该被遗忘的“失踪者”》,《随笔》2004 年第 5 期。

13. 王玲瑛：《我是这样做中学教师的——北大教授钱理群来杭传授人文理想》，《钱江晚报》2004 年 6 月 3 日。

14. 董沛文：《亲历北大教授给中学生讲课》，《钱江晚报》2004 年 6 月 4 日。

15. 文敏：《你是一个怎样的生命存在体》，《钱江晚报》2004 年 6 月 4 日。

16. 王栋生:《种下一粒种子——钱理群教授中学开课记》,《语文学习》2004 年第 6 期。

17. 倪峰、周春梅：《“门外汉”给“门内人”的启示》，《语文学习》2004 年第 6 期。

18. 余立新：《在北京大学讲了二十年“鲁迅研究”的钱理群教授坚信：鲁迅当代有知音》，《中国教育报》“读书周刊”2004 年 6 月 24 日。

19. 王吉鹏、王竹丽：《跨越时空的心灵对话——钱理群〈心灵的探寻〉、〈走进当代的鲁迅〉等》，收《观照伟大精神的经纬——

鲁迅思想研究史》，吉林人民出版社，2004 年 6 月版。

20. 西流：《甘居一隅的钱理群》，《城市杂志》“悦读”2004 年 7 月 31 日。

21. 乐黛云：《乡土教育与人文素质》，《读书》2004 年第 7 期。

22. 羽舟：《鲁迅与我们——钱理群教授南京师大附中授课纪实》，《读写月报》2004 年 7、8 月号。

23. 羽舟：《仁者师心——灯下访谈钱理群教授》，《读写月报》2004 年 7、8 月号。

24. 北宋:《梦遇钱理群》,《城市杂志》“悦读”2004 年 9 月 25 日。

25. 凌寒：《影响中国基础教育进程的学者们》，收《明日教育论坛》第 21 辑《影响中国基础教育进程的学者们》，福建教育出版社，2004 年 9 月版。

26. 吴国平:《追寻真教育的理想》,《教育参考》2004 年第 10 期。

27. 吴慧文：《北大著名教授钱理群在厦谈中学语文教育目的——要为学生的人文精神打底子》，《厦门晚报》2004 年 12 月 18 日。

28. 宋智明：《终身学习和终极关怀——本报记者专访著名学者钱理群》，《厦门日报》2004 年 12 月 28 日。

29. 宋智明：《钱理群来厦寻求精神支援》，《厦门日报》2004 年 12 月 29 日。

30. 宋智明：《记者手记：最有意义的生日礼物》，《厦门日报》2004 年 12 月 19 日。

31. 郭宇宽：《钱理群：沉思力行，言传身教》，《南风窗》2004 年第 24 期。

32. 夏元明:《钱理群的话语方式》,《文学自由谈》2004 年第 6 期。

33. 洪子诚：《回答六个问题》，《南方文坛》2004 年第 6 期。

34. 崔云伟：《两本文学史和两种文学史观——兼谈文学史“个人写作”的文体构想》，《山东社会科学》2004 年第 10 期。

35. 刘阳：《关于真话的难题》，《粤海风》2004 年第 4 期。

36. 辜也平：《二十五年学科发展的历史缩影——百期〈丛刊〉几组数据的动态分析》，《中国现代文学研究丛刊》2004 年第 3 期。

37. 赵园、钱理群、洪子诚、吴晓东、贺桂梅等：《20 世纪 40 至 70 年代文学研究：问题与方法》，《中国现代文学研究丛刊》2004 年第 2 期。

38. 曹顺庆、童真：《重谈“重写中国文学史”》，《西南民族大学学报》（人文社会科学版）2004 年第 1 期。

39. 钱理群、沈上、李翔、胡坚：《与中学生的网上对话》，《鲁迅研究月刊》2004 年 1 月 15 日。

2005 年

1. 梁子民、毕文昌：《谁有资格编教材》，《中国青年报》2005 年 1 月 5 日。

2. 韦荣瑞、戴正兴：《改革之路：渐行渐难渐理性——2005 年语文教学改革热点搜索》，《辽宁教育》2005 年第 12 期。

3. 邵燕君：《赤子佛心钱理群》，《粤海风》2005 年第 6 期。

4. 郭春梅：《生命的“挣扎”与“救赎”——钱理群学术研究述评》，《当代作家评论》2005 年第 5 期。

5. 文学武：《地火依旧在奔突运行——论新时期的〈野草〉研究（1981—2001）》，《鲁迅研究月刊》2005 年第 8 期。

6. 彭小燕：《重塑现代人类的生命信仰——“19—20”世纪的存在主义思想与鲁迅的精神之路》（一），《鲁迅研究月刊》2005 年第 6 期。

7. 战洋：《从李欧梵的〈铁屋中的呐喊〉看当代鲁迅研究》，《三峡大学学报》（人文社会科学版）2005 年第 3 期。

8. 杨联芬：《中国文学“现代”之起点——兼谈“20 世纪中国文学”概念的历史意义》，《现代中国文化与文学》2005 年第 1 期。

9. 朱永通：《清醒而踏实地推行教育改革——钱理群教授访谈录》，《福建论坛》（社科教育版）2005 年第 2 期。

10. 高俊林：《也谈钱理群的话语方式》，《文学自由谈》2005年第1期。

2006年

1. 赵宪章、白云：《中国文学学者与论著影响力报告》，《文艺争鸣》2006年第2期。

2. 黄波：《中国知识分子的两个年头——读钱理群、傅国涌的两本书》，《博览群书》2006年第2期。

3. 舒晋瑜:《一套多方看好的文学选修课独白遭遇市场壁垒:“青春读书课”深圳突起退货风潮》，《中华读书报》2006年3月29日。

4. 吴慧泉:《南北大师听课马巷小学，钱理群、孙绍振再度联手，关注乡村教育实验》，《厦门晚报》2006年4月18日。

5. 吴慧泉：《“乡村教育带给我们的羞愧之心”：钱理群接受本报独家专访，解剖教改弊端及困境》，《厦门晚报》2006年4月18日。

6. 谢天挺:《关注学者及其论著的学术影响力》,《文汇读书周报》2006年7月28日。

7. 陈晓明：《谁拿北大博导造新闻？》，《北京青年报》2006年8月13日。

8.《“南师附中:永远的精神家园”，韦钰、钱理群回忆母校时光》，《扬子晚报》2006年9月11日。

9. 郭韶明：《人文素养：传道授业第一台阶》，《中国青年报》2006年9月17日。

10. “乡土教材走进中小学课堂 专家观点”钱理群：《认识脚下的土地才不会失根》，《北京青年报》2006年9月20日。

11.《“文革”四十周年的回忆》，韩国《东亚日报》2006年10月17日。

12. 顾维华：《他是一只“蝙蝠”，另一种存在；清醒的他，仍然活在当下——鲁迅研究专家、北大教授专访》，《东方早报》

2006年10月19日。

13. 蒋伟薇：《乡土教材在中国》，《中国青年报》2006年10月18日。

14.《一个中国学者的“文革”回忆》，韩国《中央日报》2006年10月19日。

15. 彭苏：《钱理群：鲁迅是我珍贵的神》，《南方人物周刊》2006年第30期。

16. 彭苏：《如果鲁迅有真正的对手——钱理群谈鲁迅》，《南方人物周刊》2006年第30期。

17. 孟小槟：《走近钱理群——相约〈生命的沉湖〉》，《全国新书目》2006年第22期。

18. 李通：《论钱理群的语文“立人”教育观》，《语文教学之友》2006年第8期。

19. 孔庆东：《现代文学基础课教学体会》，《中国现代文学研究丛刊》2006年第4期。

20. 钱理群、孙绍振、张文质：《把目光更多的投向乡村教育——钱理群、孙绍振、张文质的对话》，《福建论坛》（社科教育版）2006年第7期。

21. 姜淑燕：《世纪始末的心灵对话——钱理群的鲁迅研究特色》，《黑龙江教育学院学报》2006年第3期。

2007年

1. 陈永阶：《反右五十周年涌索偿潮》，香港《明报》2007年1月29日。

2.《土地里长出的散文》编者按，《安顺晚报》2007年5月10日。

3. 田志淩：《北京大学教授钱理群谈教育、谈知识分子、谈鲁迅：能做多少算多少，做了总没有坏处》，《南方都市报》2007年6月3日。

4. 唐小兵：《钱理群与他的讲演》，《湘声报》2007年8月10日。

5. 阳敏、姚洋：《〈读书〉事件四人谈》，《南风窗》2007年第8期。

6. 许锡良：《从钱理群的失败看教育改革》，《河南教育时报》2007 年 10 月 10 日。

7. 龚勤舟：《钱理群：用经典呵护心灵》，《中国青年报》2007 年 10 月 15 日。

8. 钱理群：《拒绝放弃独立思考的权利》，香港《苹果日报》2007 年 11 月。

9. 潘晓凌：《“三角地”的现实与记忆》，《南方周末》2007 年 11 月 8 日。

10. 叶琦:《北大博导给中学生开选修课,屡败屡战没感到失望》,《海峡都市报》2007 年 11 月 12 日。

11. 杨帆：《你迟早会与鲁迅相遇　著名学者钱理群：“每个中国人都应该读鲁迅”》，《苏州日报》2007 年 11 月 18 日。

12. 李婷：《钱理群：告诉你一个不一样的鲁迅》，《姑苏晚报》2007 年 11 月 18 日。

13. 赵海霞：《钱理群：老师应当是堂吉诃德》，《东莞日报》2007 年 11 月 21 日。

14. 林长生：《钱理群：谁都说读书，是一种热闹而已》，《海峡消费报》2007 年 11 月 22 日。

15. 吴波：《“堂吉诃德”钱理群》，《广州日报》2007 年 11 月 23 日。

16. 范昀：《老年人燃烧，年轻人取暖》，《广州日报》2007 年 11 月 23 日。

17. 石剑峰：《当代知识分子危机是缺乏信仰和承担：北大学者钱理群接受早报专访谈其精神自传》，上海《东方早报》2007 年 11 月 28 日。

18. 张弘：《钱理群出版“精神自传”》，《新京报》2007 年 11 月 30 日。

19. 文化逸民：《读钱理群，内心涌起一股敬意》，http：//blog.sina.com.cn/s/blog_4ce39cbc01000cbt.html，2007 年 12 月 6 日。

20. 黄长怡、肖丽丹:《钱理群精神自传出版，再度接受本报专访:与其被浑蛋利用，不如被青年利用》,《南方都市报》2007年12月9日。

21. 周海波:《与钱理群相遇》，http://news.sina.com.cn/o/2003-12-15/05291341272s.shtml，2007年12月9日。

22. 钱理群:《"我没有能力走出鲁迅"》，2007年12月13日，收《城市公社〈长江商报〉作品自选集》，湖北人民出版社，2009年9月出版。

23. 杨岸柳:《史鉴半世纪，狂飙壹偶然》，香港《信报》2007年12月15日。

24. 钱亦蕉:《钱理群: 做永远的批判者》,《新民周刊》第50期。

25. 余世存:《钱理群省思式的精神札记》，《新京报》2007年12月21日。

26. 罗雪挥、甄宏戈、李楠:《钱理群: 写给下一代的精神遗嘱》,《中国新闻周刊》2007年第48期。

27. 方艳玲:《〈心灵的探寻〉中的心灵对话》，《文学教育》(上)2007年第12期。

28. 聂姗:《心灵的碰撞与对话——浅析钱理群的鲁迅研究特色》，《华商》2007年第22期。

29. 唐永泽:《钱理群的鲁迅研究思想述评》，《曲靖师范学院学报》2007年第2期。

30. 摩罗:《关于〈新语文读本〉的回顾和思考》,《社会科学论坛》(学术评论卷)2007年第3期。

2008年

1. 朱正琳:《卷入老钱的精神之旅》，《中华读书报》2008年1月2日。

2. 金理:《"自省、自赎与自救"的自传》,《书城》2008年第1期。

3. 朱永新:《我们需要从教育原点出发》，《新京报》2008年2月7日。

4. 及川淳子：《介绍〈我的精神自传〉》，日本《中日友好新闻》2008 年 3 月 5 日。

5. 辛旻：《钱理群的〈我的精神自传〉》，《新民晚报》2008 年 3 月 9 日。

6. 谈何易：《坦坦荡荡真君子——读钱理群〈示众〉一文有感》，《杂文报》2008 年 4 月 8 日。

7. 钱理群：《一流大学是个民族的精神堡垒》，《深圳特区报》2008 年 5 月 5 日。

8. 吴海云：《钱理群的精神突围》，《凤凰周刊》2008 年第 14 期。

9. 李伟长：《钱理群：五四遗风，鲁迅之子》，《信息时报》2008 年 7 月 13 日。

10. 钱理群：《深染五四遗风》，《半岛都市报》2008 年 7 月 17 日。

11. 赵玮番：《“脚踏大地，仰望星空”》，《半岛晨报》2008 年 7 月 18 日。

12. 季剑青：《行走在理想之光照耀的土地上》，《燕赵都市报》2008 年 7 月 20 日。

13. 三月：《脚踏大地，仰望星空》，《新世纪周刊》2008 年 7 月 21 日。

14. 田欣：《我们有幸和他相逢》，《北京晨报》2008 年 7 月 28 日。

15. 山水间：《钱理群演讲带体温的思想》，《华商报》2008 年 8 月 2 日。

16. 钱理群：《我谈教育其实是绝望的挣扎》（对话），《晨报周刊》2008 年 8 月 14 日，《潇湘晨报》2008 年 8 月 17 日转载，改题为《为什么 2000 年是中国教育的大滑坡分界线》。

17.《钱理群致年轻人：打好精神的底子》，《华商报》2008 年 8 月 16 日。

18.《钱理群：80 后已经接班》，《河北青年报》2008 年 8 月 29 日。

19. 邹红、黄莹：《钱理群与新时期曹禺研究》，《中国文学研究》2008 年第 4 期。

20.《钱理群致青年朋友：做好大学这个梦》，《楚天都市报》2008 年 9 月 1 日。

21.《“80 后”更加应该多读读鲁迅》，《楚天都市报》2008 年 9 月 1 日。

22. 米格:《给那些醒着的青年》,《南方都市报》2008 年 9 月 7 日。

23. 钱理群、国家玮：《生命意识烛照下的文学史书写——北京大学教授、博士生导师钱理群先生的访谈》，《东岳论丛》2008 年第 5 期。

24. 徐淑卿：《钱理群：最后一课的回眸》，台湾《中国时报》2008 年 10 月 20 日。

25. 李欧梵：《回顾与反思——在北大的最后一课 · 序言》，收《回顾与反思——在北大的最后一课》，台湾行人出版社，2008 年 10 月出版。

26. 邓文初：《钱理群的北大》，http：//www.aisixiang.com/data/22298.html，2008 年 11 月 17 日。

27. 徐庆全:《回归大学精神》,《中国新闻周刊》2008 年第 44 期。

28. 李云雷:《钱理群的“双重反思”》,《读书》2008 年第 6 期。

29. 罗钢：《一代学人的精神个案——读钱理群〈我的精神自传〉》，《中华读书报》2008 年 12 月 31 日。

30. 徐翔：《文学研究的“相似因果性”批判——以对周作人女性观的研究为例》，《第二届中国科技哲学及交叉学科研究生论坛文集（博士卷）》2008 年 12 月 1 日。

31. 白春超：《旧资料的发掘与新学术的发动——近几年中国现代文学的文献史料研究述要》，《宁夏社会科学》2008 年第 6 期。

32. 许锡强:《论阅读教学的“名作重读”现象》,《教学与管理》2008 年第 25 期。

33. 李伟长：《“脚踏大地，仰望星空”——读钱理群〈致青年朋友〉》，《全国新书目》2008 年第 17 期。

34. 智效民:《两个北大　读钱理群主编的〈寻找北大〉》,《博览群书》2008 年第 8 期。

35. 龚修森：《〈项链〉是不是表现“造化安排”的小说？——与钱理教授商榷》，《中学语文教学》2008 年第 6 期。

36. 春华、明辉：《钱理群：终生圆一个教师梦》，《中国人才》2008 年第 11 期。

37. 薛冲、鄢鸣:《读钱理群〈大小舞台之间——曹禺戏剧新论〉》，《文学教育》（上）2008 年第 4 期。

38. 袁少冲：《1980 年代以来周作人思想研究统计分析》，《长春工业大学学报》（社会科学版）2008 年第 2 期。

39. 谢念：《心中有人文，处处有人文——〈一个人的安顺〉、〈草木书〉及其他》，《当代贵州》2008 年第 5 期。

40. 近藤龙哉、许丹诚:《永志难忘的 2006 年》,《汕头大学学报》（人文社会科学版）2008 年第 1 期。

41. 文敏:《藉着你的燃烧,我们看见光——钱理群先生访谈录》,《书城》2008 年第 2 期。

42. 张弘: 钱理群:《鲁迅是常读常青的》,《小康》2008 年第 2 期。

43. 陈广兴：《现代性痛苦的丰富阐释——读钱理群〈丰富的痛苦〉》，《中国比较文学》2008 年第 1 期。

2009 年

1. 冯波：《麒麟皮下的马脚：话说〈话说周氏兄弟〉及其他》，对《话说周氏兄弟》展开了全面批判，2009 年 1 月，群众出版社；2009 年 7 月第 2 次印刷。

2.《钱理群等学者质疑“国学大师”文怀沙的学术地位：“他根本没有什么学术成就”》，《南方日报》“南方文化”版 2009 年 2 月 24 日。

3. 梁伟诗:《没有当代，何来现代？》，香港《信报》“文化·书评”版 2009 年 3 月 28—29 日。

4. 郑依依:《我是理想主义者的磁铁——钱理群》，香港《明报》

“世纪副刊”2009 年 4 月 7 日。

5. 梁伟诗:《沈从文的民间、源流、永恒——与钱理群相遇》(上),香港《信报》“文化 · 书评”版 2009 年 4 月 18 日—19 日。

6. 洪子诚:《“边缘”阅读和写作——“我的阅读史”之黄子平》,其中一节《燕园“三剑客”》论及钱理群与黄子平、陈平原,《文艺争鸣》2009 年第 4 期。

7. 梁伟诗:《鲁迅是我铁哥儿!——与钱理群相遇》(下),香港《信报》“文化 · 书评”版 2009 年 5 月 9—10 日。

8. 谢保杰:《钱理群:脚踏大地,仰望星空》,《北京晚报》“五色土副刊 · 名家版”2009 年 6 月 15 日。

9. 章诒和:《树上那些坚守到最后的果子》,评论《知我者谓我心忧:十年观察与思考》一书,为香港 2009 国际书展写“感言”,2009 年 7 月。

10.《钱理群忆王瑶,牢记恩师师训》,《新京报》“个人史”版 2009 年 8 月 12 日。

11. 潘新和:《语文:审视与前瞻——走近名家》,其中有《为精神打底,为语文立心,为教育改革殚精竭虑——走近钱理群》一章,福建人民出版社,2009 年 12 月出版。

12. 裴毅然:《与钱理群先生通信》,《同舟共进》2009 年第 12 期。

13. 周慧明:《研究者与研究对象的融合——从舒芜、钱理群的研究看周作人传统》,《辽东学院学报》(社会科学版)2009 年第 6 期。

14. 程光炜:《重访 80 年代的“五四”——我看“中国现代文学研究”兼谈中国现代文学研究的“当下性”问题》,《当代文学研究资料与信息(2009.6)》2009 年 12 月 15 日。

15. 万年春:《论鲁迅小说中动物意象的象征性》,《南阳理工学院学报》2009 年第 5 期。

16. 周慧明:《民国怀旧背景下的周作人研究——以舒芜、钱理群的研究为个案》,《井冈山学院学报》2009 年第 5 期。

17. 罗忠贤:《大学者的慢生活》,《思维与智慧》2009 年第 22 期。

18. 陈德志:《论周作人的“谐趣”》,《名作欣赏》2009 年第 14 期。

19. 李云霞:《论以“立人”为中心的教育观——兼谈钱理群的语文“立人”教育思想》,《河南职业技术师范学院学报》(职业教育版)2009 年第 3 期。

20. 汪希达:《鲁迅:与绝望遭遇》,《南方论刊》2009 年第 5 期。

21. 王晶:《让阅读教学回归常识》,《内蒙古教育》2009 年第 9 期。

22. 张志忠:《当代文学史写作方式的有关思考》,《河南社会科学》2009 年第 3 期。

23.《从北大读中国教育——读〈论北大〉》,《教育与职业》2009 年第 13 期。

24. 潘新和:《立言以立人——钱理群语文教育观摭议》,《语文学习》2009 年第 3 期。

25. 汲安庆:《“脱裤子防炮击”语含调侃吗——与钱理群、孙绍振等教授商榷》,《语文教学通讯》2009 年第 5 期。

26. 钱理群、杨庆祥:《“二十世纪中国文学”和 80 年代的现代文学研究》,《上海文化》2009 年第 1 期。

2010 年

1. 梁卫星:《西西弗斯式的守望——读〈做教师真难,真好〉》,《福建论坛》2010 年第 1 期。

2. 梁卫星:《给钱理群老师的一封信》,《福建论坛》(社科教育版)2010 年第 1 期。

3. 解国柱:《我心目中的好老师——读钱理群〈我的教师梦〉》,《福建论坛》2010 年第 1 期。

4. 王海琨:《追逐梦想的老头——读钱理群〈我的教师梦〉有感》,《福建论坛》2010 年第 1 期。

5. 本刊编辑部:《将“鲁迅”带给台湾的学生——专访钱理群教授》,《教师月刊》2010 年第 4 期。

6. 吴炜旻:《中学语文教育更需要具体的实践指导?——与大

田一中郑仁水老师谈潘新知教授之〈钱理群语文教育思想研究〉》（上，下），《福建教育》2010年第5期。

7. 南宋：《再遇钱理群先生》，收《随遇而安——一个作家的城市体验》，知识出版社，2010年6月出版。

8. 张定浩:《上升之路和下降之路——读钱理群〈活着的理由〉》，《中国青年报》2010年12月21日。

9. 温儒敏：《部分名家传略（文学16家 钱理群）》，收《北京大学中文系百年图史》，北京大学出版社，2010年10月出版。

10. 苏娅：《把民族和人类最美好的东西给孩子》，《第一财经日报·生活周刊》2010年10月11日。

11. 罗敏:《对话钱理群:"设想一种家庭式的诗歌阅读氛围"》，《第一财经日报·生活周刊》2010年11月12日。

12. 黄开发：《周作人研究的十一部著作》，《中国图书评论》2010年第12期。

13. 周怀宗：《北大教授：鲁迅文字并不难懂，鲁迅精神更具现代价值》，《成才之路》2010年第29期。

14. 王国钦：《试论"诗词入史"及新旧诗的和谐发展——兼与唐弢、钱理群、王富仁、王泽龙、陈国恩教授商榷》，2010年9月15日，《中国韵文学刊》2010年第3期。

15. 石破：《邹世敏：一个孤独的知识分子》，《南风窗》2010年第18期。

16. 程庆明：《中小学教师教授知识之得与失——由〈钱理群语文教育新论〉想到的》，《安徽文学》（下半月）2010年第7期。

17. 刘菲：《浅析共和国一代知识分子心路历程与知识分子的定位——以钱理群著〈我的精神自传〉为例》，《沧桑》2010年第6期。

18. 朱旭晨、王立国：《〈中国现代文学史〉教材使用分析与编写建议》，《中国大学教学》2010年第6期。

19. 周慧明：《学术的浮沉与学者的角色定位——以舒芜、钱理群的周作人研究为个案》，《重庆邮电大学学报》（社会科学版）2010 年第 3 期。

20. 洪子诚：《致谢，及三点补充意见》，《南方文坛》2010 年第 3 期。

21. 王海鲲：《追逐梦想的老头——读钱理群〈我的教师梦〉有感》，《福建论坛》（社科教育版）2010 年第 1 期。

22. 陈光兴：《补课——回应钱理群的“鲁迅左翼”传统》，《台湾社会研究季刊》第 77 期，2010 年 3 月。

2011 年

1. 徐百柯：《十年立读本，百年树语文》，《中国青年报》“冰点”2011 年 5 月。

2.《钱理群：今天还需要鲁迅》，《新京报》“评论周刊”2011 年 5 月 28 日。

3. 张慧瑜：《“幸存者”的言说与行动——钱理群退休九年记》，《传记文学》2011 年第 8 期。

4. 刘伟：《发现与对话——钱理群的中学语文阅读教育论》，《文教资料》2011 年第 36 期。

5. 刘伟：《浅议钱理群的语文教育论》，《现代语文》（教学研究版）2011 年第 12 期。

6. 王瑜：《“二十世纪中国文学”理念研讨的回顾与反思》，《太原师范学院学报》（社会科学版）2011 年第 6 期。

7. 李丰：《向倾力于教育的理想者致敬》，《文艺报》2011 年 10 月 26 日。

8. 罗克凌：《谈钱理群之〈曹禺戏剧生命的创造与流程〉》，《绥化学院学报》2011 年第 5 期。

9. 张恩和：《一部真正意义上的“文学史”》，《中国现代文学研究丛刊》2011 年第 9 期。

10. 史飞翔：《学问与生存》，《平凉日报》2011 年 8 月 30 日。

11. 摩罗：《写序专家钱理群》，《学习博览》2012 年第 5 期。

12. 崔宗超：《作为一种话语的“二十世纪中国文学”》，《山西师大学报》（社会科学版）2011 年第 4 期。

13. 赵黎明：《“去蔽”、“立人”及“与鲁迅相遇”——评〈钱理群语文教育新论〉》，《襄樊职业技术学院学报》2011 年第 4 期。

14. 李伯勇:《江西初会钱理群先生》,《创作评谭》2011 年第 4 期。

15. 白亚丽、吕程平：《蜗居时代的“乌托邦”——当代青年的乡建运动》，《文化纵横》2011 年第 3 期。

16. 邵宁宁、钱理群：《乡土中国与家园重建——钱理群先生访谈录》，《甘肃社会科学》2011 年第 3 期。

17. 薛毅:《鲁迅与 1980 年代思潮论纲》,《上海师范大学学报》（哲学社会科学版）2011 年第 3 期。

18. 胡希东:《“现代性”乌托邦与现代文学史建构》,《人文杂志》2011 年第 4 期。

19. 朱云：《〈雷雨〉主题解读的两种经典范式》，《四川戏剧》2011 年第 3 期。

20. 李光荣：《“樊”门立雪》，《中国现代文学研究丛刊》2011 年第 4 期。

21. 韩惊鸣：《让文学教育回归审美本质》，《语文教学通讯》2011 年第 11 期。

22. 左鹏军:《“二十世纪中国文学”研究中的一种普遍性缺失》,《汉语言文学研究》2011 年第 1 期。

23. 张定浩：《上升之路　下降之路——读钱理群〈活着的理由〉》，《出版广角》2011 年第 3 期。

24. 陈建伟：《在北大聆听语文》，《语文月刊》2011 年第 2 期。

25. 李节:《鲁迅作品如何教——钱理群教授访谈》,《语文建设》2011 年第 2 期。

2012 年

1. 李肖容:《在人文关怀中安身立命——读钱理群〈梦话录〉》,《石家庄日报》2012 年 2 月 9 日。

2. 蔡震:《钱理群〈梦话录〉直击当下社会问题:我们不应该成为物质的奴隶》,《扬子晚报》2012 年 3 月 13 日。

3. 杜应国:《幸存者的批判与重构——读钱理群〈毛泽东时代与后毛泽东时代〉》,收《历史叙述与文学叙述——以中国当代文学史的研究与书写为讨论中心》会议论文集。

4. 黄子平:《毛语言及其批判》,(台湾)《人间思想》2012 年第 2 期,并收同上论文集。

5. 姚丹:《历史中的"个人"可以多"大"?》,(台湾)《人间思想》2012 年第 2 期,并收同上论文集。

6. 姚丹:《"乌托邦"和"丰富的痛苦"——钱理群先生 1990 年的学术与今日的毛泽东研究书写与行动》,(台湾)《人间思想》2012 年第 2 期,并收同上论文集。

7. 孙晓忠:《踏着中国的土地》,收同上论文集。

8. 王翔:《自我拷问的历史叙述》,(台湾)《人间思想》2012 年第 2 期,并收同上论文集。

9. 薛毅:《世界观转型中的幽灵——阅读钱理群札记之一》,(台湾)《人间思想》2012 年第 2 期,并收同上论文集。

10. 铃木将久:《"五七体制"的启示》,并收同上论文集。

11. 铃木将久:《钱理群〈毛泽东时代和后毛泽东时代〉日文翻译本〈译者解说〉》,(台湾)《人间思想》2012 年第 2 期,并收同上论文集。

12. 何吉贤:《个人经验在当代历史叙述中的有效性及其边界》,并收同上论文集。

13. 何吉贤:《面对当代史,我们需要什么样的勇气和谦逊?——从钱理群〈毛泽东时代和后毛泽东时代〉第一讲谈起》,并收同上论文集。

14. 何浩：《文学与中国当代史叙述》，并收同上论文集。

15. 何浩：《自我的历史构成》，并收同上论文集。

16. 程凯：《历史书写中的批判性和历史性》，《台湾社会研究季刊》第86期，2012年3月，并收同上论文集。

17. 延光锡：《钱理群的“精神史研究”与“另一种历史书写”》，（台湾）《人间思想》2012年第2期，并收同上论文集。

18. 胡清雅：《读〈毛泽东时代和后毛泽东时代：历史的另一种书写〉》，并收同上论文集。

19. 陈光兴：《在历史条件的限制中寻找一种不同的认识方式》，（台湾）《人间思想》2012年第2期。

20. 程凯：《从解读鲁迅出发的反思革命政治》，（台湾）《人间思想》2012年第2期。

21. 程翔：《中国人对毛泽东的反思能力》，（台湾）《人间思想》2012年第2期。

22. 郑鸿生：《一个台湾人的红卫兵印象》，（台湾）《人间思想》2012年第2期。

23. 延光锡：《钱理群的另一种历史书写》，（台湾）《人间思想》2012年第2期。

24. 阿部干雄：《我们怎么考虑亚洲》，（台湾）《人间思想》2012年第2期。

25. 陈永发：《对钱理群“毛思想”的一些看法》，（台湾）《人间思想》2012年第2期。

26. 孙歌：《钱理群先生的独特贡献》，（台湾）《人间思想》2012年第2期。

27. 陈俊：《“从一个人看一个世界”：个人生命体验中的历史反思——读钱理群〈我的回顾和反思：在北大的最后一门课〉》，《南方文坛》2012年第4期。

28. 梁卫星：《告别前的礼物——评〈中国教育的血肉人生〉、〈经典阅读与语文教学〉》，见电子稿。

29. 叶荫聪：《民间思想该从何说起——读钱理群〈毛泽东时代和后毛泽东时代〉》，《民报》“星期日生活”2012 年 6 月 24 日。

30. 石岸书：《“文学性”的历史——钱理群〈毛泽东时代和后毛泽东时代〉的叙述及其意义》，电子稿。

31. [韩] 成谨济：《钱理群：知识分子与自由主义》，《中国社会主义经验和 21 世纪》学术讨论会论文集。

32. [韩] 李弘葵：《关于钱理群老师的“社会主义民主”论与中国的未来》，《中国社会主义经验和 21 世纪》学术讨论会论文集。

33. [韩] 柳浚弼：《困惑和悖论——向钱理群老师提问和自我反问》，《中国社会主义经验和 21 世纪》学术讨论会论文集。

34. [韩] 林庆花：《关于“1956 年”的可能性与不足》，《中国社会主义经验与 21 世纪》学术讨论会论文集。

35. [韩] 张世真：《上世纪 50 年代东亚的冷战与“中国”这个象征》，《中国社会主义经验与 21 世纪》学术讨论会论文集。

36. [韩] 金永文：《中国批判知识分子的自我解读》，韩国《中国现代文学学会 2012 年度春季学术大会报告集》。

37. [韩] 高点福：《历史中间物与个人的觉醒》，韩国《中国现代文学学会 2012 年度春季学术大会报告集》。

38. [韩] 李煊政：《“人民内部矛盾”和鲁迅式自我否定》，韩国《中国现代文学学会 2012 年春季学术大会报告集》。

39. [韩] 白承旭：《“历史中间物”或“横战”的孤独与困惑：对钱理群先生的讨论》，韩国《中国现代文学学会 2012 年度春季学术大会报告集》。

40. [韩] 成谨济：《文化革命：百花齐放，还是反右派斗争》，韩国《中国现代文学学会 2012 年度春季学术讨论大会报告集》。

41. 李婷、刘林萍：《这样的高才生比贪官更可怕——专访钱理群》，《都市周末》2012 年 7 月 22 日。

42. 曾鸣、袁幼林：《钱理群“告别教育”》，《南方周末》2012 年 9 月 13 日。

43. 曾鸣、袁幼林：《理想主义者要学会毒蛇般的纠缠》，《南方周末》2012 年 9 月 13 日。

44. 岑湘梅：《钱理群把脉当下中国》，《吉林日报》2012 年 2 月 16 日。

45. 蔡永飞：《钱理群教授应该去教农村小学》，《南方都市报》2012 年 9 月 17 日。

46. 刘靖林：《未曾谋面的钱理群先生》，《毕节日报》2012 年 9 月 13 日。

47.《毛泽东时代和后毛泽东时代》韩译本出版座谈会上的讨论，发言者有：朴宰雨（外国语大学教授）；曹喜日公（全国民主教授协议会常任议长）；白承旭（韩国中央大学教授）。

48. 石磊（北大中文系文艺学研究生）：《庙堂之高与江湖之远——读钱理群〈毛泽东时代和后毛泽东时代〉》，见电子稿。

49. 罗群（北大中文系现代文学研究生）：《别样的历史叙述——读钱理群〈毛泽东时代和后毛泽东时代〉》，见电子稿。

50. 孟德才（北大中文系当代文学研究生）：《打捞被遗忘的民间图景——读钱理群〈毛泽东时代和后毛泽东时代〉》，见电子稿。

51. 白胜昱（韩国中央大学社会学系教授）：《通往“社会主义民主”的道路与“民间异端思想”的历史》，见打印稿。

52. 贺照田：《如何回望，怎样结构——钱理群新书〈毛泽东时代和后毛泽东时代〉推介》，收《中堂闲话》。

53.《南方人物周刊》编辑部：《钱理群：铸魂之魅》，《南方人物周刊》2012 年 12 期。

54. 孙郁：《三十年间的文字和精神痕迹》，《博览群书》2012 年第 11 期。

55. 王义伟：《钱理群告别教育是时代的悲哀》，《中华工商时报》2012 年 10 月 25 日。

56. 张光茫：《坚守扬善抑恶的教育底线——读钱理群〈中国教育的血肉人生〉》，《内蒙古教育》2012 年第 19 期。

57. 张光芒：《人文关怀中的悲与痛》，《太原日报》2012 年 8 月 31 日。

58. 杜盈盈：《钱理群新世纪十年鲁迅研究述评》，《牡丹江师范学院学报》（哲学社会科学版）2012 年第 9 期。

59. 张宏图：《文品与操守的深入探寻——〈周作人传〉赏析》，《名作欣赏》2012 年第 20 期。

60. 贺桂梅:《开放文学研究——以“20 世纪中国文学”论为例》，《海南师范大学学报》（社会科学版）2012 年第 4 期。

61. 首作帝：《鲁迅的艺术世界里“人兽平行”叙事传统及其流变》，《文艺争鸣》2012 年第 6 期。

62. 刘江凯:《独语的，世界的——鲁迅〈野草〉英语接受的启示》，《文艺争鸣》2012 年第 6 期。

63. 李秀：《语文教育要以“立人”为中心——浅谈钱理群的语文教育观》，《基础教育》2012 年第 3 期。

64. 周景雷、胡冠男：《“重写文学史”视域中的〈讲话〉——以几部新的文学史著述为例》，《当代作家评论》2012 年第 3 期。

65. 蒋泥：《钱理群和他的“传世之作”》，《羊城晚报》2012 年 3 月 7 日。

66. 齐高峰：《新个人主义论佯谬：大学向何处去论撫——兼论钱理群“北大等大学正培养利己主义者”观点》，《教育观察》2012 年第 3 期。

67. 傅小平：《资中筠：启蒙首要在于探明真相》，《文学报》2012 年 5 月 17 日。

68. 葛涛：《二十世纪八十年代以来鲁迅研究著作出版状况的调查与分析》，《中华读书报》2012 年 5 月 16 日。

69. 谢保杰：《一位人文学者的忧思与愿景》，《北京观察》2012 年第 5 期。

70. 周建华：《建构·转折·新变——论 1985 年的文学史意义》，《南阳师范学院学报》2012 年第 4 期。

71. 李肖容:《在人文关怀中安身立命——读钱理群〈梦话录〉》,《中国职工教育》2012 年第 4 期。

72. 吴彤:《“立人”的方法——论钱理群的中学语文教育理念》,《广州广播电视大学学报》2012 年第 1 期。

2013 年

1 . 孙郁:《文学史的场域——评〈中国现代文学编年史——以文学广告为中心〉》,《光明日报》2013 年 8 月 4 日。

2. 曾鸣、袁幼林:《钱理群“告别教育”》,《教师博览》2013 年第 2 期。

3. 赵福楼:《基于现实的改变需要“真猛士”——荐读钱理群〈心灵的探寻〉》,《语文学习》2013 年第 2 期。

4.《现在的年轻人不喜欢鲁迅? 钱理群直言:这是误会,“只有玩着的,睡着的人,不需要鲁迅”》,《北京青年报》2013 年 11 月 4 日。

5. 曹雨芊 [北师大二附中高二(10)班]:《“真朋友”鲁迅》,《北京青年报》2013 年 9 月 25 日。

6.2013“年度光明书榜”:《〈中国现代文学编年史——以文学广告为中心〉——文学史的另一种可能》,《光明日报》2013 年 12 月 31 日。

7. 陈平原:《代际交接的接力棒》,《文学评论》2013 年第 6 期。

8. 姜涛:《“大文学史”与历史分析视野的内在化》,《文学评论》2013 年第 6 期。

9. 王风:《反文学史的“文学史”》,《文学评论》2013 年第 6 期。

10. 吴福辉:《〈中国现代文学编年史〉的写作和我的文学史观》,《文学评论》2013 年第 6 期。

11. 蒋红卫:《知识分子的危机与坚守——〈拒绝遗忘〉导读》,《语文学习》2013 年第 12 期。

12. 吴福辉:《“大文学史”观念下的写作》,《现代中文学刊》2013 年第 6 期。

13. 李林荣:《文学史叙述的线、面、场、体与价值旨归——从〈中国现代文学编年史——以文学广告为中心〉的问世谈文学史写作问题》,《现代中文学刊》2013 年第 6 期。

14. 刘俊:《〈论“二十世纪中国文学”〉与三个“中心主义”》,《中国现代文学研究丛刊》2013 年第 12 期。

15. 李怡:《重新发现文学的“历史”》,《名作欣赏》2013 年第 31 期。

16. 刘尧:《教育现实需要教育理想洗礼》,《民主与科学》2013 年第 5 期。

17. 王栋生:《那些逐渐远去的背影——南师大附中的教学记忆》,《名作欣赏》2013 年第 28 期。

18. 倪峰:《我们是如何“走进鲁迅”的》,《名作欣赏》2013 年第 28 期。

19. 郭珊:《我的老师钱理群》,《博览群书》2013 年第 9 期。

20. 邵红杰:《重访文学史遗址——以钱理群等〈中国现代文学编年史〉为例兼谈其他》,《湛江师范学院学报》2013 年第 4 期。

21. 陈一军:《王德威和大陆学者的鲁迅小说观辨析》,《兰州大学学报》(社会科学版)2013 年第 4 期。

22. 赵黎波:《启蒙文学史研究范式的确立——“二十世纪中国文学”概念的文学史意义研究》,《文艺争鸣》2013 年第 6 期。

23. 禹权恒:《政治祛魅与文学建构——上世纪 80 年代文学史著作中的鲁迅形象》,《海南师范大学学报》(社会科学版)2013 年第 5 期。

24. 林少华:《当下性“象牙塔”与大众之间——在北京大学东方学研究方法论报告会上的演讲》,《书城》2013 年第 3 期。

25. 田青:《大学文学课如何展现教师的个人风格——关于钱理群教授现代文学课艺术探析》,《呼伦贝尔学院学报》2013 年第 1 期。

26. 温志燕:《新时期伊始钱理群与鲁迅的两次生命相遇》,《晋中学院学报》2013 年第 1 期。

27. 禹权恒、陈国恩：《返观与重构——“民国文学史”的意义、限度及其可能性》，《兰州学刊》2013 年第 2 期。

28. 李书征：《在精神的沉思中相遇——钱理群与雅斯贝尔斯的陶冶观比较论》，《中国校外教育》2013 年第 3 期。

2014 年

1. 傅书华:《一代学人的精神风范》,《名作欣赏》2014 年第 10 期。

2. 何晶、沈雨潇：《钱理群：我的父亲母亲》编者按，《文汇读书周报》2014 年 1 月 17 日。

3. 钱理群:《社会也需要警惕反精英的情绪》,《羊城晚报》“人文周刊”2014 年 1 月 19 日。

4. 韩双桥：《〈我的家庭回忆录〉出版，北大学者钱理群的往事与家风》，《济南时报》“历下亭悦读”专刊 2014 年 1 月 22 日。

5. 存磊:《钱理群，交缠于家族与时代罅隙间》,《北京青年报》“书评坊”2014 年 1 月 24 日。

6.《钱理群：我的母亲项浩》编者按，《作家文摘》2014 年 1 月 28 日。

7. 滕延秋：《历史风云中的家族命运——读钱理群〈我的家庭回忆录〉》，《中国文化报》2014 年 2 月 10 日。

8.《钱理群：我的父亲母亲》编者按，《齐鲁晚报》2014 年 2 月 14 日。

9. 林建刚:《钱氏家族: 在革命救国与学术救国之间》,《新京报》2014 年 2 月 22 日。

10. 张晓媛：《钱理群：从自我家庭看时代历史》，《山东商报》“精读杂志 · 名家坊”2014 年 2 月 25 日。

11. 武杰：《身世家国两飘零》，《法制日报》“文化”专刊 2014 年 3 月 13 日。

12. 武杰：《钱理群：现在的年轻人没有历史感》，《法制日报》

“文化”专刊2014年3月13日。

13.《编者按：遗忘背后的历史观与伦理观》，《人民政协报》2014年3月31日。

14. 刘我风：《钱理群的父亲母亲》，《楚天都市报》“人文周刊”2014年4月14日。

15. 卢元伟：《家事亦国事——钱理群先生〈我的家庭回忆录〉读后》，《教育研究与评论》2014年第2期。

16. 吉祥：《影响“醒着的青年”，钱理群教育之外言教育》，《齐鲁晚报》“青未了书坊”2014年5月10日。

17. 解宏乾：《〈我的家庭回忆录〉拒绝遗忘和回避 钱理群：出书本身是一种赎罪》，《国家人文历史》2014年第8期。

18. 尚晓岚：《钱理群发表告别演讲：“与其被浑蛋利用，不如被青年利用”》，《北京青年报》2014年12月26日。

19. 吴亚顺：《钱理群：为了完善自我的告别》，《新京报》2014年12月27日。

20. 陈艳敏：《人文风流背后的痛苦与黯然——读钱理群〈父父子子〉》，2012年8月作，收《书与人：随遇而读，自在欢喜》，山东画报出版社，2014年出版。

21. 陈艳敏：《向自身的精神黑暗宣战——读钱理群〈生命的沉湖〉》，收《书与人：随意而读，自在欢喜》，山东画报出版社，2014年出版。

22. 黄晓东:《新诗教学在文学史教材中的渐变研究——以唐弢、黄修己及钱理群编著教材为中心》,《铜陵学院学报》2014年第6期。

23. 李小玲:《从起点到观点: 对中国现代文学界碑的一种思考》,《江西社会科学》2014年第12期。

24. 魏域波：《叙述、史识与情怀——简析〈1948：天地玄黄〉》，《云梦学刊》2014年第6期。

25. 刘增杰：《他是一位这样的引路人——忆王瑶先生》，《汉语言文学研究》2014年第4期。

26. 刘乃季、王健、卓然：《“文学经典问题”的发生学探源》，《文艺争鸣》2014 年第 9 期。

27. 甘其勋：《荐读钱理群〈语文教育门外谈〉》，《语文学习》2014 年第 9 期。

28. 何莹、封秋莹:《浅析钱理群的写作教学理念》,《科教文汇》2014 年第 22 期。

29. 古滕客：《钱理群的坚守与传承》，《中国职工教育》2014 年第 15 期。

30. 刘勇：《关于文学编年史现象的思考》，《中国现代文学研究丛刊》2014 年第 7 期。

31. 肖培东：《唤起语文教学的灵性——从“三味书屋”里的镜头说起》，《语文知识》2014 年第 6 期。

32. 李多利：《浅谈“二十世纪中国文学”——暨文学与政治的关系》，《大众文艺》2014 年第 10 期。

33. 田心：《走近乡村建设先驱者》，《中国青年报》2014 年 5 月 19 日。

34. 朱宏伟：《还原文学文本的历史现场——评钱理群主编〈中国现代文学编年史——以文学广告为中心〉》,《海南师范大学学报》（社会科学版）2014 年第 4 期。

35. 王晓文：《教材型中国现代文学史编写观念的嬗变》，《淮北师范大学学报》（哲学社会科学版）2014 年第 2 期。

36. 解玺璋：《个人史的写作与阅读》，《中国新闻出版报》2014 年 4 月 18 日。

37. 朱蕾：《建国后文学史教材对鲁迅及其作品的诠释》，《淮阴工学院学报》2014 年第 2 期。

38. 刘彬：《文学才情之下的那份眷恋》，《光明日报》2014 年 4 月 11 日。

2015 年

1. 郭彩侠：《有缺憾的价值，丰富的痛苦》推荐者语，《文学报》2015 年 1 月 8 日。

2.《编者按：钱理群：答贵州“小朋友”问》，《贵州都市报》“小舒周刊”2015 年 4 月 14 日。

3. 梁小民：《钱理群与北大传统》,《东方早报》2015 年 5 月 24 日。

4. 吴亚顺：《钱理群：课堂是一个扬善抑恶的空间》，《新京报》2015 年 11 月 11 日。

5. 单颖文：《北京大学中文系教授钱理群：鲁迅是具有民族精神源泉性的作家》，《文汇学人》2015 年 12 月 4 日。

6. 杨先武：《钱理群先生遭受批判之真相》，共识网 2015 年 12 月 23 日。

7. 傅书华：《“道”比“器”更重要》，《中国教育报》2015 年 11 月 18 日。

8. 潘晗苑:《鲁迅散文观之我见》,《文山学院学报》2015 年第 5 期。

9. 柳哲：《我在北大的两位导师——记钱理群与陈平原先生》，《粤海风》2015 年第 5 期。

10. 张光茫：《钱理群对当下中国的思考与探求》，《中国出版传媒商报》2015 年 9 月 15 日。

11. 高恒文：《“出家”还是“在家”——周作人与俞平伯的人生选择 》，《励耘学刊》（文学卷）2015 年第 1 期。

12. 刘忠:《“重写文学史”的实践性与未完成性》,《福建论坛》（人文社会科学版）2015 年第 8 期。

13. 姜峰：《名家解读在教学中的应用与呈现——以钱理群的鲁迅作品解读为例》，《语文建设》2015 年第 13 期。

14. 徐万田:《韧性与智慧：斗士情怀与文人关怀——钱理群〈中学语文教材中的鲁迅作品解读〉荐读》,《语文学习》2015 年第 4 期。

15. 张婧冉：《浅论钱理群对周作人的批评研究的特点——以〈周作人传〉〈钱理群读周作人〉为例》，《时代文学》（下半月）

2015年第3期。

16. 赵学勇、田文兵：《文学史书写的鲁迅“形塑”及演变——以唐弢、钱理群、严家炎编〈文学史〉为例》，《文艺争鸣》2015年第1期。

17.《一九八四，另一种叙事》，《中华读书报》2015年1月21日。

18. 魏邦良：《舒芜：聪明的怯懦者》，《社会科学论坛》2015年第1期。

19. 钱颖一：《中国教育的问题》，《商周刊》2015年第1期。

20. 何勇：《那一声“告别”》，《语文学习》2015年第1期。

21. 齐小刚：《文学史研究的新突破——评“以文学广告为中心”的文学史建构》，《当代文坛》2015年第1期。

22. 李伯勇：《我们时代偌大的精神空白——钱理群〈我的家庭回忆录〉畅想》，台湾《新地文学》2015年夏季号。

2016年

1.《关于〈一路走来——钱理群自述〉的简评》，《新京报》2016年6月11日。

2.《钱理群：一个老理想主义者》（包括两部分。关于《岁月沧桑》的评述：《钱理群：深入知识人隐蔽的精神世界》；唐小兵的讨论：《对话钱理群：沧桑岁月中难立的脊梁》），《新京报》“书评周刊”2016年9月24日。

3. 卫毅、孟依依：《钱理群：鲁迅之后，如何做知识分子》，《人物周刊》2016年第32期。

4. 宋宇：《“我给他的回报，是丰富的痛苦”——钱理群的“知识分子精神史”》，《南方周末》2016年11月17日。

5. 钱理群：《不隔，独特，大视野与大关怀》，《北京青年报》在《大旗下的木山英雄》标题下，发表了钱理群的讲话，2016年11月18日。

6. 钱理群：《“拼命写，直到写出我想写的一切”》，《岁月沧桑》

学术讨论会，2016 年 12 月 17 日。

7. 钱理群：《我追求的是有缺憾的价值》，《北京青年报》“星期学术”2016 年 12 月 17 日。

8. 许纪霖：《关于〈岁月沧桑〉的书评》，《新京报》2016 年 12 月 24 日。

9. 王彦为：《〈玩偶之家〉与〈伤逝〉之比较研究》，《文教资料》2016 年第 35 期。

10. 张光茫：《2016 年，这些人和书影响了我们》，《中国出版传媒商报》2016 年 12 月 9 日。

11. 王婉如：《文学史如何可能》，《现代中国文化与文学》2016 年第 2 期。

12. 朱和锋：《与语文教育相遇——钱理群中小学语文教育思想的发展轨迹》，《语文学刊》2016 年第 10 期。

13. 本刊编辑：新书推荐，《创造》2016 年第 10 期。

14. 杨恒达：《他们把堂吉诃德请到中国来》，《博览群书》2016 年第 10 期。

15. 杨姿：《鲁迅信仰符码的当代解译——关于公共话语场域中三个鲁迅问题的论战》，《南京师大学报》（社会科学版）2016 年第 5 期。

16. 武健：《回顾才能展望，碰撞更需交流，引领不如自发——关于语文教学新视野的一些思考》，《教育研究与评论》（中学教育教学）2016 年第 9 期。

17. 陈平原：《小书背后的大时代——从〈二十世纪中国文学三人谈·漫说文化〉说起》，《读书》2016 年第 9 期。

18. 马建高:《简论“文学的现代化”文学史观——从钱理群等〈中国现代文学三十年〉说开去》，《盐城师范学院学报》（人文社会科学版）2016 年第 4 期。

19. 陈日亮：《书写助我前行》，《语文学习》2016 年第 6 期。

20. 刘春勇：《作为方法的鲁迅及学院派研究的未来——鲁迅

研究青年论坛会议综述》，《济南大学学报》（社会科学版）2016年第3期。

21. 温儒敏：《钱理群的学问与脾气》，《中华读书报》2016年5月18日。

22. 温儒敏:《钱理群的脾气与学问》,《粤海风》2016年第2期。

23. 张小玲：《“五四新文化”与贵州文化的相遇问题——读钱理群先生文章献疑》，《中国图书评论》2016年第4期。

24. 高明勇：《潘光旦：学人论政的典范》，《青年记者》2016年第7期。

25. 戴潍娜:《无界: 霭理士影子下的周作人》,《鲁迅研究月刊》2016年第2期。

26. 林文俏：《1978年：我成为“文革”后首届研究生》，《档案记忆》2016年第2期。

27. 陈平原：《语文教学的魅力与陷阱》，《中学语文教学》2016年第2期。

28. 杨益斌:《鲁迅演讲研究述评》,《语文学刊》(外语教育教学)2016年第1期。

2017年

1. 李浴洋:《在持重中创新: 中国现代文学研究的品格与使命——2016年中国现代文学研究著作述评》,《中国图书评论》2017年第1期。

2. 李浴洋：《中国现代文学研究的道路、方法与精神——钱理群教授、温儒敏教授、吴福辉研究员访谈录》，《文艺研究》2017年第10期。

3. 赵焕亭：《钱理群的学术个性：自我介入式研究——以〈周作人传〉为例》，《兰州大学学报》（社会科学版）2017年第1期。

4. 李妍:《我们今天为什么需要鲁迅》,介绍《鲁迅与当代中国》,《新京报书评》2017年7月15日。

5. 钱理群：《我选择边缘化，是为了站在边缘位置讨论中心问题》，《界面文化》专访，2017 年 7 月网上发表于 https：//www.sohu.com/a/156622598_168553。

6. 徐鹏远：《从未停歇过的钱理群，如今有了廉颇老矣之感》，《凤凰文化》专访，2017 年 7 月 26 日网上发表于 http://culture.ifeng.com/a/20170726/51509262_0.shtml。

7. 宫立：《与鲁迅的“心灵”相遇》，《文汇读书周报》2017 年 7 月 31 日。

8. 王澄霞:《对鲁迅〈论“他妈的！”〉一文的几点异议》,《鲁迅研究月刊》2017 年第 12 期。

9. 马峰：《鲁迅研究的新动向及其可能——第二届“鲁迅研究青年工作坊”圆桌论坛》，《粤海风》2017 年第 6 期。

10. 杨宏:《语文教师文本解读刍议——以鲁迅作品教学为例》,《现代语文》（教学研究版）2017 年第 12 期。

11. 杜伟:《王富仁语文教育思想简论》,《现代中国文化与文学》2017 年第 3 期。

12. 王学谦、金鑫：《如何激活鲁迅的精神遗产》，《吉林师范大学学报》（人文社会科学版）2017 年第 6 期。

13. 程凯：《鲁迅接受的危机与可能》，《文艺争鸣》2017 年第 10 期。

14. 贺桂梅:《作为原理的鲁迅》,《文艺争鸣》2017 年第 10 期。

15. 姜涛：《历史反复中的“真的知识阶级”》，《文艺争鸣》2017 年第 10 期。

16. 李浴洋：《承担意识与行动精神——“钱理群鲁迅”的提出及其核心内涵》，《文艺争鸣》2017 年第 10 期。

17. 吴晓东:《直面无法归类的鲁迅》,《文艺争鸣》2017 年第 10 期。

18. 姚丹：《鲁迅研究的“现世性”光辉》，《文艺争鸣》2017 年第 10 期。

19. 徐林：《峰脊的回声——纪念王富仁先生》，《语文学习》2017 年第 10 期。

20. 杨林柯：《教育的过程也是自我救赎的过程》，《语文学习》2017 年第 10 期。

21. 王志蔚、李明高:《高校辅助中学鲁迅作品教学改革及构想》，《上海鲁迅研究》2017 年第 2 期。

22. 唐伟:《钱理群：当代思想者的“典型”——以〈心灵的探寻〉为中心》，《晋阳学刊》2017 年第 5 期。

23. 李斌:《对“非郭沫若”认识装置的反思》,《文艺理论与批评》2017 年第 5 期。

24. 黄子平:《“大师兄”王富仁》,《上海文化》2017 年第 9 期。

25. 黄海飞：《王富仁——鲁迅思想的护法者—— 孙郁教授访谈》，《现代中国文化与文学》2017 年第 2 期。

26. 刘忠:《中国新文学史上的“北大现象”》,《中州大学学报》2017 年第 4 期。

27. 赵勇:《为谁风露立中宵——我所认识的王富仁先生》,《文艺争鸣》2017 年第 7 期。

28. 郭治锋：《语文课是怎样被讲坏的？——以“海日生残夜，江春入旧年”的讲解为例》，《中学语文教学参考》2017 年第 20 期。

29. 杨希帅:《梁漱溟乡村建设理论的再认识》,《江汉大学学报》（社会科学版）2017 年第 3 期。

30. 郑立峰：《中国当代文学史编写的问题——从洪子诚编写的〈中国当代文学史〉说起》，《名作欣赏》2017 年第 14 期。

31. 张梦阳:《五月的哀思》,《中华读书报》2017 年 5 月 10 日。

32. 刘琳：《思与史的织解——重读三本文学史的体会》，《才智》2017 年第 13 期。

33. 刘春勇：《“作为方法的鲁迅”及学院派研究的未来》，《天津师范大学学报》（社会科学版）2017 年第 2 期 。

2018 年

1. 国家玮：《教育如何“启人清明”？——钱理群中小学教育

的理论与实践》，https：//faculty.sdu.edu.cn/guojiawei1/en/jxzy/683865/content/1071.htm。

2. 小牧：《钱理群、黄子平、陈平原落花时节读华章：一切都如过眼烟云，唯有文化不变》，《北京青年报》2018 年 10 月 21 日。

3. 林莽：《通过阅读历史获得方向和力量——谈钱理群〈毛泽东时代和后毛泽东时代〉》，是其 2018 年初在广州学人年会上的演讲《我的新年寄语》中的一部分，见网上文章。

4. 王晓涵：《当代大学生“绝对的，精致的利己主义者”趋势化成因分析》，《教育现代化》2018 年第 52 期。

5. 邱霞:《曹禺戏剧文本研究综述》,《新世纪剧坛》2018 年第 6 期。

6. 石云里:《应该培养什么样的人？西方通识教育的启示》,《资源再生》2018 年第 11 期。

7. 许海兵:《做足沉潜的功夫》,《江西日报》2018 年 11 月 15 日。

8. 石云里：《如何答“钱学森之问”，何以解“钱理群之忧”》，《科技日报》2018 年 11 月 9 日。

9. 龚慧兰：《映日荷花别样红——论高中语文教材课后名家评论》，《名作欣赏》2018 年第 29 期。

10. 吴正锋:《学术赓续与文化传承——凌宇先生访谈录》,《南方文坛》2018 年第 5 期。

11. 杨剑龙：《二十世纪中国文学整体观的回眸与思考》，《中国高校社会科学》2018 年 9 月 10 日。

12. 史绍典：《陈日亮的“棒喝”：“我即语文”》，《语文教学通讯·B 刊》2018 年第 9 期。

13. 孙立：《“精致的利己主义者”表述精准吗》，《语文学习》2018 年第 8 期。

14. 宫立：《从“纪念王瑶”到“王瑶研究”》，《文汇报》2018 年 7 月 2 日。

15. 张永辉：《雅照的背面：鲁迅对世俗审美的革命——对钱理群先生读〈论照相之类〉的补读》，《鲁迅研究月刊》2018 年第

6 期。

16. 张鹏:《鲁迅研究王富仁先生的学术辉煌》,《汕头大学学报》（人文社会科学版）2018 年第 6 期。

17. 储建明：《语文和语文教学的逻辑起点在哪里》，《中学语文教学参考》2018 年第 16 期。

18. 罗岗、张高领：《在新的历史条件下重返“人民文艺”——罗岗教授访谈》，《当代文坛》2018 年第 3 期。

19. 古大勇:《赵焕亭〈中国现代作家传记研究〉的价值和特色》,《平顶山学院学报》2018 年第 1 期。

20. 姚丹凤、殷芬：《校本课程“摄影文学欣赏与写作”的开发与实践》，《中学语文教学》2018 年第 2 期。

21. 刘春勇：《“鲁迅作为方法”的三个层面》，《东岳论丛》2018 年第 2 期。

2019 年

1. 刘复生:《“幸存者”与“债权人”:“30 末”学人的启蒙主义——以洪子诚、钱理群、李陀为例》，《探索与争鸣》2019 年第 9 期。

2. 张均：《当代文学应暂缓写史》,《当代文坛》2019 年第 1 期。

3. 张磊:《摄影集〈钱理群的另一面〉出版,显示学术之外的人生:钱理群——这是我给自己 80 岁寿辰的礼物》，《中国青年报》2019 年 12 月 19 日。

4. 杨庆祥：《对现代文学研究几个基本问题的理论思考》，《中国现代文学研究丛刊》2019 年第 12 期。

5. 刘涛:《吴福辉的学术个性与学术贡献》,《汉语言文学研究》2019 年第 4 期。

6. 韩宇瑄：《在“心灵辩证法”视野下回到鲁迅本身——读钱理群著〈心灵的探寻〉》，《绍兴鲁迅研究》2019 年 9 月 30 日。

7. 李庆西：《四十年樽俎之间》（二），《上海文化》2019 年第 9 期。

8. 崔金辉:《高校如何避免培养出“精致的利己主义者”》,《湖北开放职业学院学报》2019 年第 11 期。

9. 李浴洋:《文学史家钱理群》,《汉语言文学研究》2019 年第 1 期。

10. 季剑青:《把“人”放在文学史的中心——钱理群文学史研究的理论与实践》,《汉语言文学研究》2019 年第 1 期。

11. 路杨:《玄黄时代的“大文学史”视野——钱理群 20 世纪 40 年代文学研究的方法与启示》,《汉语言文学研究》2019 年第 1 期。

12. 孙尧天:《鲁迅研究中的“感觉主义”——以钱理群的鲁迅研究为例》,《汉语言文学研究》2019 年第 1 期。

13. 邓芳宁:《“雨打灯难灭,风吹色更明”——钱理群〈论志愿者文化〉读札》,《社会福利》(理论版)2019 年第 3 期。

14. 刘江凯:《从“独语”到“世界”:鲁迅〈野草〉的英语接受》,《当代中国文化国际影响力的生成——“第三极文化”论丛(2018)》2019 年。

15. 彭小燕:《“社会历史学派鲁迅研究”的经典话语——读钱理群先生〈在首届新国学高峰论坛上的发言〉有感》,《名作欣赏》2019 年第 4 期。

16. 何伟俊:《真正的教育呼唤真正的教师——读〈第 56 号教室的故事〉有感》,《教育视界》2019 年第 3 期。

17. 邱明淑、凌宇:《现代散文重要作家的文学价值重估》,《海南大学学报》(人文社会科学版)2019 年第 1 期。

2020 年

1. 窦海军:《关于〈钱理群的另一面〉》,《随笔》2020 年第 1 期。

2. 龚龙飞:《钱理群:一代知识分子的传奇》,《中国新闻周刊》2020 年第 1 期。

3. 李浴洋:《“钱理群学术人生侧影”小辑 · 主持人语》,《名作重读》2020 年第 3 期。

4. 范智红:《一个人的舞台——我所理解的钱理群及其学术研

究》，《名作重读》2020年第3期。

5. 宫立：《钱理群对中国现代文学学科史的自觉承担》，《名作欣赏》2020年第3期。

6. 国家炜：《后启蒙时代文学教育的抵抗与超越——以钱理群的“屡战屡败”为中心》，《名作欣赏》2020年第7期。

7. 孙歌、戴锦华、黄子平、旷新年等：《大时代与思想者》，《名作重读》“别册·钱理群画传”2020年第3期。

8. 赵园：《话说老钱》，《随笔》2020年第3期。

9. 孙郁：《晚年钱理群的第二课堂》，《南方文坛》2020年第3期。

10. 吴海洋：《钱理群贵州时期的学术道路考察》，《南方文坛》2020年第3期。

11. 邵燕君：《不老的钱理群》，《南方文坛》2020年第3期。

12. 洪子诚：《钱理群：热情与怀疑》，此文为《纪念他们的步履——致敬北京大学中文系五位先生》的第五部分，《南方文坛》2020年第4期。

13. 陈黎：《到钱理群家采访》，《文艺报》2020年5月6日。

14. 雷世文：《让演讲“活”起来》，《人民政协报》2020年8月10日。

15. 卢翮：《寻找鲁迅“沉默期”的起点》，《鲁迅研究月刊》2020年第7期。

16. 孙郁：《在鲁迅的词风里》，《文艺争鸣》2020年第7期。

17. 程振兴：《现代语境中的“讲故事的人”——以〈故事新编〉为中心的考察》，《鲁迅研究月刊》2020年第6期。

18. 汤晶：《鲁迅研究的新探索与新境界——2019鲁迅文化论坛·北京师范大学分论坛侧记》，《鲁迅研究月刊》2020年第2期。

19. 陈为人：《生命的足迹——我的创作之路》，《社会科学论坛》2020年第2期。

20. 严家炎、丁文：《求学与治学》，《社会科学论坛》2020年第2期。

21. 辛搏文、洪子诚：《用思想穿透史料——洪子诚访谈》，《长江文艺评论》2020 年第 1 期。

22. 刘迎：《讲授鲁迅的方法——钱理群〈鲁迅作品十五讲〉的教学启示》，《名作欣赏》2020 年第 3 期。

23. 张玲玲：《文“道”》，《名作欣赏》2020 年第 22 期。

24.《学人素描》，《社会科学论坛》2020 年第 1 期。

25. 唐山：《钱理群：我的另一面》，《检察风云》2020 年第 3 期。

26.《钱理群——过有价值的晚年生活》，《中国社会工作》2020 年第 26 期。

27. 邵小鹰：《如何解读〈影的告别〉？——与钱理群教授再商榷》，《文艺争鸣》2020 年第 9 期。

28. 孟登迎：《志愿者与新青年文化——钱理群〈论志愿者文化〉阅读随感》，《中国图书评论》2020 年第 11 期。

29. 金晓光：《理念守正 质量求精 融合创新——“跟着名家学语文”系列编辑手记》，《中国出版》2020 年第 S1 期。

30. 乔瑞仪：《钱理群的语文教育观及其影响》，《百科知识》2020 年第 30 期。

31. 方长安、陈柏彤：《中国现代文学史重写与新诗经典化——以〈陕西教育〉连载版〈中国现代文学〉为中心的考察》，《学习与探索》2020 年第 4 期。

32. 方长安、陈柏彤：《1987 年版〈中国现代文学三十年〉与新诗“经典”重塑》，《山西大学学报》（哲学社会科学版）2020 年第 4 期。

2021 年

1. 古远清：《与北大有关的逸闻》，《书屋》2021 年第 2 期。

2. 顾久：《视野、内容、手法与时代——就〈安顺城记〉在北京大学的发言》，《贵州文史丛刊》2021 年第 2 期。

3. 杜应国：《地方性研究的问题与思考》，《贵州文史丛刊》

2021 年第 2 期。

4. 张大可：《〈安顺城记〉读后》，《贵州文史丛刊》2021 年第 2 期。

5. 张鸣：《我读〈安顺城记〉——在北京大学“全球化时代的地方文化研究”研讨会上的发言》，《贵州文史丛刊》2021 年第 2 期。

6. 姚丹：《历史的空间性——〈安顺城记〉的地方书写》，《贵州文史丛刊》2021 年第 2 期。

7. 刘启民：《生命 · 人文 · 土地：〈安顺城记〉与全球化时代的文化生活》，《贵州文史丛刊》2021 年第 2 期。

8. 张永军：《生命教育：现代教育不可缺失的内容》，《教育》2021 年第 33 期。

9. 李浴洋：《从土地里长出来的历史中寻求永恒：钱理群、杜应国谈〈安顺城记〉》，《北京青年报》2021 年 4 月 9 日，第 A11 版。

10. 李浴洋：《实践精神与“之间”意识——钱理群和他的“安顺经验”》，《书城》2021 年第 6 期。

11. 赵珍、刘春勇：《20 世纪 80 年代中国鲁迅研究历史批判——以〈狂人日记〉阐释史为中心》，《杭州师范大学学报》2021 年第 4 期。

12. 邓小南：《知古达今 发凡起例——读钱理群等主编〈安顺城记〉》，《中华读书报》2021 年 5 月 26 日，第 13 版。

13. 张美佳：《钱理群写作教学思想在高中语文“文学评论写作”任务中的应用》，天津师范大学硕士学位论文，2021 年。

14. 刘祎家：《民间修史、地方经验与全球视野——“全球化时代的地方文化研究”学术研讨会综述》，《中国现代文学研究丛刊》2021 年第 7 期。

15. 陈平原：《〈漫说文化丛书 · 续编〉总序》，《文艺争鸣》2021 年第 7 期。

16. 武文华：《文学史结构与叙述方式的新探索——读钱理群先生〈1948：天地玄黄〉》，《小说月刊》2021 年第 7 期。

17. 王德威：《“脚踏泥土，仰望星空”》，《读书》2021 年第 8 期。

18. 代春燕：《大学教育避免培养“精致利己主义者”的对策》，《智库时代》2021 年第 9 期。

19. 周彪：《给乡村孩子打好“精神的底子”》，《班主任之友》（小学版）2021 年第 Z1 期。

20.《钱理群——“专改错别字的教授”》，《今古传奇》（人物版）2021 年第 10 期。

21. 舒畅：《当我们老了—— 钱理群、戴明贤、刘学洙、顾久、蒲国昌说晚年生活》，《贵州日报》2021 年 10 月 15 日，第 8 版。

附录　日文资料

【论文】

1. 銭理群、岡田英樹訳「五四文学の覚醒とその後の選択」、『野草』47、1991.2。

冈田英树翻译：《五四文学的觉醒与其后的选择》，《野草》47

2. 銭理群「思想家としての魯迅」、『東洋文化』74、1993.3

《作为思想家的鲁迅》，《东洋文化》74。

3. 銭理群「魯迅：孤独な思想先行者」、『Leaders of Modernization in East Asia』1997.3、国際日本文化研究センター（国际日本文化研究中心）。

《鲁迅：孤独的思想先行者》《Leaders of Modernization in East Asia》（会议论文集）。

4. 銭理群、丸山昇訳「記憶：「忘却」を拒絶する一知識人の責務」、『世界』684、2001.2。

丸山昇翻译：《记忆：拒绝遗忘——知识分子的责任》，《世界》684，有译者附言。

5. 銭理群、代田智明訳「魯迅：中国「真の知識階級」の歴史的運命」、『中国研究月報』56–7、2002.7。

代田智明翻译：《鲁迅：中国“真的知识分子”的历史命运》，

《中国研究月报》56–7。

6. 銭理群、岸陽子訳「「言」と「不言」の間—『中国淪陥区文学大系』総序」、『植民地文化研究』4、2005。

岸阳子翻译:《“言”和“不言”之间:〈中国沦陷区文学大系〉总序》,《殖民地文化研究》4。

7. 銭理群、山田史生・鄭文茜訳「周作人の散文芸術」、『弘前大学教育学部紀要』95、2006. 3。

山田史生、郑文茜翻译:《周作人的散文艺术》,《弘前大学教育学部纪要》95。

8. 銭理群、山田史生・鄭文茜訳「周作人の文芸批評」、『弘前大学教育学部紀要』96、2006.9。

山田史生、郑文茜翻译:《周作人的文艺批评》,《弘前大学教育学部纪要》96。

9. 銭理群、鈴木将久訳「中国民主運動の歴史」、『情況　第三期』11—13、2011.6。

铃木将久翻译:《中国民主运动的历史》,《情况》第三期 11 号。

10. 銭理群・本田善彦:「中国「民間」との対話(第 11 回)「紅衛兵世代」の可能性と限界」、『世界』837、2012.12。

钱理群、本田善彦《与中国“民间”的对话(第 11 回)“红卫兵世代”的可能性和界限》,《世界》837。

【评论文章】

1. 樫尾季美「Book Review『1948:天地玄黄』銭理群著—「文学史」言説への新たなる挑戦」、『東方』243、2001.5。

《书评〈1948 天地玄黄〉:对“文学史”叙述的新的挑战》,《东方》243。

2. 秋山洋子「本と批評 中国現代史とは何だったのか:銭理群『毛沢東と中国』を読んで」、『インパクション』192、2013。

秋山洋子:《中国现代史究竟意味着什么:读钱理群〈毛泽东

时代和后毛泽东时代〉》，《Impaction》192。

3. 国分良成「書評『毛沢東と中国』」、『日本経済新聞』2013年2月24日。

国分良成：《书评〈毛泽东时代和后毛泽东时代〉》，《日本经济新闻》2013.2.24。

4. 大澤肇「ハンガリー事件と中国：沈志華・銭理群の研究を中心に」、『アリーナ = Arena』20、2017。

大泽肇：《匈牙利事件和中国：以沈志华和钱理群的研究为中心》，《Arene》20。

【专著】

1. 銭理群、阿部幹雄・鈴木将久・羽根次郎・丸川哲史訳『毛沢東と中国：ある知識人による中華人民共和国史』、青土社、2012.12。

阿部干雄、铃木将久、羽根次郎、丸川哲史翻译：《毛泽东时代和后毛泽东时代》，青土社，铃木写了译者后记。

2. 銭理群・呉暁東、趙京華・桑島由美子・葛谷登訳『新世紀の中国文学：モダンからポストモダンへ』、白帝社、2003.7。

赵京华、桑岛由美子、葛谷登翻译：《新世纪的中国文学》，白帝社。